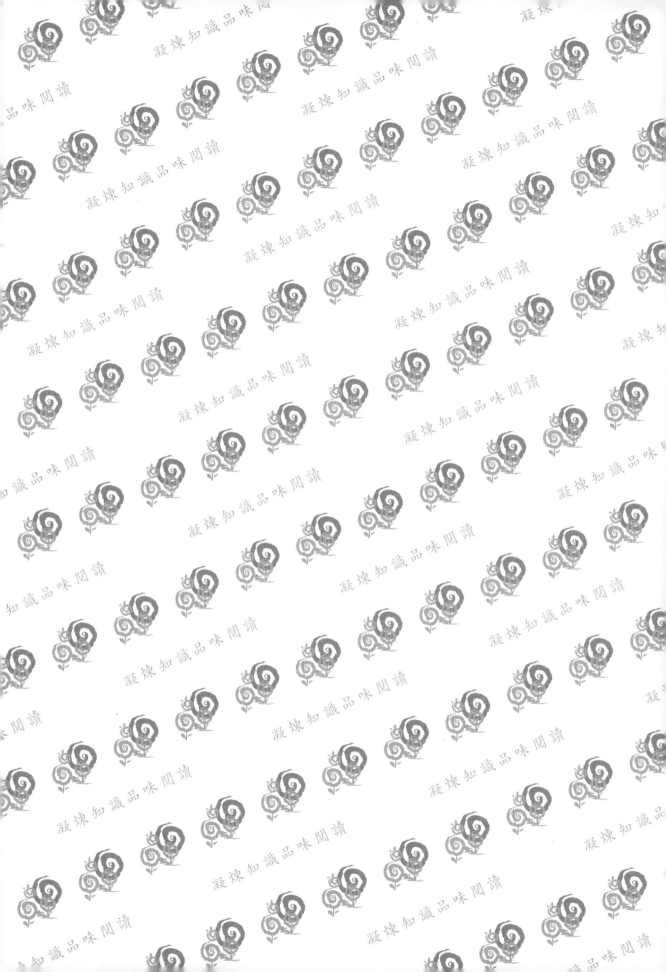

研究&方法

SPSS 問卷統計分析快速上手祕笈

吳明隆、張毓仁 合著

五南圖書出版公司 印行

序言

《SPSS 問卷統計分析快速上手祕笈》一書在提供初學者對於問卷數據的有效處理，瞭解量化研究的內涵。本書與之前相關 SPSS 統計分析專書最大的不同，在於全書章節 (除最後二章共變數分析與 ROC 曲線分析) 統計方法的應用分析與假設檢定，均與第一章研究架構圖與其研究工具環環相扣，有助於從事問卷分析的研究者很快瞭解統計分析使用的時機與完整處理流程，及如何以 SPSS 統計軟體進行資料的處理與結果解釋。

書籍內容包括問卷量表測量題項的編碼、題項變項的界定、新版 SPSS 視窗介面圖示的介紹、資料檔的建立與匯入、因子變項水準群組的合併、反向題的反向計分、量表向度變項的加總、量表向度現況的分析與適用的統計方法程序。基本統計內容包括積差相關分析、獨立樣本與相依樣本 t 檢定、獨立樣本與重複量數變異數分析、複迴歸分析、信度考驗等；進階統計包括典型相關分析、二因子變異數分析、共變數分析、邏輯斯迴歸分析與 ROC 曲線分析等。

書中統計分析程序說明融入了大量新版的 SPSS 視窗介面圖示，有助於研究者的閱讀與練習操作。研究者依據操作圖示解說，可以快速理解研究問題之假設檢定對應的統計分析方法、並能有效的以統計分析軟體處理數據資料檔。輸出結果報表的完整詮釋與表格整理可作為研究者文字撰述的參考與表格呈現的範例，節省研究者許多自我探索的時間。

本書各章內涵的敘寫儘量以使用者為中心的角度出發，以初學者能理解的話語來詮釋統計學專門術語，是一本友善的、簡易的、能與之溝通的應用統計分析專書；單元的編排循序漸進，論述內容淺顯易懂，是一本務實導向與應用性廣的書籍。若是研究者對於某些單元想更深入的瞭解，可以參閱筆者編著的一系列 SPSS 統計應用分析專書。

本書得以順利出版，要感謝五南圖書公司的鼎力支持與協助，尤其是侯家嵐主編與編輯群的行政支援與幫忙。作者於本書的撰寫期間雖然十分投入用心，但恐有能力不及或論述未周詳之處，這些疏漏或錯誤的內容，盼請讀者、各方先進或專家學者不吝斧正。

吳明隆、張毓仁 謹識

2018 年 4 月

目　錄

Chapter 10　單因子獨立樣本變異數分析　299

Chapter *1*

問卷與變項界定

IBM SPSS 統計軟體於問卷調查法的應用程序有以下幾個步驟：

1. 問卷回收後檢核問卷的作答情況，判別有效問卷。
2. 問卷編號與問卷題項的變項界定，單選題作答型態的題項每個題項設定為一個變項；複選項作答型態的題項每個「勾選選項」均要界定為一個變項，有勾選的選項水準數值編碼為 1、沒有勾選的選項水準數值編碼為 0 (複選題選項的水準數值編碼為 1、0)。
3. 開啟 IBM SPSS 統計資料編輯器視窗，切換到「變數視圖」(變數檢視) 工作表子視窗，於「變數視圖」(變數檢視) 工作表子視窗中鍵入題項或選項的變項名稱。
4. 在「變數視圖」(變數檢視) 工作表子視窗中，設定變項的小數位數、水準數值標記 (因子變項)、遺漏值 (未填答的題項)、直欄寬度 (調整變項的寬度，便於資料輸入)、測量欄的變項量尺 (量尺型態沒有設定也沒有關係)。
5. IBM SPSS 統計資料編輯器視窗，切換到「資料視圖」(資料檢視) 工作表子視窗，逐一鍵入每份問卷的數據或每位受試者的資料，一份問卷或一位受試者資料占一個橫列。
6. 資料檔存檔，進行資料處理與統計分析程序。

範例以「國小教師職場生活感受調查問卷」為例，問卷共分三個部分，一為背景資料、二為教師職場靈性量表、三為教師幸福感量表。背景變項 (人口變項) 包含樣本觀察值的性別、擔任職務、服務地區、服務年資 4 題。教師職場靈性量表的指標題項有 12 題、教師幸福感量表的指標題項有 14 題，測量題項共 30 題。

國小教師職場生活感受調查問卷

壹、基本資料
1.性別：(1)□男　　(2)□女
2.擔任職務：(1)□科任未兼任行政　　(2)□教師兼組長 　　　　　　(3)□級任未兼任行政　　(4)□教師兼主任
3.服務地區：(1)□北區　　(2)□中區　　(3)□南區　　(4)□東區
4.服務年資：(1)□5 年以下　　(2)□6-10 年　　(3)□11-15 年 　　　　　　(4)□16-20 年　　(5)□21-25 年　　(5)□26 年以上

貳、教師職場靈性量表

本量表每題後面均列有五個選項，依序代表「非常符合」5～「非常不符合」1，請依您的實際知覺，於適當的選項上圈選。

	非常符合	大部分符合	一半符合	少部分符合	非常不符合
1.我覺得自己是學校的一分子。	5	4	3	2	1
2.我覺得學校應該像一個大家庭。	5	4	3	2	1
3.我覺得學校同事間應該彼此關心。	5	4	3	2	1
4.我覺得學校同事間要互相協助。	5	4	3	2	1
5.我覺得當老師不是一個有意義的工作。	5	4	3	2	1
6.我對教育工作充滿希望。	5	4	3	2	1
7.我覺得把學生教好是一項偉大的任務。	5	4	3	2	1
8.我在教育工作中發現自己存在的意義。	5	4	3	2	1
9.在工作中，我努力成為一個充滿愛與智慧的人。	5	4	3	2	1
10.在工作上，我不想持續成長精進。	5	4	3	2	1
11.在工作上，我感到充滿活力且願意接受挑戰。	5	4	3	2	1
12.在教育工作上的成就，讓我感到自己生命更有價值。	5	4	3	2	1

參、教師幸福感量表

本量表每題後面均列有五個選項，依序代表「非常符合」5～「非常不符合」1，請依您的實際知覺，於適當的選項圈選。

	非常符合	大部分符合	一半符合	少部分符合	非常不符合
1.回想我的工作生涯，我滿意自己的工作表現。	5	4	3	2	1
2.我的專業可以讓我成功面對教育職場的挑戰。	5	4	3	2	1
3.在工作中，我樂在追求自我實現。	5	4	3	2	1
4.因為我的工作，讓我認為自己的存在不是很有價值。	5	4	3	2	1
5.在教學中，我覺得我在創造生命的意義。	5	4	3	2	1

6.我是一個快樂的老師。	5	4	3	2	1
7.我對教學工作充滿熱忱與興趣。	5	4	3	2	1
8.從事教育工作，我常有**徬徨無助**的感覺。	5	4	3	2	1
9.我常覺得當老師令我幸福且滿足。	5	4	3	2	1
10.我在工作上常有愉悅欣喜的感覺。	5	4	3	2	1
11.在教育工作上的貢獻，常讓我有成就感。	5	4	3	2	1
12.在教學工作上展現專業，使我感到自己是重要的。	5	4	3	2	1
13.教育工作可以實現我的理想，我感到很有意義。	5	4	3	2	1
14.與大家一起為教育努力的感覺是快樂的。	5	4	3	2	1

《本問卷到此結束，請您再次檢查是否有漏答的題目，再次謝謝您！》

(資料來源：修改自陳瓊如，2016)

　　SPSS變數檢視工作表界定的變項名稱與測量題項對照表如下：

測量題項	變項名稱	水準數值
壹、背景變項 (人口變項)		
1. 教師性別	性別	1、2
2. 教師擔任職務	擔任職務	1、2、3、4
3. 教師服務地區	服務地區	1、2、3、4
4. 教師服務年資	服務年資	1、2、3、4、5、6
貳、教師職場靈性量表		
1. 我覺得自己是學校的一分子。	A1	1至5
2. 我覺得學校應該像一個大家庭。	A2	1至5
3. 我覺得學校同事間應該彼此關心。	A3	1至5
4. 我覺得學校同事間要互相協助。	A4	1至5
5. 我覺得當老師不是一個有意義的工作。	A5 (反向題)	1至5
6. 我對教育工作充滿希望。	A6	1至5
7. 我覺得把學生教好是一項偉大的任務。	A7	1至5

測量題項	變項名稱	水準數值
8. 我在教育工作中發現自己存在的意義。	A8	1 至 5
9. 在工作中，我努力成為一個充滿愛與智慧的人。	A9	1 至 5
10. 在工作上，我**不想**持續成長精進。	A10 (反向題)	1 至 5
11. 在工作上，我感到充滿活力且願意接受挑戰	A11	1 至 5
12. 在教育工作上的成就，讓我感到自己生命更有價值。	A12	1 至 5
參、教師幸福感量表		
1. 回想我的工作生涯，我滿意自己的工作表現。	B1	1 至 5
2. 我的專業可以讓我成功面對教育職場的挑戰。	B2	1 至 5
3. 在工作中，我樂在追求自我實現。	B3	1 至 5
4. 因為我的工作，讓我認為自己的存在**不是**很有價值。	B4 (反向題)	1 至 5
5. 在教學中，我覺得我在創造生命的意義。	B5	1 至 5
6. 我是一個快樂的老師。	B6	1 至 5
7. 我對教學工作充滿熱忱與興趣。	B7	1 至 5
8. 從事教育工作，我常有**徬徨無助**的感覺。	B8 (反向題)	1 至 5
9. 我常覺得當老師令我幸福且滿足。	B9	1 至 5
10. 我在工作上常有愉悅欣喜的感覺。	B10	1 至 5
11. 在教育工作上的貢獻，常讓我有成就感。	B11	1 至 5
12. 在教學工作上展現專業，使我感到自己是重要的。	B12	1 至 5
13. 教育工作可以實現我的理想，我感到很有意義。	B13	1 至 5
14. 與大家一起為教育努力的感覺是快樂的。	B14	1 至 5

教師職場靈性量表的向度名稱與包含的題項數摘要表

向度變項名稱	包含的指標變項 (測量題項)	題項數
人我連結	A1、A2、A3、A4	4
工作意義	A5、A6、A7、A8	4
超越信念	A9、A10、A11、A12	4
整體職場靈性	A1、A2、A3、A4、A5、A6、A7、A8、A9、A10、A11、A12	12

教師幸福感量表的向度名稱與包含的題項數摘要表

向度變項名稱	包含的指標變項 (測量題項)	題項數
心理幸福	B1、B2、B3、B4、B5	5
情緒幸福	B6、B7、B9、B9、B10	5
社會幸福	B11、B12、B13、B14	4
整體幸福感	B1、B2、B3、B4、B5、B6、B7、B8、B9、B10、B11、B12、B13、B14	14

　　研究架構圖如下，人口變項有四個：教師性別、教師擔任職務、教師服務地區、教師服務年資，自變項為教師職場靈性 (有三個向度)、依變項為教師幸福感 (有三個向度)。

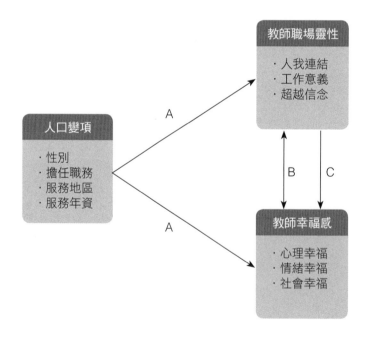

附註：

　　A—探究人口變項在教師職場靈性與在教師幸福感的差異

　　B—探究教師職場靈性與教師幸福感間的相關

　　C—探究教師職場靈性對教師幸福感的預測情況。

　　如果問卷題項中有複選題，複選題的每個選項皆應界定為一個變項，選項有勾選者鍵入水準數值 1、沒有勾選者鍵入水準數值 0，如題項：

1. 您就讀研究所考量的因素有那些？(可以複選)

　　□便利　　□師資　　□評價　　□興趣　　□就業

2. 您對目前所上那些項目感到滿意？

　　□課程安排　　□硬體設備　　□行政服務　　□教師教學　　□國際交流

	便利	師資	評價	興趣	就業	課程安排	硬體設備	行政服務	教師教學	國際交流
S01	1	0	1	0	1	0	1	1	0	0
S02	0	1	1	1	0	1	1	0	1	1
S03	1	1	1	0	0	0	1	1	1	1
S04	1	1	1	1	0	1	1	1	0	1

Chapter 2

變項建檔

壹、IBM SPSS 統計介面視窗

　　IBM SPSS 統計軟體的視窗介面主要有三大類型：IBM SPSS 統計資料編輯器 (Data Editor)、IBM SPSS 統計檢視器 (Viewer)、IBM SPSS 統計語法編輯器 (Syntax Editor)。IBM SPSS 統計資料編輯器視窗包含二個工作表子視窗：「變數視圖」/「變數檢視」工作表、「資料視圖」/「資料檢視」工作表，視窗功能為增列、刪除變項、設定變項屬性與鍵入樣本觀察值或受試者資料；IBM SPSS 統計檢視器視窗為統計分析結果呈現之表格或圖表視窗，表格或圖表內容可以直接複製至文書編輯軟體中；IBM SPSS 統計語法編輯器視窗為語法指令鍵入與編修視窗。範例視窗為統計結果輸出之檢視器視窗介面，左邊的層級選單結構與檔案總管視窗介面類似，可以縮小、展開：

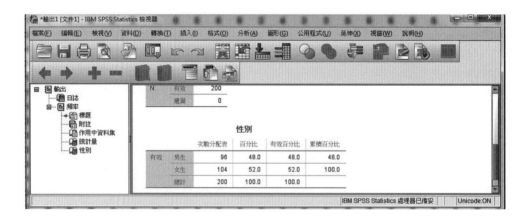

　　編輯 (E) 功能表之「全部選擇」選單可以選取所有圖表物件：

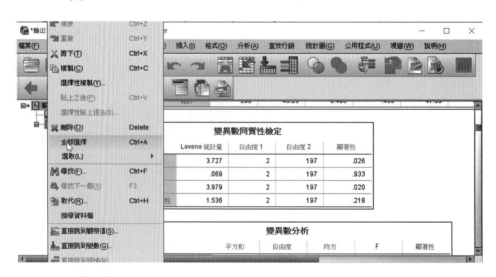

選取圖表物件後，按「複製 (C)」鈕，可以將統計分析輸出之圖表直接貼於文書處理軟體中：

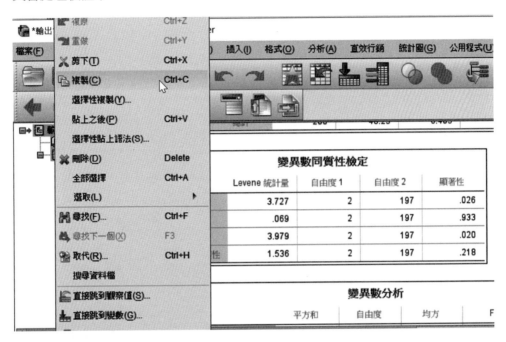

點選單一圖表，按滑鼠右鍵，快顯功能表也會出現「複製 (C)」、「選擇性複製 (Y)」、「匯出 (E)」等功能。

變異數分析		平方和	自由度	均方	F	顯著性
人我連結	群組之間	55.068	2	27.534	3.571	.030
	群組內	1519.152	197	7.711		
	總計	1574.220	199			
工作意義	群組之間	63.463	2	31.732		
	群組內	1049.412	197	5.327		
	總計	1112.875	199			
超越信念	群組之間	130.849	2	65.424		
	群組內	1590.671	197	8.074		
	總計	1721.520	199			
整體職場靈性	群組之間	522.801	2	261.401		
	群組內	7640.074	197	38.782		
	總計	8162.875	199			

　　「選擇性複製 (Y)」選單可以選取要複製的格式，內定選項為純文字、RTF、Excel 工作表 (BIFF) 型態。其他二個選項為影像 (JPG、PNG)、meta 檔 (WMF、EMF)。

　　範例視窗為統計語法編輯器視窗介面：

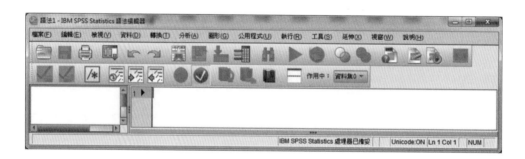

　　視窗間介面的切換，執行功能表列「視窗 (W)」選單程序，會呈現對應開啟的視窗介面，勾選☑的視窗為標的視窗或使用中的視窗。

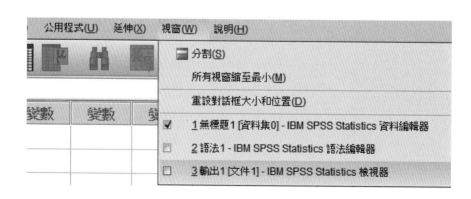

　　範例資料檔以試算表鍵入，試算表的第一列為變數名稱，A 直行為編號、B 直行至 E 直行為四個人口變項、F 直行至 Q 直行為教師職場靈性量表 12 個題項、R 直行至 AE 直行為教師幸福感量表14個題項。二種量表均採用李克特五點量表型態，五個選項分別為非常符合、大部分符合、一半符合、少部分符合、非常不符合，給予的分數分別為 5、4、3、2、1。

編號	性別	擔任職務	服務地區	服務年資	A1	A2	A3	A4	A5	A6	A7	A8	A9	A10	A11	A12	B1	B2	B3	B4	B5	B6	B7	B8	B9	B10	B11	B12	B13	B14
9001	1	2	1	5	5	5	4	5	1	5	5	5	1	5	5	4	4	4	2	4	4	4	1	5	5	5	5	5	5	5
9002	2	2	2	3	5	5	5	1	5	5	5	1	5	5	5	5	1	5	5	5	2	5	5	5	5	5	5	5	5	5
9003	1	1	1	4	4	2	2	1	1	5	5	5	2	3	3	5	5	1	5	5	5	3	3	4	5	5	3	3	3	3
9004	1	3	2	2	2	1	1	1	4	2	2	1	1	4	2	2	3	2	3	2	3	4	2	3	2	3	3	1	1	1
9005	1	4	1	3	3	3	2	2	1	5	3	5	4	1	5	4	5	5	5	1	4	4	5	5	4	2	2	2	2	2
9006	1	3	1	3	5	4	3	3	1	5	5	5	4	1	5	5	5	5	5	2	4	4	2	4	4	4	5	4	4	4
9007	1	1	3	4	4	4	4	4	2	4	4	4	2	4	4	4	5	4	4	2	4	4	2	4	4	4	4	4	4	4
9008	1	1	1	3	4	3	3	3	3	4	3	4	3	3	4	3	3	3	3	3	3	3	3	3	3	3	3	3	3	3
9009	1	1	4	2	5	3	3	4	2	5	3	4	5	2	4	4	4	4	3	3	4	3	3	4	4	3	4	4	4	4
9010	1	2	1	4	4	4	2	2	2	4	4	4	2	5	5	5	5	1	5	5	5	1	5	5	5	5	5	5	5	5
9011	2	3	1	5	4	4	3	3	2	5	5	5	3	2	4	4	4	2	4	4	4	4	4	5	5	5	5	5	5	5
9012	2	3	1	6	4	4	3	3	2	4	4	4	1	5	5	4	4	2	4	4	4	4	4	2	4	4	4	4	4	4
9013	2	3	3	5	4	4	2	2	1	5	2	4	4	1	5	5	4	4	3	3	3	3	3	3	3	3	4	4	3	3

　　IBM SPSS 統計軟體版本啟動首頁視窗介面如下：

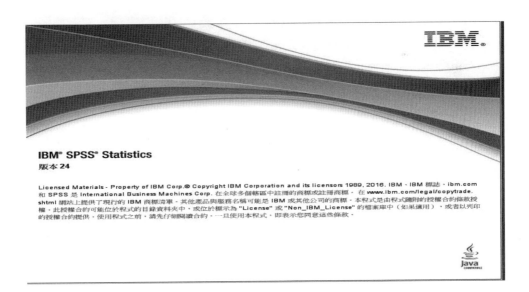

IBM® SPSS® Statistics 版本 24

　　IBM SPSS Statistics 視窗介面的第二頁，使用者可以直接從「最近使用過的檔案 (R)」下方框點選最近曾開啟過的檔案，或按右下角「關閉」鈕。

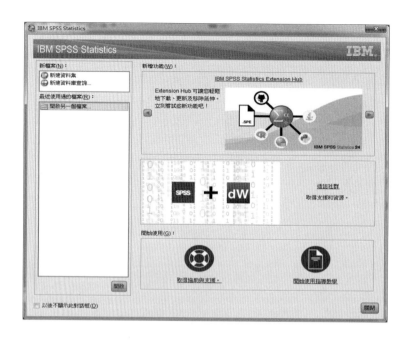

貳、變數檢視/變數視圖工作表

　　IBM SPSS 資料編輯器之「變數視圖」工作表 (有些版本稱為「變數檢視」工作表) 包括名稱、類型、寬度、小數、標籤、數值、遺漏、直欄、對齊、測量、角色等十一個選項,「變數視圖」工作表在於設定變數名稱、更改變數屬性、變更小數點的位置、增列變數水準數值標記、設定變數遺漏值與鍵入寬度、設定變數型態與對齊等。

IBM SPSS 24 版本之變數視圖中，「值」欄為之前版本「數值」欄、「欄」直行為之前版本「直欄」直行，前者在界定因子變項水準數值之標記名稱；後者在於調整儲存格的寬度。

◆ 一、名稱

鍵入變數名稱，變數名稱要以文字為開頭、不可以使用 #、*、$ 等特殊符號或減號 (-)，單選題時每題「題項」為一個變數、複選題時每個「選項」均為變數，若複選題有五個選項，則必須界定五個直行變數，每個直行變數的水準數值為 0 或 1，0 表示沒有勾選、1 表示有勾選。

直接在 SPSS 建立變項名稱與鍵入資料檔步驟如下：

(一) 開啟空白的統計資料編輯器視窗

執行功能表列「檔案 (F)」/「新增 (E)」/「資料 (D)」程序，開啟空白的 IBM SPSS 統計資料編輯器 (Statistics Data Editor) 視窗。

(二) 切換到變數視圖/變數檢視工作表

於 IBM SPSS 統計資料編輯器 (Statistics Data Editor) 視窗中，按左下方「變數視圖」鈕，切換到變數視圖/變數檢視工作表。

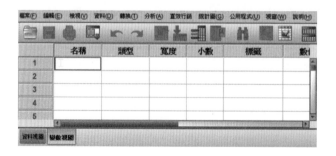

(三) 在「名稱」欄下空白鍵入變項名稱

　　變數視圖之「名稱」(第一個直欄) 下空白細格為變項名稱輸入處,滑鼠左鍵按一下可點選細格,細格變成黃色底,連按滑鼠左鍵二下可鍵入或編修細格中的文字。視窗介面鍵入樣本觀察值編號、性別、擔任職務、服務地區、服務年資五個變項名稱,內定的變項類型為「數值型」、小數點位數為「2」、對齊型態為「右」(靠右對齊)、測量尺度為「未知」、角色為「輸入」。(對齊直欄、測量直欄、角色直欄的不同設定不會影響到統計分析的結果)

　　視窗介面點選橫列 1 與名稱交叉之儲存格,儲存格為黃色:

　　在點選儲存格上連按滑鼠二下,可編修儲存格的內容:

　　視窗介面鍵入的變項名稱為編號、性別、擔任職務、服務地區、服務年資五個：

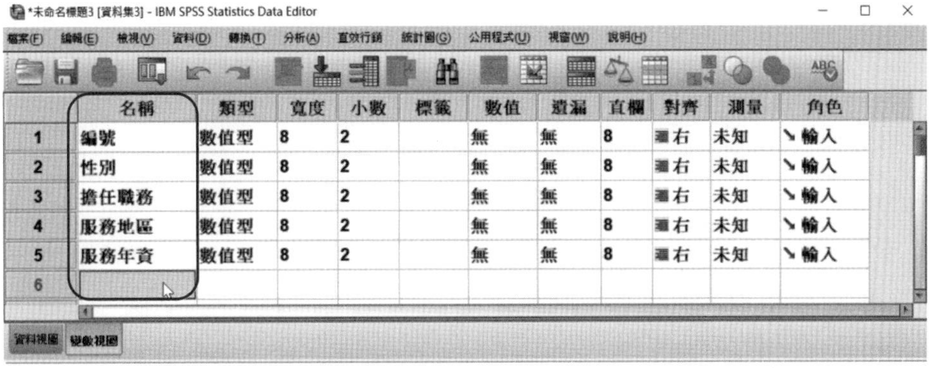

　　變數視圖工作表再增列輸入教師職場靈性量表題項的變項名稱 A1、A2、A3、……、A12；再接續鍵入教師幸福感量表題項的變項名稱 B1、B2、B3、……、B14。

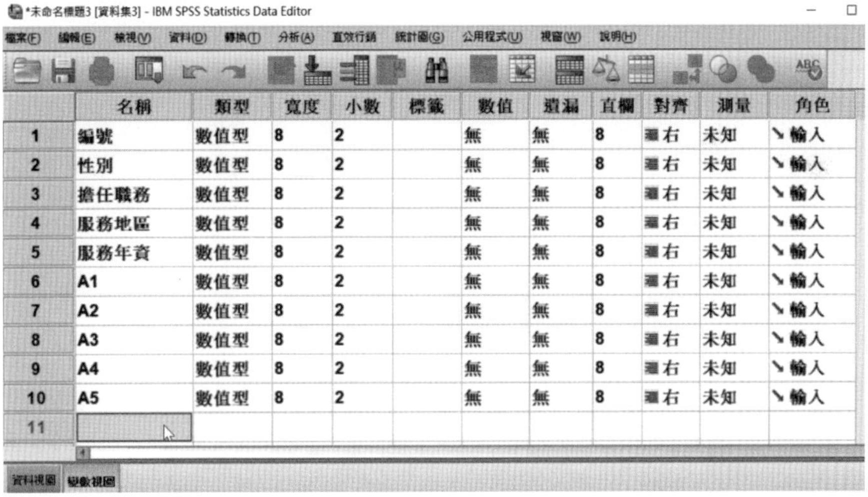

　　問卷所有題項變項名稱共有 31 個 (一個樣本觀察值序號變項、四個背景資料變項、十二個教師職場靈性題項變項、十四個教師幸福感題項變項)：

	名稱	類型	寬度	小數	標籤	數值	遺漏	直欄	對齊	測量	角色
12	A7	數值型	8	2		無	無	8	靠右	未知	＞ 輸入
13	A8	數值型	8	2		無	無	8	靠右	未知	＞ 輸入
14	A9	數值型	8	2		無	無	8	靠右	未知	＞ 輸入
15	A10	數值型	8	2		無	無	8	靠右	未知	＞ 輸入
16	A11	數值型	8	2		無	無	8	靠右	未知	＞ 輸入
17	A12	數值型	8	2		無	無	8	靠右	未知	＞ 輸入
18	B1	數值型	8	2		無	無	8	靠右	未知	＞ 輸入
19	B2	數值型	8	2		無	無	8	靠右	未知	＞ 輸入
20	B3	數值型	8	2		無	無	8	靠右	未知	＞ 輸入
21	B4	數值型	8	2		無	無	8	靠右	未知	＞ 輸入
22	B5	數值型	8	2		無	無	8	靠右	未知	＞ 輸入
23	B6	數值型	8	2		無	無	8	靠右	未知	＞ 輸入
24	B7	數值型	8	2		無	無	8	靠右	未知	＞ 輸入
25	B8	數值型	8	2		無	無	8	靠右	未知	＞ 輸入
26	B9	數值型	8	2		無	無	8	靠右	未知	＞ 輸入
27	B10	數值型	8	2		無	無	8	靠右	未知	＞ 輸入
28	B11	數值型	8	2		無	無	8	靠右	未知	＞ 輸入
29	B12	數值型	8	2		無	無	8	靠右	未知	＞ 輸入
30	B13	數值型	8	2		無	無	8	靠右	未知	＞ 輸入
31	B14	數值型	8	2		無	無	8	靠右	未知	＞ 輸入

(四) 設定變項呈現的類型

　　由於樣本觀察值在問卷測量值的得分沒有小數點，小數直欄的小數位數的數值可全改為「0」、便於統計分析程序變項的選取，四個背景資料在「測量」直欄的量尺改為「名義」選項，二種量表題項變項的測量屬性均設定為「尺度」。若因子變項有遺漏值可以以因子變項的眾數取代、題項變項未勾選者以中位數 3 取代，如果遺漏值不取代，要在「遺漏」直欄中對應的變項設定那些數值為遺漏值。

	名稱	類型	寬度	小數	標籤	數值	遺漏	直欄	對齊	測量	角色
1	編號	數值型	8	2		無	無	8	靠右	未知	＞ 輸入
2	性別	數值型	8	0		無	無	8	靠右	♣ 名義(N)	＞ 輸入
3	擔任職務	數值型	8	0		無	無	8	靠右	♣ 名義(N)	＞ 輸入
4	服務地區	數值型	8	0		無	無	8	靠右	♣ 名義(N)	＞ 輸入
5	服務年資	數值型	8	0		無	無	8	靠右	♣ 名義(N)	＞ 輸入
6	A1	數值型	8	0		無	無	8	靠右	∥ 尺度	＞ 輸入
7	A2	數值型	8	0		無	無	8	靠右	∥ 尺度	＞ 輸入
8	A3	數值型	8	0		無	無	8	靠右	∥ 尺度 ▾	＞ 輸入
9	A4	數值型	8	0		無	無	8	靠右	∥ 尺度	＞ 輸入
10	A5	數值型	8	0		無	無	8	靠右	▥ 序數(O)	＞ 輸入
11	A6	數值型	8	0		無	無	8	靠右	♣ 名義(N)	＞ 輸入

　　變項「名稱」內定的變項類型為「數值型」，數值型類型的變項可以作為因子變項，也可以作為計量變項。

(五) 在資料視圖工作表鍵入資料

　　切換到「資料視圖」或「資料檢視」工作表子視窗，依據問卷序號與樣本觀察值勾選的情況，逐筆鍵入資料，每份問卷 (每位樣本觀察值) 占一橫列，每一橫列的數據即是一位樣本觀察值或是一份問卷，範例視窗介面為鍵入二筆資料的圖示。鍵入時一般都是從左至右填入對應的變項細格，若以樣本觀察值為橫列、直欄變項為直行，資料檔的結構為二維型態的矩陣或陣列，橫列數據為樣本觀察值勾選或填寫問卷的內容，直行為變項名稱，矩陣為 2×31。

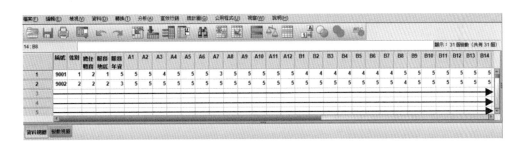

　　範例視窗介面為鍵入九筆資料的圖示，矩陣為 9×31：

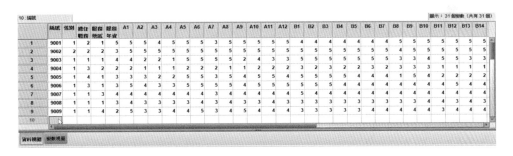

　　使用者在變數視圖或資料視圖工作表中鍵入變項與問卷資料時，若要調整視窗介面文字的大小，執行功能表列「檢視 (V)」/「字型 (F)」程序，開啟「字型」對話視窗。

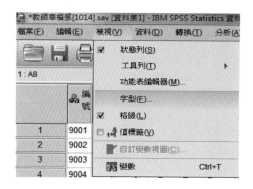

　　「字型」對話視窗中，「字型樣式 (Y)」欄可以設定字型的樣式為一般、斜體、粗體、粗斜體；「大小 (S)」欄可以選取字型呈現的大小，字型大小的設定，使用者可根據個人需求加以調整，至於「字型 (F)」欄下的字型通常不必要設定。數據字型的字型類型與字元大小與統計分析結果無關。

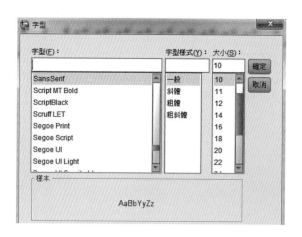

　　由於試算表數值或文字物件具有拉曳功能，教師職場靈性量表題項變項 A1、A1、……、A12；教師幸福感量表題項變項 B1、B2、……、B14 等使用 EXCEL 試算表建立題項變項可以快速增列變項名稱，之後再將試算表建立的變項名稱複製到 SPSS 統計軟體之「變數視圖」工作表子視窗之「名稱」直欄中。

(六) 試算表建立變項

　　變項的排列要在同一直行，以直行方式依序將背景變項與量表變項輸入，其中量表題項變項可以使用拉曳方式產生。範例在儲存格 A6 輸入教師職場靈性量表第一題題項變項名稱 A1，滑鼠移到儲存格 A6 位置右下角，A6 位置右下角的邊線上會出現一個「+」號。

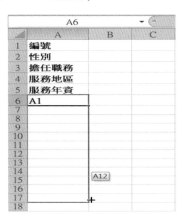

　　滑鼠出現「＋」符號時，按住滑鼠左鍵不放向下移動，滑鼠移動時對應的儲存格會出現 A2、A3、A4、……等遞增文字訊息，儲存格出現 A12 時，放開滑鼠左鍵，則拉曳過的儲存格變項名稱出現 A1、A2、A3、……、A12 (多拉曳出來的變項名稱可以選取後按 Delete 鈕刪除)。

　　在儲存格內容為 A12 (A17 細格位置) 的下面儲存格 (A18 細格位置處)，鍵入教師幸福感量表第一題的題項變數 B1，滑鼠移到儲存格 A18 位置的右下角，右下角邊線上會出現一個「＋」號。

　　滑鼠出現「+」符號時，按住滑鼠左鍵不放向下移動，滑鼠移動時對應的儲存格會出現 B2、B3、B4、……等遞增文字訊息，儲存格出現 B14 時，放開滑鼠左鍵，則拉曳過的儲存格變項名稱出現 B1、B2、B3、……、B14。

　　試算表工作表中選取建立的變項名稱，按滑鼠右鍵出現快顯功能表，選取「複製 (C)」選項。

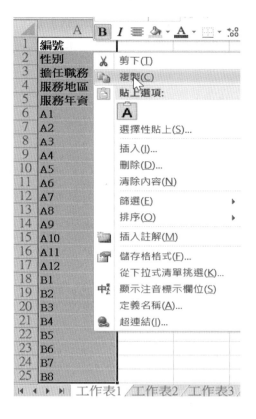

(七) 將變項貼於變數視圖工作表

　　切換到 IBM SPSS 統計軟體資料編輯器之「變數視圖」工作表子視窗中，點選「名稱」欄第一個細格，按滑鼠右鍵，出現快顯功能表，點選「貼上 (P)」選項。若原試算表建立的變項名稱符合變項格式，則原試算表建立的變項名稱會複製到變數視圖工作表的「名稱」直欄中。

　　變數視圖工作表「名稱」直欄新增的變項名稱圖示如下，「小數」欄位的數值內定選項為 2，表示數值呈現至小數第 2 位、「對齊」直欄內定選項為靠右對齊、「測量」直欄內定選項為未知、「角色」直欄內定選項為輸入。「對齊」直欄、「測量」直欄、「角色」直欄的選項設定不會影響統計分析結果，「測量」直欄量尺的型態界定在少數統計程序中才有作用。

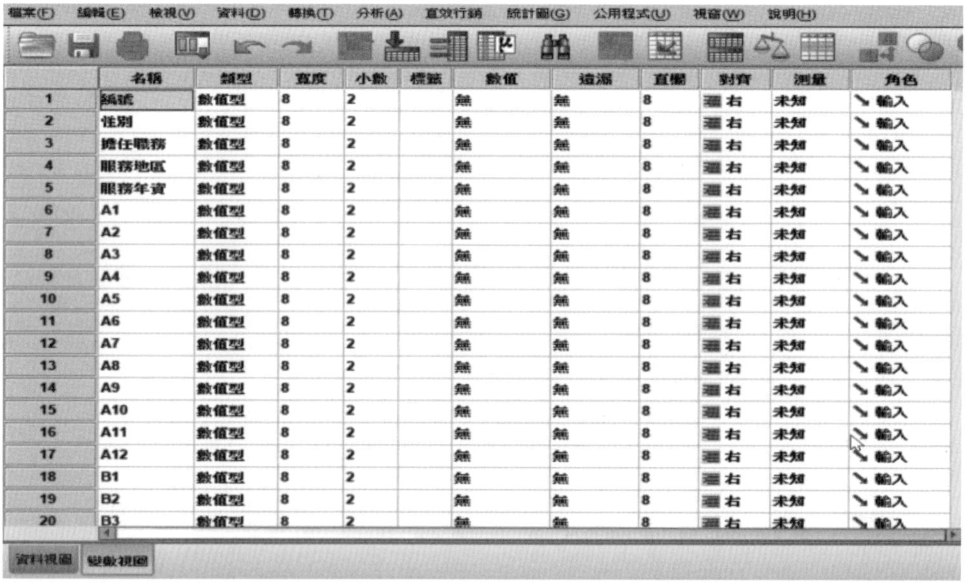

	名稱	類型	寬度	小數	標籤	數值	遺漏	直欄	對齊	測量	角色
1	編號	數值型	8	2	無	無	無	8	靠右	未知	╲輸入
2	性別	數值型	8	2	無	無	無	8	靠右	未知	╲輸入
3	擔任職務	數值型	8	2	無	無	無	8	靠右	未知	╲輸入
4	服務地區	數值型	8	2	無	無	無	8	靠右	未知	╲輸入
5	服務年資	數值型	8	2	無	無	無	8	靠右	未知	╲輸入
6	A1	數值型	8	2	無	無	無	8	靠右	未知	╲輸入
7	A2	數值型	8	2	無	無	無	8	靠右	未知	╲輸入
8	A3	數值型	8	2	無	無	無	8	靠右	未知	╲輸入
9	A4	數值型	8	2	無	無	無	8	靠右	未知	╲輸入
10	A5	數值型	8	2	無	無	無	8	靠右	未知	╲輸入
11	A6	數值型	8	2	無	無	無	8	靠右	未知	╲輸入
12	A7	數值型	8	2	無	無	無	8	靠右	未知	╲輸入
13	A8	數值型	8	2	無	無	無	8	靠右	未知	╲輸入
14	A9	數值型	8	2	無	無	無	8	靠右	未知	╲輸入
15	A10	數值型	8	2	無	無	無	8	靠右	未知	╲輸入
16	A11	數值型	8	2	無	無	無	8	靠右	未知	╲輸入
17	A12	數值型	8	2	無	無	無	8	靠右	未知	╲輸入
18	B1	數值型	8	2	無	無	無	8	靠右	未知	╲輸入
19	B2	數值型	8	2	無	無	無	8	靠右	未知	╲輸入
20	B3	數值型	8	2	無	無	無	8	靠右	未知	╲輸入

資料視圖　變數視圖

◆ 二、類型與小數

　　橫列變數與「類型」直欄選項方格右邊按一下，會出現三個小點，按小點後會出現「變數類型」子視窗，子視窗有九種類型：數值型 (內定選項)、逗點、點、科學記號、日期、元符號、自訂貨幣、字串、受限的數值等。在問卷調查中一般變數都是採用內定選項「⊙數值型」，因而此視窗內容一般不用更改。右邊內定字元的「寬度」為 8、小數點的位數為 2，「寬度」8 表示字元的總長度，包括小數點，如「12345.67」。問卷統計分析調查的數據若較大，可更改較大「寬度」列的數值，其中「寬度」列數值一定大於「小數位數」列數值。

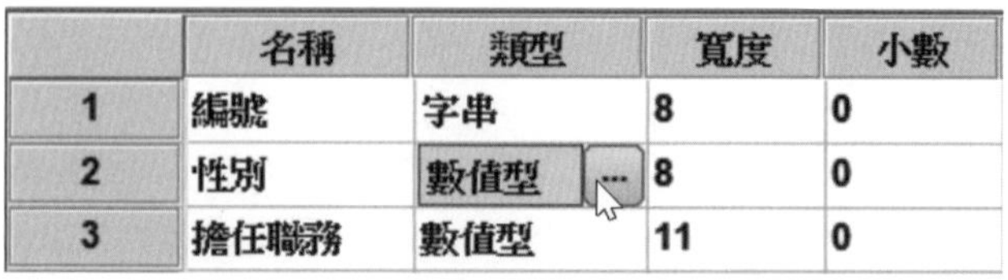

	名稱	類型	寬度	小數
1	編號	字串	8	0
2	性別	數值型 …	8	0
3	擔任職務	數值型	11	0

　　視窗介面為變數類型子視窗圖示，一般問卷統計分析程序中，子視窗內容的量數採用內定選項即可：

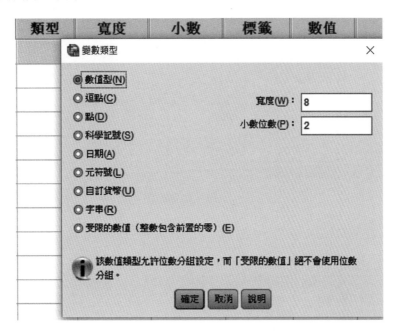

　　「小數位數」內定選項雖為小數 2 位，但也可以更改每個變數列之小數位數，調整時在橫列變數與「小數」直欄之方格右邊點選一下，會出現上下調整鈕，點選▲鈕可增加數值、點選▼鈕可減少數值，最小的數值為 0，表示沒有小數位數。

	名稱	類型	寬度	小數	標籤	數值
1	性別	數值型	8	2	學生性別	無
2						

◆ 三、標籤

　　有些版本稱為「標記」直欄選項在於增列變數名稱完整的文字標記，如變數名稱界定為性別，標籤儲存格可註記為「學生性別」，變數名稱為「A1」，標籤可註記為「量表 A 第 1 題」。加註標記後，在「分析」功能列出現變數符號為「標籤 [變數名稱]」，如「學生性別 [性別]」，[ ] 內的名稱才是變數名稱。如果人口變數 (或背景變數) 與向度 (層面/構面) 直接界定為中文變數或有意義的變數名稱，則其對應「標籤」可以不用界定，以簡化原始選單的內容。

名稱	類型	寬度	小數	標籤	
性別	數值型	8	0	學生性別	無
A1	數值型	8	2	量表A第1題	無

逐題分析時，可直接將測量題項內容增列在標籤直行對應的儲存格中。

	名稱	類型	寬度	小數	標籤
1	編號	字串	8	0	
2	性別	數值型	8	0	
3	擔任職務	數值型	11	0	
4	服務地區	數值型	11	0	
5	服務年資	數值型	11	0	
6	A1	數值型	11	0	1. 我覺得自己是學校的一份子。
7	A2	數值型	11	0	2. 我覺得學校應該像一個大家庭。
8	A3	數值型	11	0	3. 我覺得學校同事間應該彼此關心。
9	A4	數值型	11	0	

◆ 四、數值

　　數值選項一般在界定因子變數 (人口變數) 之水準數值代表的文字標記，如「性別」變數水準數值鍵入 1、2，若沒有增列水準數值文字標記，在次數分配表中，性別變數輸出結果為 1、2，此種輸出結果較不完整，若將增列水準數值的文字標記，1 為「男生」、2 為「女生」，加註水準數值編碼之標記文字或群組名稱，輸出結果表格較易解讀。若是變數為計量變數(連續變數)增列水準數值的文字標記是沒有意義的，在李克特量表中，若研究者進行的是逐題分析，計算單題變項被勾選的次數、百分比統計量數，也可以增列水準數值的文字標記，如 1 為「非常不同意」、2 為「不同意」、3 為「無意見」、4 為「同意」、5 為「非常同意」。

操作程序為在性別橫列變數與「數值」直欄交叉方格右邊點選一下,點選完可開啟「數值標籤」子視窗,視窗的「數值 (L)」為原變數的水準數值編碼、「標籤 (L)」列為水準數值增列的文字標記說明。

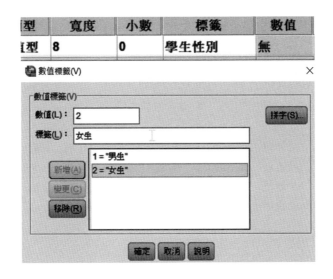

視窗介面增列變數「A1」之 1 至 5 等五個水準數值的文字標記內容:

在 A1 變數橫列與數值「直行」交叉之方格上按右鍵,出現快顯功能表,選取「複製 (C)」選項:

性別	數值型	8	0	學生性別	{1, 男...	無
A1	數值型	8	0	量表A第1題	{1, 非...	無
A2	數值型	8	0		無	
A3	數值型	8	0		無	

複製(C)
貼上(P)
描述性統計資料(D)
格線字型(F)

在 A2 變數橫列與「數值」直行交叉之方格上按右鍵，出現快顯功能表，選取「貼上 (P)」選項，可以 A1 變數設定的數值水準標記名稱複製到 A2 變數中。

性別	數值型	8	0	學生性別	{1, 男...	無
A1	數值型	8	0	量表A第1題	{1, 非...	無
A2	數值型	8	0		無	
A3	數值型	8	0		無	

複製(C)
貼上(P)
描述性統計資料(D)
格線字型(F)

◆ 五、遺漏值

遺漏值為鍵入錯誤的數值，或受試者沒有填答題項，研究者故意鍵入的一個數值。人口變數 (背景資料) 之遺漏值一般界定為 99、測驗分數之遺漏值一般界定為 999，就性別變數而言，其水準數值為 1、2，水準數值超過 3 以上者均為錯誤，因而直接界定 3 至 999 的數值為錯誤數據最快。操作程序為在「學生性別」橫列變數與「遺漏」直欄交叉方格右邊點選一下，點選完可開啟「遺漏值 (S)」子視窗，子視窗有三種遺漏值設定方式：一為「⊙無遺漏值」(內定選項)，表示變數中所鍵入的數值均為有效數值；二為「離散遺漏值」，離散遺漏值選單可單獨設定三個數值為遺漏值，如 0、99、999；三為「範圍加上一個選擇性的離散遺漏值」，選單可以界定一定範圍內的數值均為遺漏值，及一個單獨的數值為遺漏值，範例性別變數之遺漏值設定條件為：水準數值等於 0、及水準數值最低 3 至最高 999 中間的所有數值。

　　範例 A1 變數 (有效水準數值為 1 至 5) 之遺漏值設定條件為：水準數值等於 0 時、及水準數值大於 6 至 999 中間的所有數值。「遺漏值」視窗中，選取「⊙ 範圍加上一個選擇性的離散遺漏值 (R)」選項，「低 (L):」右邊方框內鍵入數值 6、「高 (H):」右邊方框內鍵入數值 999；「離散值 (S):」右邊方框內鍵入數值 0，按「確定」鈕。

　　如果研究者只要設定大於數值 6 以上的數值為遺漏值，「離散值 (S)」右邊方框的數值可以不用鍵入，一般在李克特五點型態之量表均可採用此種方式的界定。

　　視窗介面只設定因子變項性別水準數值 99 為遺漏值,在「遺漏值」對話視窗中點選「離散遺漏值」選項,下方第一個方框中鍵入數值 99,按「確定」鈕。

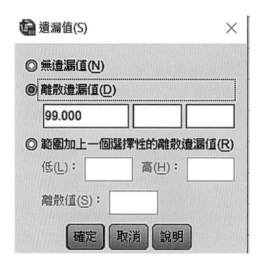

　　問卷回收後,研究者若發現某些問卷只有一題或二題未勾選,問卷是否要作為無效問卷,研究者可根據問卷回收的情況加以判別。如果問卷回收的數量較多,此種未完整填答的問卷均可視為無效問卷;若是問卷回收數量較少,且再發放施測有困難,受試者未勾選的量表題項可以以量表的中位數取代,否則會浪費許多有用的數據。範例中模擬數據為 15 位受試者在教師職場靈性量表的作答情形,每位受試者均有一題未作答,未作答的題項在數據鍵入中輸入 99,並將 99 界定為遺漏值。

編號	性別	A1	A2	A3	A4	A5	A6	A7	A8	A9	A10	A11	A12
s001	1	5	5	4	5	5	5	3	5	5	5	5	5
s002	99	99	5	5	5	5	5	5	5	5	5	5	5
s003	1	4	99	2	1	5	5	5	5	2	4	3	3
s004	99	2	1	99	1	2	2	2	1	1	2	2	2
s005	1	3	3	2	99	5	5	3	5	4	5	5	4
s006	1	5	4	3	3	99	5	5	5	4	5	5	5
s007	1	4	4	4	4	4	99	3	4	4	4	4	4
s008	1	4	3	3	3	3	4	99	4	3	3	4	3
s009	1	5	3	3	4	4	5	3	99	5	4	4	4
s010	1	4	4	2	2	4	4	4	4	99	4	5	5
s011	2	4	4	3	3	4	5	5	5	3	99	4	4
s012	2	4	4	3	3	4	4	4	4	4	4	99	4
s013	2	4	4	2	2	5	5	2	4	4	5	5	99
s014	2	5	4	3	3	5	4	3	4	4	5	99	5
s015	2	4	3	1	1	5	5	5	4	5	5	5	99

註：數值 99 表示受試者未勾選的題項。

性別因子變項次數分配結果如下，有效樣本觀察值個數為 13、遺漏值個數為 2。

性別

N	有效	13
	遺漏	2

性別因子變項中的編號 S002、S004 對應細格的數據為遺漏值 99。

性別

		次數	百分比	有效的百分比	累積百分比
有效	1 男生	8	53.3	61.5	61.5
	2 女生	5	33.3	38.5	100.0
	總計	13	86.7	100.0	
遺漏	99	2	13.3		
總計		15	100.0		

百分比欄與有效百分比欄的數據結果不同，百分比欄的分母為 15，有效百分比欄的分母為 13，不包含界定為遺漏值之樣本觀察值 (個數 = 2)。水準數值為 1 的男生群組個數 = 8、水準數值為 2 的女生群組個數 = 5，有效觀察值總個數 = 13，水準群組有效百分比分別為 8/13、5/13。

性別因子變項中的數值 99 未設定為遺漏值時，有效樣本觀察值個數 N = 15，遺漏值個數為 0。

統計資料

性別

N	有效	15
	遺漏	0

性別因子變項水準數值編碼除 1、2 外，還有 99 (2 位)，原先性別因子變項的水準數值編碼並沒有 99，數據 99 為鍵入錯誤的數值或使用者要界定的遺漏值。

性別

		次數	百分比	有效的百分比	累積百分比
有效	1 男生	8	53.3	53.3	53.3
	2 女生	5	33.3	33.3	86.7
	99	2	13.3	13.3	100.0
	總計	15	100.0	100.0	

求出教師職場靈性三個向度變項 (人我連結、工作意義、超越信念) 及整體教師職場靈性變項的分數，語法編輯器的視窗介面如下：

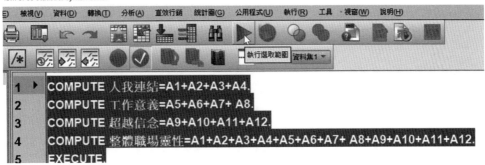

向度之題項加總程序中，如果向度中的題項變數有遺漏值，則樣本觀察值在該向度變項加總的結果為系統遺漏值，符號為一個黑點 (.)。整體職場靈性變項為每位樣本觀察值在量表 12 題勾選分數的加總，如果有一個題項為遺漏值，則該樣本觀察值在整體職場靈性的加總變項也為遺漏值，範例中只有第一位受試者在教師職場靈性量表 12 題全部有勾選，因而 15 位樣本觀察值中只有一位觀察值在整體職場靈性變項上有分數。

編號	性別	A1	A2	A3	A4	A5	A6	A7	A8	A9	A10	A11	A12	人我連結	工作意義	超越信念	整體職場靈性
s001	1	5	5	4	5	5	5	3	5	5	5	5	5	19	18	20	57
s002	99	99	5	5	5	5	5	5	5	5	5	5	5	.	20	20	.
s003	1	4	99	2	1	5	5	5	5	2	4	3	3	.	20	12	.
s004	99	2	1	99	1	2	2	2	1	1	2	2	2	.	7	7	.
s005	1	3	3	2	99	5	5	3	5	4	5	5	4	.	18	18	.
s006	1	5	4	3	3	99	5	5	4	5	5	5	5	15	.	19	.
s007	1	4	4	4	4	4	99	3	4	4	4	4	4	16	.	16	.
s008	1	4	3	3	3	3	4	99	4	3	3	4	3	13	.	13	.
s009	1	5	3	3	4	4	5	3	99	5	4	4	4	15	.	17	.
s010	1	4	4	2	2	4	4	4	4	99	4	5	5	12	16	.	.
s011	2	4	4	3	3	4	5	5	5	5	99	4	4	14	19	.	.
s012	2	4	4	3	3	4	4	4	4	4	4	99	4	14	16	.	.
s013	2	4	4	2	2	5	5	2	4	4	5	5	99	12	16	.	.
s014	2	5	4	3	3	4	4	3	4	4	5	99	4	15	16	.	.
s015	2	4	3	1	1	5	5	5	4	5	5	5	99	9	19	.	.

資料檢視工作表的視窗介面圖示如下：

	編號	性別	A1	A2	A3	A4	A5	A6	A7	A8	A9	A10	A11	A12	人我連結	工作意義	超越信念	整體職場靈性
1	s001	1	5	5	4	5	5	5	3	5	5	5	5	5	19	18	20	57
2	s002	99	99	5	5	5	5	5	5	5	5	5	5	5	.	20	20	.
3	s003	1	4	99	2	1	5	5	5	5	2	4	3	3	.	20	12	.
4	s004	99	2	1	99	1	2	2	2	1	1	2	2	2	.	7	7	.
5	s005	1	3	3	2	99	5	5	3	5	4	5	5	4	.	18	18	.
6	s006	1	5	4	3	3	99	5	5	5	4	5	5	5	15	.	19	.
7	s007	1	4	4	4	4	4	99	3	4	4	4	4	4	16	.	16	.
8	s008	1	4	3	3	3	3	4	99	4	3	4	4	3	13	.	13	.
9	s009	1	4	4	4	4	4	5	3	99	5	4	4	4	15	.	17	.
10	s010	1	4	4	2	2	4	4	4	4	99	4	5	5	12	16	.	.
11	s011	2	4	4	3	3	4	5	5	5	3	99	4	4	14	19	.	.
12	s012	2	4	4	3	4	4	4	4	4	4	99	4		14	16	.	.
13	s013	2	4	4	3	2	5	5	2	4	4	5	5	99	12	16	.	.
14	s014	2	5	4	3	4	4	4	3	4	4	5	99	5	15	16	.	.
15	s015	2	4	3	1	1	5	5	5	4	5	5	5	99	9	19	.	.
16																		

資料視圖　變數視圖

　　對於上述受試者勾選情況的處理方法有二種，一為將未勾選的題項以量表中位數 (範例中位數為 3) 取代，即未填答之題項鍵入數值 3；二為向度變項增列後，以向度平均數取代有遺漏值的觀察值，範例人我連結、工作意義、超越信念三個向度的平均數分別為 14.00、16.82、15.78，標準差分別為 2.569、3.628、4.353。

描述性統計資料

	N	最小值	最大值	平均數	標準偏差
人我連結	11	9	19	14.00	2.569
工作意義	11	7	20	16.82	3.628
超越信念	9	7	20	15.78	4.353
有效的 N (listwise)	1				

　　執行功能表列「轉換 (T)」/「置換遺漏值 (V)」程序，開啟「置換遺漏值」對話視窗，內定變項遺漏值置換方法為「序列平均值」，序列平均值適用於向度變項，因為以有效樣本觀察值在向度變項的平均值取代該欄位中的遺漏值較為合理。

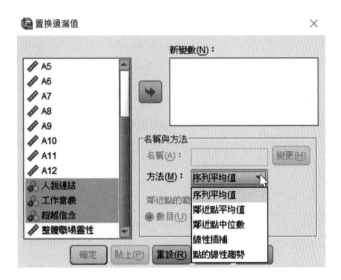

「置換遺漏值」對話視窗中，點選變數清單中的人我連結、工作意義、超越信念三個向度變項至右邊「新變數 (N)」下方框中，方框的訊息為：

人我連結_1 = SMEAN (人我連結)

工作意義_1 = SMEAN (工作意義)

超越信念_1 = SMEAN (超越信念)

左邊變項名稱為以右邊變項平均數置換該變項欄遺漏值後增列的新變項，三個新變項名稱為「人我連結_1」、「工作意義_1」、「超越信念_1」(底線_可作為變項名稱的字元，但短線-不能作為變項名稱的字元)。

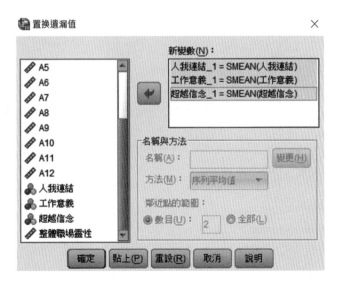

　　以向度變項平均數置換遺漏值後，資料檢視工作表增列三個變項名稱：「人我連結_1」、「工作意義_1」、「超越信念_1」。由於增列的向度變項直欄中沒有遺漏值存在，因而整體教師職場靈性變項的分數可以由三個向度變項相加求得：

	A4	A5	A6	A7	A8	A9	A10	A11	A12	人我連結	工作意義	超越信念	整體職場靈性	人我連結_1	工作意義_1	超越信念_1
1	4	5	5	5	3	5	5	5	5	19	18	20	57	19.00	18.00	20.00
2	5	5	5	5	5	5	5	5	5	.	20	20	.	14.00	20.00	20.00
3	2	1	5	5	5	5	2	4	3	3	.	20	12	.	14.00	20.00	12.00
4	9	1	2	2	2	1	1	2	2	2	.	7	7	.	14.00	7.00	7.00
5	2	99	5	5	3	5	4	5	5	4	.	18	18	.	14.00	18.00	18.00
6	3	3	99	5	5	5	4	5	5	5	15	.	19	.	15.00	16.82	19.00
7	4	4	4	99	4	4	4	4	4	16	.	16	.	16.00	16.82	16.00
8	3	3	3	4	99	4	3	3	4	13	.	13	.	13.00	16.82	13.00
9	3	4	4	5	3	99	5	4	4	15	.	17	.	15.00	16.82	17.00
10	2	2	4	4	4	4	99	4	5	5	12	16	.	12.00	16.00	15.78
11	3	3	4	5	5	5	3	99	4	14	19	.	14.00	19.00	15.78
12	3	3	4	4	4	4	4	99	4	14	16	.	14.00	16.00	15.78
13	2	3	4	5	2	4	4	5	99	12	16	.	12.00	16.00	15.78
14	3	3	4	4	4	4	5	99	5	15	16	.	15.00	16.00	15.78
15	1	1	5	3	4	4	5	5	99	9	19	.	9.00	19.00	15.78
16																

資料視圖　變數視圖

　　以三個新向度變項的加總分數作為樣本觀察值在教師職場靈性量表的測量值：

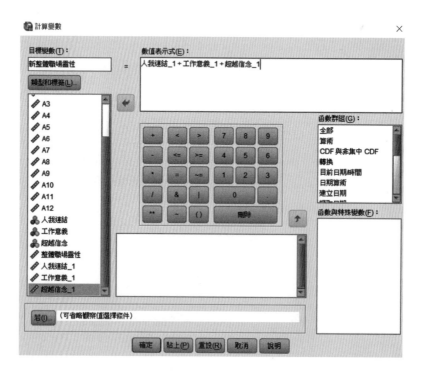

增列樣本觀察值在教師職場靈性量表加總的分數變項後，資料檢視工作表的視窗介面如下：

所有樣本觀察值在「人我連結_1」、「工作意義_1」、「超越信念_1」三個向度變項均有分數，三個向度加總後的新變項「新整體職場靈性」之直欄細格中便沒有遺漏值。

性別	A1	A2	……	A12	人我連結	工作意義	超越信念	整體職場靈性	人我連結_1	工作意義_1	超越信念_1	新整體職場靈性
1	5	5	……	5	19	18	20	57	19.00	18.00	20.00	57.00
99	99	5	……	5	.	20	20	.	14.00	20.00	20.00	54.00
1	4	99	……	3	.	20	12	.	14.00	20.00	12.00	46.00
99	2	1	……	2	.	7	7	.	14.00	7.00	7.00	28.00
1	3	3	……	4	.	18	18	.	14.00	18.00	18.00	50.00
1	5	4	……	5	15	.	19	.	15.00	16.82	19.00	50.82
1	4	4	……	4	16	.	16	.	16.00	16.82	16.00	48.82
1	4	3	……	3	13	.	13	.	13.00	16.82	13.00	42.82
1	5	3	……	4	15	.	17	.	15.00	16.82	17.00	48.82
1	4	4	……	5	12	16	.	.	12.00	16.00	15.78	43.78
2	4	4	……	4	14	19	.	.	14.00	19.00	15.78	48.78
2	4	4	……	4	14	16	.	.	14.00	16.00	15.78	45.78
2	4	4	……	99	12	16	.	.	12.00	16.00	15.78	43.78
2	5	4	……	5	15	16	.	.	15.00	16.00	15.78	46.78
2	4	3	……	99	9	19	.	.	9.00	19.00	15.78	43.78

◆ 六、「直欄」寬度

在此說明設定「資料檢視」工作表各直行變數的寬度，內定數值為 8，在「變數視圖」工作表中與「寬度」交叉表方格的右邊點選一下，會出現上下數值調整鈕，點選▲鈕可增加數值、點選▼鈕可減少數值；最小的數值為 1，數值愈大，直欄寬度愈寬。介面圖示為「變數檢視」(或變數視圖) 工作表之「直欄」寬度數值設定不同的情況，變數視圖中第三個「寬度」直行並不是欄位間的空間寬度，欄位間空間寬度的設定值為「直欄」行的數值：

	名稱	類型	寬度	小數	標…	數值	遺漏	直欄
1	編號	數值型	8	0		無	無	4
2	性別	數值型	8	0		{1, 男生}…	無	4
3	擔任職務	數值型	11	0		{1, 科任}…	無	8
4	服務地區	數值型	11	0		{1, 北區}…	無	8
5	服務年資	數值型	11	0		{1, 5年以下}…	無	8
6	A1	數值型	11	0		無	無	4
7	A2	數值型	11	0		無	無	8
8	A3	數值型	11	0		無	無	12
9	A4	數值型	11	0		無	無	8
10	A5	數值型	11	0		無	無	4

「資料檢視」工作表對應的變數寬度不同，變數 A1 寬度設定的數值為 4、變數 A2 寬度設定的數值為 8，變數 A3 寬度設定的數值為 12。當變數直行寬度設定太大時，使用者在鍵入每筆樣本觀察值資料較不方便，寬度最好像試算表中的最適直欄寬度的設定，如此，鍵入每筆橫列觀察值才不會做大幅度的左右移動。若要在「資料檢視」工作表中直接調整變數直欄寬度，將滑鼠移到二個變數中間的｜線處，當滑鼠變成 ⬌ 符號，按住左鍵水平移動，即可調整變數寬度。

	編號	性別	擔任職務	服務地區	服務年資	A1	A2	A3	A4
1	9016	1	1	4	6	5	1	1	1
2	9004	1	3	2	2	2	1	1	1
3	9064	1	1	4	6	2	2	2	2
4	9182	1	1	4	5	4	4	3	3

選取直欄變項，調整最後一個變項的寬度 (左右拉曳) 可以一次快速調整所有選取之直行變項的左右寬度值。

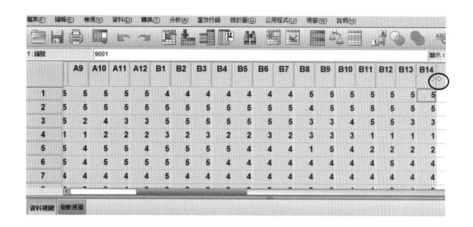

◆ 七、「對齊」與「測量」直欄

對齊直欄在於界定「資料檢視」工作表中細格資料的對齊方式，內定選項為靠右對齊、另二個選項為靠左對齊、置中對齊，對齊方式與統計分析程序無關。測量直欄在界定變數的尺度，變數尺度有三個型態：尺度、序數 (O)、名義 (N)，三種尺度對應的變數型態分別為量尺變數、次序變數 (ordinal)、名義/類別變數 (nominal)，測量直欄變數型態的設定不會影響統計分析結果，只對於繪製互動式圖形時有所影響，一般在問卷統計程序中，便於變數的選取，會將人口變數或類別變數設為「名義 (O)」型態、而將向度變數或計量變數設為「尺度」型態。尺度測量型態變項的圖示為 45 度矩形的尺形，名義測量型態變項的圖示為三個圓形的圖示。

對齊	測量
靠右	✐尺… ▾
靠左	✐尺度
置中	▮序數(O
靠右	♣名義(N

貳　資料視圖/資料檢視工作表

開新檔案時，「資料檢視」工作表的視窗介面如下，直欄變項名稱出現「var」灰色字，表示使用者尚未在變數視圖工作表子視窗中界定變項名稱。

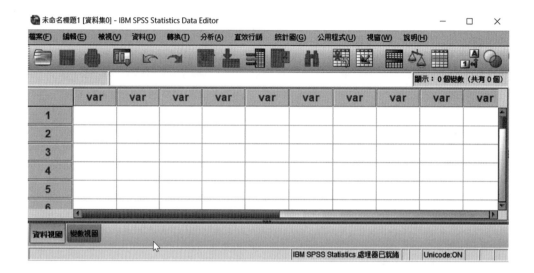

　　IBM SPSS 24 版本之資料視圖中的直欄變項會出現「變數」二個灰色字，表示使用者尚未在「變數視圖」工作表子視窗中界定變項名稱。

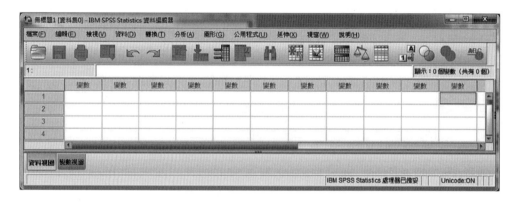

　　資料視圖工作表子視窗在於鍵入每位受試者的數據資料或每份樣本觀察值填寫的問卷內容，儲存格的內容最好填入「數值」，不要直接鍵入文字型態的文字串。因為水準數值編碼可以作為因子變項的群組名稱、水準數值編碼才可以進行數學運算式與執行統計分析程序。資料檔的建檔除在 IBM SPSS 統計資料編輯器編修鍵入後，也可以先鍵入在試算表 Excel 應用軟體中，之後再從試算表中複製貼於 IBM SPSS 統計資料編輯器資料視圖子視窗，或是直接從試算表中匯入資料檔。

　　將試算表之資料檔直接匯入 IBM SPSS 統計資料編輯器軟體的操作步驟如下：

◆ 一、匯入資料檔程序

範例試算表資料檔的樣本觀察值有 200 位，第一橫列為變項名稱，前十筆樣本觀察值的資料如下：

編號	性別	擔任職務	服務地區	服務年資	A1	A2	A3	A4	A5	A6	A7	A8	A9	A10	A11	A12	B1	B2	B3	B4	B5	B6	B7	B8	B9	B10	B11	B12	B13	B14
9001	1	2	1	5	5	5	4	5	1	5	3	5	5	1	5	5	4	4	4	2	4	4	4	1	5	5	5	5	5	5
9002	2	2	2	3	5	5	5	5	1	5	5	5	5	1	5	5	5	5	1	5	5	5	5	2	5	5	5	5	5	5
9003	1	1	1	4	4	2	2	1	1	5	5	2	2	3	3	5	5	1	5	5	3	3	4	5	5	3	3
9004	1	3	2	2	2	1	1	1	4	2	2	1	1	4	2	2	3	2	3	4	2	3	2	3	3	3	1	1	1	1
9005	1	4	1	1	2	1	5	3	1	5	3	4	1	5	5	1	5	5	5	5	4	2	2	2	2
9006	1	3	1	3	3	1	3	5	5	1	5	5	5	2	4	4	4	5	4	4	4
9007	1	1	3	4	4	4	4	2	4	3	4	2	4	4	5	4	2	4	4	4	5	4	4	4	4
9008	1	1	1	3	4	3	3	3	3	4	3	3	4	3	3	3	3	3	4	3	3	3	3	4	3
9009	1	1	4	2	5	3	3	4	2	5	4	5	2	4	4	3	3	3	3	4	2	4	4	3	4	4
9010	1	2	4	4	4	4	2	2	4	4	4	2	4	5	5	1	5	5	5	5	5	5

執行功能表列「檔案 (F)」/「匯入資料 (D)」/「Excel」程序，打開「開啟資料」對話視窗。

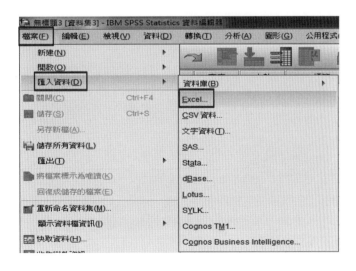

「開啟資料」對話視窗中直接選取試算表建立的資料檔 (原資料檔的第一列最好為變項名稱)，按「開啟」鈕，打開「讀取 Excel 檔案」次對話視窗。

　　於「讀取 Excel 檔案」次對話視窗中，內定勾選的選項為「☑從資料的第一列讀取變數名稱 (V)」、「☑判定資料類型的值百分比 (E)：95」、「☑忽略隱藏的列和欄 (I)」，範例採用三個內定勾選選項，按「確定」鈕。

　　視窗介面為試算表資料檔匯入 IBM SPSS 資料編輯器後，變數視圖的畫面如下：

	名稱	類型	寬度	小數	標籤	值	遺漏	欄	對齊	測量	角色
1	編號	字串	4	0		無	無	4	靠左	名義	輸入
2	性別	數值	2	0		無	無	12	靠右	名義	輸入
3	職務	數值	2	0		無	無	12	靠右	名義	輸入
4	地區	數值	2	0		無	無	12	靠右	名義	輸入
5	年資	數值	2	0		無	無	12	靠右	名義	輸入
6	A1	數值	2	0		無	無	12	靠右	名義	輸入
7	A2	數值	2	0		無	無	12	靠右	名義	輸入
8	A3	數值	2	0		無	無	12	靠右	名義	輸入
9	A4	數值	2	0		無	無	12	靠右	名義	輸入
10	A5	數值	2	0		無	無	12	靠右	名義	輸入
11	A6	數值	2	0		無	無	12	靠右	名義	輸入
12	A7	數值	2	0		無	無	12	靠右	名義	輸入
13	A8	數值	2	0		無	無	12	靠右	名義	輸入
14	A9	數值	2	0		無	無	12	靠右	名義	輸入
15	A10	數值	2	0		無	無	12	靠右	名義	輸入
16	A11	數值	2	0		無	無	12	靠右	名義	輸入
17	A12	數值	2	0		無	無	12	靠右	名義	輸入
18	B1	數值	2	0		無	無	12	靠右	名義	輸入
19	B2	數值	2	0		無	無	12	靠右	名義	輸入
20	B3	數值	2	0		無	無	12	靠右	名義	輸入
21	B4	數值	2	0		無	無	12	靠右	名義	輸入

◆ 二、開啟資料檔程序

　　執行功能表「檔案 (F)」/「開啟 (O)」/「資料 (D)」程序，也可以打開「開啟資料」對話視窗。次功能表選單包括資料、語法、輸出、Script，資料次選單可開啟資料檔，包括試算表檔案類型、SPSS 內定的資料檔 (*.sav)、文字檔等；語法次選單可以開啟 SPSS 語法指令檔；輸出次選單可以開啟 SPSS 統計分析之結果檔 (*.spv)，輸出結果檔視窗介面為統計檢視器 (Statistical Viewer)。

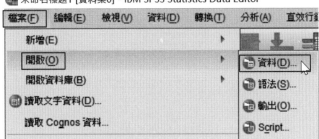

　　「開啟資料」對話視窗，「檔案類型：」選項為試算表檔案型態「Excel (*.xls,*.xlsx,*.xlsm)」，在方盒中點選標的試算表資料檔，被選取的檔案會出現在「檔案名稱：」的右邊，按「開啟」鈕。

按下「開啟」鈕後，出現「開啟 Excel 資料來源」對話視窗，視窗中內定勾選「☑從資料第一列開始讀取變數名稱」選項，表示原試算表資料檔的第一列為變數名稱，「工作單：」的下拉式選單可選取資料檔所存放的工作表位置，內定選項為工作表 1，按「確定」鈕。

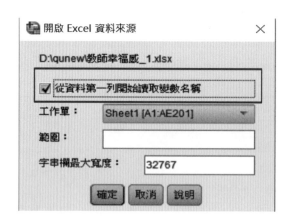

按下「確定」鈕可以匯入試算表工作表 1 的資料檔，匯入時小數點有時為 1 位小數、有時沒有小數點。

「資料視圖」工作表子視窗介面圖示如下：

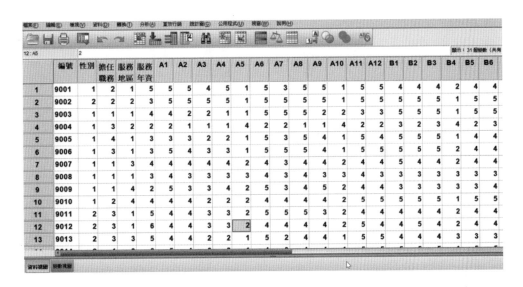

切換到「變數視圖」工作表對於各變數的類型、小數、數值、遺漏值、直欄等選項加以設定，其中較重要的是人口變數增列水準數值文字標記或群組名稱，其中也可以在變數視圖或變數檢視工作表中更改編修原變數名稱：

	名稱	類型	寬度	小數	標...	數值	遺漏	直欄	對齊	測量	角色
1	編號	數值型	8	0	無	無	無	4	▨右	♣名義(N)	↘輸入
2	性別	數值型	8	0		{1, 男生}...	無	4	▨右	♣名義(N)	↘輸入
3	擔任職務	數值型	11	0		{1, 科任}...	無	8	▨右	♣名義(N)	↘輸入
4	服務地區	數值型	11	0		{1, 北區}...	無	8	▨右	♣名義(N)	↘輸入
5	服務年資	數值型	11	0		{1, 5年以...	無	8	▨右	♣名義(N)	↘輸入
6	A1	數值型	11	0		無	無	4	▨右	♦尺度	↘輸入
7	A2	數值型	11	0		無	無	4	▨右	♦尺度	↘輸入
8	A3	數值型	11	0		無	無	4	▨右	♦尺度	↘輸入
9	A4	數值型	11	0		無	無	4	▨右	♦尺度	↘輸入
10	A5	數值型	11	0		無	無	4	▨右	♦尺度	↘輸入
11	A6	數值型	11	0		無	無	4	▨右	♦尺度	↘輸入
12	A7	數值型	11	0		無	無	4	▨右	♦尺度	↘輸入
13	A8	數值型	11	0		無	無	4	▨右	♦尺度	↘輸入
14	A9	數值型	11	0		無	無	4	▨右	♦尺度	↘輸入
15	A10	數值型	11	0		無	無	4	▨右	♦尺度	↘輸入

　　變數視圖工作表子視窗中，點選變項名稱，按右鍵，對應的快顯功能表選單包括清除、插入變數。「清除 (R)」選項可以將選取的變項從變數視圖工作表中移除；「插入變數 (I)」選項會於選取的變項名稱列上方插入一個新變項，變項名稱依序以 VAR00001、VAR00002、VAR00003 等出現。

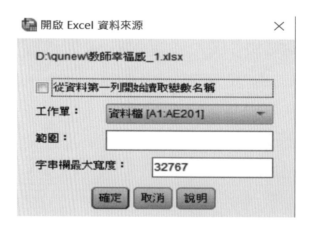

	名稱	類型
1	編號	字串
2	性別	數值型
3	擔任職務	數值型
4	服務地區	數值型
5	服務年資	數值型
6	複製(C)	
7	貼上(P)	
8	清除(R)	
9	插入變數(I)	
10	貼上變數(V)	
11	描述性統計資料(D)	
12	A7	數值型

　　開啟「Excel 資料來源」對話視窗中,使用者若取消勾選「□從資料第一列開始讀取變數名稱」,表示原工作表中的第一列不是變項名稱,而是資料檔的一部分,匯入資料檔時,SPSS 會將原第一橫列數據視為第一個樣本觀察值的資料。

　　資料檔匯進至 SPSS 視窗介面後,變數檢視工作表的變項名稱以 V1、V2、V3、……等表示,變項的類型為字串。

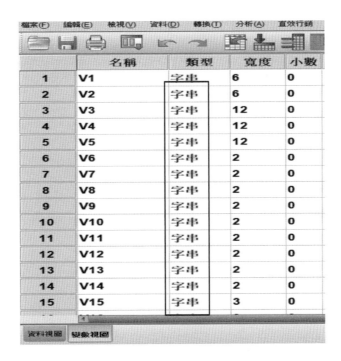

　　資料視圖工作表中的第一位樣本觀察值為原試算表中的第一橫列變數名稱，由於原試算表第一橫列變數名稱為文字，因而資料檔匯入至 SPSS 統計軟體後，各直行變項類型均為文字而不是數值。

	V1	V2	V3	V4	V5	V6	V7	V8	V9	V10	V11	V12	V13	V14	V15	V16	V17
1	編號	性別	擔任職務	服務地區	服務年資	A1	A2	A3	A4	A5	A6	A7	A8	A9	A10	A11	A12
2	9001	1	2	1	5	5	5	4	5	1	5	3	5	5	1	5	5
3	9002	2	2	2	3	5	5	5	5	1	5	5	5	5	1	5	5
4	9003	1	1	1	4	4	2	2	1	1	5	5	5	2	2	3	3
5	9004	1	3	2	2	2	1	1	1	4	2	2	1	1	4	2	2
6	9005	1	4	1	3	3	3	2	2	1	5	3	5	4	1	5	4
7	9006	1	3	1	3	5	4	3	3	1	5	5	5	4	1	5	5
8	9007	1	1	3	4	4	4	4	4	2	4	3	4	4	2	4	4
9	9008	1	1	1	4	4	3	3	3	4	4	3	4	3	4	3	4
10	9009	1	4	4	2	5	3	3	4	2	5	3	4	5	2	4	5
11	9010	1	2	4	4	4	4	4	2	2	4	4	4	4	2	4	5
12	9011	2	3	1	4	4	4	3	3	2	5	5	5	3	2	4	4
13	9012	2	3	1	6	4	4	3	4	4	4	4	4	4	2	5	4
14	9013	2	3	3	5	4	4	2	1	5	4	4	4	1	5	5	

◆ 三、學習成就資料檔的匯入

　　範例試算表資料檔的變項名稱為中文，樣本觀察值有 15 位、變項個數有 6

個，資料檔的型態為 15 × 6 矩陣。

閱讀素養	家庭型態	家人支持	學習動機	家庭資本	學習成就
0	1	17	23	15	55
0	1	18	22	15	55
0	1	15	30	15	57
0	1	16	31	15	57
0	1	13	25	6	57
0	1	14	22	5	58
0	1	16	23	4	71
0	1	18	20	5	71
0	1	14	28	4	71
1	0	10	23	19	60
1	0	10	21	19	60
1	0	12	19	20	62
1	0	9	16	21	62
1	0	11	19	25	62
1	0	9	21	14	63

　　試算表第一列為變項名稱，閱讀素養、家庭型態、家人支持、學習動機、家庭資本、學習成就六個變項儲存格的位置分別為 A1、B1、C1、D1、E1、F1；第一筆樣本觀察值的數據存放在 A2、B2、C2、D2、E2、F2 儲存格中；第二筆樣本觀察值的數據存放在 A3、B3、C3、D3、E3、F3 儲存格中；第十五筆樣本觀察值的數據存放在 A16、B16、C16、D16、E16、F16 橫列儲存格中。資料檔儲存的位置工作表為內定工作表 1。

	A	B	C	D	E	F	G
1	閱讀素養	家庭型態	家人支持	學習動機	家庭資本	學習成就	
2	0	1	17	23	15	55	
3	0	1	18	22	15	55	
4	0	1	15	30	15	57	
5	0	1	16	31	15	57	
6	0	1	13	25	6	57	
7	0	1	14	22	5	58	
8	0	1	16	23	4	71	
9	0	1	18	20	5	71	
10	0	1	14	28	4	71	
11	1	0	10	23	19	60	
12	1	0	10	21	19	60	
13	1	0	12	19	20	62	
14	1	0	9	16	21	62	
15	1	0	11	19	25	62	
16	1	0	9	21	14	63	

執行功能表列「匯入資料 (D)」/「Excel」程序，打開「開啟資料」對話視窗。

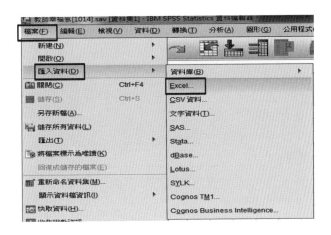

「開啟資料」對話視窗中選取標的資料檔，範例為「閱讀素養 .xlsx」，按「開啟」鈕，打開「讀取 Excel 檔案」次對話視窗。

「讀取 Excel 檔案」次對話視窗中，內定工作表為第一個工作表，若是使用者將資料檔鍵入在其他工作表，從「工作表 (K)」訊息最右邊的下拉式選單中選取存放的工作表，按「確定」鈕。

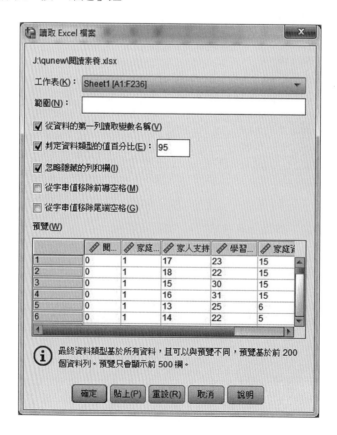

試算表「閱讀素養 .xlsx」匯入至 IBM SPSS 統計資料編輯器的視窗介面如下：

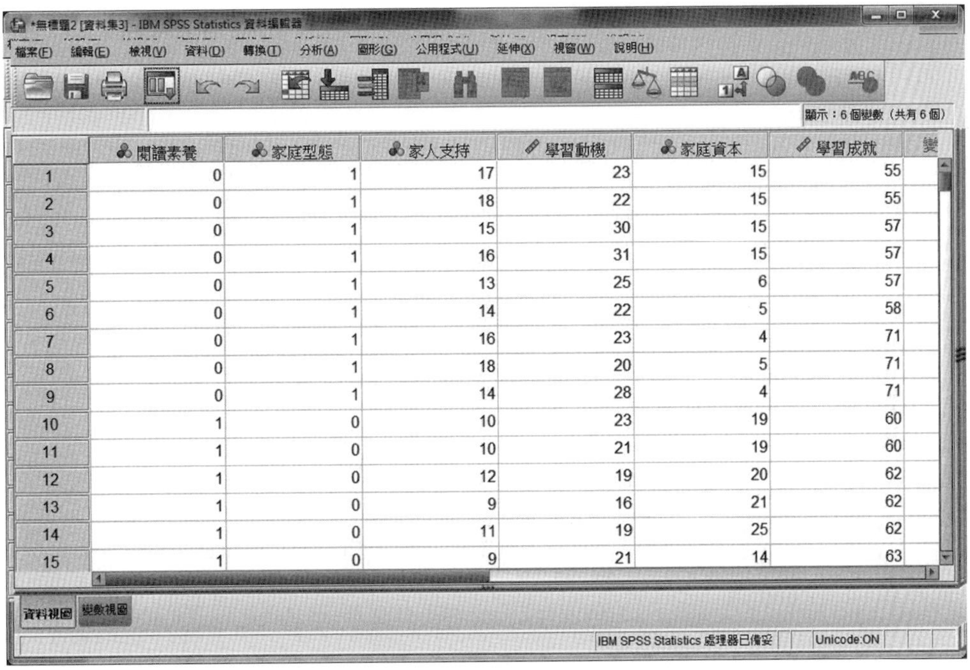

	閱讀素養	家庭型態	家人支持	學習動機	家庭資本	學習成就
1	0	1	17	23	15	55
2	0	1	18	22	15	55
3	0	1	15	30	15	57
4	0	1	16	31	15	57
5	0	1	13	25	6	57
6	0	1	14	22	5	58
7	0	1	16	23	4	71
8	0	1	18	20	5	71
9	0	1	14	28	4	71
10	1	0	10	23	19	60
11	1	0	10	21	19	60
12	1	0	12	19	20	62
13	1	0	9	16	21	62
14	1	0	11	19	25	62
15	1	0	9	21	14	63

範例試算表資料檔的變項名稱為英文，樣本觀察值有 15 位、變項個數有 7 個，資料檔的型態為 15 × 7 矩陣。

YEAR	READ	HOME	SUPP	MOTI	CULI	ACAD
1	0	1	17	23	15	55
1	0	1	18	22	15	55
1	0	1	15	30	15	57
2	0	1	16	31	15	57
2	0	1	13	25	6	57
2	0	1	14	22	5	58
3	0	1	16	23	4	71
3	0	1	18	20	5	71
3	0	1	14	28	4	71
1	1	0	10	23	19	60

YEAR	READ	HOME	SUPP	MOTI	CULI	ACAD
1	1	0	10	21	19	60
2	1	0	12	19	20	62
2	1	0	9	16	21	62
3	1	0	11	19	25	62
3	1	0	9	21	14	63

試算表第一列為變項名稱，YEAR、READ、HOME、SUPP、MOTI、CULI、ACAD 七個變項儲存格的位置分別為 A1、B1、C1、D1、E1、F1、G1。

	A	B	C	D	E	F	G
1	YEAR	READ	HOME	SUPP	MOTI	CULI	ACAD
2	1	0	1	17	23	15	55
3	1	0	1	18	22	15	55
4	1	0	1	15	30	15	57
5	2	0	1	16	31	15	57
6	2	0	1	13	25	6	57
7	2	0	1	14	22	5	58
8	3	0	1	16	23	4	71
9	3	0	1	18	20	5	71
10	3	0	1	14	28	4	71
11	1	1	0	10	23	19	60
12	1	1	0	10	21	19	60
13	2	1	0	12	19	20	62
14	2	1	0	9	16	21	62
15	3	1	0	11	19	25	62
16	3	1	0	9	21	14	63

利用開啟程序也可以匯入試算表資料檔，執行「檔案 (F)」/「開啟 (O)」/「資料 (D)」程序，打開「開啟資料」對話視窗。

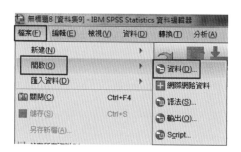

「開啟資料」對話視窗中選取標的資料檔，範例為「E 閱讀素養.xlsx」，按「開啟」鈕，打開「讀取 Excel 檔案」次對話視窗。

　　「讀取 Excel 檔案」次對話視窗中，內定工作表為第一個工作表，若是使用者將資料檔鍵入在其他工作表，從「工作表 (K)」訊息最右邊的下拉式選單中選取，範例第一個工作表名稱為「閱讀素養 CSV1」，採用內定勾選的選項：「☑從資料的第一列讀取變數名稱」、「☑判定資料類型的值百分比：95」、「☑忽略隱藏的列和欄」，按「確定」鈕。

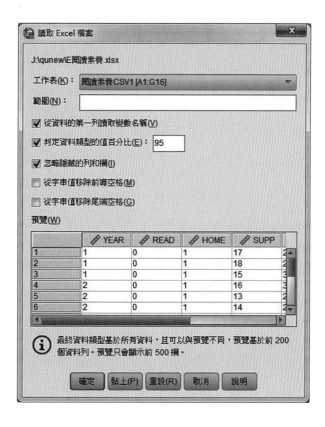

試算表「E 閱讀素養.xlsx」匯入至 IBM SPSS 統計資料編輯器的視窗介面如下。上述使用匯入試算表的程序與開啟試算表資料檔程序之介面視窗大致相同，二種方法均可以快速將試算表資料檔匯入至 IBM SPSS 統計資料編輯器視窗中。

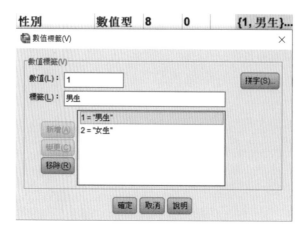

◆ 四、設定因子變項的水準群組標記

性別人口變數二個水準群組文字標記的設定視窗介面如下，性別因子變數二個水準數值編碼為 1、2，水準數值群組標記分別為男生群組、女生群組：

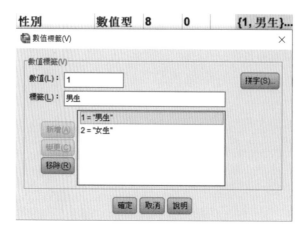

　　擔任職務人口變數四個水準群組文字標記的設定視窗介面如下，擔任職務因子變數為四分類別變數，水準數值編碼為 1、2、3、4，水準數值 1 為科任群組、水準數值 2 為組長群組、水準數值 3 為級任群組、水準數值 4 為主任群組：

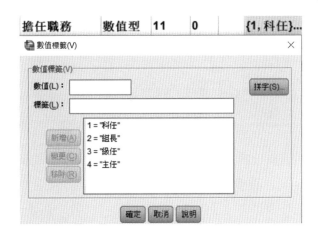

　　服務地區人口變數四個水準群組文字標記的設定視窗界面如下，服務地區因子變數為四分類別變數，水準數值編碼為 1、2、3、4，水準數值 1 為北區群組、水準數值 2 為中區群組、水準數值 3 為南區群組、水準數值 4 為東區群組：

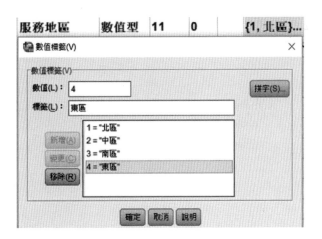

　　服務年資人口變數六個水準群組文字標記的設定視窗介面如下，服務年資因子變數為六分類別變數，水準數值編碼為 1、2、3、4、5、6，水準數值 1 為 5 年以下群組、水準數值 2 為 6-10 年群組、水準數值 3 為 11-15 年群組、水準數值 4 為 16-20 年群組、水準數值 5 為 21-25 年群組、水準數值 6 為 26 年以上群組：

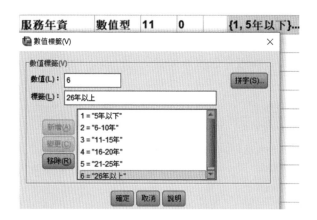

　　匯入的試算表資料檔或是直接在 SPSS 統計軟體中建立的新檔案,第一次均要將儲存為 SPSS 可以直接開啟的「*.sav」類型檔案,否則變數視圖中的設定與增列的向度變數均會消失。操作程序為執行功能表列「檔案 (F)」/「另存新檔 (A)」程序,開啟「儲存資料為」對話視窗:

　　「儲存資料為」對話視窗中,選取資料檔要儲存的資料夾,在「檔案名稱:」右方格內鍵入資料檔名稱,內定的儲存檔案類型為「SPSS Statistics (*.sav)」,按「儲存 (S)」鈕。

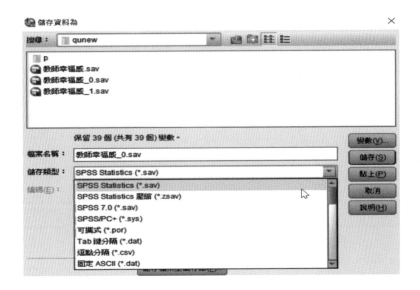

參 ◆ 其他設定

執行功能表列「編輯 (E)」/「選項 (I)」程序,可以開啟「選項」對話視窗,對話視窗共有 12 個子視窗:一般、語言、檢視器、資料、貨幣、輸出、圖表、樞紐表、檔案位置、Script、多個插補、語法編輯器。對使用者而言,其中多數的子視窗均不用更改,因而使用機率不高,較常使用的為語言、輸出二個子視窗。

「輸出」子視窗中可以更改輸出因子變項的型態。

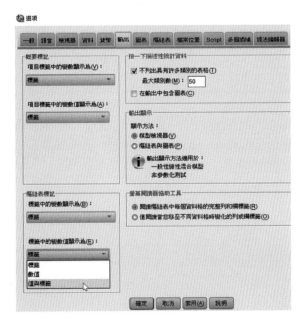

　　「標籤中的變數值顯示為 (E)：」下方框內定選項為「標籤」，「標籤」只會出現水準數值的文字標記，若要輸出結果同時呈現水準數值與文字標記，選項可改為「值與標籤」，更改選項後按「確定」鈕。

　　「標籤中的變數值顯示為 (E)：」下方框選取「值與標籤」選項之輸出結果，以「服務地區」人口變項為例，第一欄四個水準群組同時出現水準數值編碼與水準數值的群組標記名稱：1 北區、2 中區、3 南區、4 東區。

服務地區

		次數	百分比	有效的百分比	累積百分比
有效	1 北區	49	24.5	24.5	24.5
	2 中區	65	32.5	32.5	57.0
	3 南區	45	22.5	22.5	79.5
	4 東區	41	20.5	20.5	100.0
	總計	200	100.0	100.0	

　　「標籤中的變數值顯示為 (E)：」下方框選取「數值」選項之輸出結果如下，因子變項第一欄只出現其水準數值編碼 1、2、3、4：

服務地區

		次數	百分比	有效的百分比	累積百分比
有效	1	49	24.5	24.5	24.5
	2	65	32.5	32.5	57.0
	3	45	22.5	22.5	79.5
	4	41	20.5	20.5	100.0
	總計	200	100.0	100.0	

　　「標籤中的變數值顯示為 (E)：」下方框選取「標籤」選項之輸出結果如下，第一欄因子變項只輸出水準數值之群組標記名稱：北區、中區、南區、東區。

服務地區

		次數	百分比	有效的百分比	累積百分比
有效	北區	49	24.5	24.5	24.5
	中區	65	32.5	32.5	57.0
	南區	45	22.5	22.5	79.5
	東區	41	20.5	20.5	100.0
	總計	200	100.0	100.0	

　　變異數分析程序中，使用者常會從多重比較摘要表中判別配對水準群組的平均數差異值是否達到顯著水準。由於多重比較是採用成對比較方式，因而均會輸出所有配對水準群組的比較結果，若是因子變項之輸出結果同時包含水準數值編碼與群組標記名稱，在判讀與整理上會較為方便。

　　「語言」子視窗之「語言」方盒可以選定 IBM SPSS 視窗介面的語言類型，內定輸出語言與使用者介面均為「中文 (繁體)(T)」，若要將視窗操作介面與輸出結果改為英文，二個選單均選取「英文 (E)」選項。

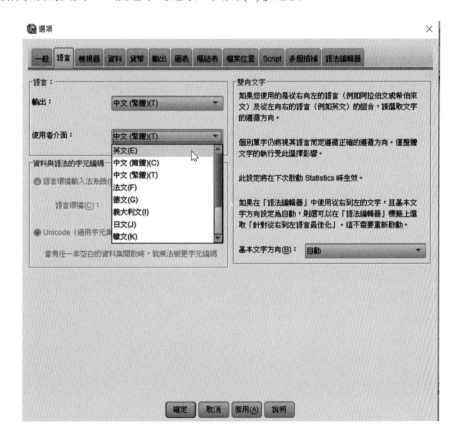

「語言」子視窗，更改視窗介面後，按下「確定」鈕，會出現警告訊息視窗：「變更使用者介面語言，會將所有對話框重設為預設值，並關閉所有開啟的對話框。」續按「確定」鈕，可以進行視窗介面的變更。

視窗介面為英文狀態之變數檢視工作表圖示如下：

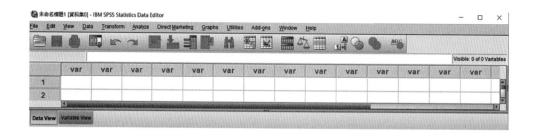

視窗介面為英文狀態之資料檢視工作表圖示如下：

英文視窗介面之選項對話視窗之「語言」子視窗畫面如下，「Language」方盒中的「Output」與「User Interface」選項均選取「Chinese (Traditional)」選項，可更改使用者介面與輸出結果為繁體中文。

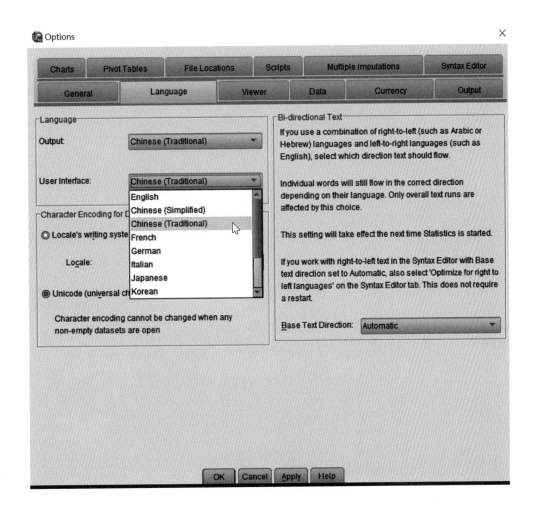

語言子視窗變更視窗介面與輸出結果為繁體中文字時出現的提示對話盒視窗：

執行功能表列「分析 (A)」/「描述性統計資料 (E)」/「描述性統計資料 (D)」程序，開啟「描述性統計資料」對話視窗，功能可以求出選取計量變數的描述性計量。

　　IBM SPSS24 又將描述性統計資料選單更改為之前版本的「敘述統計 (E)」，「次數 (F)」次選單改為「次數分配表 (F)」；「描述性統計資料」次選單改為「敘述統計 (D)」，其實功能是相同的，統計分析程序操作都一樣。

　　「描述性統計資料」主對話視窗中，左邊為變數清單，「變數 (V)：」下方框內變數為選取的標的變數，範例選取教師職場靈性量表與教師幸福感量表測量題變數，將題項變數選至右邊「變數 (V)：」下方框內，按「確定」鈕。

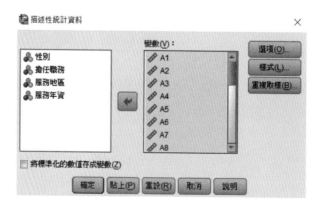

「描述性統計資料」主對話視窗中，按「選項 (O)」鈕，可以開啟「描述性統計資料：選項」次對話視窗，內定勾選的描述性統計量為平均數、標準差、最小值、最大值，如果使用者要增列其他統計量，只要勾選統計量選項前面的口即可。

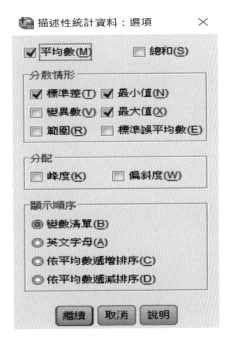

檢核量表題項之輸入資料有無錯誤，可直接就題項變數的描述性統計量摘要表加以檢核。

描述性統計資料

	N	最小值	最大值	平均數	標準差
A1	200	2	5	4.52	.709
A2	200	1	5	4.11	.918
A3	200	1	5	3.24	1.100
A4	200	1	5	2.96	1.081
A5	200	1	5	4.55	.663
A6	200	1	5	4.52	.626
A7	200	1	5	3.11	1.406
A8	200	1	5	4.39	.769

	N	最小值	最大值	平均數	標準差
A9	200	1	5	4.06	.988
A10	200	1	5	4.42	.864
A11	200	1	5	4.38	.842
A12	200	1	5	3.97	.984
B1	200	2	5	4.46	.722
B2	200	2	5	4.25	.747
B3	200	2	5	4.04	.785
B4	200	2	5	3.89	.801
B5	200	1	5	3.55	.934
B6	200	1	5	4.29	.835
B7	200	2	5	4.28	.822
B8	200	1	5	4.02	.780
B9	200	1	5	4.28	.797
B10	200	1	5	4.09	.852
B11	200	1	5	4.34	.858
B12	200	1	5	4.27	.856
B13	200	1	5	4.00	.911
B14	200	1	5	4.01	.959
有效的 N (listwise)	200				

　　教師職場靈性量表與教師幸福感量表均採用李克特五點量表型態，水準數值編碼為 1 至 5，因而最大值不可能大於 5，若有變數數值大於 5，表示資料鍵入有錯誤。解決方法有二：一把錯誤的數值設定為遺漏值，二以量表中位數 3 取代。在進行量表向度分數的加總前，一定要進行各測量題項分數的檢核，若測量題項的最小值小於 1、最大值大於 5，表示變數分數資料是錯誤的，若沒有進行數據的修正，則之後加總的分數也是錯誤的。

　　執行功能表列「分析 (A)」/「描述性統計資料 (E)」/「次數 (F)」程序，開啟「次數」主對話視窗。

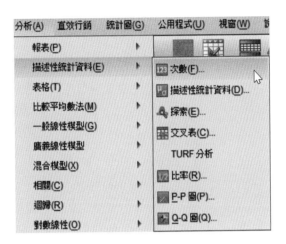

IBM SPSS 24 版本將次選單「次數 (F)」改為「次數分配表 (F)」字詞，敘述統計的次選單包括次數分配表 (F)、敘述統計 (D)、預檢資料 (E)、交叉資料表 (C)、TURF 分析、比例 (R)、P-P 圖、Q-Q 圖等。

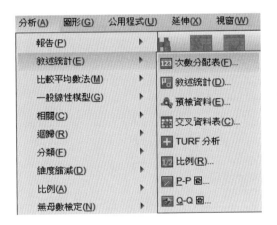

「次數」主對話視窗中，左邊為資料檢視工作表中的所有變數名稱，即變數清單，右邊「變數 (V):」下的方格為選取的變數。當右邊方格是大方格情況下，表示從變數清單中可以一次選取一個或多個變項。對話視窗中的下方有五個鈕：「確定」、「貼上 (P)」、「重設 (R)」、「取消」、「說明」。按下「確定」鈕，統計分析結果會出現在文件輸出視窗；按下「貼上 (P)」鈕，會將視窗統計分析程序轉為函數語法指令，並將語法貼在語法視窗；按下「重設 (R)」鈕，之前所有選取的變數與視窗選項內容均還原成原來開啟的狀態；按下「取消」鈕會關閉主對話視窗。

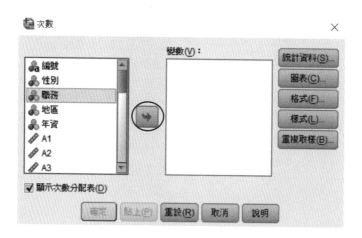

　　範例視窗介面為從左邊變數清單中選取性別變數至右邊「變數 (V):」下方格中，當點選右邊「變數 (V):」下方格的變數時，中間移動位置鈕符由 ➡ 變為 ⬅，表示此點選變數可以再選取至左邊變數清單中：

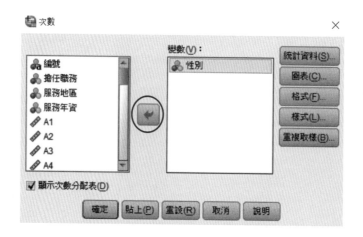

　　範例視窗介面為從左邊變數清單中同時點選擔任職務、服務地區、服務年資三個變數：

從變數清單中選取標的變數後，按中間向右移動鈕 ，可將選取的變數移至右邊「變數 (V):」下方格中。

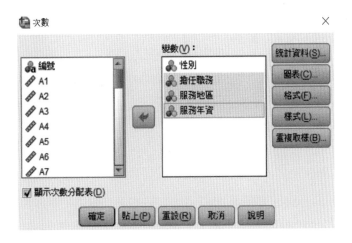

「次數」主對話視窗中，按下「確定」鈕，結果呈現在輸出文件視窗中。輸出文件之視窗與檔案總管操作類似，左邊為目次，右邊為目次對應的內容，目次前面的符號為＋，表示目次下方還有子目次，點選＋號可開啟下一層的子目次。

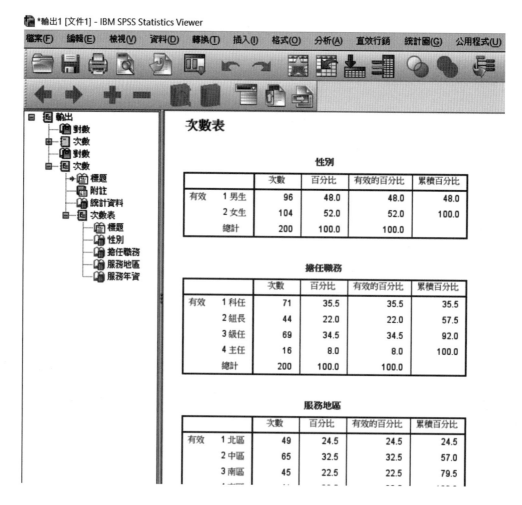

　　IBM SPSS 24 版本之結果輸出視窗，表格的第一欄增列灰底色彩，第二欄的「次數」改為「次數分配表」，表示的均是水準數值或水準群組有效的個數 (有效樣本觀察值或受試者的個數)。

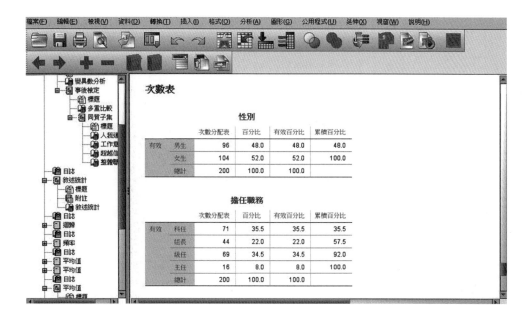

次數

統計資料

		性別	擔任職務	服務地區	服務年資
N	有效	200	200	200	200
	遺漏	0	0	0	0

　四個變項的遺漏值橫列數值為 0，表示數據中均沒有遺漏值。

次數表

性別

		次數	百分比	有效的百分比	累積百分比
有效	1 男生	96	48.0	48.0	48.0
	2 女生	104	52.0	52.0	100.0
	總計	200	100.0	100.0	

擔任職務

		次數	百分比	有效的百分比	累積百分比
有效	1 科任	71	35.5	35.5	35.5
	2 組長	44	22.0	22.0	57.5
	3 級任	69	34.5	34.5	92.0
	4 主任	16	8.0	8.0	100.0
	總計	200	100.0	100.0	

　　次數分配表中的第一欄為水準數值編碼與其群組標記，第二欄次數為各水準群組的個數，第三欄百分比為第二欄次數除以有效樣本觀察值總數 (200)，因為沒有遺漏值，所以第二欄的次數均為有效樣本觀察值，第五欄為累積百分比。擔任職務因子變項中的水準數值 4 主任群組的樣本數只有 16，在平均數差異檢定中可以與水準數值 2 組長群組合併，群組名稱稱為「兼行政」之樣本觀察值。

服務地區

		次數	百分比	有效的百分比	累積百分比
有效	1 北區	49	24.5	24.5	24.5
	2 中區	65	32.5	32.5	57.0
	3 南區	45	22.5	22.5	79.5
	4 東區	41	20.5	20.5	100.0
	總計	200	100.0	100.0	

服務年資

		次數	百分比	有效的百分比	累積百分比
有效	1 5 年以下	12	6.0	6.0	6.0
	2 6-10 年	17	8.5	8.5	14.5
	3 11-15 年	39	19.5	19.5	34.0
	4 16-20 年	40	20.0	20.0	54.0
	5 21-25 年	35	17.5	17.5	71.5
	6 26 年以上	57	28.5	28.5	100.0
	總計	200	100.0	100.0	

服務年資水準數值 1「5 年以下」群組的樣本數只有 12 位、水準數值 2「6-
10 年」群組的樣本數只有 17 位，在平均數差異檢定中可以將這二個水準群組的
觀察值合併，水準群組命名稱為「10 年以下」，服務年資因子變項從六個水準
群組簡化為五個水準群組。

「次數」主對話視窗中，按下「貼上 (P)」鈕，次數分配對應的語法指令輸
出在語法視窗中：

輸出結果 (IBM SPSS Statistics 檢視器) 視窗介面的表格可以直接複製到文書
處理軟體中，複製的表格數可以一個或多個。

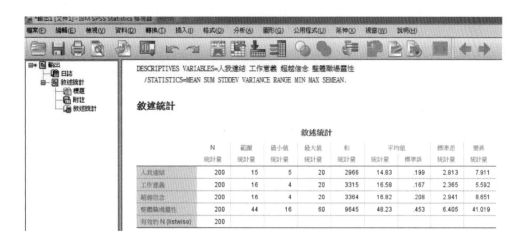

若是使用者要將 IBM SPSS Statistics 檢視器視窗介面中的所有表格數據輸出
至文書處理軟體，可以執行功能表列「檔案 (F)」/「匯出 (T)」程序，開啟「匯
出輸出」對話視窗。

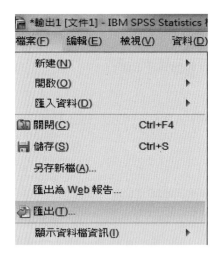

　　「匯出輸出」對話視窗，內定的匯出的檔案類型為 (*.doc)，按中間「檔名 (F)」最右邊「瀏覽 (B)」鈕，選取文件檔案儲存的資料夾與鍵入資料檔檔名後，按「儲存 (S)」鈕後，回到「匯出輸出」對話視窗，按「確定」鈕。

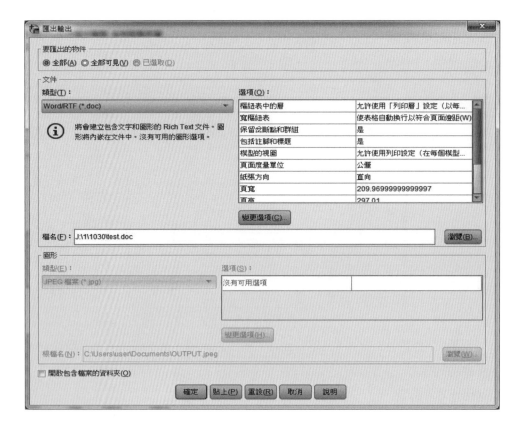

　　「匯出輸出」主對話視窗中，按中間「檔名 (F)」最右邊「瀏覽 (B)」鈕後可以開啟「儲存檔案」次對話視窗，文件儲存的檔名鍵入 test，按「儲存 (S)」鈕後，會回到「匯出輸出」主對話視窗。

　　開啟文書檔案「test.doc」的視窗介面圖示如下：

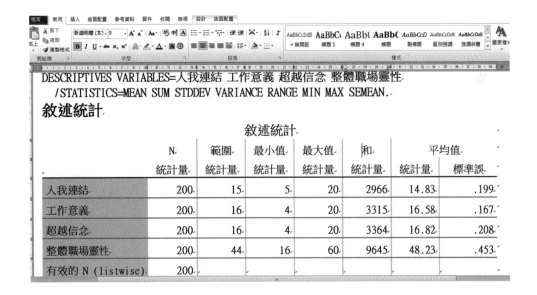

DESCRIPTIVES VARIABLES=人我連結 工作意義 超越信念 整體職場靈性
/STATISTICS=MEAN SUM STDDEV VARIANCE RANGE MIN MAX SEMEAN.

敘述統計

敘述統計

	N	範圍	最小值	最大值	和	平均值	
	統計量	統計量	統計量	統計量	統計量	統計量	標準誤
人我連結	200	15	5	20	2966	14.83	.199
工作意義	200	16	4	20	3315	16.58	.167
超越信念	200	16	4	20	3364	16.82	.208
整體職場靈性	200	44	16	60	9645	48.23	.453
有效的 N (listwise)	200						

肆、資料檔排序

　　以 15 位學生之閱讀素養之資料檔為例，閱讀素養為二分類別變項 (水準數

值 1 為精熟、水準數值 0 為普通)、家庭型態為二分類別變項 (水準數值 1 為單親家庭、水準數值 0 為完整家庭)；家人支持、學習動機、家庭資本、學習成就四個變項為計量變項，範例以學習成就測量值的高低進行排序。

　　排序方式有二種，一為遞增排列 (由最低分至最高分)、二為遞減排列 (由最高分至最低分)。執行功能表列「資料 (D)」/「觀察值排序 (D)」程序，開啟「對觀察值排序」對話視窗。從變數清單中選取學習成就排序變項至右邊「排序方式 (S)」下方框中，「排序順序」方盒內定選項為「⊙遞增 (A)」，採用內定選項，按「確定」鈕。

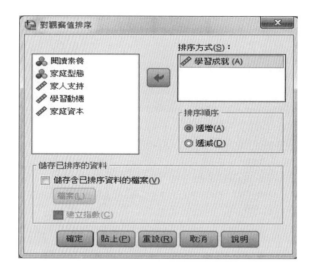

　　資料檔依學習成就計量變項遞增排序結果：

閱讀素養	家庭型態	家人支持	學習動機	家庭資本	學習成就
0	1	17	23	15	55
0	1	18	22	15	55
0	1	15	30	15	57
0	1	16	31	15	57
0	1	13	25	6	57
0	1	14	22	5	58
1	0	10	23	19	60
1	0	10	21	19	60

閱讀素養	家庭型態	家人支持	學習動機	家庭資本	學習成就
1	0	12	19	20	62
1	0	9	16	21	62
1	0	11	19	25	62
1	0	9	21	14	63
0	1	16	23	4	71
0	1	18	20	5	71
0	1	14	28	4	71

　　資料檔遞增排序後，若研究者想選取或界定樣本在學習成就變項後 27% 的觀察值 (= .27 * 15 = 4.05 ≒ 4)(樣本觀察值第 4 位)，則低學業成就群體為學習成就測量值小於等於 57 分的樣本觀察值。

　　「對觀察值排序」對話視窗中，若要遞減排列，從變數清單中選取學習成就排序變項至右邊「排序方式 (S)」下方框中，點選方框內「學習成就 (D)」變項，「排序順序」方盒選項點選「⊙遞減 (D)」，其上方框內訊息由「學習成就 (A)」變為「「學習成就 (D)」，按「確定」鈕。

　　資料檔依學習成就計量變項遞減排序結果如下。資料檔遞減排序後，若研究者想選取或界定樣本在學習成就變項前 27% 的觀察值 (= .27 * 15 = 4.05 ≒ 4)(樣

本觀察值第 4 位)，則高學業成就群體為學習成就測量值大於等於 63 分的樣本觀察值。

閱讀素養	家庭型態	家人支持	學習動機	家庭資本	學習成就
0	1	16	23	4	71
0	1	18	20	5	71
0	1	14	28	4	71
1	0	9	21	14	63
1	0	12	19	20	62
1	0	9	16	21	62
1	0	11	19	25	62
1	0	10	23	19	60
1	0	10	21	19	60
0	1	14	22	5	58
0	1	15	30	15	57
0	1	16	31	15	57
0	1	13	25	6	57
0	1	17	23	15	55
0	1	18	22	15	55

　　「對觀察值排序」(觀察值排序) 對話視窗中，被選取至右邊「排序方式 (S)」下方框內的變項若有二個，表示排序時先依第一個變項進行遞增 (或遞減) 排列，第一個變項測量值相同時，再依第二個變項進行遞增 (或遞減) 排列。範例點選至「排序方式 (S)」下方框內的變項有「學習成就 (A)」變項、「家庭資本 (A)」變項，二個變項之樣本觀察值都是進行遞增排列：

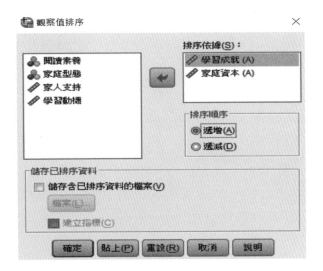

資料檔依學習成就、家庭資本測量值進行遞增排列結果如下：

閱讀素養	家庭型態	家人支持	學習動機	家庭資本	學習成就
0	1	17	23	15	55
0	1	18	22	15	55
0	1	13	25	6	57
0	1	15	30	15	57
0	1	16	31	15	57
0	1	14	22	5	58
1	0	10	23	19	60
1	0	10	21	19	60
1	0	12	19	20	62
1	0	9	16	21	62
1	0	11	19	25	62
1	0	9	21	14	63
0	1	16	23	4	71
0	1	14	28	4	71
0	1	18	20	5	71

「對觀察值排序」(觀察值排序) 主對話視窗的方盒「□」選項內定未勾選，

如果勾選「☑儲存含已排序資料的檔案 (V)」選項，表示排序後的新資料檔可以直接儲存，範例視窗介面勾選「☑儲存含已排序資料的檔案 (V)」選項，按「檔案 (L)」鈕，開啟「將已排序資料另存為」次對話視窗，選取新資料檔的資料夾與鍵入新資料檔名，範例新資料檔檔名為「SORTDATA」，按「儲存 (S)」鈕。回到「對觀察值排序」(觀察值排序) 主對話視窗。

「對觀察值排序」(觀察值排序) 主對話視窗之下面「檔案 (L)」鈕右邊出現排序後資料檔儲存的資料夾與檔名，按「確定」鈕，可直接將依學習成就計量變項進行遞減排序的資料檔儲存。

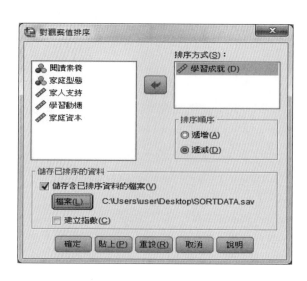

Chapter **3**

圖表編修

壹、長條圖

　　次數分配表主對話視窗中，按「圖表 (C)」鈕，可以開啟「次數：圖表」次對話視窗。

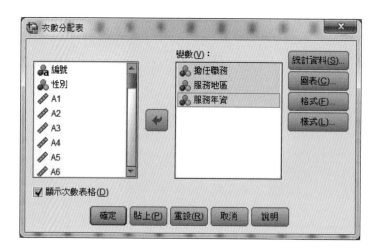

　　「次數：圖表」次對話視窗的「圖表類型」方盒共有四個選項：無、長條圖、圓餅圖、直方圖。長條圖、圓餅圖適用的變項為間斷變項，直方圖適用的變項為計量變項 (連續變項)。範例之人口變項為因子變項，選取「⊙長條圖」選項，按「繼續」鈕，回到「次數分配表」主對話視窗，按「確定」鈕。

　　選取的人口變項除輸出其次數分配表外，會增列繪製各人口變項的長條圖，編修圖表時，將滑鼠放在圖形上，會出現「連按兩下來啟動」字元，連按滑鼠左鍵兩下可以啟動圖表編輯器視窗。

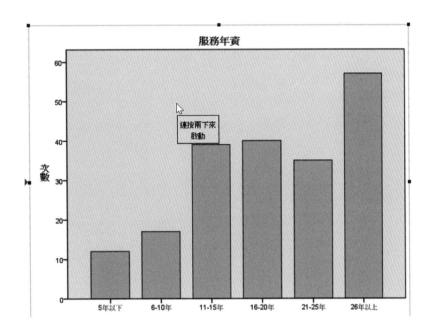

圖表編輯器視窗的圖表編修與試算表類似，先選取標的物件，再按右鍵，選取功能表第一個按鈕「屬性視窗」。

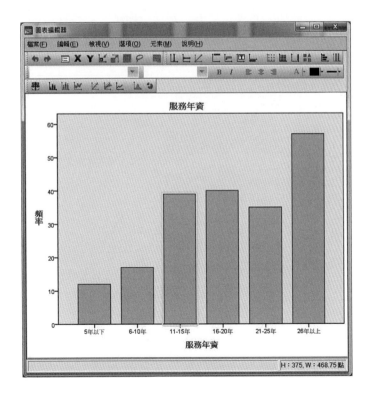

　　範例視窗介面為選取長條圖物件，按右鍵後出現的快顯功能表，使用者若要增列長條圖中的數值標記，點選「顯示資料標籤 (D)」選項。

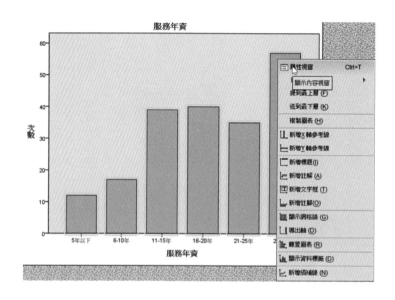

　　「顯示資料標籤 (D)」啟動的「內容」對話視窗，或增列數值資料標籤後，點選數值標記，在快顯功能表選單選取「屬性視窗」，也可以打開「內容」對話視窗。視窗包括填入與邊框、數字格式、資料值標籤、變數、圖表大小、文字布置、文字樣式等交談窗按鈕。

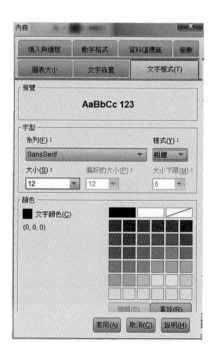

　　點選長條圖物件，選取快顯功能表選單「屬性視窗」，打開的「內容」對話視窗介面如下，視窗包括圖表大小、填入與邊框、種類、長條圖選項、深度與角度、變數等交談窗按鈕。

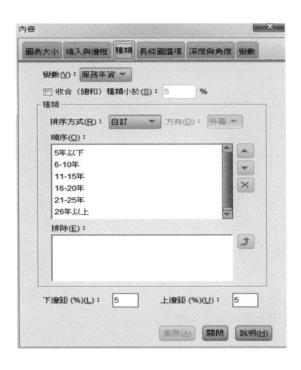

　　編修後擔任職務因子變項的長條圖，「深度與角度」交談窗之圖形效果方盒選取「陰影」：

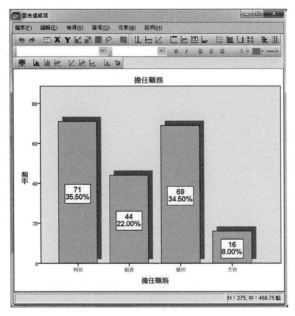

　　編修後服務年資因子變項的長條圖，「深度與角度」交談窗之圖形效果方盒
選取「3D」：

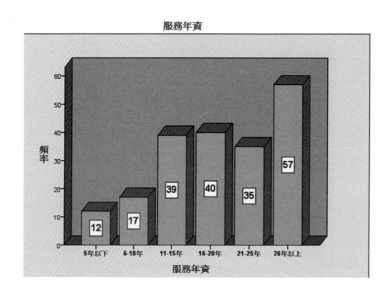

　　「顯示資料標籤」選項內定顯示的資料為次數 (計數)，如要增列水準群組的
百分比，將「百分比」選項向上點選。

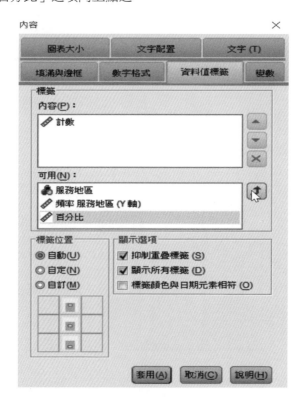

退出圖表編輯器視窗，執行功能表列「檔案 (F)」/「關閉 (C)」程序。

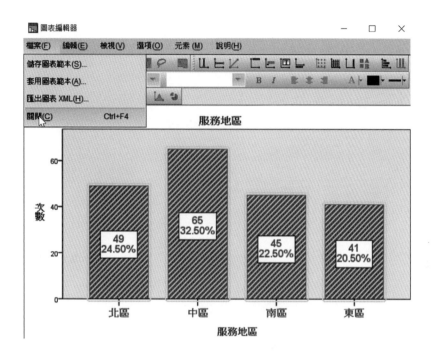

貳▸圓餅圖

「次數：圖表」次對話視窗中，選取「圓餅圖 (P)」選項可以繪製因子變項的圓餅圖。

在圖表上連按滑鼠左鍵二下開啟圖表編輯器視窗，滑鼠停留在圖表上，按右鍵，出現快顯功能表，快顯功能表最常用到的選單為「屬性視窗」、「顯示資料標籤 (D)」、「扇形分解 (E)」(最下面一個選單)，範例點選「顯示資料標籤 (D)」選項。

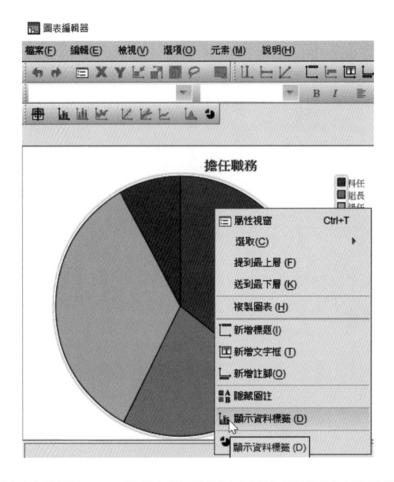

「顯示資料標籤 (D)」選項會於圓餅圖中增列各扇形區域水準群組的次數 (內定選項為計數)，圓餅圖一般會增列各扇形區域所占的百分比，於「可用」方盒中，點選「百分比」選項，按「將變數移至內容」之上移鈕，將「百分比」選項移至「內容」方盒中。

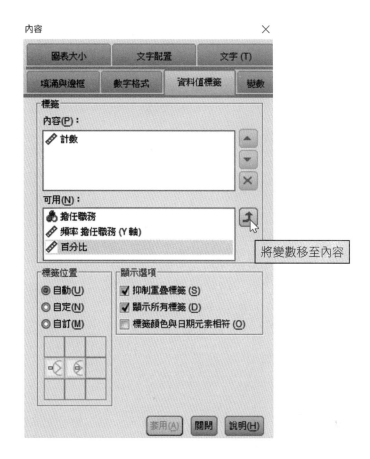

在「內容」對話視窗中，按「套用 (A)」鈕，可將對話視窗的設定或修改套用在圓餅圖中，範例圓餅圖各扇形區域增列次數與百分比統計量數。

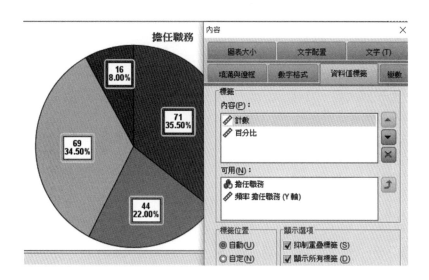

物件的編修或統計量數的修改，選取標的物件，選取快顯功能表的「屬性視窗」選項，範例只點選科任教師群組扇形區域 (原藍色區塊)，按右鍵出現快顯功能表，點選「屬性視窗」，開啟對應的「內容」對話視窗。

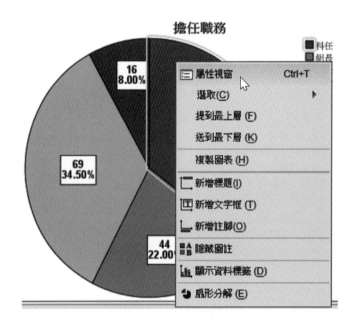

視窗圖示為「內容」對話視窗之「填滿與邊框」交談窗，交談窗可以設定扇形區域的顏色、邊框顏色與區域的樣式。

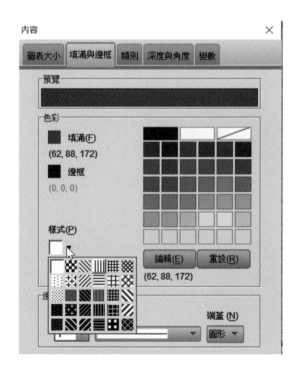

　　視窗圖示為「內容」對話視窗之「深度與角度」交談窗。圖形效果內定選項為「⊙平面」，另二個選項為「陰影」、「3D」。

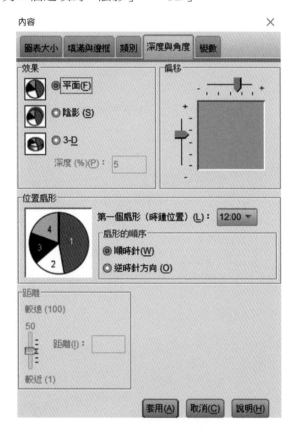

　　選取統計量數物件，「內容」對話視窗出現的交談窗鈕選項包括填滿與邊框、數字格式、資料值標籤、變數、圖表大小、文字配置、文字等七個，交談窗修改或設定後按「套用 (A)」鈕，可立即看到圖表編修後的情況。

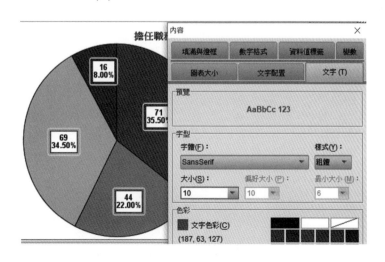

選取水準群組標記符號物件，「內容」對話視窗出現的交談窗鈕選項包括圖表大小、文字、類別、變數等四個選項。

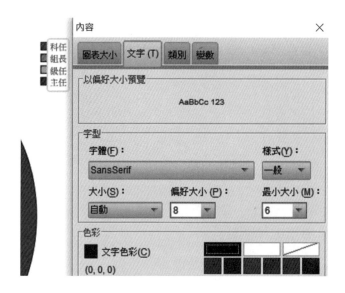

擔任職務的圓餅圖編修範例圖示如下，圖形效果採用內定選項，扇形區域中增列百分比量數。

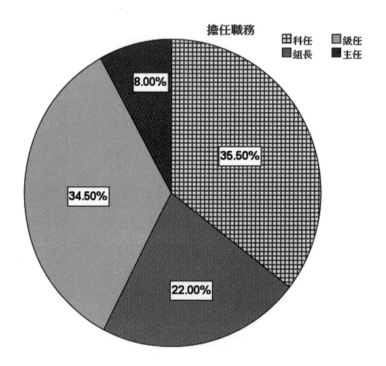

　　服務地區因子變項的圓餅圖編修範例圖示如下，圖形效果採用「陰影」，扇形區域中增列計數與百分比量數。

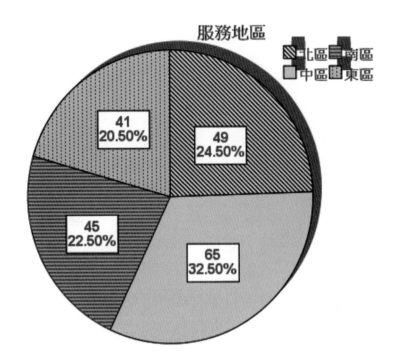

　　服務年資因子變項的圓餅圖編修範例圖示如下，圖形效果採用「3D」，扇形區域中增列計數與百分比量數。

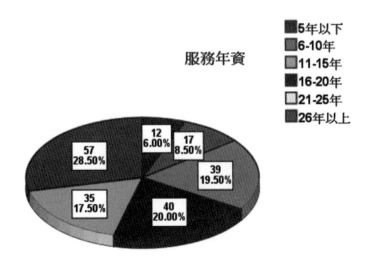

　　各扇形區域的標記文字使用者也可以增列，在快顯功能表中選取「新增文字框」選項，可以文字物件方式增列相關說明文字，如水準群組名稱。

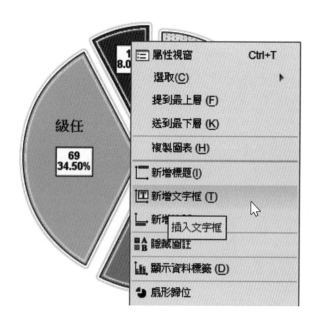

　　範例圓餅圖將扇形區域分解，並增列四個水準群組名稱於扇形區域之中或附近。

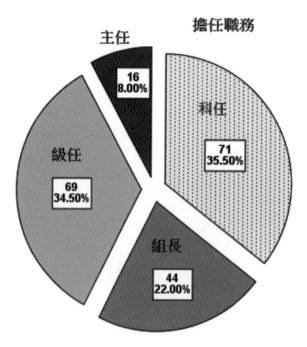

參◆盒形圖

範例為繪製整體職場靈性的盒形圖圖表。執行功能表列「統計圖 (G)」/「歷史對話記錄 (L)」/「盒形圖 (X)」程序，開啟「盒形圖」對話視窗。

IBM SPSS 24 版本之統計軟體開啟「盒形圖」對話視窗的程序為執行「圖形 (G)」/舊式對話框 (L)/「盒形圖 (X)」。

在「盒形圖」對話視窗中點選「簡單」圖示，按「定義」鈕。

　　「定義簡單盒形圖：採觀察值組別之摘要」次對話視窗，從變數清單中選取「整體職場靈性」變項至右邊「變數 (V)」下方框中，選取因子變項「性別」至右邊「類別軸 (C)」下方框內，按「確定」鈕。

　　性別變項二個水準群組在整體職場靈性變項之盒形圖如下，盒形圖中間的橫線為第二個四分位數 Q_2，盒形圖上的橫線為第三個四分位數 Q_3、盒形圖下的橫線為第一個四分位數 Q_1，盒形圖本身高度為四分位距 (IQR)(第三個四分位數 − 第一個四分位數 = $Q_3 - Q_1$)，因為會有 50% 的樣本觀察值在盒子中。最上面的短線為第三個四分位數 + 1.5 × IQR、最下面短線為第一個四分位數 −1.5 × IQR，上下二個短橫線外之圓形符號為離異值、星號為極端值。

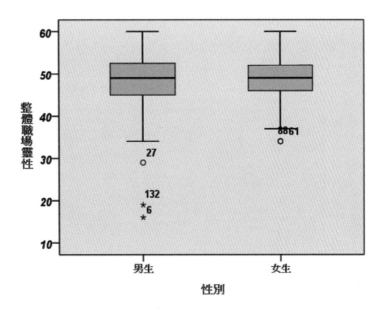

　　開啟圖表編輯器視窗，選取物件按右鍵出現快顯功能表，快顯功能表的選單可以對物件進行編修，通用的選單為「屬性視窗」。

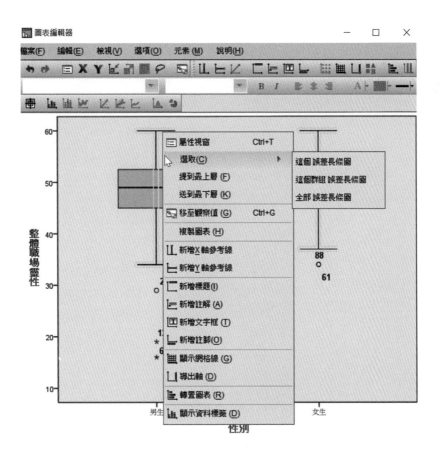

　　圖示為性別變項二個水準群組在整體職場靈性變項之盒形圖 (已編修過)，男生群體與女生群體之中位數大致在相同橫列位置上。男生群體之盒子高度大於女生群體的盒子高度，表示男生教師群體的 IQR 值 > 女生教師群體的 IQR 值。

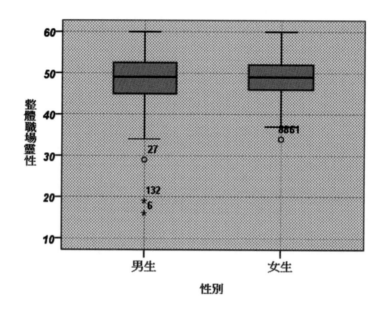

　　男生教師群體的中位數為 49，第一個四分位數 Q_1、第二個四分位數 Q_2、第三個四分位數 Q_3 為 45、49、52；女生教師群體的中位數為 49，第一個四分位數 Q_1、第二個四分位數 Q_2、第三個四分位數 Q_3 為 46、49、52；男生群體的 IQR 值 = 52 – 45 = 7、女生群體的 IQR 值 = 52 – 46 = 6。

統計資料

整體職場靈性

1 男生	N	有效		96
		遺漏		0
	平均數			47.77
	中位數			49.00
	百分位數	25		45.00
		50		49.00
		75		52.75
2 女生	N	有效		104
		遺漏		0
	平均數			48.64
	中位數			49.00
	百分位數	25		46.00
		50		49.00
		75		52.00

　　上述性別因子變項之描述性統計量執行程序為先將資料檔分割,再執行次數分配表。

1. 執行功能表列「資料 (D)」/「分割檔案 (F)」程序,選取「◉比較群組 (C)」選項,從變數清單中點選因子變項「性別」至右邊「群組依據 (G)」下方框中。

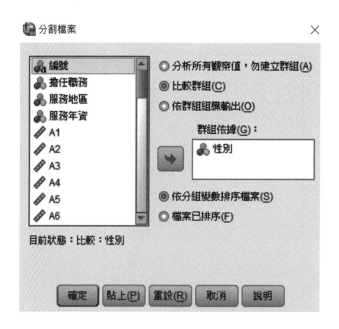

2. 次數分配表主對話視窗被選取的變項為「整體職場靈性」，「次數：統計量」次對話視窗勾選的選項為「☑四分位數」、「☑平均數」、「☑中位數」。

　　範例視窗介面圖示繪製不同合併擔任職務因子變項在整體教師幸福感的盒形圖。

　　「定義簡單盒形圖：採觀察值組別之摘要」次對話視窗，從變數清單中選取「整體幸福感」變項至右邊「變數 (V)」下方框中，選取因子變項「合併擔任職務」至右邊「類別軸 (C)」下方框內，按「確定」鈕。

編修後的盒形圖如下，就第二個四分位數數值大小排序而言，兼行政組>級任組>科任組，三個水準群組的中位數 (第二個四分位數) 分別為 57、60、59。：

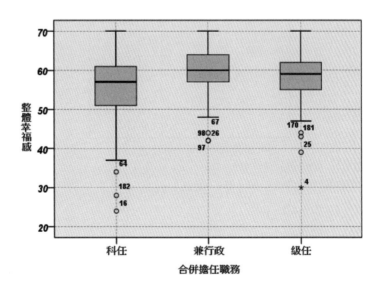

合併擔任職務 = 科任

統計資料[a]

整體幸福感

N	有效		71
	遺漏		0
平均數			55.77
中位數			57.00
百分位數	25		51.00
	50		57.00
	75		61.00

a. 合併擔任職務 = 1 科任

　　科任群體的中位數為 57、第一個四分位數 Q_1、第二個四分位數 Q_2、第三個四分位數 Q_3 為 51、57、61。

合併擔任職務 = 兼行政

統計資料[a]

整體幸福感

N	有效	60
	遺漏	0
平均數		59.62
中位數		60.00
百分位數	25	57.00
	50	60.00
	75	64.00

a. 合併擔任職務 = 2 兼行政

　　兼行政群體的中位數為 60、第一個四分位數 Q_1、第二個四分位數 Q_2、第三個四分位數 Q_3 為 57、60、64。

合併擔任職務 = 級任

統計資料[a]

整體幸福感

N	有效		69
	遺漏		0
平均數			58.12
中位數			59.00
百分位數	25		54.50
	50		59.00
	75		62.50

a. 合併擔任職務 = 3 級任

　　級任群體的中位數為 59、第一個四分位數 Q_1、第二個四分位數 Q_2、第三個四分位數 Q_3 為 54.5、59、62.5。

肆、線形圖

　　執行功能表列「圖形 (G)」/舊式對話框 (L)/「線形圖 (L)」程序，繪製變項的線形圖。

　　範例繪製因子變項服務地區四個水準群組個數變化的線形圖。「線形圖」對話視窗中點選「簡單」圖示選項，按「定義」鈕，開啟「定義簡單線形圖：採觀察值組別之摘要」次對話視窗。

　　「定義簡單線形圖：採觀察值組別之摘要」對話視窗，「線形圖表示」方盒內定選項為「⊙觀察值個數」，從變數清單中點選服務地區因子變項至右邊「類別軸 (X)」下方框中，按「確定」鈕。

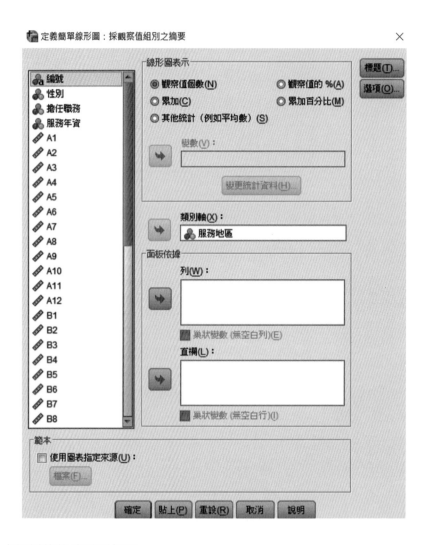

　　未經編修的線形圖如下：

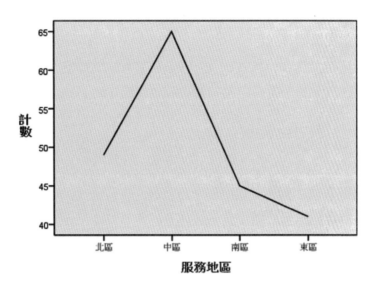

　　圖表編輯器視窗中，選取線形圖出現的快顯功能表，可以增列直線標記、顯示網格線、顯示資料標籤、新增 X 軸參考線、新增 Y 軸參考線等。

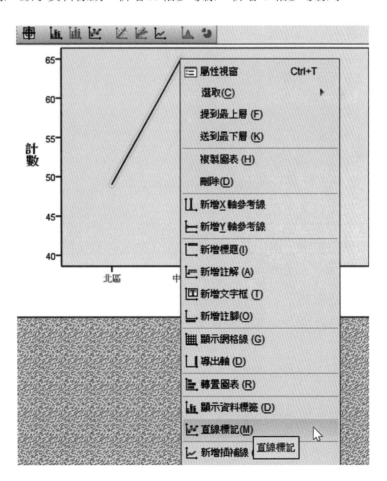

增列直線標記與網格線的線形圖如下：

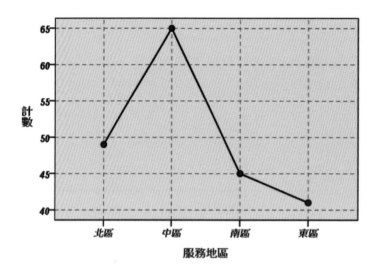

增列水準數值群體數值標籤的線形圖如下：

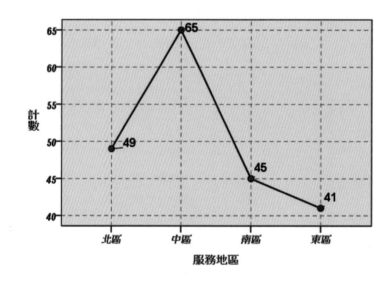

　　視窗介面為繪製因子變項服務地區四個水準群體在整體幸福感平均數的線形圖，「線形圖表示」方盒改選「⊙其他統計 (內定統計量為平均數)」選項，將整體幸福感變項點選至右邊「變數 (V)」下方框內，將因子變項服務地區點選至「類別軸 (X)」下方框內。

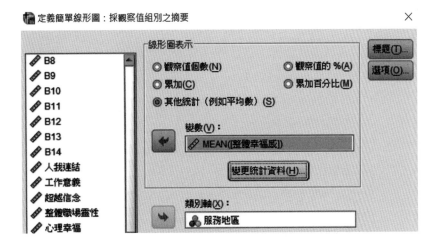

編修後的線形圖如下：

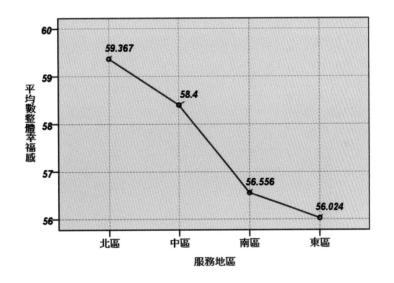

伍、立體長條圖

　　執行功能表列「圖形 (G)」/舊式對話框 (L)/「立體長條圖 (3)」程序，繪製二個變項之立體長條圖。

　　範例繪製因子變項性別二個水準群組與擔任職務四個水準群組個數變化的立體長條圖。「立體長條圖」對話視窗選取內定選項，「X 軸代表」方盒的選項為「⊙觀察值群組 (G)」、「Z 軸代表」方盒內定的選項為「⊙觀察值群組 (R)」，按「定義」鈕，開啟「定義立體長條圖：觀察值群組的摘要」次對話視窗。

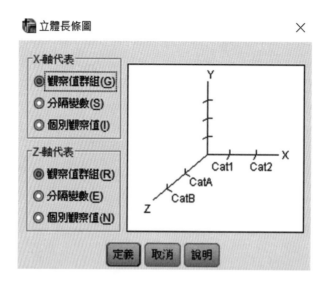

　　「定義立體長條圖：觀察值群組的摘要」次對話視窗中，中間「X 類別軸」選取的變項為「性別」、「Z 類別軸」選取的變項為「擔任職務」，按「確定」鈕。

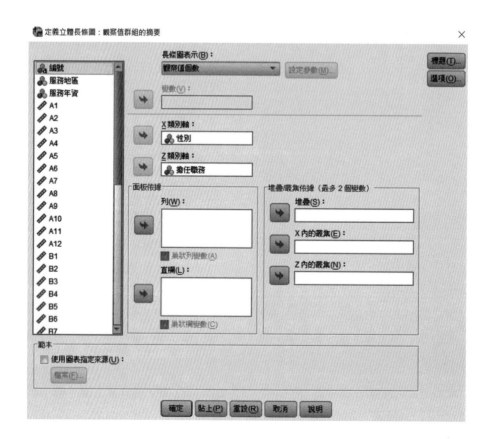

性別與擔任職務之立體長條圖如下：

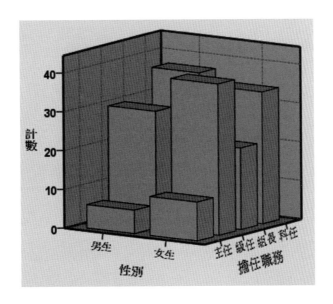

　　範例立體長條圖之 X 軸為性別因子變項、Z 軸為服務地區因子變項，長條圖表示的統計量為平均數 (M)，標的變數為整體職場靈性。「定義立體長條圖：觀察值群組的摘要」次對話視窗之「長條圖表示」下拉選單原定選項為「觀察值個數」，視窗介面改選取「平均數 (M)」選項。

　　「定義立體長條圖：觀察值群組的摘要」次對話視窗中，「變數 (V)」項下方框選取的變項為「整體職場靈性」；中間「X 類別軸」選取的變項為「性別」、「Z 類別軸」選取的變項為「服務地區」，按「確定」鈕。

立體長條圖物件的快顯功能表如下：

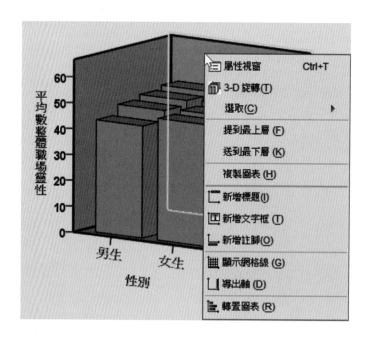

編修後的立體長條圖圖示如下：

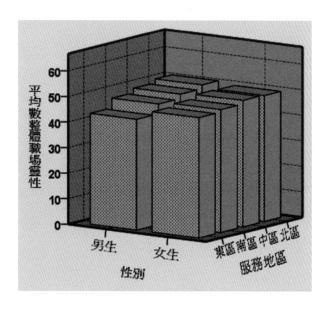

水準數值群組的合併

「服務年資」因子變數中，有二個水準群組的樣本觀察值較少，水準數值1之 5 年以下教師群組、水準數值 2 之 6-10 年教師群組，二個水準群組樣本觀察值各只有 12、17，在平均數差異檢定程序中，最好將此二個水準群組的樣本觀察值合併，如此，水準群組間之個數才不會差距較大，二個水準群組合併後的群組名稱為「10 年以下」，合併後的因子變項界定為「合併服務年資」。「服務年資」因子變項合併前與合併後的水準數值編碼與水準群組標記名稱如下表：

原水準數值編碼		次數	新水準數值編碼	水準標記	水準數值重新編碼
有效	1 5 年以下	12	1 (1、2 --> 1)	10 年以下	1 --> 1
	2 6-10 年	17			2 --> 1
	3 11-15 年	39	2 (3 --> 2)	11-15 年	3 --> 2
	4 16-20 年	40	3 (4 --> 3)	16-20 年	4 --> 3
	5 21-25 年	35	4 (5 --> 4)	21-25 年	5 --> 4
	6 26 年以上	57	5 (6 --> 5)	26 年以上	6 --> 5

擔任職務因子變項四個水準群組的個數分別為 71、44、69、16，其中主任群組 (水準數值編碼 4) 的樣本觀察值只有 16 位，與其他三個水準群組個數差異較大。在平均數的差異檢定中，避免水準群組間個數差異過於懸殊，將水準群組 2 (組長群組) 與水準群組 4 (主任群組) 合併，合併後的變項名稱界定為「兼行政群組」，三個水準群組分別為科任群組 (水準數值編碼 1)、兼行政群組 (水準數值編碼 2)、級任群組 (水準數值編碼 3)。

平均數差異檢定程序之因子變項水準群組的合併時，合併後的新群組名稱與其他水準群體名稱比較之下，是可作為有意義的參照組或比較組，若是合併後水準群體的群組名稱無法作為參照組或比較時，則合併的實質意義不大，此時，可以將樣本觀察值的水準群組從平均數差異檢定程序中排除。

擔任職務因子變項合併前與合併後的水準數值編碼與水準群組標記名稱如下表：

原水準數值編碼		次數	新水準數值編碼	水準標記	水準數值重新編碼
有效	1 科任	71	1	科任	1 --> 1
	2 組長	44	2	兼行政	2 --> 2
	3 級任	69	3	級任	3 --> 3
	4 主任	16	2		4 --> 2

「合併擔任職務」因子變項的次數分配表如下：

合併擔任職務

		次數	百分比	有效的百分比	累積百分比
有效	1 科任	71	35.5	35.5	35.5
	2 兼行政	60	30.0	30.0	65.5
	3 級任	69	34.5	34.5	100.0
	總計	200	100.0	100.0	

服務年資合併後之「合併服務年資」變項的次數分配表如下：

合併服務年資

		次數	百分比	有效的百分比	累積百分比
有效	1 10 年以下	29	14.5	14.5	14.5
	2 11-15 年	39	19.5	19.5	34.0
	3 16-20 年	40	20.0	20.0	54.0
	4 21-25 年	35	17.5	17.5	71.5
	5 26 年以上	57	28.5	28.5	100.0
	總計	200	100.0	100.0	

壹、擔任職務變項水準群組的合併

執行功能列「轉換 (T)」/「重新編碼成不同變數 (R)」的程序，出現「重新編碼成不同變數」主對話視窗。

　　「重新編碼成不同變數」主對話視窗中，右邊之「輸出之新變數」方盒之「名稱 (N)：」選項下方格為界定新因子變項的名稱。中間「輸入變數 (V) -> 輸出變數：」下方格為要進行重新編碼的變項，原始變項 (輸入變項) 必須從左邊變數清單中點選：

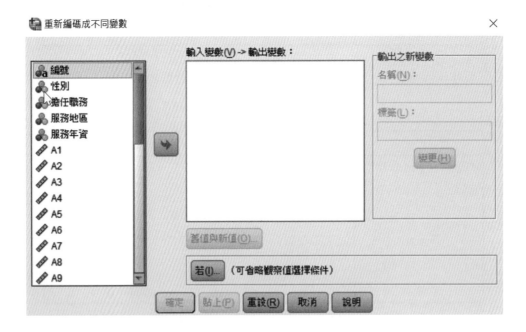

　　將左邊變數清單的目標變數「擔任職務」點選至右邊「數值變數 -> 輸出變數：」下的方格中，點選「擔任職務」變項至右邊「數值變數 -> 輸出變數：」下方格後，出現的訊息為「擔任職務 --> ?」，「?」表示新變項尚未界定。在「輸出之新變數」方盒中「名稱 (N)：」下的方格鍵入新分組變數名稱「合併擔任職務」。

按「變更 (H)」鈕，於「數值變數 --> 輸出變數」下的方格中，文字由「擔任職務 --> ？」變更為「擔任職務 --> 合併擔任職務」，表示新變項名稱為「合併擔任職務」，按「舊值與新值 (O)...」鈕，開啟「重新編碼成不同變數：舊值與新值」次對話視窗。

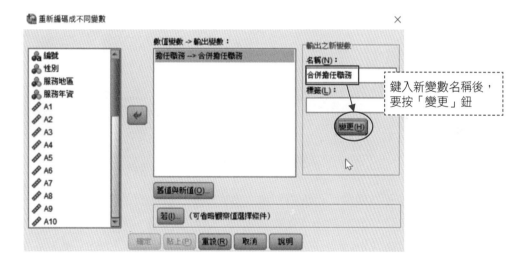

左邊「舊值」方盒中點選第一個選項「⊙數值 (V)」，在其下的方格中輸入原資料檔中的水準數值「1」→右邊「新值為」方盒中，點選「⊙數值 (L)」，在其右邊的方格中鍵入「1」→按「新增 (A)」鈕，「舊值 --> 新值 (D)」下的方盒中會出現「1 --> 1」的訊息。依此操作程序，重複鍵入舊值與新值內「數值」項方格的數值：

「舊值」方盒	「新值為」方盒		
「⊙數值 (V)：」下方格鍵入	「⊙數值 (L)：」右方格鍵入		「舊值 --> 新值 (D)：」下的方格符號
2	2	按「新增」鈕	2 --> 2
3	3	按「新增」鈕	3 --> 3
4	2	按「新增」鈕	4 --> 2

　　「重新編碼成不同變數：舊值與新值」次對話視窗中，若是原數值與新數值相同，則「新值為」方盒的選項可以直接選取「⊙複製舊值」選項，採用此操作程序，舊值與新值內「數值」項方格的數值對照表如下：

「舊值」方盒	「新值為」方盒		
「⊙數值 (V)：」下方格鍵入	「⊙數值 (L)：」右方格鍵入		「舊值 --> 新值 (D)：」下的方格符號
1	輸入數值 1 或點選「⊙複製舊值」選項	按「新增」鈕	1 --> 1 (1 --> Copy)
2	⊙複製舊值 (P)	按「新增」鈕	2 --> Copy
3	⊙複製舊值 (P)	按「新增」鈕	3 --> Copy
4	2	按「新增」鈕	4 --> 2

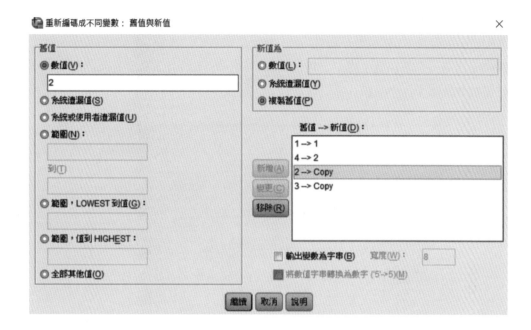

　　在「重新編碼成不同變數：舊值與新值」次對話視窗，按「繼續」鈕，回到「重新編碼成不同變數」主對話視窗，按「確定」鈕。

　　上述按下「確定」鈕後在變數檢視工作表中增列一個「合併擔任職務」的新變項，變項有三個水準群組。

「變數視圖」工作表介面中，於「合併擔任職務」橫列變數與「數值」直行
選項之交叉方格右方點選一下，開啟「數值標籤」對話視窗，界定三個水準數值
的群組名稱，水準數值 1 界定為科任教師群組、水準數值 2 界定為兼行政教師群
組、水準數值 3 界定為級任教師群組。

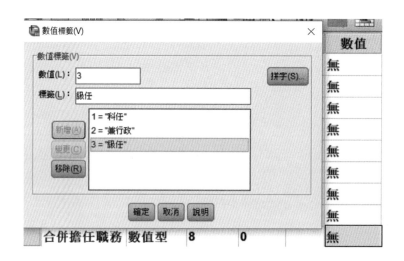

貳、服務年資變項水準群組的合併

執行功能列「轉換 (T)」/「重新編碼成不同變數 (R)」的程序，出現「重新
編碼成不同變數」主對話視窗，按「重設 (R)」鈕，將之前重新編碼的內容清
除，還原成原始設定。

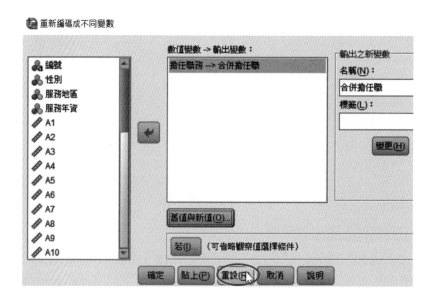

　　將左邊變數清單的目標變數「服務年資」點選至右邊「數值變數-->輸出變數：」下的方格中。

　　在「輸出之新變數」方盒中「名稱 (N)：」下的方格鍵入新分組變數名稱「合併服務年資」，按「變更 (H)」鈕，方格中間的訊息變成「服務年資-->合併服務年資」。按「舊值與新值 (O)...」鈕，開啟「重新編碼成不同變數：舊值與新值」次對話視窗。

　　左邊「舊值」方盒中點選第一個選項「⊙數值 (V)」，在其下的方格中輸入原資料檔中的水準數值「1」→右邊「新值為」方盒中，點選「⊙數值 (L)」，在

其右邊的方格中鍵入「1」→按「新增 (A)」鈕，「舊值 --> 新值 (D)」下的方盒中會出現「1 --> 1」的訊息。依此操作程序，重複鍵入舊值與新值內「數值」項方格的數值：

「舊值」方盒	「新值為」方盒		「 舊 值 --> 新 值 (D)：」下的方格符號
「⊙數值 (V)：」下方格鍵入	「⊙數值 (L)：」右方格鍵入		
2	1	按「新增」鈕	2 --> 1
3	2	按「新增」鈕	3 --> 2
4	3	按「新增」鈕	4 --> 3
5	4	按「新增」鈕	5 --> 4
6	5	按「新增」鈕	6 --> 5

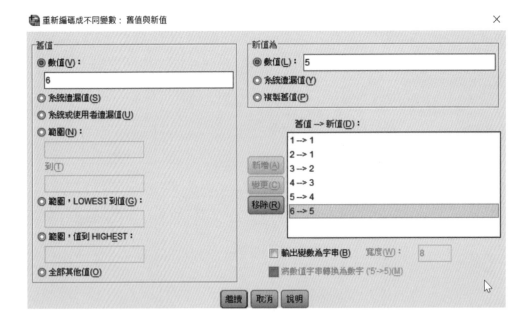

在「重新編碼成不同變數：舊值與新值」次對話視窗，按「繼續」鈕，回到「重新編碼成不同變數」主對話視窗，按「確定」鈕。

上述按下「確定」鈕後在變數檢視工作表中增列一個「合併服務年資」的新變項，變項有五個水準群組。

「變數視圖」工作表介面中，於「合併服務年資」橫列變數與「數值」直行

選項之交叉方格右方點選一下，開啟「數值標籤」對話視窗，界定五個水準數值的群組名稱，水準數值 1 界定為 10 年以下教師群組、水準數值 2 界定為 11-15 年教師群組、水準數值 3 界定為 16-20 年教師群組、水準數值 4 界定為 21-25 年教師群組、水準數值 5 界定為 26 年以上教師群組。

「合併服務年資」因子變項的水準數值文字標記，可以直接複製原「服務年資」因子變項的群組標記進行修改。

切換到變數視圖或變數檢視工作表，在服務年資橫列與數值直行交叉之方格上按一下右鍵，出現快顯功能表，點選「複製 (C)」選項。

	名稱	類型	寬度	小數	標籤	數值	
1	編號	字串	8	0		無	無
2	性別	數值型	8	0		{1, 男生}...	無
3	擔任職務	數值型	11	0		{1, 科任}...	無
4	服務地區	數值型	11	0		{1, 北區}...	無
5	服務年資	數值型	11	0		{1, 5年以下}	無
6	A1	數值型	11	0		無　複製(C)	
7	A2	數值型	11	0		無　貼上(P)　描述性統計資料(D)	
8	A3	數值型	11	0		無　格線字型(F)	

在合併服務年資橫列與數值直行交叉之方格上按一下右鍵，出現快顯功能表，點選「貼上 (P)」選項，可以將原來設定的水準數值群組標記複製到變項「合併服務年資」中。

39	整體幸福感	數值型	8	0		無	無
40	合併擔任職務	數值型	8	0		{1, 科任}...	無
41	合併服務年資	數值型	8	0		無	無
42						複製(C)	
43						貼上(P)	
44						描述性統計資料(D)	
						格線字型(F)	

在合併服務年資橫列與數值直行交叉之右邊方格上按一下，開啟「數值標籤 (V)」對話視窗，重新變更各水準數值之群組名稱標記，如點選選項 1，將水準數值 1 的標籤名稱更改為 10 年以下，按「變更」鈕，多餘的水準數值編碼可以將其點選後，按中間「移除 (R)」刪除。

變數視圖或變數檢視工作表之變數位置若要改變，直接選取標的變數名稱，按住滑鼠左鍵不放而上下移動變項位置，變項移動時，會出現一條紅色線條，此紅色線條為變項的位置所在：

	名稱	類型	寬度	小數	標籤	數值	遺漏	直欄	對齊	測量	角色
28	B11	數值型	11	0		無	無	3	靠右	尺度	輸入
29	B12	數值型	11	0		無	無	3	靠右	尺度	輸入
30	B13	數值型	11	0		無	無	3	靠右	尺度	輸入
31	B14	數值型	11	0		無	無	3	靠右	尺度	輸入
32	人我連結	數值型	8	0		無	無	5	靠右	尺度	輸入
33	工作意義	數值型	8	0		無	無	5	靠右	尺度	輸入
34	超越信念	數值型	8	0		無	無	5	靠右	尺度	輸入
35	整體職場靈性	數值型	8	0		無	無	5	靠右	尺度	輸入
36	心理幸福	數值型	8	0		無	無	5	靠右	尺度	輸入
37	情緒幸福	數值型	8	0		無	無	5	靠右	尺度	輸入
38	社會幸福	數值型	8	0		無	無	5	靠右	尺度	輸入
39	整體幸福感	數值型	8	0		無	無	5	靠右	尺度	輸入
40	合併擔任職務	數值型	8	0		{1, 科...	無	20	靠右	名義...	輸入
41	合併服務年資	數值型	8	0		{1, 10...	無	20	靠右	名義...	輸入
42											

資料視圖　變數視圖

求出合併擔任職務與合併服務年資因子變項的次數分配表：

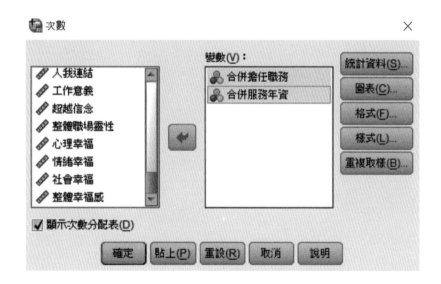

「次數」對話視窗中，從變數清單中點選「合併擔任職務」、「合併服務年
資」二個變項至右邊「變數 (V)：」下方框內，按「確定」鈕。

Chapter 5

增列量表向度變項

壹、量表反向題的重新編碼

　　教師職場靈性量表的第 5 題、第 10 題與教師幸福感量表的第 4 題、第 8 題為反向題，資料鍵入時並未反向計分，因而在進行向度變數的加總前，要將反向題題項的分數進行反向計分。「資料檢視」工作表前 15 筆樣本觀察值原始鍵入資料如下：

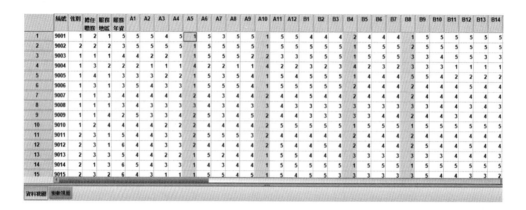

　　資料檔直行變數 A5、A10、B4、B8 反向計分後，資料檔前 15 筆樣本觀察值的數據如下，直行變數 A5、A10、B4、B8 的數值與原始鍵入的數值不相同，因為這四個直行變數的數值已重新編碼：

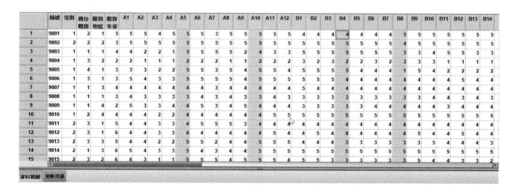

　　反向題重新編碼的程序如下：

◆ 一、重新編碼成同一變數

　　執行功能表列「轉換 (T)」/「重新編碼成同一變數 (S)」程序，開啟「重新

編碼成同一變數」對話視窗。

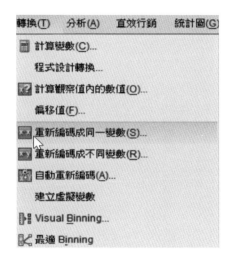

◆ 二、選取反向題題項

在「重新編碼成同一變數」對話視窗中，左邊為資料檔所有變數清單，右邊「變數 (V)：」下方格為從左邊變數清單中選取的反向題題項變數名稱，相同型態的李克特量表之反向題，由於反向計分的程序相同，因而可以一次進行多個反向題的重新編碼。

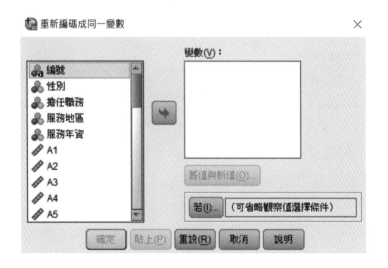

在「重新編碼成同一變數」對話視窗中，從左邊變數清單中選取反向題的題項變數 A5、A10、B4、B8 四個反向題題項變數至右邊「變數 (V)：」下方格

中，選入變數後，「舊值與新值 (O)」鈕會從灰色變成實體黑色，表示此按鈕可以使用，按下「舊值與新值 (O)」鈕，開啟「重新編碼成同一變數：舊值與新值」次對話視窗。

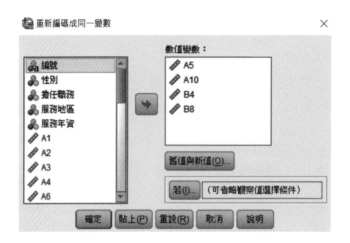

◆ 三、設定舊值與新值的關係

在「重新編碼成同一變數：舊值與新值」次對話視窗中，「舊值」方盒為原來的數值、「新值為」方盒為轉換後的新數值。範例視窗介面，「舊值」方盒中選取內定的「⊙數值 (V)：」選項，在其下方格鍵入數值 1；「新值為」方盒之「⊙數值 (L)：」選項右邊方格鍵入 5，按「新增」鈕。

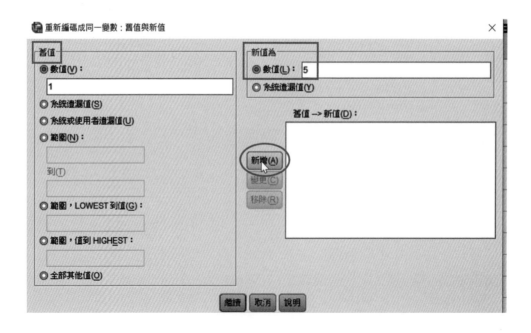

按下「新增」鈕後,中間「舊值 --> 新值 (D):」下的方格會出現「1 --> 5」的符號 (此符號表示原變項中的水準數值為 1 者轉換為水準數值 5)。

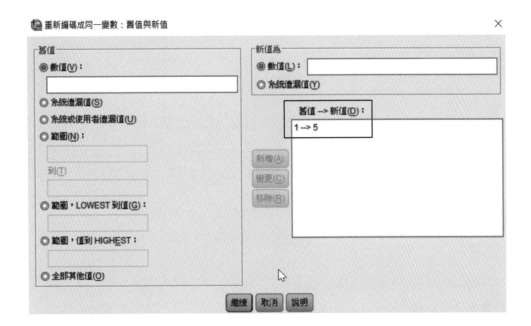

此圖示表示選取的直行變數量數中若測量值數值為 1 者,則重新編碼為 5。
依上述步驟,重複操作:

「舊值」方盒	「新值為」方盒		
「數值 (V):」下方格鍵入	「數值 (L):」右方格鍵入		「舊值 --> 新值 (D):」下的方格符號
2	4	按「新增」鈕	2 -->4
3	3	按「新增」鈕	3 --> 3
4	2	按「新增」鈕	4 --> 2
5	1	按「新增」鈕	5 --> 1

五點量表型態反向題測量題項,重新編碼的舊值與新值關係視窗介面如下:

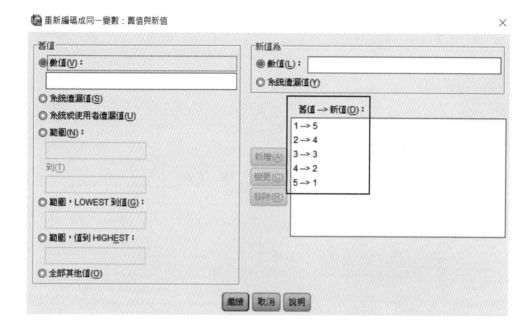

　　點選「舊值 --> 新值 (D)：」下的方格各列可以進行數值的變更或移除，範例視窗介面點選「3 --> 3」選項，按中間「移除 (R)」鈕，可將選項從「舊值 --> 新值 (D)：」下的方格移除，若數值有更動，則中間「變更 (C)」會從灰色變成黑體字，可以進行選項的變更程序。

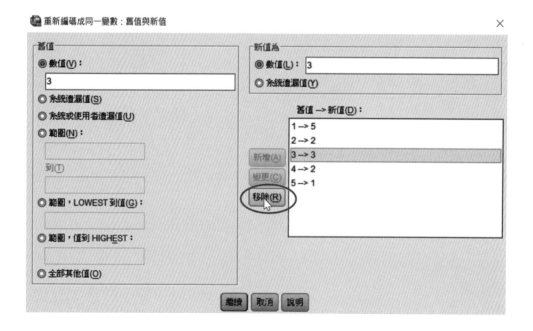

按「繼續」鈕，回到「重新編碼成同一變數」主對話視窗，按「確定」鈕。

在「重新編碼成同一變數」主對話視窗中，按「貼上 (P)」鈕，可以將操作程序之語法指令貼在語法視窗中，重新編碼成同一變數的語法指令如下：

```
DATASET ACTIVATE 資料集 1.
RECODE A5 A10 B4 B8 (1 = 5) (2 = 4) (3 = 3) (4 = 2) (5 = 1).
EXECUTE.
```

重新編碼成同一變數的函數為 RECODE：

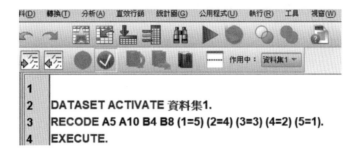

問卷輸入之原始資料檔前 15 筆資料數據如下：

編號	性別	擔任職務	服務地區	服務年資	A1	A2	A3	A4	A5	A6	A7	A8	A9	A10	A11	A12
9001	1	2	1	5	5	5	4	5	1	5	3	5	5	1	5	5
9002	2	2	2	3	5	5	5	5	1	5	5	5	5	1	5	5
9003	1	1	1	4	4	2	2	1	1	5	5	5	2	2	3	3
9004	1	3	2	2	2	1	1	1	4	2	2	1	1	4	2	2
9005	1	4	1	3	3	3	2	2	1	5	3	5	4	1	5	4
9006	1	3	1	4	4	3	3	3	1	5	5	5	4	1	5	5
9007	1	1	3	4	4	4	4	4	2	4	4	4	4	2	4	4
9008	1	1	1	3	4	3	3	3	3	4	3	4	3	3	4	3
9009	1	1	4	2	5	3	3	4	2	5	3	4	5	2	4	4
9010	1	2	4	4	4	2	2	2	2	4	4	4	5	2	5	5
9011	2	3	1	5	4	4	3	3	2	5	5	5	3	2	4	4

編號	性別	擔任職務	服務地區	服務年資	A1	A2	A3	A4	A5	A6	A7	A8	A9	A10	A11	A12
9012	2	3	1	6	4	4	3	3	2	4	4	4	4	2	5	4
9013	2	3	3	5	4	4	2	2	1	5	2	4	4	1	5	5
9014	2	1	3	6	5	4	3	3	1	4	3	4	4	1	5	5
9015	2	3	2	6	4	3	1	1	1	5	5	4	5	1	5	4

B1	B2	B3	B4	B5	B6	B7	B8	B9	B10	B11	B12	B13	B14
4	4	4	2	4	4	4	1	5	5	5	5	5	5
5	5	5	1	5	5	5	2	5	5	5	5	5	5
5	5	5	1	5	5	5	3	3	4	5	5	3	3
3	2	3	4	2	3	2	3	3	3	1	1	1	1
5	5	5	1	4	4	4	5	5	4	2	2	2	2
5	5	5	2	4	4	4	2	4	4	4	5	4	4
5	4	4	2	4	4	4	2	4	4	4	4	4	4
3	3	3	3	3	3	3	3	3	4	4	3	4	3
3	3	3	3	3	4	4	2	4	4	3	4	4	4
5	5	5	1	5	5	5	1	5	5	5	5	5	5
4	4	4	2	4	4	4	4	4	4	4	4	4	4
4	5	4	2	4	4	4	2	5	4	4	5	4	4
4	4	4	3	3	3	3	3	3	3	4	4	4	3
5	5	5	1	5	5	5	1	5	5	5	5	5	5
5	5	3	3	3	3	3	3	5	4	4	3	3	2

　　表格為教師職場靈性量表題項 A5、A10；教師幸福感量表題項 B4、B8 四題重新編碼反向計分後的數據，資料檔為前 15 筆樣本觀察值的資料：

編號	性別	擔任職務	服務地區	服務年資	A1	A2	A3	A4	A5	A6	A7	A8	A9	A10	A11	A12
9001	1	2	1	5	5	5	4	5	5	5	3	5	5	5	5	5
9002	2	2	2	3	5	5	5	5	5	5	5	5	5	5	5	5
9003	1	1	1	4	4	2	2	1	5	5	5	5	2	4	3	3
9004	1	3	2	2	2	1	1	1	2	2	2	1	1	2	2	2
9005	1	4	1	3	3	3	2	2	5	5	3	5	4	5	5	4
9006	1	3	1	3	5	4	3	3	5	5	5	5	4	5	5	5
9007	1	1	3	4	4	4	4	4	4	4	3	4	4	4	4	4
9008	1	1	1	3	4	3	3	3	3	4	3	4	3	3	4	3
9009	1	1	4	2	5	3	3	4	4	5	3	4	5	4	4	4
9010	1	2	4	4	4	2	2	2	4	4	4	4	4	4	5	5
9011	2	3	1	5	4	4	3	3	4	5	5	5	3	4	4	4
9012	2	3	1	6	4	4	3	3	4	4	4	4	4	4	5	4
9013	2	3	3	5	4	4	2	2	5	5	2	4	4	5	5	5
9014	2	1	3	6	5	4	3	3	5	4	3	4	4	5	5	5
9015	2	3	2	6	4	3	1	1	5	5	5	5	5	5	5	4

B1	B2	B3	B4	B5	B6	B7	B8	B9	B10	B11	B12	B13	B14
4	4	4	4	4	4	4	5	5	5	5	5	5	5
5	5	5	5	5	5	5	4	5	5	5	5	5	5
5	5	5	5	5	5	5	3	3	4	5	5	3	3
3	3	3	2	2	3	2	3	3	3	1	1	1	1
5	5	5	5	4	4	4	1	5	4	2	2	2	2
5	5	5	4	4	4	4	4	4	4	4	5	4	4
5	4	4	4	4	4	4	4	4	4	4	4	4	4
3	3	3	3	3	3	3	3	3	4	4	4	3	4
3	3	3	3	3	4	4	4	4	4	3	4	4	4
5	5	5	5	5	5	5	5	5	5	5	5	5	5

B1	B2	B3	B4	B5	B6	B7	B8	B9	B10	B11	B12	B13	B14
4	4	4	4	4	4	4	4	4	4	4	4	4	4
4	5	4	4	4	4	4	4	5	4	4	5	4	4
4	4	4	3	3	3	3	3	3	3	4	4	3	3
5	5	5	5	5	5	5	5	5	5	5	5	5	5
5	5	3	3	3	3	3	3	5	4	4	3	3	2

貳、量表向度的加總

　　量表向度的加總程序可以增列向度 (層面/構面/因素) 之變項名稱。

　　執行功能表列「轉換 (T)」/「計算變數 (C)」程序，開啟「計算變數」主對話視窗。

　　「計算變數」主對話視窗中，左邊「目標變數」下方格為要增列的直行變數，即題項加總或運算式程序執行後數值要儲存的變數；「數值表示式 (E)」下方格為數值的運算式或邏輯運算式。教師職場靈性量表三個向度與總量表題項的加總運算式關係如下：

「目標變數 (T)」		「數值表示式 (E)」
人我連結	=	A1 + A2 + A3 + A4
工作意義	=	A5 + A6 + A7 + A8
超越信念	=	A9 + A10 + A11 + A12
整體職場靈性	=	A1 + A2 + A3 + A4 + A5 + A6 + A7 + A8 + A9 + A10 + A11 + A12

　　數值運算式之向度的測量題項若沒有採用跳題設計，可以將聚在一起的連續題項變數以函數語法「SUM (起始題項變數　TO　結束題項變數)」或「sum (起始題項變數　to　結束題項變數)」表示，中間引數 TO 與前面起始題項變數、後面結束題項變數間至少要有一個空格。

　　上述的向度加總運算式改為 SUM 函數語法為：

「目標變數 (T)」		「數值表示式 (E)」
人我連結	=	SUM (A1 TO A4)
工作意義	=	SUM (A5 TO A8)
超越信念	=	SUM (A9 TO A12)
整體職場靈性	=	SUM (A1 TO A12)

　　如果要增列教師職場靈性量表三個向度與總量表題項的加總後之樣本觀察值的單題平均分數，運算式關係如下：

「目標變數 (T)」		「數值表示式 (E)」
人我連結單題	=	(A1 + A2 + A3 + A4)/4
工作意義單題	=	(A5 + A6 + A7 + A8)/4
超越信念單題	=	(A9 + A10 + A11 + A12)/4
整體職場靈性單題	=	(A1 + A2 + A3 + A4 + A5 + A6 + A7 + A8 + A9 + A10 + A11 + A12)/12

　　使用 SUM 函數 ( ) 的語法指令，運算式為：

「目標變數 (T)」		「數值表示式 (E)」
人我連結單題	=	SUM (A1 TO A4)/4
工作意義單題	=	SUM (A5 TO A8)/4
超越信念單題	=	SUM (A9 TO A12)/4
整體職場靈性單題	=	SUM (A1 TO A12)/12

「計算變數」對話視窗中，「目標變數 (T)」下方框鍵入向度變項名稱或總量表變項名稱，右邊「數值表示式 (E)」為界定變項的數值運算式。

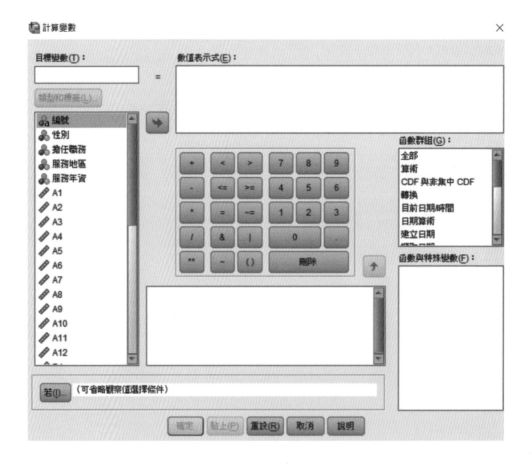

「人我連結」向度四個測量題項變數的加總，在「目標變數 (T)」下方格內鍵入「人我連結」，右邊「數值表示式 (E):」下方格鍵入「SUM (A1 TO A4)」，其中題項變數名稱要從左邊變數清單中點選或直接鍵入皆可以，之後按

「確定」鈕。按下「確定」鈕後,在變數檢視或變數視圖工作表中會增列一個向度變數,變數名稱為「人我連結」。

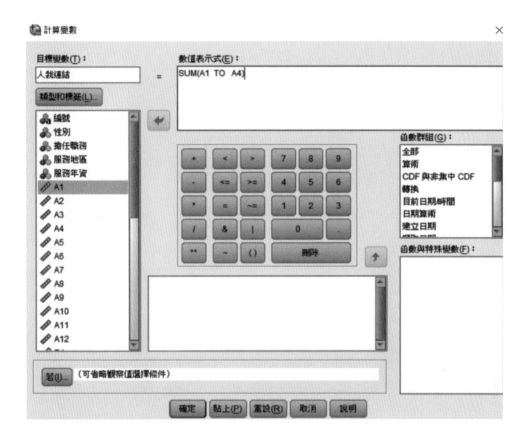

如果數值表示式中的語法關鍵字有錯誤或引數 TO 與前後題項變數間沒有空格,按下「確定」鈕後會出現錯誤訊息,如「變數名稱不正確:名稱超過 64 個字元,或者前一個指令未定義該變數名稱」。範例數值表示式中的第一個變項與 TO 引數中間未留空白,以 SUM (<u>A1TO</u> A4) 界定運算式:

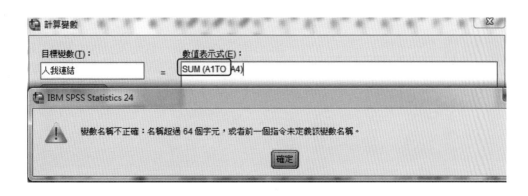

　　範例數值表示式中的變項名稱鍵入錯誤，資料編輯器中沒有 A44 變項名稱。

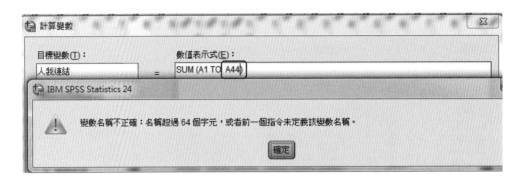

　　範例數值表示式中的變項與 TO 引數中間未留空白，以 SUM (A1TOA4) 表示：

　　「目標變數 (T)」下方格鍵入之向度變數名稱不能有空格或不符合格式的特殊型態，否則按下「確定」鈕後也會出現錯誤訊息，如「變數名稱含有不合法的字元」或「變數名稱包含無效字元」。範例界定之變數名稱中留空白，不符合變數命名規則：

　　範例界定之變數名稱以短線 (-) 相串聯，不符合變數命名規則 (變項可以以下底線_串聯字元，不能以短線-串聯字元)：

　　範例界定之變數名稱最後面增列空白鍵 (空白字元)，不符合變數命名規則：

　　範例之數值表示式的加總函數鍵入錯誤，將函數名稱 SUM 誤鍵入為 SAM，出現的錯誤訊息為：「表示式包含一個後面有左括弧的字串，指出該字串是一個函數或向量名稱，但這些字元不符合任何現有的函數或向量。請檢查拼字。」

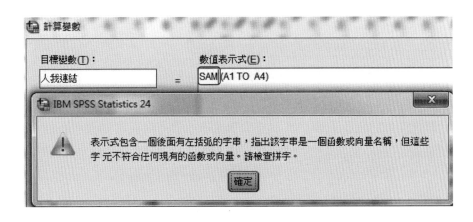

「工作意義」向度四個測量題項變數的加總：

計算變數

目標變數(T)：		數值表示式(E)：
工作意義	=	SUM(A5 TO A8)
類型和標籤(L)...		
⚓ 編號		
👥 性別		

「超越信念」向度四個測量題項變數的加總：

計算變數

目標變數(T)：		數值表示式(E)：
超越信念	=	SUM(A9 TO A12)
類型和標籤(L)...		
⚓ 編號		
👥 性別		

「整體職場靈性」向度四個測量題項變數的加總：

計算變數

目標變數(T)：		數值表示式(E)：
整體職場靈性	=	SUM(A1 TO A12)
類型和標籤(L)...		
⚓ 編號		
👥 性別		

　　「計算變數」對話視窗之「目標變數 (T)」下方格界定的變項名稱，若是在原變數視圖工作表子視窗中已存在，則在按下「確定」鈕後，會開啟「IBM

SPSS Statistics 24」版本訊息對話視窗,視窗中出現「要變更現有變數嗎?」,視窗二個按鈕為「確定」、「取消」鈕。按「確定」鈕後會以新變項取代原先變數視圖中的變項名稱,數據以新變項數值表示式的運算內容取代,按「取消」鈕回到「計算變數」對話視窗。若是研究者想保留原先的變項名稱及數據內容,只要更改「目標變數 (T)」下方格中的變項名稱即可。

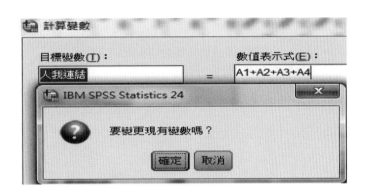

　　教師職場靈性向度變項與整體職場靈性變項、教師幸福感向度變項與整體幸福感變項及其運算表示式的關鍵函數為 COMPUTE,語法編輯器視窗介面的語法指令如下:

```
1     COMPUTE 人我連結 = SUM (A1 TO A4).
2     COMPUTE 工作意義 = SUM (A5 TO A8).
3     COMPUTE 超越信念 = SUM (A9 TO A12).
4     COMPUTE 整體職場靈性 = SUM (A1 TO A12).
5     EXECUTE.
6
7     COMPUTE 心理幸福 = SUM (B1 TO B5).
8     COMPUTE 情緒幸福 = SUM (B6 TO B10).
9     COMPUTE 社會幸福 = SUM (B11 TO B14).
10    COMPUTE 整體幸福感 = SUM (B1 TO B14).
11    EXECUTE.
```

　　語法編輯器之視窗介面中的 COMPUTE 函數字元為藍色字、SUM 函數字元為紅色字元:

```
1   COMPUTE 人我連結=SUM(A1 TO A4).
2   COMPUTE 工作意義=SUM(A5 TO A8).
3   COMPUTE 超越信念=SUM(A9 TO A12).
4   COMPUTE 整體職場靈性=SUM(A1 TO A12).
5   EXECUTE.
6
7   COMPUTE 心理幸福=SUM(B1 TO B5).
8   COMPUTE 情緒幸福=SUM(B6 TO B10).
9   COMPUTE 社會幸福=SUM(B11 TO B14).
10  COMPUTE 整體幸福感=SUM(B1 TO B14).
11  EXECUTE.
```

　　語法編輯器中執行功能表列「執行 (R)」/「全部 (A)」程序，可以執行視窗介面中的所有語法指令，執行完後於變數視圖工作表中會增列八個變項名稱。

　　以傳統數學運算式表示，教師幸福感量表三個向度與總量表題項的加總運算式關係如下：

「目標變數 (T)」		「數值表示式 (E)」
心理幸福	=	B1 + B2 + B3 + B4 + B5
情緒幸福	=	B6 + B7 + B8 + B9 + B10
社會幸福	=	B11 + B12 + B13 + B14
整體幸福感	=	B 1+ B2 + B3 + B4 + B5 + B6 + B7+B8 + B9 + B10 + B11 + B12 + B13 + B14

　　上述的向度加總運算式改為 SUM 函數語法為：

「目標變數 (T)」		「數值表示式 (E)」
心理幸福	=	SUM (B1 TO B5)
情緒幸福	=	SUM (B6 TO B10)
社會幸福	=	SUM (B11 TO B14)
整體幸福感	=	SUM (B1 TO B14)

視窗介面為「心理幸福」向度五個測量題項變數的加總：

視窗介面為「情緒幸福」向度五個測量題項變數的加總：

視窗介面為「社會幸福」向度四個測量題項變數的加總：

計算變數

視窗介面為「整體幸福感」向度十四個測量題項變數的加總：

計算變數

教師職場靈性量表與教師幸福感量表增列向度變數與總量表加總分數變數後，變數視圖工作表增列八個變數名稱：

	名稱	類型	寬度	小數	標籤	數值	遺漏	直欄	對齊	測量	角色
26	B9	數值型	11	0		無	無	3	靠右	尺度	輸入
27	B10	數值型	11	0		無	無	3	靠右	尺度	輸入
28	B11	數值型	11	0		無	無	3	靠右	尺度	輸入
29	B12	數值型	11	0		無	無	3	靠右	尺度	輸入
30	B13	數值型	11	0		無	無	3	靠右	尺度	輸入
31	B14	數值型	11	0		無	無	3	靠右	尺度	輸入
32	人我連結	數值型	8	0		無	無	10	靠右	尺度	輸入
33	工作意義	數值型	8	0		無	無	10	靠右	尺度	輸入
34	超越信念	數值型	8	0		無	無	10	靠右	尺度	輸入
35	整體職場靈性	數值型	8	0		無	無	10	靠右	尺度	輸入
36	心理幸福	數值型	8	0		無	無	10	靠右	尺度	輸入
37	情緒幸福	數值型	8	0		無	無	10	靠右	尺度	輸入
38	社會幸福	數值型	8	0		無	無	10	靠右	尺度	輸入
39	整體幸福感	數值型	8	0		無	無	10	靠右	尺度	輸入
40											

資料視圖　變數視圖

　　教師職場靈性量表與教師幸福感量表增列向度變數與總量表加總分數變數後，其中 13 筆樣本觀察值在「資料檢視」工作表的視窗介面圖示如下：

	B6	B7	B8	B9	B10	B11	B12	B13	B14	人我連結	工作意義	超越信念	整體職場靈性	心理幸福	情緒幸福	社會幸福	整體幸福感
1	1	3	1	1	1	1	1	1	1	8	4	4	16	13	7	4	24
2	3	2	3	3	3	1	1	1	1	5	7	7	19	12	14	4	30
3	3	2	2	2	3	3	3	3	2	8	11	10	29	11	12	11	34
4	2	2	2	2	2	2	2	2	2	14	12	8	34	10	10	8	28
5	4	4	4	5	4	3	4	4	3	9	13	12	34	20	21	14	55
6	4	4	4	5	5	5	5	4	4	9	14	11	34	19	22	18	59
7	3	3	3	3	3	3	4	4	4	11	12	12	35	15	15	14	44
8	2	2	2	3	2	3	3	3	2	11	14	12	37	15	11	11	37
9	3	4	3	2	2	3	3	3	3	13	11	13	37	15	14	12	41
10	3	3	3	5	3	3	3	3	3	12	13	12	37	17	17	12	46
11	4	3	4	4	3	4	3	3	3	8	13	16	37	20	19	12	51
12	4	4	4	5	4	4	4	4	4	12	12	14	38	22	21	17	60
13	5	5	5	5	5	4	4	5	5	11	14	13	38	23	25	18	66

資料視圖　變數視圖

　　前 15 筆樣本觀察值在向度變項的數據如下：

編號	A1	A2	A3	A4	……	人我連結	工作意義	超越信念	整體職場靈性	心理幸福	情緒幸福	社會幸福	整體幸福感
9001	5	5	4	5	……	19	18	20	57	20	23	20	63
9002	5	5	5	5	……	20	20	20	60	25	24	20	69
9003	4	2	2	1	……	9	20	12	41	25	20	16	61
9004	2	1	1	1	……	5	7	7	19	12	14	4	30
9005	3	3	2	2	……	10	18	18	46	24	18	8	50
9006	5	4	3	3	……	15	20	19	54	23	20	17	60
9007	4	4	4	4	……	16	15	16	47	21	20	16	57
9008	4	3	3	3	……	13	14	13	40	15	16	14	45
9009	5	3	3	4	……	15	16	17	48	15	20	15	50
9010	4	4	2	2	……	12	16	18	46	25	25	20	70
9011	4	4	3	3	……	14	19	15	48	20	20	16	56
9012	4	4	3	3	……	14	16	17	47	21	21	17	59
9013	4	4	2	2	……	12	16	19	47	18	15	15	48
9014	5	4	3	3	……	15	16	19	50	25	25	20	70

編號	A1	A2	A3	A4	……	人我連結	工作意義	超越信念	整體職場靈性	心理幸福	情緒幸福	社會幸福	整體幸福感
9015	4	3	1	1	……	9	19	19	47	19	18	12	49
9016	5	1	1	1	……	8	4	4	16	13	7	4	24

前 15 筆樣本觀察值在向度單題平均變項的數據如下 (向度變項的單題平均為向度分數除以題項個數，每位樣本觀察值的測量值在單題平均分數的測量值介於 1.00 至 5.00 之間)：

編號	A1	A2	A3	A4	……	人我連結單題	工作意義單題	超越信念單題	整體職場靈性單題	心理幸福單題	情緒幸福單題	社會幸福單題	整體幸福感單題
9001	5	5	4	5	……	4.75	4.50	5.00	4.75	4.00	4.60	5.00	4.50
9002	5	5	5	5	……	5.00	5.00	5.00	5.00	5.00	4.80	5.00	4.93
9003	4	2	2	1	……	2.25	5.00	3.00	3.42	5.00	4.00	4.00	4.36
9004	2	1	1	1	……	1.25	1.75	1.75	1.58	2.40	2.80	1.00	2.14
9005	3	3	2	2	……	2.50	4.50	4.50	3.83	4.80	3.60	2.00	3.57
9006	5	4	3	3	……	3.75	5.00	4.75	4.50	4.60	4.00	4.25	4.29
9007	4	4	4	4	……	4.00	3.75	4.00	3.92	4.20	4.00	4.00	4.07
9008	4	3	3	3	……	3.25	3.50	3.25	3.33	3.00	3.20	3.50	3.21
9009	5	3	3	3	……	3.75	4.00	4.25	4.00	4.00	4.00	3.75	3.57
9010	4	4	2	2	……	3.00	4.00	4.50	3.83	5.00	5.00	5.00	5.00
9011	4	4	3	3	……	3.50	4.75	3.75	4.00	4.00	4.00	4.00	4.00
9012	4	4	3	3	……	3.50	4.00	4.25	3.92	4.20	4.20	4.25	4.21
9013	4	4	2	2	……	3.00	4.00	4.75	3.92	3.60	3.00	3.75	3.43
9014	5	4	3	3	……	3.75	4.00	4.75	4.17	5.00	5.00	5.00	5.00
9015	4	3	1	1	……	2.25	4.75	4.75	3.92	3.80	3.60	3.00	3.50

Chapter **6**

現況分析

壹◆內涵說明

　　就李克特五點量表而言，五個選項被勾選的測量值若分別給予 1、2、3、4、5，若分數愈高表示受試者的感受愈正向或愈積極 (操作型定義)，以樣本觀察值在量表向度與總量表之單題平均得分來說明樣本觀察值在量表感受的現況，五個不同感受程度與分數組距如下：

分數組距	感受程度
1.00-1.80	低
1.81-2.60	中下
2.61-3.40	中
3.41-4.20	中上
4.21-5.00	高

　　若是研究者採用的李克特量表型態為六點量表，五個不同感受程度與分數組距如下：

分數組距	感受程度
1.00-2.00	低
2.01-3.00	中下
3.01-4.00	中
4.01-5.00	中上
5.01-6.00	高

　　如果是李克特七點量表型態、五個不同感受程度與分數組距如下：

分數組距	感受程度
1.00-2.20	低
2.21-3.40	中下
3.41-4.60	中
4.61-5.80	中上
5.81-7.00	高

同一量表之向度 (構面/層面/因素) 變項間之平均得分才能排序，不同量表層面變項間進行單題平均分數間的排序則較少使用。因為現況分析時，以同一量表之層面比較的解釋較為合理。

貳、操作程序

執行功能表列「分析 (A)」/「描述性統計資料 (E)」/「描述性統計資料 (D)」程序，開啟「描述性統計資料」對話視窗。

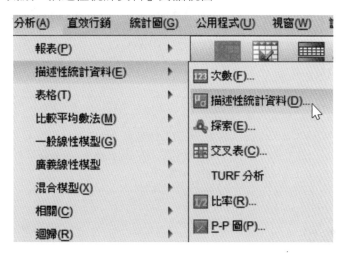

在「描述性統計資料」主對話視窗中，從左邊變數清單中選取人我連結、工作意義、超越信念、整體職場靈性、心理幸福、情緒幸福、社會幸福、整體幸福感等八個變項至右邊「變數 (V)」下方框中，按「確定」鈕。

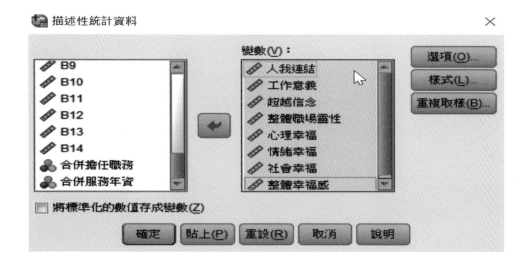

　　「描述性統計資料」主對話視窗中，按「貼上 (P)」鈕，操作程序對應的語法指令會輸出於語法視窗中，關鍵函數 DESCRIPTIVES，引數 STATISTICS 內定的參數值為平均數 (MEAN)、標準差 (STDDEV)、最小值 (MIN)、最大值 (MAX) 四個。

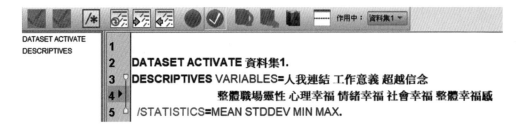

　　語法指令如下：

```
DATASET ACTIVATE 資料集 1.
DESCRIPTIVES VARIABLES = 人我連結 工作意義 超越信念
              整體職場靈性 心理幸福 情緒幸福 社會幸福 整體幸福感
 /STATISTICS = MEAN STDDEV MIN MAX.
```

參、報表結果

描述性統計資料

	N	最小值	最大值	平均數	標準偏差
人我連結	200	5	20	14.83	2.813
工作意義	200	4	20	16.57	2.365
超越信念	200	4	20	16.82	2.941
整體職場靈性	200	16	60	48.23	6.405
心理幸福	200	10	25	20.18	3.224
情緒幸福	200	7	25	20.95	3.219
社會幸福	200	4	20	16.61	3.067
整體幸福感	200	24	70	57.73	8.502
有效的 N (listwise)	200				

　　輸出之描述性統計量摘要表表格共有六欄，第一欄 (第一直行) 為變項名稱、第二欄為有效觀察值個數 N (= 200)、第三欄為變項分數中的最小值、第四欄為變項分數中的最大值、第五欄為變項的平均數、第六欄為變項的標準差。

　　若是研究者要增列其他的集中量數或分散情況量數，於「描述性統計資料」主對話視窗中，按「選項 (O)」鈕，開啟「描述性統計資料：選項」次對話視窗，內定勾選的選項為平均數、標準差、最小值、最大值，視窗介面增列勾選「☑總和 (S)」、「☑變異數 (V)」、「☑範圍 (R)」(全距)、「☑標準誤平均數 (E)」選項。

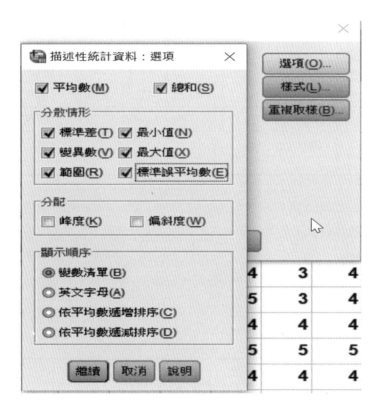

「描述性統計資料」主對話視窗按「確定」鈕，輸出結果如下：

描述性統計資料

	N	範圍	最小值	最大值	總和	平均數		標準偏差	變異數
	統計資料	統計資料	統計資料	統計資料	統計資料	統計資料	標準錯誤	統計資料	統計資料
人我連結	200	15	5	20	2966	14.83	.199	2.813	7.911
工作意義	200	16	4	20	3315	16.57	.167	2.365	5.592
超越信念	200	16	4	20	3364	16.82	.208	2.941	8.651
整體職場靈性	200	44	16	60	9645	48.22	.453	6.405	41.019
心理幸福	200	15	10	25	4035	20.18	.228	3.224	10.396
情緒幸福	200	18	7	25	4190	20.95	.228	3.219	10.359
社會幸福	200	16	4	20	3322	16.61	.217	3.067	9.405
整體幸福感	200	46	24	70	11547	57.74	.601	8.502	72.276
有效的 N (listwise)	200								

上表中的「統計資料」字元為「統計量」、「標準錯誤」字元為「標準誤」、「標準偏差」字元為「標準差」，中文統計量數字元的翻譯因版本不同有些許差異存在。

IBM SPSS 24 版本之敘述統計 (描述性統計量) 輸出的表格格式如下，其中統計量數的中譯較為適切：

敘述統計

	N	範圍	最小值	最大值	和	平均值	
	統計量	統計量	統計量	統計量	統計量	統計量	標準誤
人我連結	200	15	5	20	2966	14.83	.199
工作意義	200	16	4	20	3315	16.58	.167
超越信念	200	16	4	20	3364	16.82	.208
整體職場靈性	200	44	16	60	9645	48.23	.453
有效的 N (listwise)	200						

敘述統計

	標準差	變異	偏態		峰態	
	統計量	統計量	統計量	標準誤	統計量	標準誤
人我連結	2.813	7.911	-.700	.172	.693	.342
工作意義	2.365	5.592	-1.034	.172	4.003	.342
超越信念	2.941	8.651	-1.775	.172	4.639	.342
整體職場靈性	6.405	41.019	-1.400	.172	4.535	.342
有效的 N (listwise)						

[表格範例]

樣本觀察值在教師職場靈性勾選情形之描述性統計量摘要表 (N = 200)

向度變項	題項數	平均數	標準差	單題平均數	程度	百分比	排序
人我連結	4	14.83	2.81	3.71	中上	67.8%	3
工作意義	4	16.57	2.37	4.14	中上	78.5%	2
超越信念	4	16.82	2.94	4.21	高	80.2%	1
整體職場靈性	12	48.23	6.41	4.02	中上	75.5%	

註：單題平均數欄為平均數欄除以題項數欄

1. 200 位樣本觀察值在教師職場靈性量表之人我連結、工作意義、超越信念三個向度的平均數分別為 14.83、16.57、16.82，單題平均數分別為 3.71、4.14、4.21，感受程度分別為中上、中上、高，就三個向度的排序而言，單題平均分數最高者為超越信念，依序為工作意義、人我連結，三個向度變項單題平均值轉換為百分比分別為 67.8%、78.5%、80.2%。

2. 就整體職場靈性的現況而言，200 位樣本觀察值在教師職場靈性量表的平均分數為 48.23，單題平均分數為 4.02，分數值介於 3.41 至 4.20 間區段，轉換的百分比值為 75.5%，感受程度為「中上」。

上述量表之單題平均數量數轉換為百分比量數值的公式為：

$$百分比 = \frac{(單題平均數 - 1)}{(5 - 1)} \times 100\% = \frac{(單題平均數 - 1)}{4} \times 100\%$$

如受試者在整體教師職場靈性變項的平均數為 4.02，百分比為：$\dfrac{(4.02-1)}{4}$ × 100% = 75.5%。範例為 R 軟體主控台視窗語法指令：

```
> dim.m = c(3.71, 4.14, 4.21, 4.02)
> per.v = (dim.m-1)/4
> round (per.v,3)
[1] 0.678 0.785 0.802 0.755
```

[表格範例]

樣本觀察值在整體幸福感勾選情形之描述性統計量摘要表 (N = 200)

向度變項	題項數	平均數	標準差	單題平均數	程度	百分比	排序
心理幸福	5	20.18	3.22	4.04	中上	76.0%	3
情緒幸福	5	20.95	3.22	4.19	中上	79.8%	1
社會幸福	4	16.61	3.07	4.15	中上	78.8%	2
整體幸福感	14	57.73	8.50	4.12	中上	78.0%	

註：單題平均數欄為平均數欄除以題項數欄

1. 200 位樣本觀察值在教師幸福感量表之心理幸福、情緒幸福、社會幸福三個向度的平均數分別為 20.18、20.95、16.61，單題平均數分別為 4.04、4.19、4.15，平均數值介於 3.41-4.20 之間區段，感受程度分別為中上、中上、中上，就三個向度的排序而言，單題平均分數最高者為情緒幸福，依序為社會幸福、心理幸福，三個向度變項單題平均值轉換百分比值分別為 76.0%、79.8%、78.8%。

2. 就整體職場靈性的現況而言，200 位樣本觀察值在教師幸福感量表的平均分數為 57.73，單題平均分數為 4.12，轉換百分比值為 78.0%，感受程度為「中上」，教師幸福感的知覺當未達到「高」的程度。範例為 R 軟體主控台視窗語法指令：

```
> dim.m = c (4.04,4.19,4.15,4.12)
> per.v = (dim.m-1)/4
> round (per.v,3)
[1] 0.760 0.798 0.788 0.780
```

肆、向度單題平均

如果使用者在資料檔中要直接增列樣本觀察值在向度單題平均分數,與總量表單題平均分數,可以以原來變數檢視中的向度變項為被除數,以各向度題項數為除數,求出二者的比值,或是直接執行向度變項之題項加總值再除以題項數。

執行功能表列「轉換」/「計算變數」程序,或是使用先前介紹的語法指令列均可以求出向度單題平均數。

執行功能表列「轉換 (T)」/「計算變數 (C)」程序,開啟「計算變數」對話視窗。

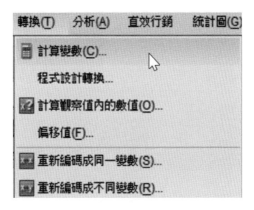

「計算變數」對話視窗內,「目標變數 (T):」下方框變項名稱與「數值表示式 (E):」如下表 (向度變項名稱人我連結、工作意義、超越信念與量表加總變項整體職場靈性已經建立):

「目標變數 (T):」下方框	「數值表示式 (E):」下方框	
人我連結單題	人我連結 / 4	按「確定」鈕
工作意義單題	工作意義 / 4	按「確定」鈕
超越信念單題	超越信念 / 4	按「確定」鈕
整體職場靈性單題	整體職場靈性 / 12	按「確定」鈕

◆ 一、職場靈性視窗介面

增列人我連結單題變項 (題項數有四題)：

增列工作意義單題變項 (題項數有四題)：

增列超越信念單題變項 (題項數有四題)：

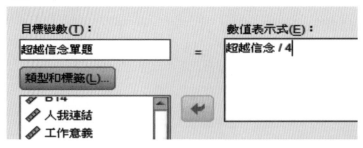

增列整體職場靈性單題變項 (題項數有十二題)：

　　教師幸福感量表向度變項單題平均中的「目標變數 (T)：」下方框變項名稱與「數值表示式 (E)：」如下表 (向度變項名稱心理幸福、情緒幸福、社會幸福、量表加總變項整體幸福感已經建立)：

「目標變數 (T)：」下方框	「數值表示式 (E)：」下方框	
心理幸福單題	心理幸福 / 5	按「確定」鈕
情緒幸福單題	情緒幸福 / 5	按「確定」鈕
社會幸福單題	社會幸福 / 4	按「確定」鈕
整體幸福感單題	整體幸福感 /14	按「確定」鈕

◆ 二、教師幸福感視窗介面

　　增列心理幸福單題變項 (題項數有五題)：

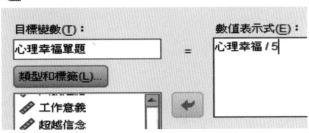

增列情緒幸福單題變項 (題項數有五題)：

增列社會幸福單題變項 (題項數有四題)：

增列整體幸福感單題變項 (題項數有十四題)：

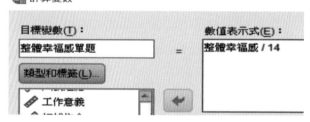

◆ 三、語法編輯器視窗

範例語法指令列為修改向度加總的語法，右邊以函數語法 SUM (向度起始變項名稱 TO 向度結束變項名稱) 進行向度題項的加總，加總後的數值除以題項數：

```
1     COMPUTE 人我連結單題 = SUM (A1 TO A4)/4.
2     COMPUTE 工作意義單題 = SUM (A5 TO A8)/4.
3     COMPUTE 超越信念單題 = S UM (A9 TO A12)/4.
4     COMPUTE 整體職場靈性單題 = SUM (A1 TO A12)/12.
5     EXECUTE.
6
7     COMPUTE 心理幸福單題 = SUM (B1 TO B5)/5.
8     COMPUTE 情緒幸福單題 = SUM (B6 TO B10)/5.
9     COMPUTE 社會幸福單題 = SUM (B11 TO B14)/4.
10    COMPUTE 整體幸福感單題 = SUM (B1 TO B14)/14.
11    EXECUTE.
```

執行功能表列「檔案 (F)」/「開啟 (O)」/「語法 (S)」程序，打開「開啟語法」對話視窗。

在「開啟語法」對話視窗中選取標的語法檔案，範例視窗介面為「單題平均.sps」，按「開啟 (O)」鈕。

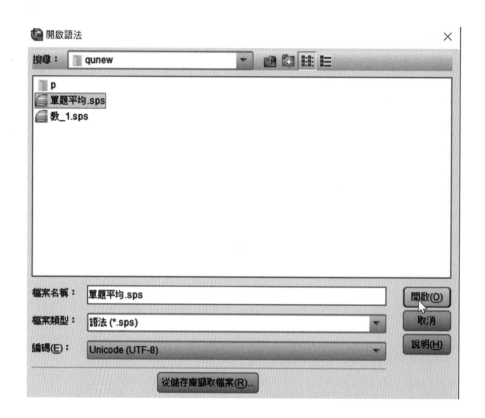

「單題平均.sps」語法檔之語法指令列如下，在語法視窗中執行功能表列「執行 (R)」/「全部 (A)」程序。

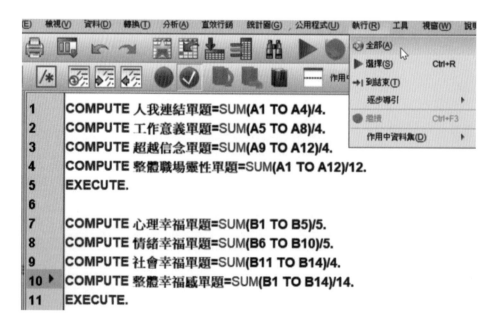

　　語法檔若沒有錯誤，於變數視圖或變數檢視工作表會增列八個變項名稱：人我連結單題、工作意義單題、超越信念單題、整體職場靈性單題、心理幸福單題、情緒幸福單題、社會幸福單題、整體幸福感單題。

	名稱	類型	寬度	小數	標籤	數值
35	整體職場靈性	數值型	8	0		無
36	心理幸福	數值型	8	0		無
37	情緒幸福	數值型	8	0		無
38	社會幸福	數值型	8	0		無
39	整體幸福感	數值型	8	0		無
40	合併擔任職務	數值型	8	0		{1, 科任}...
41	合併服務年資	數值型	8	0		{1, 10年以下...
42	人我連結單題	數值型	8	2		無
43	工作意義單題	數值型	8	2		無
44	超越信念單題	數值型	8	2		無
45	整體職場靈性單題	數值型	8	2		無
46	心理幸福單題	數值型	8	2		無
47	情緒幸福單題	數值型	8	2		無
48	社會幸福單題	數值型	8	2		無
49	整體幸福感單題	數值型	8	2		無

資料視圖　變數視圖

　　在資料視圖或資料檢視工作表中前 12 筆樣本觀察值的部分直行變項數據如下：

	越信念	整體職場靈性	心理幸福	情緒幸福	社會幸福	整體幸福感	合併擔任職務	合併服務年資	人我連結單題	工作意義單題	超越信念單題	整體職場靈性單題	心理幸福單題	情緒幸福單題	社會幸福單題	整體幸福感單題
1	20	57	20	23	20	63	2	4	4.75	4.50	5.00	4.75	4.00	4.60	5.00	4.50
2	20	60	25	24	20	69	2	2	5.00	5.00	5.00	5.00	5.00	4.80	5.00	4.93
3	12	41	25	20	16	61	1	3	2.25	5.00	3.00	3.42	5.00	4.00	4.00	4.36
4	7	19	12	14	4	30	3	1	1.25	1.75	1.75	1.58	2.40	2.80	1.00	2.14
5	18	46	24	18	8	50	2	2	2.50	4.50	4.50	3.83	4.80	3.60	2.00	3.57
6	19	54	23	20	17	60	3	2	3.75	5.00	4.75	4.50	4.60	4.00	4.25	4.29
7	16	47	21	20	16	57	1	3	4.00	3.75	4.00	3.92	4.20	4.00	4.00	4.07
8	13	40	15	16	14	45	1	2	3.25	3.50	3.25	3.33	3.00	3.20	3.50	3.21
9	17	48	15	20	15	50	1	1	3.75	4.00	4.25	4.00	3.00	4.00	3.75	3.57
10	18	46	25	25	20	70	2	3	3.00	4.00	4.50	3.83	5.00	5.00	5.00	5.00
11	15	48	20	20	16	56	3	4	3.50	4.75	3.75	4.00	4.00	4.00	4.00	4.00
12	17	47	21	21	17	59	3	5	3.50	4.00	4.25	3.92	4.20	4.20	4.25	4.21

資料視圖　變數視圖

◆ 四、單題平均變項的敘述統計量

執行功能表列「分析 (A)」/「描述性統計資料 (E)」/「描述性統計資料 (D)」程序，開啟「描述性統計資料」對話視窗。

在「描述性統計資料」主對話視窗中，從左邊變數清單中選取人我連結單題、工作意義單題、超越信念單題、整體職場靈性單題、心理幸福單題、情緒幸福單題、社會幸福單題、整體幸福感單題等八個變項至右邊「變數 (V)」下方框中，按「確定」鈕。

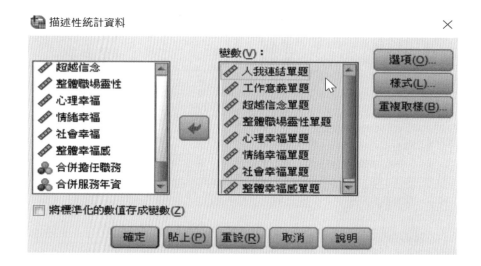

描述性統計資料

	N	最小值	最大值	平均數	標準偏差
人我連結單題	200	1.25	5.00	3.7075	.70315
工作意義單題	200	1.00	5.00	4.1437	.59120
超越信念單題	200	1.00	5.00	4.2050	.73531
整體職場靈性單題	200	1.33	5.00	4.0188	.53372
心理幸福單題	200	2.00	5.00	4.0350	.64487
情緒幸福單題	200	1.40	5.00	4.1900	.64372
社會幸福單題	200	1.00	5.00	4.1525	.76669
整體幸福感單題	200	1.71	5.00	4.1239	.60725
有效的 N (listwise)	200				

　　200 位有效樣本觀察值在人我連結單題、工作意義單題、超越信念單題、整體職場靈性單題、心理幸福單題、情緒幸福單題、社會幸福單題、整體幸福感單題等八個變項之平均數為 3.71、4.14、4.21、4.02、4.04、4.19、4.15、4.12。

伍、其他描述性統計量程序

　　求出標的變項的描述性統計量除執行「敘述統計 (E)」(描述性統計資料) 選單外，也可以採用「比較平均數法 (M)」選單中的「平均數 (M)」次選單。

　　執行功能表列「分析 (A)」/「比較平均數法 (M)」/「平均數 (M)」程序，開啟「平均數對話視窗」。

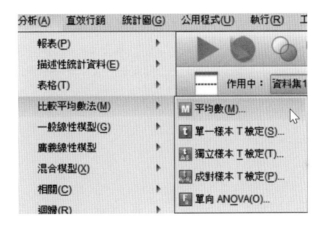

　　「平均數 (平均值)」對話視窗中，「應變數清單 (D)」(或因變數清單) 下方框中點選計量變項，「自變數清單：」下方框中選取的變項為因子變項，若有選取因子變項，會依因子變項的水準群組輸出計量變項的描述性統計量。範例視窗介面從變數清單中選取教師職場靈性三個向度變項及整體教師職場靈性變項至右邊「應變數清單 (D)」(或因變數清單)下方框內，按「選項」鈕，開啟「平均數：選項」(平均值：選項) 次對話視窗。

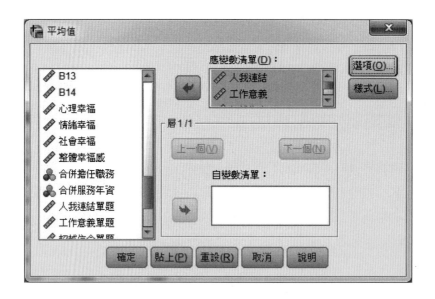

「平均數：選項」(平均值：選項) 次對話視窗中，左邊選單為統計資料 (統計量)，右邊「儲存格統計資料 (C)」(資料格統計量) 下方框中內定的統計量數為平均數、觀察值個數、標準差三個。下方「第一層統計資料」(第一層統計量) 方盒中的選項「Anova 表格與 eta 值」，可以求出變異數分析摘要表與 eta 平方值。

範例視窗介面之「平均值：選項」(平均數：選項) 次對話視窗，增列選取 (總) 和、最小值、最大值、範圍、變異量、峰態、峰態的標準誤、偏態、偏態的標準誤等統計量數。按「繼續」鈕，回到「平均值」(平均數) 主對話視窗，按「確定」鈕。

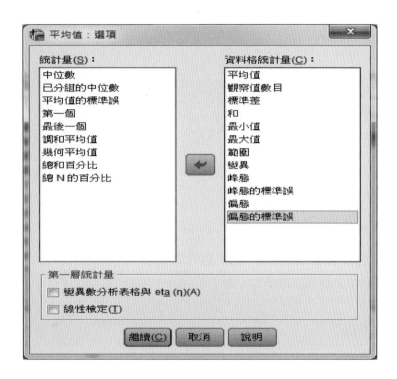

輸出報表如下：

統計量

		人我連結	工作意義	超越信念	整體職場靈性
N	有效	200	200	200	200
	遺漏	0	0	0	0
平均數		14.83	16.58	16.82	48.23
平均值標準誤		.199	.167	.208	.453
中位數		15.00	16.00	18.00	49.00
眾數		16	16	18	48
標準差		2.813	2.365	2.941	6.405
變異數		7.911	5.592	8.651	41.019

		人我連結	工作意義	超越信念	整體職場靈性
偏態		-.700	-1.034	-1.775	-1.400
偏態標準誤		.172	.172	.172	.172
峰度		.693	4.003	4.639	4.535
峰度標準誤		.342	.342	.342	.342
範圍		15	16	16	44
最小值		5	4	4	16
最大值		20	20	20	60
總和		2966	3315	3364	9645
百分位數	25	13.00	15.00	16.00	45.25
	50	15.00	16.00	18.00	49.00
	75	17.00	19.00	19.00	52.00

以性別變項為因子變項，求出性別二個水準群組在教師職場靈性三個向度與整體職場靈性的描述性統計量。從變數清單中將因子變項性別選入「自變數清單：」下方框中，提示訊息變為「層 1/1」：

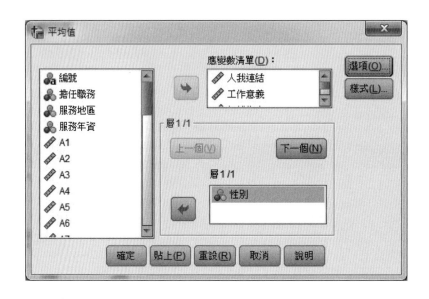

性別二個水準群組在人我連結、工作意義、超越信念、整體職場靈性四個變項之描述性統計量摘要表如下：

觀察值處理摘要

	觀察值					
	已併入		已排除		總計	
	N	百分比	N	百分比	N	百分比
人我連結 * 性別	200	100.0%	0	0.0%	200	100.0%
工作意義 * 性別	200	100.0%	0	0.0%	200	100.0%
超越信念 * 性別	200	100.0%	0	0.0%	200	100.0%
整體職場靈性 * 性別	200	100.0%	0	0.0%	200	100.0%

報告

性別		人我連結	工作意義	超越信念	整體職場靈性
男生	平均值	14.61	16.39	16.77	47.77
	N	96	96	96	96
	標準差	2.807	2.739	3.000	7.283
	和	1403	1573	1610	4586
	最小值	5	4	4	16
	最大值	20	20	20	60
	範圍	15	16	16	44
	變異	7.881	7.503	9.000	53.042
	峰態	1.194	4.245	3.701	5.131
	峰態的標準誤	.488	.488	.488	.488
	偏態	-.918	-1.369	-1.626	-1.710
	偏態的標準誤	.246	.246	.246	.246
女生	平均值	15.03	16.75	16.87	48.64
	N	104	104	104	104
	標準差	2.816	1.955	2.900	5.474
	和	1563	1742	1754	5059
	最小值	7	12	4	34
	最大值	20	20	20	60
	範圍	13	8	16	26

性別		人我連結	工作意義	超越信念	整體職場靈性
	變異	7.931	3.820	8.409	29.960
	峰態	.235	-.686	5.933	.243
	峰態的標準誤	.469	.469	.469	.469
	偏態	-.525	.160	-1.951	-.483
	偏態的標準誤	.237	.237	.237	.237
總計	平均值	14.83	16.58	16.82	48.23
	N	200	200	200	200
	標準差	2.813	2.365	2.941	6.405
	和	2966	3315	3364	9645
	最小值	5	4	4	16
	最大值	20	20	20	60
	範圍	15	16	16	44
	變異	7.911	5.592	8.651	41.019
	峰態	.693	4.003	4.639	4.535
	峰態的標準誤	.342	.342	.342	.342
	偏態	-.700	-1.034	-1.775	-1.400
	偏態的標準誤	.172	.172	.172	.172

次數分配表程序也可以求出計量變項的描述性統計量，執行功能表列「分析 (A)」/「敘述統計 (E)」/「次數分配表 (F)」程序，開啟「次數」對話視窗。

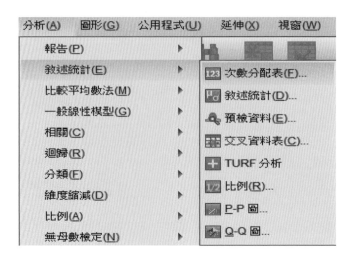

「次數」對話視窗中，選取計量變項人我連結、工作意義、超越信念、整體職場靈性等變項至右邊「變數 (V)」下方框中，按「統計資料 (S)」(統計量) 鈕，開啟「次數：統計量」(次數：統計資料) 次對話視窗。

「次數」主對話視窗，選取至「變數 (V)」下方框中的變項若為計量變項 (連續變項)，則視窗下方內定勾選選項「☑顯示次數分配表 (D)」可以取消 ，因為計量變項的次數分配表在問卷統計分析程序通常不會出現。

「次數：統計量」(次數：統計資料) 次對話視窗的統計量包括百分位數、集中趨勢、離差量數、分佈量數。範例視窗介面勾選四分位數、平均值、中位數、眾數、總和、六個離差統計量 (標準差、變異、範圍、最小值、最大值、S.E. 平均值) 與二個分佈統計量 (偏態、峰態)。

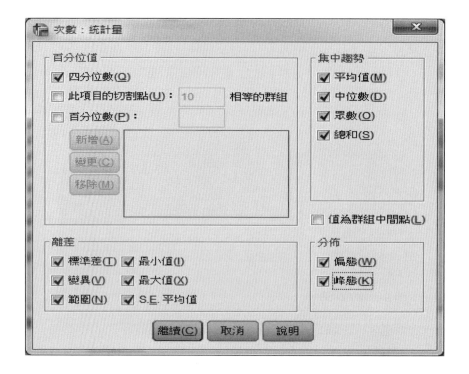

次數分配表選單輸出之描述性統計量摘要表如下：

統計量

		人我連結	工作意義	超越信念	整體職場靈性
N	有效	200	200	200	200
	遺漏	0	0	0	0
平均數		14.83	16.58	16.82	48.23
平均值標準誤		.199	.167	.208	.453
中位數		15.00	16.00	18.00	49.00
眾數		16	16	18	48
標準差		2.813	2.365	2.941	6.405
變異數		7.911	5.592	8.651	41.019
偏態		-.700	-1.034	-1.775	-1.400
偏態標準誤		.172	.172	.172	.172
峰度		.693	4.003	4.639	4.535
峰度標準誤		.342	.342	.342	.342

		人我連結	工作意義	超越信念	整體職場靈性
範圍		15	16	16	44
最小值		5	4	4	16
最大值		20	20	20	60
總和		2966	3315	3364	9645
百分位數	25	13.00	15.00	16.00	45.25
	50	15.00	16.00	18.00	49.00
	75	17.00	19.00	19.00	52.00

陸、分組描述性統計量

　　執行功能表列「資料 (D)」/「分割檔案 (F)」程序，開啟「分割檔案」對話視窗，視窗功能可將點選的因子變項，依因子變項的水準群組加以分割為子資料檔，根據子資料檔進行各種統計分析程序。「分割檔案」對話視窗包括三個選項：「分析所有觀察值，不建立群組 (A)」、「比較群組 (C)」、「依群組組織輸出 (O)」；「分析所有觀察值，不建立群組 (A)」為內定選項，表示以全部樣本觀察值作為分析資料檔，沒有分割子資料檔，「比較群組 (C)」、「依群組組織輸出 (O)」二個選項均可以因子變項的水準群組加以分割資料檔，二個選項的差別在於輸出結果表格的不同。

　　範例「分割檔案」對話視窗選取「 比較群組 (C)」選項，將因子變項「性別」點選至右邊「群組基於 (G)：」下方框中，按「確定」鈕。按下確定鈕後，原資料檔會依性別因子變項的水準群組依序排列，並分割成二個子資料檔。

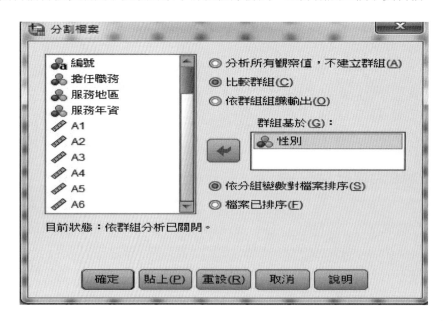

　　求出人我連結、工作意義、超越信念與整體職場靈性四個變項的敘述統計量 (「敘述統計：選項」次對話視窗中勾選所有統計量選項)。輸出表格格式為水準數值 1 之群體的描述性統計量，之後再輸出水準數值 2 之群體的描述性統計量，二個水準群體的描述性統計量表格是接續呈現的。

敘述統計

性別		N	範圍	最小值	最大值	和	平均值	標準差	變異	偏態		峰態	
		統計量	統計量	統計量	統計量	統計量	統計量	統計量	統計量	統計量	標準誤	統計量	標準誤
1男生	人我連結	96	15	5	20	1403	14.61	2.807	7.881	-.918	.246	1.194	.488
	工作意義	96	16	4	20	1573	16.39	2.739	7.503	-1.369	.246	4.245	.488
	超越信念	96	16	4	20	1610	16.77	3.000	9.000	-1.626	.246	3.701	.488
	整體職場靈性	96	44	16	60	4586	47.77	7.283	53.042	-1.710	.246	5.131	.488
	有效的 N (listwise)	96											
2女生	人我連結	104	13	7	20	1563	15.03	2.816	7.931	-.525	.237	.235	.469
	工作意義	104	8	12	20	1742	16.75	1.955	3.820	.160	.237	-.686	.469
	超越信念	104	16	4	20	1754	16.87	2.900	8.409	-1.951	.237	5.933	.469
	整體職場靈性	104	26	34	60	5059	48.64	5.474	29.960	-.483	.237	.243	.469
	有效的 N (listwise)	104											

範例「分割檔案」對話視窗選取「依群組組織輸出 (O)」選項，將因子變項「性別」點選至右邊「群組基於 (G)：」下方框中，按「確定」鈕。按下確定鈕後，原資料檔會依性別因子變項的水準群組分割成二個子資料檔。

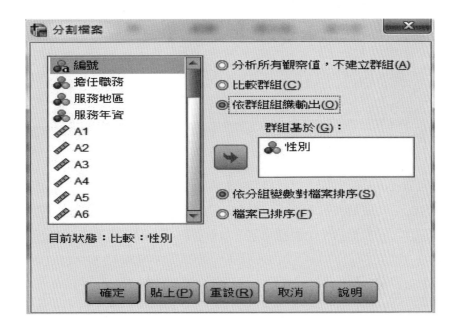

求出人我連結、工作意義、超越信念與整體職場靈性四個變項的敘述統計量。輸出表格格式為水準數值 1 之群體的描述性統計量，之後再輸出水準數值 2 之群體的描述性統計量，二個水準群組的描述性統計量表格是分開的 (「敘述統計：選項」次對話視窗中勾選所有統計量選項)。

性別 = 男生

敘述統計[a]

	N	範圍	最小值	最大值	和	平均值	標準差	變異	偏態		峰態	
	統計量	統計量	統計量	統計量	統計量	統計量	統計量	統計量	統計量	標準誤	統計量	標準誤
人我連結	96	15	5	20	1403	14.61	2.807	7.881	-.918	.246	1.194	.488
工作意義	96	16	4	20	1573	16.39	2.739	7.503	-1.369	.246	4.245	.488
超越信念	96	16	4	20	1610	16.77	3.000	9.000	-1.626	.246	3.701	.488
整體職場靈性	96	44	16	60	4586	47.77	7.283	53.042	-1.710	.246	5.131	.488
有效的 N (listwise)	96											

a. 性別 = 1 男生

性別 = 女生

敘述統計[a]

	N	範圍	最小值	最大值	和	平均值	標準差	變異	偏態		峰態	
	統計量	統計量	統計量	統計量	統計量	統計量	統計量	統計量	統計量	標準誤	統計量	標準誤
人我連結	104	13	7	20	1563	15.03	2.816	7.931	-.525	.237	.235	.469
工作意義	104	8	12	20	1742	16.75	1.955	3.820	.160	.237	-.686	.469
超越信念	104	16	4	20	1754	16.87	2.900	8.409	-1.951	.237	5.933	.469
整體職場靈性	104	26	34	60	5059	48.64	5.474	29.960	-.483	.237	.243	.469
有效的 N (listwise)	104											

a. 性別 = 2 女生

　　研究者在「分割檔案」對話視窗中若選取「 比較群組 (C)」或「 依群組組織輸出 (O)」二個選項，進行子資料檔的統計分析，在統計分析程序執行後，要重新開啟「分割檔案」主對話視窗，重新選取原先內定選項「 分析所有觀察值，不建立群組 (A)」，以免之後統計分析是依因子變項的各水準群組為標的資料檔，進行子資料檔的統計分析程序，分析的樣本觀察值不是全體的有效樣本觀察值。

Chapter

7

相依樣本平均數差異

教師職場靈性量表三個向度的平均數與排序如下：

向度名稱	平均數	單題平均數	排序
人我連結	14.83	3.71	3
工作意義	16.57	4.14	2
超越信念	16.82	4.21	1

　　教師職場靈性量表三個向度的平均數中最高者為「超越信念」、最低者為「人我連結」，研究結論若要敘寫：「樣本觀察值在教師職場靈性量表向度中以『超越信念』的感受最高」，平均數差異檢定結果必須符合：

　　「超越信念 > 工作意義」且「超越信念 > 人我連結」

　　研究結論若要敘寫：「樣本觀察值在教師職場靈性量表向度中以『人我連結』的感受最低」，平均數差異檢定結果必須符合：

　　「人我連結 < 超越信念」且「人我連結 < 工作意義」。

　　因為同一量表中各向度包含的題項數不一定相同，因而檢定變項最好以向度的單題平均得分為標的變項，否則若直接以向度變項作為檢定變項，容易出現錯誤。同一量表中各向度包含的題項數不相同時，量表中的向度變項平均數的高低不能直接進行排序或檢定，必須將向度變項轉為向度單題平均分數，以五點量表為例，每位樣本觀察值在轉換後的測量值，即在向度單題平均分數均會介於 1.00 至 5.00 之間。

壹、相依樣本 t 檢定

　　執行功能表列「分析 (A)」/「比較平均數法 (M)」/「成對樣本 T 檢定 (P)」程序，開啟「成對樣本 T 檢定」(配對樣本 T 檢定) 對話視窗。

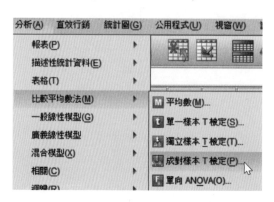

　　「成對樣本 T 檢定」(配對樣本 T 檢定) 對話視窗，「配對變數 (V)」方盒共有三個欄位：配對、變數 1、變數 2；「配對」欄出現的數值依序為 1、2、3、……，表示配對變項的對數，「變數 1」直欄為各配對變數中選取的第一個變項、「變數 2」直欄為各配對變數中選取的第二個變項，如果使用者從變數清單中逐一選取變項，變項會被點選至「配對 1」橫列「變數 1」下方框、「配對 1」橫列「變數 2」下方框；「配對 2」橫列「變數 1」下方框、「配對 2」橫列「變數 2」下方框等，同一配對橫列之「變數 1」與「變數 2」中的變項可以前後對調。

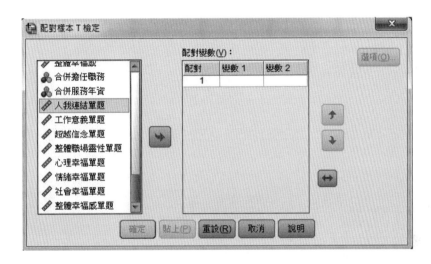

　　「配對樣本 T 檢定」對話視窗中，按「選項」鈕，開啟「配對樣本 T 檢定：選項」次對話視窗，視窗內定的「信賴區間百分比 (C)」右邊方框量數為 95%；雙尾檢定情況下，對應的顯著水準 $\alpha = .05$，次視窗設定一般都不用更改。

　　範例視窗介面之「成對樣本 T 檢定」對話視窗,從變數清單中選取「超越信念單題」至右邊第一橫列之「變數 1」方框中。

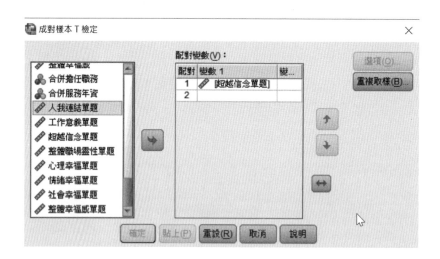

　　從變數清單中選取「人我連結單題」至右邊第一橫列之「變數 2」方框中

　　從變數清單中選取「超越信念單題」至右邊第二橫列之「變數 1」方框中,從變數清單中選取「工作意義單題」至右邊第一橫列之「變數 2」方框中,按「確定」鈕。

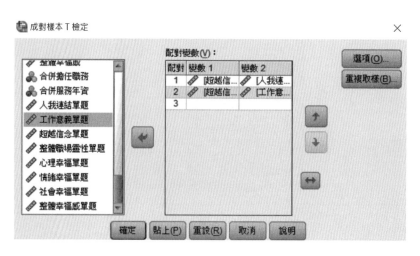

　　「成對樣本 T 檢定」對話視窗中，點選細格，按 ⇔ 鈕可以將選取的變項進行前後對調，原「變數 1」直欄內的變項移至「變數 2」直欄中，原「變數 2」直欄內的變項移至「變數 1」直欄中。選取「配對」欄下方的橫列數值 1、2、3……，可以選取整列的變項物件，按 ⬆ 鈕，整列向上移動，按 ⬇ 鈕，整列向下移動。

　　成對樣本 T 檢定輸出結果如下：

成對樣本統計量

		平均值	N	標準差	標準誤平均值
配對 1	超越信念單題	4.2050	200	.73531	.05199
	人我連結單題	3.7075	200	.70315	.04972
配對 2	超越信念單題	4.2050	200	.73531	.05199
	工作意義單題	4.1438	200	.59120	.04180

　　成對樣本統計資料表格為成對樣本各水準變項的描述性統計量，包括平均數、有效觀察值個數、標準差、標準誤平均值。

成對樣本相關性

		N	相關性	顯著性
配對 1	超越信念單題 & 人我連結單題	200	.355	.000
配對 2	超越信念單題 & 工作意義單題	200	.539	.000

　　成對樣本相關表為二個水準或變項間的相關係數是否等於0的檢定，虛無假設與對立假設分別為：

　　虛無假設：$\rho = 0$、對立假設：$\rho \neq 0$

　　就配對組 1「超越信念單題」與「人我連結單題」二個變項間的相關而言，Pearson 積差相關係數 r = .355，顯著性 p < .001，拒絕虛無假設，「超越信念單題」與「人我連結單題」二個變項間有顯著正相關。

　　就配對組 2「超越信念單題」與「工作意義單題」二個變項間的相關而言，Pearson 積差相關係數 r = .539，顯著性 p < .001，拒絕虛無假設，「超越信念單題」與「工作意義單題」二個變項間有顯著正相關。配對樣本 T 檢定關注的是

二個水準變項的平均數差異值是否顯著等於 0，而不是二個水準變項間是否有顯著相關，因為配對水準變項間有相關不一定會有顯著差異存在。

成對樣本檢定

		成對差異						自由度	顯著性(雙尾)
				標準誤平均值	差異的 95% 信賴區間		t		
		平均值	標準差		下限	上限			
配對 1	超越信念單題 - 人我連結單題	.49750	.81713	.05778	.38356	.61144	8.610	199	.000
配對 2	超越信念單題 - 工作意義單題	.06125	.64946	.04592	-.02931	.15181	1.334	199	.184

　　IBM SPSS 24 之前版本輸出的統計量數中譯文字，標準差譯為標準偏差、標準誤平均值譯為標準錯誤平均值、成對差異量數的「成對」譯為「程對」等，這些中譯內容對應原英文統計量數均較不適切。

成對樣本檢定

		程對差異數						df	顯著性(雙尾)
			標準偏差	標準錯誤平均值	95% 差異數的信賴區間		T		
		平均數			下限	上限			
對組 1	超越信念單題 – 人我連結單題	.49750	.81713	.05778	.38356	.61144	8.610	199	.000
對組 2	超越信念單題 – 工作意義單題	.06125	.64946	.04592	-.02931	.15181	1.334	199	.184

　　成對樣本 T 檢定之 t 值統計量 = 成對樣本平均數差異值 ÷ 平均數的標準誤，平均數標準誤 = 標準差 ÷ 有效觀察值的平方根值。配對組平均數差異檢定之虛無假設如下：

$$\mu_{超越信念單題} = \mu_{人我連結單題}，或 \mu_{超越信念單題} - \mu_{人我連結單題} = 0$$

$$\mu_{超越信念單題} = \mu_{工作意義單題}，或 \mu_{超越信念單題} - \mu_{工作意義單題} = 0$$

　　對立假設為：

$\mu_{超越信念單題} \neq \mu_{人我連結單題}$，或 $\mu_{超越信念單題} - \mu_{人我連結單題} \neq 0$

$\mu_{超越信念單題} \neq \mu_{工作意義單題}$，或 $\mu_{超越信念單題} - \mu_{工作意義單題} \neq 0$

1. 「超越信念單題 –人我連結單題」的平均數差異值為 .50、差異值的標準差為 .82，差異值是否顯著等於 0 檢定之 t 值統計量 = 8.610，顯著性 p < .001，拒絕虛無假設，二個變項的平均差異值顯著不等於 0，超越信念單題變項平均分數顯著大於人我連結單題變項平均分數。

2. 「超越信念單題 – 工作意義單題」的平均數差異值為 .06、差異值的標準差為 .65，差異值是否顯著等於 0 檢定之 t 值統計量 = 1.334，顯著性 p = .184 > .05，接受虛無假設，二個變項的平均差異值顯著等於 0，超越信念單題變項平均分數等於工作意義單題變項平均分數。範例檢定之虛無假設為：

$\mu_{超越信念單題} - \mu_{工作意義單題} = 0.00$

顯著性 p 是虛無假設出現的可能性，以 .05 (稱為顯著水準) 為臨界點，如果 p 大於等於 .05，表示母群體為虛無假設的可能性很高，研究結果無法拒絕虛無假設，要接受虛無假設，樣本統計量平均數差異值不等於 0 是機遇或抽樣誤差造成的。樣本統計量：$M_{超越信念單題} - M_{工作意義單題} = 0.06 \rightarrow$ 檢定結果：顯著性 p > .05，接受虛無假設 $\rightarrow$ 母群體：$\mu_{超越信念單題} - \mu_{工作意義單題} = 0.00$，母群體之超越信念單題變項的平均數與工作意義單題的平均數沒有顯著差異存在。

成對樣本 t 檢定結果「超越信念單題 > 人我連結單題」，「超越信念單題 = 工作意義單題」，因而研究結論應敘寫如下較為適切：

「樣本觀察值在教師職場靈性量表向度中以『超越信念』與『工作意義』的感受較高。」

範例之成對樣本 T 檢定程序在於考驗：

1. 人我連結單題是否顯著小於工作意義單題？
2. 人我連結單題是否顯著小於超越信念單題？

成對樣本 T 檢定對話視窗選取變項如下：

配對	變數 1	變數 2
1	人我連結單題	工作意義單題
2	人我連結單題	超越信念單題

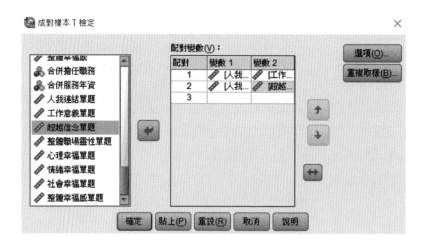

成對樣本 T 檢定結果如下：

成對樣本統計量

		平均值	N	標準差	標準誤平均值
配對 1	人我連結單題	3.7075	200	.70315	.04972
	工作意義單題	4.1438	200	.59120	.04180
配對 2	人我連結單題	3.7075	200	.70315	.04972
	超越信念單題	4.2050	200	.73531	.05199

人我連結單題、工作意義單題水準變項的平均數分別為 3.71、4.14；人我連結單題、超越信念單題水準變項的平均數分別為 3.71、4.21。

成對樣本相關性

		N	相關性	顯著性
配對 1	人我連結單題 & 工作意義單題	200	.413	.000
配對 2	人我連結單題 & 超越信念單題	200	.355	.000

「人我連結單題 & 工作意義單題」二個變項間的積差相關係數 r = .413 (p < .001)，達到統計顯著水準；「人我連結單題 & 超越信念單題」二個變項間的積差相關係數 r = .355 (p < .001)，達到統計顯著水準，表示樣本觀察值在人我連結單題變項的測量值愈高，在工作意義單題變項與超越信念單題變項的測量值也愈高。

成對樣本檢定

		成對差異						自由度	顯著性(雙尾)
				標準誤平均值	差異的 95% 信賴區間		t		
		平均值	標準差		下限	上限			
配對 1	人我連結單題 - 工作意義單題	-.43625	.70755	.05003	-.53491	-.33759	-8.720	199	.000
配對 2	人我連結單題 - 超越信念單題	-.49750	.81713	.05778	-.61144	-.38356	-8.610	199	.000

配對組平均數差異檢定之虛無假設如下：

$$\mu_{人我連結單題} = \mu_{工作意義單題}，或\ \mu_{人我連結單題} - \mu_{工作意義單題} = 0$$
$$\mu_{人我連結單題} = \mu_{超越信念單題}，或\ \mu_{人我連結單題} - \mu_{超越信念單題} = 0$$

虛無假設中為二個水準變項的平均數顯著相等 (p > .05)，即二個水準變項平均數差異值顯著等於 0。

對立假設為：

$$\mu_{人我連結單題} \neq \mu_{工作意義單題}，或\ \mu_{人我連結單題} - \mu_{工作意義單題} \neq 0$$
$$\mu_{人我連結單題} \neq \mu_{超越信念單題}，或\ \mu_{人我連結單題} - \mu_{超越信念單題} \neq 0$$

1. 「人我連結單題 - 工作意義單題」的平均數差異值為 -.44、差異值的標準差為 .71，差異值是否顯著等於 0 檢定之 t 值統計量 = -8.720，顯著性 p < .001，達到統計顯著水準，拒絕虛無假設，二個變項的平均差異值顯著不等於 0，人我連結單題變項平均分數顯著小於工作意義單題變項平均分數。

2. 「人我連結單題–超越信念單題」的平均數差異值為 -.50、差異值的標準差為 .82，差異值是否顯著等於 0 檢定之 t 值統計量 = -8.610，顯著性 p < .001，達到統計顯著水準，拒絕虛無假設，二個變項的平均差異值顯著不等於 0，人我連結單題變項平均分數顯著小於超越信念單題變項平均分數。

成對樣本 T 檢定結果：「人我連結單題 < 工作意義單題」且「人我連結單題 < 超越信念單題」，因而研究結論可敘寫：

「樣本觀察值在教師職場靈性量表中以『人我連結』向度的感受最低。」

貳、單因子相依樣本變異數分析

教師職場靈性三個向度變項的分數均來自相同的樣本觀察值，三個水準變項平均數的差異檢定可直接使用單因子相依樣本變異數分析程序，範例之虛無假設與對立假設分別為：

虛無假設：$\mu_{人我連結單題} = \mu_{工作意義單題} = \mu_{超越信念單題}$
對立假設：至少有一配對組平均數不相等

在相依樣本變異數分析程序中，SPSS 使用 Mauchly 球形檢定統計量判別資料結構是否符合球形性假定 (或稱球形假定/球面性假定)，球形檢定在於考驗水準變項兩兩差異值量數的變異數是否相等。如果差異值的變異數相等，則整體考驗之 F 值統計量的自由度不用調整，若是差異值的變異數不相等，表示資料結構不符合球形檢定，重複量數單因子變異數分析程序之整體檢定 F 值統計量的自由度要加以調整，調整後自由度之整體檢定統計程序為 Greenhouse-Geisser 法、Huynh-Feldt 法與下限法。

教師職場靈性量表有三個水準變項，兩兩水準變項之差異分數有三個：

d_1 = 人我連結單題 – 工作意義單題
d_2 = 工作意義單題 – 超越信念單題
d_3 = 超越信念單題 – 人我連結單題

差異分數的變異數分別為：σ_{d1}^2、σ_{d2}^2、σ_{d3}^2
Mauchly 球形檢定程序考驗的虛無假設為：

$H_0: \sigma_{d1}^2 = \sigma_{d2}^2 = \sigma_{d3}^2$

對立假設為至少有一個配對差異分數間的變異數不相等：

$H_1: \sigma_{di}^2 = \sigma_{dj}^2$，存在於部分的 i 與 j

單因子相依樣本變異數分析之整體檢定 F 值統計量若達到統計顯著水準 (p < .05)，與單因子獨立樣本變異數分析程序相同，進一步要進行的是事後比較，事後比較即成對水準變項的比較。單因子相依樣本變異數分析程序的虛無假設為：

$H_0: \mu_{\text{人我連結單題}} = \mu_{\text{工作意義單題}} = \mu_{\text{超越信念單題}}$

對立假設為：

$H_1:$ 部分 $\mu_i \neq \mu_j$

對立假設中部分 $\mu_i \neq \mu_j$ 可能包含以下幾種情況：

1. 只有一組配對水準變項平均數不相等

$\mu_{\text{人我連結單題}} \neq \mu_{\text{工作意義單題}}$，或 $\mu_{\text{工作意義單題}} \neq \mu_{\text{超越信念單題}}$，
或 $\mu_{\text{人我連結單題}} \neq \mu_{\text{超越信念單題}}$

2. 有二組配對水準變項不相等

$\mu_{\text{人我連結單題}} \neq \mu_{\text{工作意義單題}}$ 且 $\mu_{\text{人我連結單題}} \neq \mu_{\text{超越信念單題}}$，或

$\mu_{\text{人我連結單題}} \neq \mu_{\text{工作意義單題}}$ 且 $\mu_{\text{工作意義單題}} \neq \mu_{\text{超越信念單題}}$

3. 三組配對水準變項均不相等

$\mu_{\text{人我連結單題}} \neq \mu_{\text{工作意義單題}}$ 且 $\mu_{\text{工作意義單題}} \neq \mu_{\text{超越信念單題}}$ 且

$\mu_{\text{人我連結單題}} \neq \mu_{\text{超越信念單題}}$

◆ 一、操作程序

執行功能表列「分析 (A)」／「一般線性模型 (G)」／「重複測量 (R)」(或重複量數) 程序，開啟「重複測量定義因素」(或重複量數定義因子) 對話視窗。

「重複測量定義因素」(重複量數定義因子) 對話視窗中，「受試者內因子的名稱 (W)：」下方框內定的因子名稱為 factor1、「層級個數 (L)：」(因子個數) 指的是水準的個數 (相依樣本有多少個平均數水準變項)。

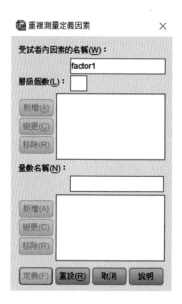

　　「重複測量定義因素」(重複量數定義因子) 對話視窗中，「受試者內因素的名稱 (W)：」下方框因子名稱界定為「職場靈性」、「層級個數 (L)：」(水準個數) 右方框內輸入向度的個數 3，按「新增 (A)」鈕。

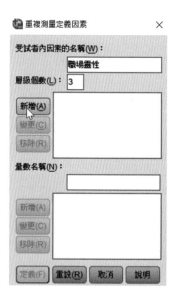

　　按下「新增 (A)」鈕後，第三個方框內訊息為「職場靈性 (3)」，表示因子變項名稱為「職場靈性」，因子變項有三個水準變項。按最下方「定義 (F)」鈕，開啟「重複測量」(重複量數) 主對話視窗。

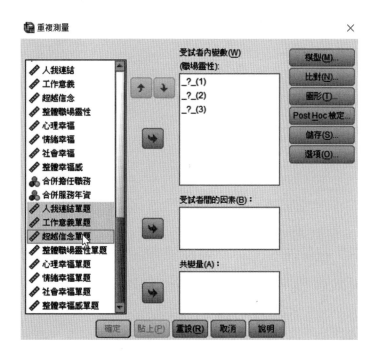

　　「重複測量」(重複量數) 主對話視窗之中間「受試者內變數 (W)」下方框有三個水準列，因水準變項尚未選取，因而以「_?_(1)」、「_?_(2)」、「_?_(3)」表示。

在「重複測量」(重複量數) 主對話視窗中，從左邊變數清單中選取教師職場靈性三個向度變項「人我連結單題」、「工作意義單題」、「超越信念單題」至右邊「受試者內變數 (W):」下方框中。按「選項 (O)」鈕，開啟「重複測量：選項」(重複量數：選項) 次對話視窗。

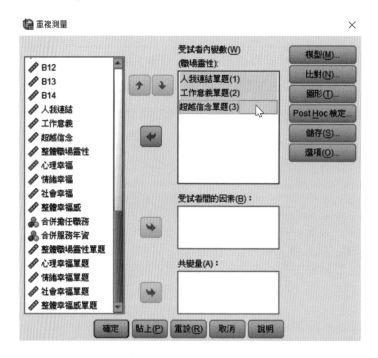

「重複測量：選項」(重複量數：選項) 次對話視窗中，「因素與因素交互作用 (F)」(因子與因子交互作用) 項有一個因子變項名稱「職場靈性」，另一個內定選項為「(OVERALL)」。

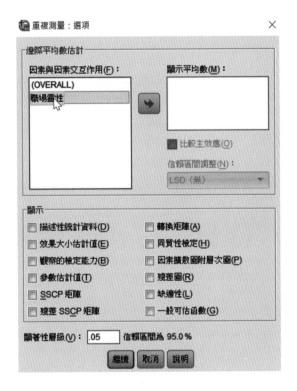

　　於「重複測量：選項」(重複量數：選項) 次對話視窗中，將「因素與因素交互作用 (F)」(因子與因子交互作用) 項中的因子變項「職場靈性」點選至右邊「顯示平均數 (M)：」下方框中，勾選「 比較主效應」(比較主效果)，「信賴區間調整 (N)」選單中內定選項為 LSD (無)，改選取「Bonferroni 法」，按「繼續」鈕，回到「重複測量」(重複量數) 主對話視窗，按「確定」鈕。

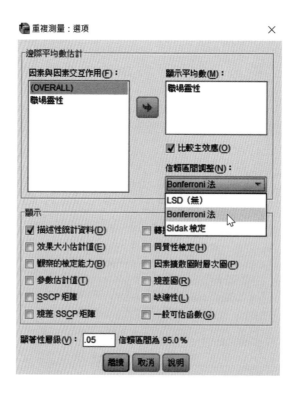

上述「信賴區間調整」的選單有三種:「LSD (無)」(內定選項)、「Bonferroni 法」、「Sidak 檢定」,「顯示」方盒中的「效果大小估計值」選項可以求出相依樣本變異數分析的關聯強度係數值,「觀察的檢定能力」選項可以增列輸出統計考驗力。

◆ 二、輸出報表

主旨內係數 (受試者內因子)

測量:MEASURE_1

職場靈性	因變數 (依變數)
1	人我連結單題
2	工作意義單題
3	超越信念單題

主旨內係數摘要表為受試者內因子,因子名稱為職場靈性,共有三個水準,水準變項 (依變項) 為人我連結單題、工作意義單題、超越信念單題。

描述性統計資料 (敘述統計)

	平均數	標準偏差 (標準差)	N (個數)
人我連結單題	3.7075	.70315	200
工作意義單題	4.1437	.59120	200
超越信念單題	4.2050	.73531	200

　　描述性統計資料摘要表為三個水準變項的描述性統計量，包括平均數、標準偏差 (標準差)、有效樣本觀察值個數 N，三個水準變項平均數是否有顯著差異，需要從相依樣本變異數分析檢定統計量 F 值加以判別。人我連結單題、工作意義單題、超越信念單題三個水準變項的平均數分別為 3.71、4.14、4.21；標準差分別為 0.70、0.59、0.73，有效樣本觀察值個數 N = 200。

多變數檢定[a]

效果		數值	F	假設 df 假設自由度	錯誤 df 誤差自由度	顯著性
職場靈性	Pillai's 追蹤	.314	45.404[b]	2.000	198.000	.000
	Wilks' Lambda (Λ)	.686	45.404[b]	2.000	198.000	.000
	Hotelling's 追蹤	.459	45.404[b]	2.000	198.000	.000
	Roy's 最大根	.459	45.404[b]	2.000	198.000	.000

a. 設計：截距
　主旨內設計 (受試者內設計)：職場靈性
b. 確切的統計資料 (精確的統計量)

　　單因子重複量數變異數分析也可以使用多變量變異數分析程序加以考驗 (但期刊論文的量化統計分析，研究者較少以多變量進行單因子重複量數的變異數分析，一般多變量分析程序是同時檢定水準群組在多個依變項的形心是否相同)。多變量檢定統計量 Wilks 的 Λ 值 = .686，顯著性 p < .001，達到統計顯著水準，拒絕虛無假設：三個水準變項平均數至少有一配對水準變項平均數間的差異值顯著不等於 0。多變量檢定統計量 Wilks 的 Λ 值可以轉換為 F 值統計量，轉換後的 F 值 = 45.404 (顯著性 p = .000<.05)。

Mauchly 的球形檢定[a]

測量：MEASURE_1

主旨內效果 (受試者內效應項)	Mauchly's W	大約卡方 (近似卡方 分配)	df	顯著性	Epsilon[b]		
					Greenhouse- Geisser	Huynh- Feldt	下限
職場靈性	.925	15.400	2	.000	.930	.939	.500

檢定標準正交化轉換因變數的錯誤共變異數矩陣是恆等式矩陣比例的空假設。

a. 設計：截距

　主旨內設計 (受試者內設計)：職場靈性

b. 可以用來調整顯著平均檢定的自由度。更正的檢定顯示在「主旨內效果檢定」表格中。

　　　球形檢定之卡方值統計量 = 15.400 (p < .001)，達到統計顯著水準，拒絕虛無假設 (資料結構 = 球形性)，資料結構不符合球形性假定。當樣本數愈大時，卡方值統計量較容易達到統計顯著水準 (p < .05)，此時，資料結構是否符合球形性假定，最好再檢核 Greenhouse-Geisser 與 Huynh-Feldt 二個統計量。若二個統計量數均大於 .75，或平均值大於 .75，則資料結構符合球形性假定，範例 Greenhouse-Geisser 與 Huynh-Feldt 二個統計量分別為 .930、.939，均大於 .75 臨界值，表示資料結構未違反球形性假定。

主旨內效果檢定 (受試者內效應項的檢定)

測量：MEASURE_1

來源		第 III 類平方和	df	平均值平方	F	顯著性
職場靈性	假設的球形	29.438	2	14.719	55.539	.000
	Greenhouse-Geisser	29.438	1.861	15.820	55.539	.000
	Huynh-Feldt	29.438	1.878	15.678	55.539	.000
	下限	29.438	1.000	29.438	55.539	.000
Error (職場靈 性)	假設的球形	105.479	398	.265		
	Greenhouse-Geisser	105.479	370.291	.285		
	Huynh-Feldt	105.479	373.646	.282		
	下限	105.479	199.000	.530		

　　　主旨內效果檢定表為受試者內效應項的檢定，「假設為球形」橫列的數據為資料結構未違反球形性假定要判讀的統計量；若是資料結構違反球形性假定，相

依樣本變異數分析之整體檢定的自由度要加以調整，此時，要查看的統計量為 Greenhouse-Geisser、Huynh-Feldt、下限三個橫列的數據。範例資料結構符合球形性假定，假設為球形橫列數據之 F 值統計量 = 55.539，顯著性 p < .001，達到統計顯著水準，拒絕虛無假設，三個水準變項至少二個變項的平均數差異值顯著不等於 0。

主旨內對照檢定 (受試者內對比的檢定)

測量：MEASURE_1

來源	職場靈性	第 III 類平方和	df	平均值平方	F	顯著性
職場靈性	線性	24.751	1	24.751	74.136	.000
	二次曲線模型	4.688	1	4.688	23.893	.000
Error (職場靈性)	線性	66.437	199	.334		
	二次曲線模型	39.042	199	.196		

　　受試者內對比的檢定摘要表適用於水準次序具時間順序的趨勢分析，在單因子相依樣本變異數分析 (單因子重複量數變異數分析) 程序中其數據可忽略不用。假設三個水準變項表示的是三個時間點測得的數據，三個水準變項的變化情況可以採用線性方程來解釋，也可以使用二次曲線方程模式來解釋。

主旨間效果檢定 (受試者間效應項的檢定)

測量：MEASURE_1

轉換的變數：平均

來源	第 III 類平方和 (型 III 平方和)	df	平均值平方 (平均平方和)	F	顯著性
截距	9690.211	1	9690.211	11339.252	.000
誤差	170.060	199	.855		

　　受試者間效應項的檢定摘要表包含截距項與誤差項，受試者間效應項的檢定在於探討 200 位樣本觀察值在三個水準向度的平均值是否有顯著差異存在，在單因子相依樣本變異數分析程序中，研究者關注的是三個水準變項 (三個向度) 平均數的差異，而不是受試者或樣本觀察值間的差異情況。受試者間誤差項的型 III 平方和 = 170.060、自由度 = 199、平均平方和 = .855，截距項的 F 值統計量 = 11339.252，顯著性 p < .001，達到統計顯著水準，樣本觀察值在三個水準變項平

均值間有顯著差異存在 (此量數不是單因子相依樣本變異數分析要呈現的 F 值統計量)。

邊緣平均數估計
職場靈性

估計值

測量：MEASURE_1

職場靈性	平均數	標準錯誤 (標準誤差)	95% 信賴區間	
			下限	上限
1	3.708	.050	3.609	3.806
2	4.144	.042	4.061	4.226
3	4.205	.052	4.102	4.308

　　教師職場靈性三個水準變項 (向度變項) 的平均數分別為 3.708、4.144、4.205，標準誤差分別為 .050、.042、.052，標準誤差為平均數的標準誤，量數為標準差除以有效觀察值的平方根值。

成對比較

測量：MEASURE_1

(I) 職場靈性	(J) 職場靈性	平均差異 (I-J)	標準錯誤	顯著性[b]	95% 差異的信賴區間[b]	
					下限	上限
1	2	-.436*	.050	.000	-.557	-.315
	3	-.498*	.058	.000	-.637	-.358
2	1	.436*	.050	.000	.315	.557
	3	-.061	.046	.551	-.172	.050
3	1	.498*	.058	.000	.358	.637
	2	.061	.046	.551	-.050	.172

根據估計的邊際平均值
*. 平均值差異在 .05 層級顯著 (平均差異在 .05 水準是顯著的)。
b. 調整多重比較：Bonferroni。

　　事後比較發現：水準變項 2 顯著 > 水準變項 1，平均數差異值為 .436；水準變項 3 顯著 > 水準變項 1，平均數差異值為 .498，表示「工作意義單題 > 人我連

結單題」，且「超越信念單題 > 人我連結單題」。「人我連結」向度的平均數顯著的小於「工作意義」向度，也顯著小於「超越信念」向度，但「超越信念」向度的平均數與「工作意義」向度的平均數並沒有顯著差異存在。研究結論為：

「樣本觀察值在教師職場靈性量表中以『人我連結』向度的感受最低。」

[表格範例]

教師職場靈性三個向度變項之描述性統計量摘要表

向度變項	平均數	標準差	個數 N
人我連結單題 (A)	3.71	0.70	200
工作意義單題 (B)	4.14	0.59	200
超越信念單題 (C)	4.21	0.74	200

教師職場靈性三個向度變項之相依樣本檢定變異數分析摘要表 (N = 200)

變異來源	平方和 SS	df	均方 MS	F	事後比較
因子 (組間)(A)	29.438	2	14.719	55.539***	B > A、C > A
組內 (誤差)					
受試者間 (B)	170.060	199	.855		
殘差 (A × B)	105.479	398	.265		

*** $p < .001$

參、教師幸福感量表三個向度差異比較

教師幸福感三個向度心理幸福、情緒幸福、社會幸福包含的題項個數分別為5、5、4，向度 (/層面/構念/構面/因素) 包含的指標題項數不同，因而向度平均數的差異比較不能以這三個向度變項作為水準變項，而要以「心理幸福單題」、「情緒幸福單題」、「社會幸福單題」三個變項作為重複量數變異數分析程序的水準變項，三個變項中的樣本觀察值分數是向度平均單題的測量值，此部分在進行同一量表向度之差異比較時要特別注意。

◆ 一、操作程序

教師幸福感三個向度變項之單因子相依樣本變異數分析程序：

「受試者因子的名稱 (W)：」下方框界定的因子名稱為「教師幸福感」，「水準個數 (L)：」(層級個數) 右方框鍵入的水準個數為數值 3，按「新增」鈕。

按「新增」鈕後，第三個方框內的訊息為「教師幸福感 (3)」，按「定義 (F)」鈕，開啟「重複測量」(重複量數) 主對話視窗。

　　「重複量數」(重複測量) 主對話視窗中,「受試者內變數 (W)」方框中被選入的變項為心理幸福單題、情緒幸福單題、社會幸福單題三個 (不能直接選入心理幸福、情緒幸福、社會幸福三個向度變項,因為三個向度變項包含的題項數不同)。

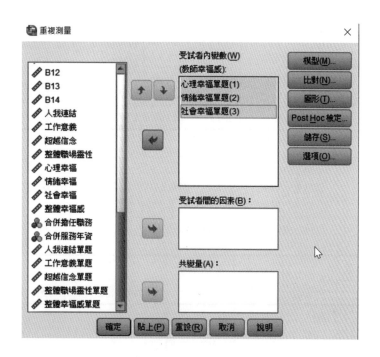

　　在「重複測量」主對話視窗中,按「選項 (O)」鈕,開啟「重複測量:選項」次對話視窗。

　　於「重複測量:選項」(重複量數:選項) 次對話視窗中,將「因素與因素交互作用 (F)」項中的因子變項「教師幸福感」點選至右邊「顯示平均數 (M):」下方框中,勾選「比較主效應」(比較主效果),「信賴區間調整 (N)」選單中直接選取內定選項為 LSD (無)(以最小平方差異法進行配對組平均數的差異比較,使用者也可以跟上述操作程序一樣改選 Bonferroni 法),按「繼續」鈕,回到「重複測量」(重複量數) 主對話視窗,按「確定」鈕。

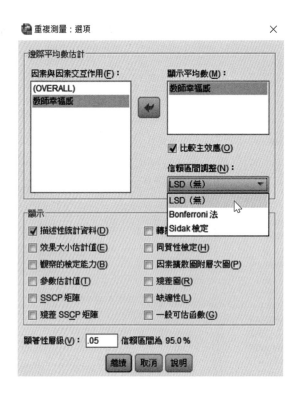

◆ 二、輸出報表

一般線性模型

主旨內係數 (受試者內因子)

測量：MEASURE_1

教師幸福感	因變數 (依變數)
1	心理幸福單題
2	情緒幸福單題
3	社會幸福單題

　　主旨內係數摘要表為受試者內因子，因子名稱為教師幸福感，共有三個水準變項，水準變項 (依變數) 順序為心理幸福單題、情緒幸福單題、社會幸福單題，水準數值編碼以 1、2、3 表示。

描述性統計資料 (敘述統計)

	平均數	標準偏差 (標準差)	N
心理幸福單題	4.0350	.64487	200
情緒幸福單題	4.1900	.64372	200
社會幸福單題	4.1525	.76669	200

　　描述性統計資料摘要表為三個水準變項的描述性統計量，包括平均數、標準差、有效樣本觀察值個數 N，三個水準平均數是否有顯著差異，需要從相依樣本變異數分析檢定統計量 F 值加以判別。心理幸福單題、情緒幸福單題、社會幸福單題三個水準變項的平均數分別為 4.04、4.19、4.15；標準差分別為 0.64、0.64、0.77。

多變數檢定[a]

效果		數值	F	假設 df (假設自由度)	錯誤 df (誤差自由度)	顯著性
教師幸福感	Pillai's 追蹤	.093	10.211[b]	2.000	198.000	.000
	Wilks' Lambda (Λ)	.907	10.211[b]	2.000	198.000	.000
	Hotelling's 追蹤	.103	10.211[b]	2.000	198.000	.000
	Roy's 最大根	.103	10.211[b]	2.000	198.000	.000

a. 設計：截距
　主旨內設計：教師幸福感
b. 確切的統計資料

　　多變量檢定統計量 Wilks 的 Λ 值 = .907，顯著性 $p < .001$，達到統計顯著水準，拒絕虛無假設，三個水準變項平均數至少有一配對水準變項平均數間的差異值顯著不等於 0。多變量檢定統計量 Wilks 的 Λ 值可以轉換為 F 值統計量，轉換後的 F 值統計量 = 10.211 (顯著性 $p < .001$)。多變量檢定統計量 Wilks 的 Λ 值愈大，表示誤差項愈大，水準組間變異愈小，轉換後的 F 值統計會愈小，愈不容易達到統計顯著水準，多變量檢定程序中若要達到統計顯著水準，則輸出結果之多變量統計量 Wilks 的 Λ 值愈小 (轉換的 F 值統計量會愈大) 愈容易達到顯著。

Mauchly 的球形檢定[a]

測量：MEASURE_1

主旨內效果 (受試者內效 應項)	Mauchly's W	大約 卡方	df	顯著性	Epsilon[b]		
					Greenhouse- Geisser	Huynh- Feldt	下限
教師幸福感	.897	21.605	2	.000	.906	.914	.500

檢定標準正交化轉換因變數的錯誤共變異數矩陣是恆等式矩陣比例的空假設。

a. 設計：截距

　　主旨內設計：教師幸福感

b. 可以用來調整顯著平均檢定的自由度。更正的檢定顯示在「主旨內效果檢定」表格中。

　　球形檢定之卡方值統計量 = 21.605 (p < .001)，達到統計顯著水準，拒絕虛無假設：資料結構 = 球形性，資料結構不符合球形性假定。因為統計分析的有效樣本觀察值 N = 200，樣本數較大，資料結構是否符合球形性假定，宜再檢核 Greenhouse-Geisser 與 Huynh-Feldt 二個統計量，若二個統計量數均大於 .75，或平均值大於 .75，則資料結構符合球形性假定。範例 Greenhouse-Geisser 與 Huynh-Feldt 二個統計量分別為 .906、.914，均大於 .75 臨界值，表示資料結構未違反球形性假定，或違反球形性假設檢定不嚴重。

主旨內效果檢定 (受試者內效應項的檢定)

測量：MEASURE_1

來源		第 III 類平方和	df	平均值平方	F	顯著性
教師幸福感	假設為球形	2.616	2	1.308	8.925	.000
	Greenhouse-Geisser	2.616	1.813	1.443	8.925	.000
	Huynh-Feldt	2.616	1.828	1.431	8.925	.000
	下限	2.616	1.000	2.616	8.925	.003
Error (教師幸福 感)	假設為球形	58.328	398	.147		
	Greenhouse-Geisser	58.328	360.712	.162		
	Huynh-Feldt	58.328	363.838	.160		
	下限	58.328	199.000	.293		

　　主旨內效果檢定表為受試者內效應項的檢定，「假設為球形」橫列的數據為資料結構未違反球形性假定要判讀的統計量；若是資料結構違反球形性假定，相依樣本變異數分析之整體檢定之自由度要加以調整，此時，要查看的統計量

為 Greenhouse-Geisser、Huynh-Feldt 橫列的數據，二個統計量的 F 值均為 8.925 (p < .001)。範例資料結構符合球形性假定，假設為球形列數據之 F 值統計量 = 8.925，顯著性 p < .001，達到統計顯著水準，拒絕虛無假設，三個水準變項至少有二個水準變項的平均數差異值顯著不等於0。

主旨間效果檢定 (受試者間效應項的檢定)

測量：MEASURE_1
轉換的變數：平均

來源	第 III 類平方和	df	平均值平方	F	顯著性
截距	10213.500	1	10213.500	9079.225	.000
誤差	223.861	199	1.125		

受試者間效應項的檢定摘要表包含截距項與誤差項，受試者間效應項的檢定在於探討 200 位樣本觀察值在三個水準向度變項的平均值是否有顯著差異存在，在單因子相依樣本變異數分析程序中，研究者關注的是三個水準變項 (三個向度) 平均數的差異，而不是受試者或樣本觀察值間的差異情況。受試者間誤差項的型 III 平方和 = 223.861、自由度 = 199、平均值平方 = 1.125。受試者間差異的 F 值統計量 = 9079.225 (p < .001)，達到統計顯著水準，表示樣本觀察值在三個向度加總值之平均數間有顯著差異存在。

邊緣平均數估計
教師幸福感

估計值

測量：MEASURE_1

教師幸福感	平均數	標準錯誤 (標準誤差)	95% 信賴區間	
			下限	上限
1	4.035	.046	3.945	4.125
2	4.190	.046	4.100	4.280
3	4.153	.054	4.046	4.259

教師幸福感三個水準變項 (向度變項) 的平均數分別為 4.035 (≒ 4.04)、4.190 (≒ 4.19)、4.153 (≒ 4.15)，標準誤差分別為 .046、.046、.054，標準誤差為平均數的標準誤，等於標準差除以有效觀察值的平方根值。

成對比較

測量：MEASURE_1

(I) 教師幸福感	(J) 教師幸福感	平均差異 (I-J)	標準錯誤	顯著性[b]	95% 差異的信賴區間[b]	
					下限	上限
1	2	-.155*	.034	.000	-.222	-.088
	3	-.118*	.044	.008	-.204	-.031
2	1	.155*	.034	.000	.088	.222
	3	.038	.036	.299	-.033	.108
3	1	.118*	.044	.008	.031	.204
	2	-.038	.036	.299	-.108	.033

根據估計的邊際平均值

*. 平均值差異在 .05 層級顯著。

b. 調整多重比較：最小顯著差異 (等同於未調整)。

　　事後比較發現：水準變項 2 顯著 > 水準變項 1，平均數差異值為 .155；水準變項 3 顯著 > 水準變項 1，平均數差異值為 .118，表示「情緒幸福單題 > 心理幸福單題」，且「社會幸福單題 > 心理幸福單題」，至於水準變項 2 (情緒幸福單題) 與水準變項 3 (社會幸福單題) 的平均數差異值則未達顯著。

　　統計分析結果可以發現「心理幸福」向度的平均數顯著的小於「情緒幸福」向度，也顯著小於「社會幸福」向度，但「情緒幸福」向度的平均數與「社會幸福」向度的平均數並沒有顯著差異存在。研究結論為：

　　「樣本觀察值在教師幸福感量表中以『心理幸福』向度的感受最低」，或「樣本觀察值在教師幸福感量表之向度比較中，以『情緒幸福』與『社會幸福』向度的感受較高。」

[表格範例]

教師幸福感三個向度變項之描述性統計量摘要表

向度變項	平均數	標準差	個數 N
心理幸福單題 (A)	4.04	0.64	200
情緒幸福單題 (B)	4.19	0.64	200
社會幸福單題 (C)	4.15	0.77	200

教師幸福感三個向度變項之相依樣本檢定變異數分析摘要表 (N = 200)

變異來源	平方和 SS	df	均方 MS	F	事後比較
因子 (組間)(A)	2.616	2	1.308	8.925***	B > A、C > A
組內 (誤差)					
受試者間 (B)	223.861	199	1.125		
殘差 (A×B)	58.328	398	.147		

*** p < .001

如果採用成對樣本 T 檢定，假設檢定心理幸福向度單題是否同時顯著小於情緒幸福向度單題與社會幸福向度單題，配對樣本 T 檢定結果如下：

成對樣本統計量

		平均值	N	標準差	標準誤平均值
配對 1	心理幸福單題	4.0350	200	.64487	.04560
	情緒幸福單題	4.1900	200	.64372	.04552
配對 2	心理幸福單題	4.0350	200	.64487	.04560
	社會幸福單題	4.1525	200	.76669	.05421

教師幸福感三個水準變項心理幸福單題、情緒幸福單題、社會幸福單題的平均數分別為 4.035 (≒ 4.04)、4.190 (≒ 4.19)、4.153 (≒ 4.15)。

成對樣本相關性

		N	相關性	顯著性
配對 1	心理幸福單題 & 情緒幸福單題	200	.718	.000
配對 2	心理幸福單題 & 社會幸福單題	200	.624	.000

心理幸福單題與情緒幸福單題二個水準變項間的相關係數 r = .718 (p < .001)，達到統計顯著水準，二個水準變項間呈顯著高度正相關；心理幸福單題與社會幸福單題二個水準變項間的相關係數 r = .624 (p < .001)，達到統計顯著水準，二個水準變項間呈顯著中度正相關。

成對樣本檢定

		成對差異							顯著性 (雙尾)
		平均值	標準差	標準誤 平均值	差異的 95% 信賴區間		t	自由度	
					下限	上限			
配對 1	心理幸福單題 – 情緒幸福單題	-.15500	.48389	.03422	-.22247	-.08753	-4.530	199	.000
配對 2	心理幸福單題 – 社會幸福單題	-.11750	.62149	.04395	-.20416	-.03084	-2.674	199	.008

　　心理幸福單題 –情緒幸福單題二個水準變項間平均數差異值 = -.15500，T 值統計量 = -4.530 (p < .001)，達到統計顯著水準，拒絕虛無假設，平均數差異值顯著不等於 0，情緒幸福單題水準變項的平均數 > 心理幸福單題水準變項的平均數。

　　心理幸福單題 –社會幸福單題二個水準變項間平均數差異值 = -.11750，T 值統計量 = -2.674 (p = .008 <.05)，達到統計顯著水準，拒絕虛無假設，平均數差異值顯著不等於 0，社會幸福單題水準變項的平均數 > 心理幸福單題水準變項的平均數。

　　統計分析結果顯示：「心理幸福 < 情緒幸福」且「心理幸福 < 社會幸福」，研究結論可敘寫為：

　　「樣本觀察值在教師幸福感量表向度比較中，以『心理幸福』的感受最低。」

肆、四個向度變項的比較

　　範例為學習壓力量表，量表的內容向度共分為四個向度：課堂壓力、考試壓力、補習壓力、期望壓力，四個向度的描述性統計量摘要表如下：

描述性統計資料

	N	範圍	最小值	最大值	平均數	標準差	變異數
課堂壓力	50	3.75	1.25	5.00	3.7490	.87106	.759
考試壓力	50	3.25	1.75	5.00	4.3124	.66503	.442
補習壓力	50	4.00	1.00	5.00	2.9470	1.04943	1.101
期望壓力	50	3.67	1.33	5.00	3.9517	.74385	.553
有效的 N (listwise)	50						

學習壓力量表四個向度變項單題平均數差異比較之單因子相依樣本變異數分析圖示如下：

受試者	學習壓力四個向度					
受試者	課堂壓力	考試壓力	補習壓力	期望壓力	四個向度平均值	受試者間的差異
樣本 01	S01 課堂	S01 考試	S01 補習	S01 期望	樣本 01 平均值	
樣本 02	S02 課堂	S02 考試	S02 補習	S02 期望	樣本 02 平均值	
樣本 03	S03 課堂	S03 考試	S03 補習	S03 期望	樣本 03 平均值	
……	……	……	……	……	……	
樣本 49	S49 課堂	S49 考試	S49 補習	S49 期望	樣本 49 平均值	
樣本 50	S50 課堂	S50 考試	S50 補習	S50 期望	樣本 50 平均值	
平均數	3.75	3.25	4.00	3.67		
因子間 (水準變項間) 的差異						

課堂壓力向度變項、考試壓力向度變項、補習壓力向度變項、期望壓力向度變項的受試者均來自相同的五十位樣本觀察值 (N = 50)，四個向度變項分數為一種重複量數的測量值，因而四個向度變項平均數的差異檢定必須使用單因子相依樣本變異數分析法。單因子相依樣本變異數分析法之全體的 SS = 因子間 (組間) SS + 組內 SS = 因子間 (組間) SS + (受試者間 SS + 誤差項 SS)。受試者間差異的 SS 歸屬於組內 SS 項，此差異量數是否達到顯著並不是單因子相依樣本變異數分析法程序關注的重點。

樣本觀察值在學習壓力向度之描述性統計量摘要表 (N = 50)

向度變項	平均數	標準差	排序	程度	百分比
課堂壓力	3.75	0.87	3	中上	68.8%
考試壓力	4.31	0.67	1	高	82.8%
補習壓力	2.95	1.05	4	中等	48.8%
期望壓力	3.95	0.74	2	中上	73.8%

五十位樣本觀察值在學習壓力四個向度感受程度依平均數高低排列依序為考試壓力、期望壓力、課堂壓力、補習壓力，感受程度分別為高、中上、中上、中。

根據四個向度的平均數進行單因子相依樣本變異數分析，考驗配對向度變項間的平均數差異值是否顯著不等於 0。

◆ 一、操作程序

執行功能表列「分析 (A)」/「一般線性模型 (G)」/「重複測量 (R)」(或重複量數) 程序，開啟「重複測量定義因素」(或重複量數定義因子) 對話視窗。

「重複測量定義因素」(重複量數定義因子) 對話視窗中，「受試者內因子的名稱 (W)：」下方框因子名稱界定為「學習壓力向度」、「層級個數 (L)：」(水準個數) 右方框內輸入向度的個數 4，按「新增 (A)」鈕。

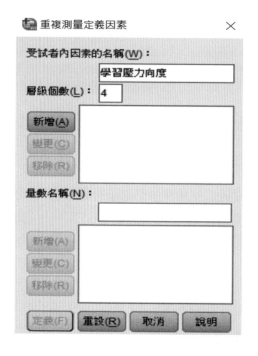

按下「新增 (A)」鈕後，第三個方框內訊息為「學習壓力向度 (4)」，表示因子變項名稱為「學習壓力向度」，因子變項有四個水準。按最下方「定義 (F)」鈕，開啟「重複測量」(重複量數) 主對話視窗。

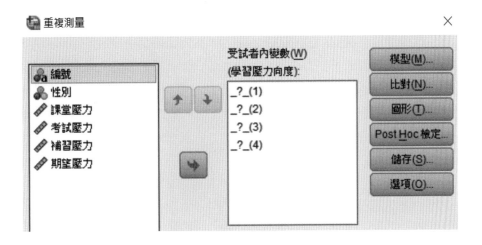

　　「重複測量」(重複量數) 主對話視窗之中間「受試者內變數 (W)(學習壓力向度)」下方框有四個水準列，因水準變項尚未選取，因而以「_?_(1)」、「_?_(2)」、「_?_(3)」、「_?_(4)」表示。

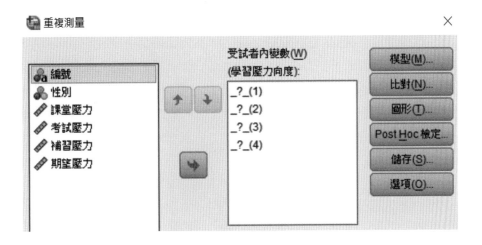

　　在「重複測量」(重複量數) 主對話視窗中，從左邊變數清單中選取學習壓力向度變項「課堂壓力」、「考試壓力」、「補習壓力」、「期望壓力」四個至右邊「受試者內變數 (W)：」下方框中。按「選項 (O)」鈕，開啟「重複測量：選

項」次對話視窗。

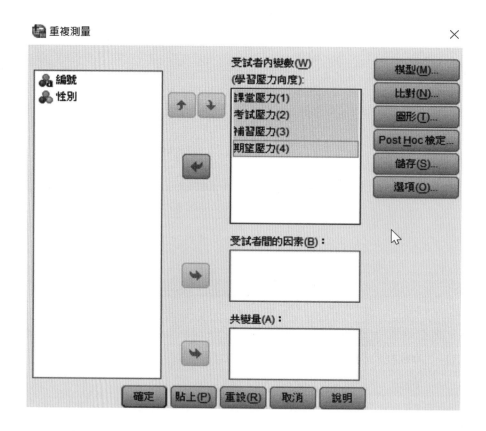

　　於「重複測量：選項」(重複量數：選項) 次對話視窗中，將「因素與因素交互作用 (F)」(因子與因子交互作用) 項中的因子變項「學習壓力向度」點選至右邊「顯示平均數 (M)：」下方框中，勾選「比較主效應」(比較主效果)，「信賴區間調整 (N)」選單選取「Bonferroni 法」選項，按「繼續」鈕，回到「重複測量」(重複量數) 主對話視窗，按「確定」鈕。

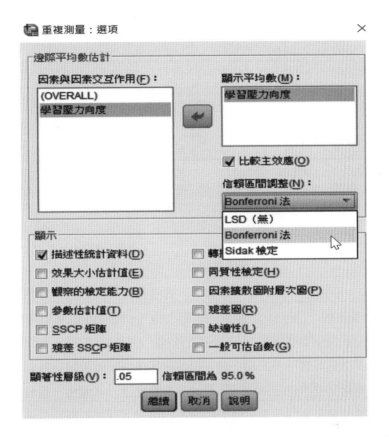

◆ 二、輸出報表

一般線性模型

受試者內因子

測量：MEASURE_1

學習壓力向度	依變數
1	課堂壓力
2	考試壓力
3	補習壓力
4	期望壓力

　　學習壓力向度四個水準變項與變項的名稱，四個依變項名稱為課堂壓力、考試壓力、補習壓力、期望壓力，因子之水準數值編碼依序為 1、2、3、4。

敘述統計

	平均數	標準離差	個數
課堂壓力	3.7490	.87106	50
考試壓力	4.3124	.66503	50
補習壓力	2.9470	1.04943	50
期望壓力	3.9517	.74385	50

四個學習壓力向度的描述性統計量，課堂壓力、考試壓力、補習壓力、期望壓力四個向度變項的平均數分別為 3.75、4.31、2.95、3.95。

多變量檢定[b]

效果		數值	F	假設自由度	誤差自由度	顯著性
學習壓力向度	Pillai's Trace	.580	21.652[a]	3.000	47.000	.000
	Wilks' Lambda 變數選擇法	.420	21.652[a]	3.000	47.000	.000
	多變量顯著性檢定	1.382	21.652[a]	3.000	47.000	.000
	Roy 的最大平方根	1.382	21.652[a]	3.000	47.000	.000

a. 精確的統計量
b. Design: 截距
受試者內設計：學習壓力向度

單因子重複量數變異數分析使用多變量變異數分析程序考驗結果。多變量檢定統計量 Wilks 的 Λ 值 = .420，顯著性 p < .001，達到統計顯著水準，拒絕虛無假設：四個水準變項平均數至少有一配對水準變項平均數間的差異值顯著不等於 0。多變量檢定統計量 Wilks 的 Λ 值可以轉換為 F 值統計量，轉換後的 F 值 = 21.652 (顯著性 p < .001)。

Mauchly 球形檢定[b]

測量：MEASURE_1

受試者內效應項	Mauchly's W	近似卡方分配	df	顯著性	Epsilon[a]		
					Greenhouse-Geisser	Huynh-Feldt	下限
學習壓力向度	.383	45.790	5	.000	.628	.653	.333

檢定正交化變數轉換之依變數的誤差 共變量矩陣的虛無假設，是識別矩陣的一部分。

a. 可用來調整顯著性平均檢定的自由度。改過的檢定會顯示在 "Within-Subjects Effects" 表檢定中。

b. Design：截距

受試者內設計：學習壓力向度

　　球形檢定之卡方值統計量 = 45.790 (p < .001)，達到統計顯著水準，拒絕虛無假設：(資料結構 = 球形性)。當樣本數愈大時，卡方值較容易達到統計顯著水準，此時，資料結構是否符合球形性假定，可檢核 Greenhouse-Geisser 與 Huynh-Feldt 二個統計量，若二個統計量數均大於 .75，或平均值大於 .75，則資料結構符合球形性假定。範例 Greenhouse-Geisser 與 Huynh-Feldt 二個統計量分別為 .628、.653，均未大於 .75 臨界值，表示資料結構違反球形性假定，受試者內效應項的檢定摘要表應查看調整後的自由度橫列之統計量，即 Greenhouse-Geisser 列、Huynh-Feldt、下限列之 F 值與顯著性。

受試者內效應項的檢定

測量：MEASURE_1

來源		型 III 平方和	df	平均平方和	F	顯著性
學習壓力向度	假設為球形	50.069	3	16.690	26.506	.000
	Greenhouse-Geisser	50.069	1.885	26.558	26.506	.000
	Huynh-Feldt	50.069	1.958	25.568	26.506	.000
	下限	50.069	1.000	50.069	26.506	.000
誤差 (學習壓力向度)	假設為球形	92.558	147	.630		
	Greenhouse-Geisser	92.558	92.377	1.002		
	Huynh-Feldt	92.558	95.955	.965		
	下限	92.558	49.000	1.889		

　　由於資料結構違反球面性假定，受試者內效應項的檢定之 F 值統計量的自

由度要加以調整，查看的統計量為 Greenhouse-Geisser、Huynh-Feldt、下限橫列的數據。Greenhouse-Geisser 列之 F 值統計量 = 26.506，顯著性 p < .001，達到統計顯著水準；Huynh-Feldt 列之 F 值統計量 = 26.506，顯著性 p < .001，達到統計顯著水準，二者均拒絕虛無假設，四個水準變項至少二個變項的平均數差異值顯著不等於 0。自由度未調整的原始 F 值統計量 = 26.506，顯著性 p < .001，自由度調整前與調整後的 F 值統計量差異甚小或是完全相同。

受試者內對比的檢定

測量：MEASURE_1

來源	學習壓力向度	型 III 平方和	df	平均平方和	F	顯著性
學習壓力向度	線性	1.434	1	1.434	4.026	.050
	二次方	2.434	1	2.434	3.185	.080
	三次方	46.201	1	46.201	60.112	.000
誤差 (學習壓力向度)	線性	17.457	49	.356		
	二次方	37.440	49	.764		
	三次方	37.660	49	.769		

線性趨勢變化與二次方變化的 F 值統計量分別為 4.026 (p = .050 >= .05)、3.185 (p = .080 > .05)，均未達統計顯著水準。三次方的 F 值統計量 = 60.112、顯著性 p < .001，達到統計顯著水準。若是四個學習壓力向度代表的是四個不同時間點，則測量值的變化趨勢可以以三次曲線方程模式解釋。

受試者間效應項的檢定

測量：MEASURE_1
轉換的變數：均數

來源	型 III 平方和	df	平均平方和	F	顯著性
截距	2797.545	1	2797.545	2893.930	.000
誤差	47.368	49	.967		

受試者間效應項的檢定摘要表包含截距項與誤差項，受試者間誤差項的型 III 平方和 = 47.368、自由度 = 49、平均平方和 = .967，受試者間差異的 F 值統計量 = 2893.930、顯著性 p < .001，達到統計顯著水準，五十位樣本觀察值在四個學習壓力向度變項的平均數間有顯著不同。

估計的邊緣平均數
學習壓力向度

估計值

測量：MEASURE_1

學習壓力向度	平均數	標準誤差	95% 信賴區間	
			下界	上界
1	3.749	.123	3.501	3.997
2	4.312	.094	4.123	4.501
3	2.947	.148	2.649	3.245
4	3.952	.105	3.740	4.163

　　四個學習壓力向度的描述性統計量，課堂壓力、考試壓力、補習壓力、期望壓力四個向度變項的平均數分別為 3.749、4.312、2.947、3.952。

成對比較

測量：MEASURE_1

(I) 學習壓力向度	(J) 學習壓力向度	平均差異 (I-J)	標準誤差	顯著性[a]	差異的 95% 信賴區間[a]	
					下界	上界
1	2	-.563*	.132	.001	-.926	-.201
	3	.802*	.213	.003	.215	1.389
	4	-.203	.107	.384	-.497	.091
2	1	.563*	.132	.001	.201	.926
	3	1.365*	.183	.000	.862	1.869
	4	.361*	.092	.002	.107	.615
3	1	-.802*	.213	.003	-1.389	-.215
	2	-1.365*	.183	.000	-1.869	-.862
	4	-1.005*	.186	.000	-1.517	-.492
4	1	.203	.107	.384	-.091	.497
	2	-.361*	.092	.002	-.615	-.107
	3	1.005*	.186	.000	.492	1.517

根據估計的邊緣平均數而定

*. 平均差異在 .05 水準是顯著的。

a. 調整多重比較：Bonferroni。

　　由於整體差異檢定的統計量達到顯著，進一步進行成對比較，成對比較結果為：

1. 第 1 個壓力向度變項 > 第 3 個壓力向度變項。
　　即課堂壓力 > 補習壓力。
2. 第 2 個壓力向度變項 > 第 1 個壓力向度變項、第 2 個壓力向度變項 > 第 3 個壓力向度變項、第 2 個壓力向度變項 > 第 4 個壓力向度變項。
　　即考試壓力 > 課堂壓力、考試壓力 > 補習壓力、考試壓力 > 期望壓力。
3. 第 4 個壓力向度變項 > 第 3 個壓力向度變項。
　　即期望壓力 > 補習壓力。

　　描述性統計量中得知課堂壓力、考試壓力、補習壓力、期望壓力四個向度變項的平均數以「考試壓力」的得分最高，進一步進行單因子相依樣本變異數分析發現：考試壓力向度變項均顯著高於課堂壓力、補習壓力、期望壓力三個向度變項，研究結論可敘寫為：

　　「樣本觀察值感受的四個壓力向度中以『考試壓力』最高。」

　　就得分最低的向度變項而言，四個向度變項相較之下，以補習壓力的得分最低，進一步進行單因子相依樣本變異數分析發現：補習壓力向度變項均顯著低於課堂壓力、考試壓力、期望壓力三個向度變項，研究結論可敘寫為：

　　「樣本觀察值感受的四個壓力向度中以『補習壓力』最低。」

[表格範例]

學習壓力量表四個向度變項之單因子相依樣本變異數分析摘要表 (N = 200)

變異來源	平方和 SS	df	均方 MS	F	事後比較
因子 (組間)(A)	50.069	1.885	26.558	26.506***	課堂 > 補習
組內 (誤差)					期望 > 補習
受試者間 (B)	47.368	49	.967		考試 > 課堂、補習、期望
殘差 (A×B)	92.558	92.377	1.002		

*** p < .001　F 值採用 Greenhouse-Geisser 校正統計量

成對事後比較發現：

1. 考試壓力向度均顯著高於課堂壓力向度、補習壓力向度、期望壓力向度，即：

   「考試壓力 > 課堂壓力」且「考試壓力 > 補習壓力」且「考試壓力 > 期望壓力」。

   四個壓力向度相互比較下，以「考試壓力」向度的感受最高。

2. 補習壓力向度均顯著低於課堂壓力向度、考試壓力向度、期望壓力向度，即：

   「補習壓力 < 課堂壓力」且「補習壓力 < 考試壓力」且「補習壓力 < 期望壓力」。

   四個壓力向度相互比較下，以「補習壓力」向度的感受最低。

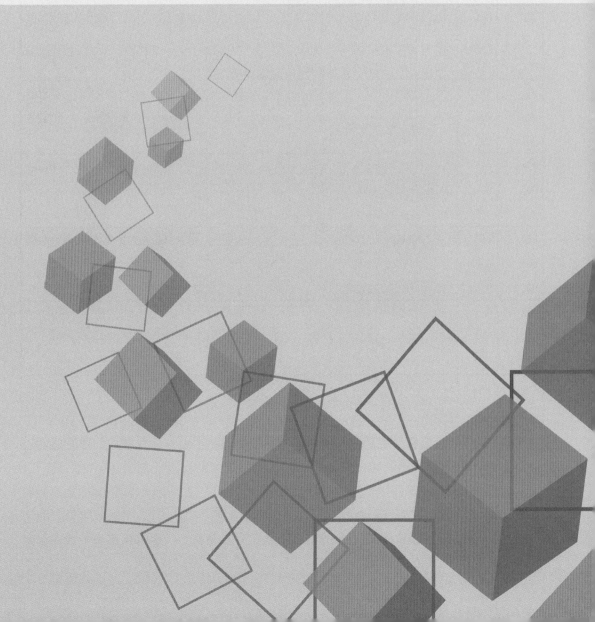

Chapter 8

相關分析

壹、適用時機

二個變數均為計量變數時，二個變項間的關係統計量稱為 Pearson「積差相關」(product-moment correlation)。積差相關之變項間的線條關係一般以雙箭頭表示：

積差相關為單一計量變項與單一計量變項間的關係，如果 A 量表有三個向度變項、B 量表也有三個向度變項，則積差相關摘要表一般會有十六個積差相關係數 r 統計量，二個量表變項間的相關架構圖如下：

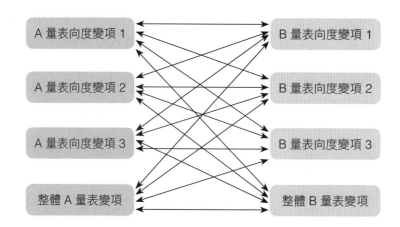

相關分析雙尾檢定的虛無假設與對立假設為：

虛無假設 H_0: $\rho = 0$ (母群體相關係數等於 0)
對立假設 H_1: $\rho \neq 0$ (母群體相關係數不等於 0)

資料分析統計結果之顯著性 p < .05 時，表示出現虛無假設的可能性低於 5%，虛無假設出現的機率很低，有足夠證據可拒絕虛無假設，對應的是對立假設可以得到支持：母群體相關係數 ρ 不等於 0，二個變數的相關係數不等於 0，即二個變數間有顯著相關存在，若相關係數為正，則二個變項間具有顯著「正相關」(positive correlation)，如「生活壓力愈大的樣本觀察值，其憂鬱傾

向也愈高」；如果相關係數為負，則二個變項間具有顯著「負相關」(negative correlation)，如「工作壓力愈高的樣本觀察值，其工作滿意愈低。」

相對的統計結果之顯著性 $p \geq .05$ 時，表示出現虛無假設的可能性大於 5%，虛無假設出現的機率很高，沒有足夠證據可拒絕虛無假設，對應的是對立假設無法得到支持，研究結果應接受虛無假設：母群體相關係數等於 0，相關係數顯著等於 0，顯示二個計量變項沒有顯著相關，此種相關型態稱為「零相關」(zero correlation)。資料統計分析結果如果顯著性 p 大於等於 0.05，不管相關係數 r 統計量數值多少，皆應推估樣本母群體在二個計量變項的相關係數 ρ 為 0，原樣本統計量 r 的數值不等於 0，乃是抽樣誤差造成的，如果研究者進行普測，則母群體的相關係數 ρ 母數會等於 0，或接近 0。

範例資料為 15 筆樣本觀察值在五個變項的測量值：

X	Y	Z	A	B
2	2	10	2	1
2	3	6	5	2
3	4	9	7	3
4	4	9	6	7
4	6	8	5	9
4	7	7	4	8
5	6	8	3	10
5	4	9	4	9
6	8	6	7	8
6	7	7	8	7
7	9	7	7	6
7	6	5	5	4
8	9	4	2	3
9	8	2	8	3
10	10	2	5	2

二個計量變項間的相關情形常見者有以下四種型態：

◆ 一、正相關

計量變項 X 與計量變項 Y 成正相關 (計量變項 X 的測量值愈高,計量變項 Y 的測量值也愈高),決定係數 R 平方值 = 0.758,表示二個變項可以互相解釋的變異量為 75.8% (表中直線為圖表編輯器自動增列的最適迴歸線,迴歸係數為正值,表示計量變項 X 對計量變項 Y 的影響為正向)。

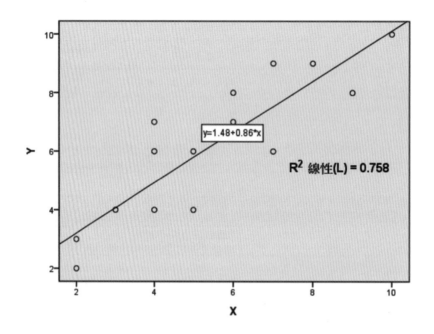

◆ 二、負相關

計量變項 X 與計量變項 Z 成負相關 (計量變項 X 的測量值愈高,計量變項 Z 的測量值則愈低),決定係數 R 平方值 = 0.684,表示二個變項可以互相解釋的變異量為 68.4% (表中直線為圖表編輯器自動增列的最適迴歸線,迴歸係數為負值,表示計量變項 X 對計量變項 Z 的影響為負向)。

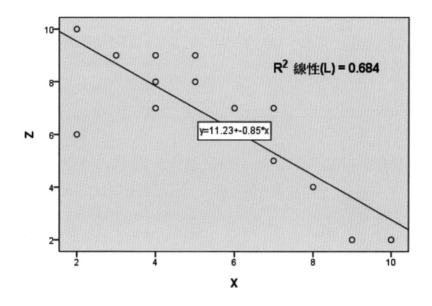

◆ 三、零相關

　　計量變項 X 與計量變項 A 成零相關 (計量變項 X 的測量值變化與計量變項 A 測量值的變化間沒有最適迴歸線存在)。

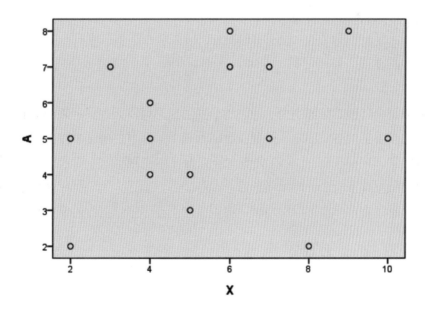

◆ 四、曲線相關

計量變項 X 與計量變項 B 成二次曲線相關，二次曲線的解釋變異量 R 平方為 0.675 (表中曲線為圖表編輯器自動增列的最適二次曲線)。

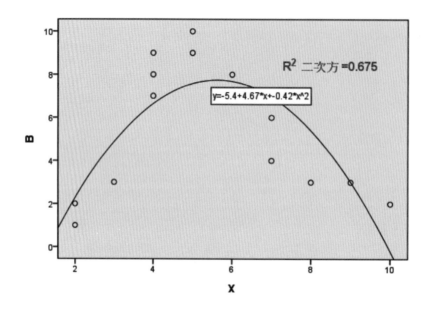

求出上述五個計量變項間的積差相關矩陣。執行功能表列「分析 (A)」/「相關 (C)」/「雙變異數 (B)」程序 (IBM SPSS 24 將次選單雙變數改為雙變異數，偏相關次選單改為局部相關)，開啟「雙變量相關性」(雙變數相關分析) 對話視窗。

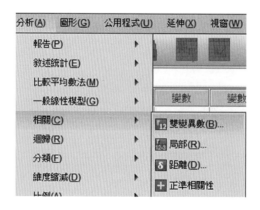

「雙變量相關性」(雙變數相關分析) 對話視窗中，將變數清單中的變項 X、

Y、Z、A、B 五個選入右邊「變數 (V)：」下方框內，按「選項 (O)」鈕，開啟
「雙變量相關性：選項」(雙變數相關分析：選項) 次對話視窗。

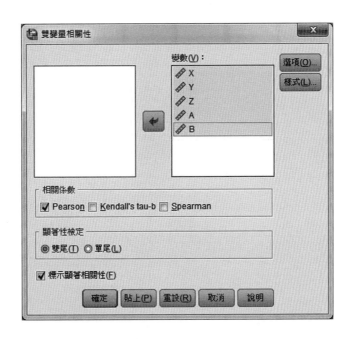

　　「雙變量相關性：選項」(雙變數相關分析：選項) 次對話視窗中勾選統計量
方盒中的「☑平均值和標準差 (M)」、「☑交叉乘積偏差和共變數 (C)」(乘積離
差與共變異數矩陣) 選項，按「繼續」鈕，回到「雙變量相關性」(雙變數相關分
析) 主對話視窗，按「確定」鈕。

敘述統計

	平均值	標準差	N
X	5.47	2.416	15
Y	6.20	2.396	15
Z	6.60	2.473	15
A	5.20	1.971	15
B	5.47	3.021	15

　　五個計量變項的描述性統計量摘要表，第一欄為變項名稱、第二欄為平均數、第三欄為標準差、第四欄為有效觀察值個數 (N = 15)。

相關性

		X	Y	Z	A	B
X	皮爾森 (Pearson) 相關性	1	.871**	-.827**	.234	-.110
	顯著性 (雙尾)		.000	.000	.401	.696
	平方和及交叉乘積	81.733	70.600	-69.200	15.600	-11.267
	共變量	5.838	5.043	-4.943	1.114	-.805
	N	15	15	15	15	15
Y	皮爾森 (Pearson) 相關性	.871**	1	-.733**	.248	.075
	顯著性 (雙尾)	.000		.002	.373	.791
	平方和及交叉乘積	70.600	80.400	-60.800	16.400	7.600
	共變量	5.043	5.743	-4.343	1.171	.543
	N	15	15	15	15	15
Z	皮爾森 (Pearson) 相關性	-.827**	-.733**	1	-.202	.390
	顯著性 (雙尾)	.000	.002		.470	.150
	平方和及交叉乘積	-69.200	-60.800	85.600	-13.800	40.800
	共變量	-4.943	-4.343	6.114	-.986	2.914
	N	15	15	15	15	15
A	皮爾森 (Pearson) 相關性	.234	.248	-.202	1	.067
	顯著性 (雙尾)	.401	.373	.470		.812

		X	Y	Z	A	B
	平方和及交叉乘積	15.600	16.400	-13.800	54.400	5.600
	共變量	1.114	1.171	-.986	3.886	.400
	N	15	15	15	15	15
B	皮爾森 (Pearson) 相關性	-.110	.075	.390	.067	1
	顯著性 (雙尾)	.696	.791	.150	.812	
	平方和及交叉乘積	-11.267	7.600	40.800	5.600	127.733
	共變量	-.805	.543	2.914	.400	9.124
	N	15	15	15	15	15

**. 相關性在 0.01 層級上顯著 (雙尾)。

　　五個計量變項之相關係數摘要表，各變項第一橫列「皮爾森 (Pearson) 相關性」為皮爾森積差相關係數 r。第二橫列「顯著性 (雙尾)」為雙尾考驗情況下之顯著性 p 值、p 值若小於 .05，表示二個計量變項的直線相關達到統計顯著水準，皮爾森積差相關係數 r 顯著不等於 0。第三橫列「平方和及交叉乘積」為叉積平方和統計量，量數為計量變項各自的平方和與兩個變項的交乘積。第四橫列「共變量」為二個變項間的共變異數，變項與變項自己的共變數儲存格量數為變項的變異數。第五橫列「N」為有效觀察值個數。從範例之相關係數摘要表中可以發現：

1. 計量變項 X 與計量變項 Y 間的積差相關係數 r = .871，顯著性 $p < .001$，達到統計顯著水準，拒絕虛無假設 ($\rho = 0$)，二個變項間有顯著高度的正相關。

2. 計量變項 X 與計量變項 Z 間的積差相關係數 r = -.827，顯著性 $p < .001$，達到統計顯著水準，拒絕虛無假設 ($\rho = 0$)，二個變項間有顯著高度的負相關。

3. 計量變項 X 與計量變項 A 間的積差相關係數 r = .234，顯著性 p = .401 > .05，未達統計顯著水準，接受虛無假設 ($\rho = 0$)，二個變項間沒有顯著的相關存在。

4. 計量變項 X 與計量變項 B 間的積差相關係數 r = -.110，顯著性 p = .696 > .05，未達統計顯著水準，接受虛無假設 ($\rho = 0$)，二個變項間沒有顯著的相

關存在。

　　計量變項 X 與 A、B 間的線性關係均未達統計顯著水準，表示計量變項 X 與 A、B 變項間沒有線性關聯存在，沒有顯著的線性關係，不表示計量變項 X 與計量變項 A、計量變項 B 間沒有曲線相關存在。皮爾森積差相關係數 r 檢定的是二個計量變項間是否有直線相關存在，無法考驗二個計量變項間是否有曲線相關。二個計量變項間是否有曲線相關，可以從散佈圖判別與迴歸程序中曲線估計檢定。

　　執行功能表列「分析 (A)」／「迴歸 (R)」／「曲線估計 (C)」程序，開啟「曲線估計」對話視窗。從變數清單中選取計量變項 B 至右邊「因變數 (D)」下方框中，點選計量變項 X 至右邊「自變數」方盒之「⊙變數 (V)」右方框中。模型方盒增列勾選「☑二次曲線模型 (Q)」選項，按「確定」鈕。

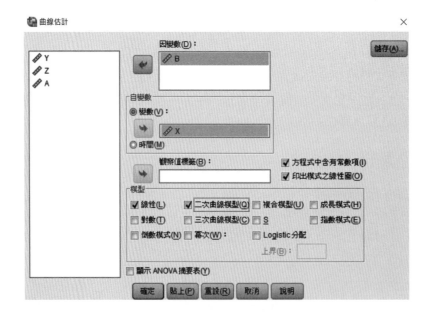

模型總計及參數評估

因變數：B

方程式	模型摘要					參數評估		
	R 平方	F	df1	df2	顯著性	常數	b1	b2
線性	.012	.160	1	13	.696	6.220	-.138	
二次曲線模型	.675	12.467	2	12	.001	-5.405	4.674	-.415

自變數為 X。

　　線性方程式之迴歸係數是否等於 0 檢定之 F 值統計量 = 0.160，顯著性 p = .696 > .05，未達統計顯著水準，線性方程之迴歸係數顯著等於 0。

　　二次曲線模型之迴歸係數是否等於 0 檢定之 F 值統計量 = 12.647，顯著性 p < .001，達到統計顯著水準，表示二次曲線模型之二次方程的迴歸係數顯著不等於 0，計量變項 X 之二次曲線模式可以解釋計量變項 B 的變異量達 67.5%

　　曲線估計繪製的最適預測曲線圖如下：

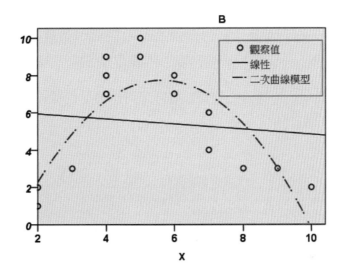

　　SPSS 統計軟體輸出的顯著性 p 是虛無假設出現的機率，機率值的臨界點一般設為 .05，數值 .05 稱為顯著水準，以希臘符號字元 α 表示，論文期刊中研究者常會以「本研究的顯著水準 α 設為 .05」來說明。

　　統計推論的二種結果如下：

1. 顯著性 p < .05 時→虛無假設出現的機率很低→拒絕虛無假設→接受對立假設 (研究假設得到支持)。
2. 顯著性 p ≥ .05 時→虛無假設出現的機率很高→接受虛無假設→拒絕對立假設 (研究假設無法得到支持)。

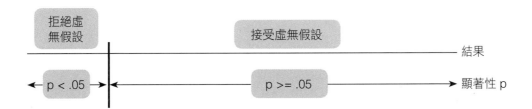

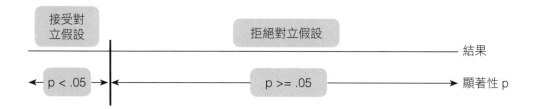

以相關係數 r = .23 為例，由樣本觀察值統計量 r 推估母群體的相關情況 ρ，有二種可能：

相關係數 r = .23 →顯著性 p 大於等於 .05 →接受虛無假設→母群體 ρ = .00。

相關係數 r = .23 →顯著性 p 小於 .05 →拒絕虛無假設→母群體 ρ = .23。

當二個變項間的相關係數達到顯著時，可以再從相關係數絕對值大小來判別二個變項關聯程度 (degree of association)。一般的判別準則如下 (吳明隆，2014)：

相關係數絕對值	關聯程度	決定係數 (r^2 值)
r <.40	低度相關	< .16
.40 ≤ r ≤ .70	中度相關	$.16 \leq r^2 \leq .49$
r > .70	高度相關	>.49

積差相關係數 r 的平方 r^2 稱為「決定係數」(coefficient of determination)，決定係數表示的是二個計量變項可以互相解釋的變異量。如生活壓力與憂鬱傾向間的相關係數 r = .60 (p < .05)，表示生活壓力可以解釋憂鬱傾向的變異量為 36% (r^2 = .36)，或憂鬱傾向變項總變異量中可以被生活壓力變項解釋的變異量為 36%，生活壓力與憂鬱傾向二個變項可以互相解釋的變異量均為 .36。決定係數以圖示表示如下：

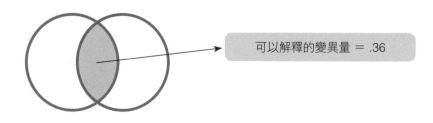

範例研究問題：

教師職場靈性與教師幸福感是否有顯著相關？

研究假設為：

教師職場靈性與教師幸福感有顯著相關 (雙尾檢定)。

1. 教師人我連結向度與教師幸福感有顯著相關。
2. 教師工作意義向度與教師幸福感有顯著相關。
3. 教師超越信念向度與教師幸福感有顯著相關。
4. 教師整體職場靈性與教師幸福感有顯著相關。

貳、操作程序

執行功能表列「分析 (A)」/「雙變數 (B)」程序，開啟「雙變量相關分析」對話視窗，操作程序可以進行 Pearson 積差相關或等級相關分析。

「雙變量相關分析」主對話視窗中，右邊「變數 (V)：」下的方框至少要選取二個以上的變項。

　　相關係數方盒內定的相關型態為 Pearson 積差相關 (另二選項為等級相關)、顯著性檢定方盒內定選項為雙尾檢定：「⊙雙尾檢定 (T)」、統計量達到顯著水準時是否標示顯著性訊號，內定選項為「☑標示顯著性訊號 (F)」。

　　「☑標示顯著性訊號 (F)」選項在輸出相關係數摘要表中會於相關係數統計量 r 的旁邊增列星號 (*) 標記，如果相關係數統計量顯著性 p < .05，會於相關係數統計量旁增列一個星號 (*)，若是相關係數統計量顯著性 p < .01，或是相關係數統計量顯著性 p < .001，會於相關係數統計量旁增列二個星號 (**)。APA 格式或論文寫作格式中，若是統計量顯著性 p 小於 .001，如果研究者省略顯著性 p 量數值，通常會於統計量旁邊增列三個星號 (***)，而不是二個星號 (**)，如「.626***」。

　　範例視窗介面從左邊變數清單中選取教師職場靈性三個向度與總量表加總分數變項、選取教師幸福感三個向度與總量表加總分數變項，被選取的變項共有八個，按「確定」鈕。

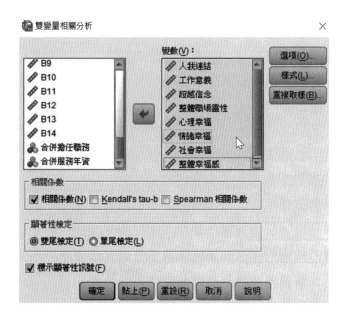

　　上述「雙變量相關分析」主對話視窗中，按「貼上 (P)」鈕，則操作程序的語法指令會張貼於語法視窗，關鍵函數為 CORRELATIONS：

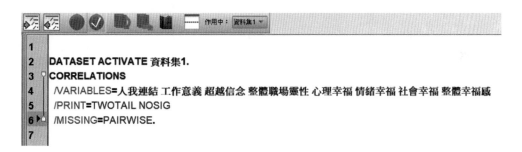

參、輸出報表

相關

		人我連結	工作意義	超越信念	整體職場靈性	心理幸福	情緒幸福	社會幸福	整體幸福感
人我連結	皮爾森 (Pearson) 相關	1	.413**	.355**	.755**	.296**	.416**	.547**	.468**
	顯著性 (雙尾)		.000	.000	.000	.000	.000	.000	.000
	N	200	200	200	200	200	200	200	200

		人我 連結	工作 意義	超越 信念	整體職 場靈性	心理 幸福	情緒 幸福	社會 幸福	整體 幸福感
工作意義	皮爾森 (Pearson) 相關	.413**	1	.539**	.798**	.526**	.477**	.504**	.562**
	顯著性 (雙尾)	.000		.000	.000	.000	.000	.000	.000
	N	200	200	200	200	200	200	200	200
超越信念	皮爾森 (Pearson) 相關	.355**	.539**	1	.814**	.357**	.442**	.448**	.465**
	顯著性 (雙尾)	.000	.000		.000	.000	.000	.000	.000
	N	200	200	200	200	200	200	200	200
整體職 場靈性	皮爾森 (Pearson) 相關	.755**	.798**	.814**	1	.488**	.562**	.633**	.626**
	顯著性 (雙尾)	.000	.000	.000		.000	.000	.000	.000
	N	200	200	200	200	200	200	200	200
心理幸福	皮爾森 (Pearson) 相關	.296**	.526**	.357**	.488**	1	.718**	.624**	.876**
	顯著性 (雙尾)	.000	.000	.000	.000		.000	.000	.000
	N	200	200	200	200	200	200	200	200
情緒幸福	皮爾森 (Pearson) 相關	.416**	.477**	.442**	.562**	.718**	1	.753**	.923**
	顯著性 (雙尾)	.000	.000	.000	.000	.000		.000	.000
	N	200	200	200	200	200	200	200	200
社會幸福	皮爾森 (Pearson) 相關	.547**	.504**	.448**	.633**	.624**	.753**	1	.883**
	顯著性 (雙尾)	.000	.000	.000	.000	.000	.000		.000
	N	200	200	200	200	200	200	200	200
整體 幸福感	皮爾森 (Pearson) 相關	.468**	.562**	.465**	.626**	.876**	.923**	.883**	1
	顯著性 (雙尾)	.000	.000	.000	.000	.000	.000	.000	
	N	200	200	200	200	200	200	200	200

**. 相關性在 0.01 層上顯著 (雙尾)。

　　「雙變量相關分析」主對話視窗中，「☑標示顯著性訊號 (F)」選項內定為勾選，如果操作程序將勾選取消「□標示顯著性訊號 (F)」，相關性摘要表中之皮爾森積差相關係數 r 不論是否達到統計顯著水準，均不會於積差相關係數 r 統計量旁加註星號。

　　取消勾選「□標示顯著性訊號 (F)」選項的相關性摘要表如下，相關性摘要表中的「皮爾森 (Pearson) 相關性」橫列的相關係數 r 旁沒有增列星號 (*)：

相關性

		人我連結	工作意義	超越信念	整體職場靈性	心理幸福	情緒幸福	社會幸福	整體幸福感
人我連結	皮爾森 (Pearson) 相關性	1	.413	.355	.755	.296	.416	.547	.468
	顯著性 (雙尾)		.000	.000	.000	.000	.000	.000	.000
	N	200	200	200	200	200	200	200	200
工作意義	皮爾森 (Pearson) 相關性	.413	1	.539	.798	.526	.477	.504	.562
	顯著性 (雙尾)	.000		.000	.000	.000	.000	.000	.000
	N	200	200	200	200	200	200	200	200
超越信念	皮爾森 (Pearson) 相關性	.355	.539	1	.814	.357	.442	.448	.465
	顯著性 (雙尾)	.000	.000		.000	.000	.000	.000	.000
	N	200	200	200	200	200	200	200	200
整體職場靈性	皮爾森 (Pearson) 相關性	.755	.798	.814	1	.488	.562	.633	.626
	顯著性 (雙尾)	.000	.000	.000		.000	.000	.000	.000
	N	200	200	200	200	200	200	200	200
心理幸福	皮爾森 (Pearson) 相關性	.296	.526	.357	.488	1	.718	.624	.876
	顯著性 (雙尾)	.000	.000	.000	.000		.000	.000	.000
	N	200	200	200	200	200	200	200	200
情緒幸福	皮爾森 (Pearson) 相關性	.416	.477	.442	.562	.718	1	.753	.923
	顯著性 (雙尾)	.000	.000	.000	.000	.000		.000	.000
	N	200	200	200	200	200	200	200	200
社會幸福	皮爾森 (Pearson) 相關性	.547	.504	.448	.633	.624	.753	1	.883
	顯著性 (雙尾)	.000	.000	.000	.000	.000	.000		.000
	N	200	200	200	200	200	200	200	200
整體幸福感	皮爾森 (Pearson) 相關性	.468	.562	.465	.626	.876	.923	.883	1
	顯著性 (雙尾)	.000	.000	.000	.000	.000	.000	.000	
	N	200	200	200	200	200	200	200	200

[表格範例]

教師職場靈性與教師幸福感間之相關結果摘要表 (N = 200)

變項	心理幸福	情緒幸福	社會幸福	整體幸福感
人我連結	.296***	.416***	.547***	.468***
工作意義	.526***	.477***	.504***	.562***
超越信念	.357***	.442***	.448***	.465***
整體職場靈性	.488***	.562***	.633***	.626***

*** p < .001

1. 就人我連結向度而言，其與心理幸福、情緒幸福、社會幸福三個向度及整體幸福感之相關係數 r 分別為 .296 (p < .001)、.416 (p < .001)、.547 (p < .001)、.468 (p < .001)，均達統計顯著水準，拒絕虛無假設 (r = 0 或 ρ = 0)，對立假設得到支持 (r ≠ 0 或 ρ ≠ 0)，積差相關係數均顯著不等於 0。四個相關係數均為正值，表示人我連結向度與心理幸福、情緒幸福、社會幸福三個向度及整體幸福感均呈顯著正相關，其中與心理幸福變項間的相關為低度正相關 (相關係數 r 絕對值小於 .400)；而與情緒幸福、社會幸福及整體幸福感三個變項間均呈中度正相關。

2. 就工作意義向度而言，其與心理幸福、情緒幸福、社會幸福三個向度及整體幸福感之相關係數 r 分別為 .526 (p < .001)、.477 (p < .001)、.504 (p < .001)、.562 (p < .001)，均達統計顯著水準，拒絕虛無假設 (r = 0)，對立假設得到支持 (r ≠ 0)，積差相關係數均顯著不等於 0。四個相關係數 r 均為正值且絕對值均大於 .400，表示工作意義向度與心理幸福、情緒幸福、社會幸福三個向度及整體幸福感間均呈顯著中度正相關。

3. 就超越信念向度而言，其與心理幸福、情緒幸福、社會幸福三個向度及整體幸福感之相關係數 r 分別為 .357 (p < .001)、.442 (p < .001)、.448 (p < .001)、.465 (p < .001)，均達統計顯著水準，拒絕虛無假設 (r = 0)，對立假設得到支持 (r ≠ 0)，積差相關係數均顯著不等於 0。四個相關係數均為正值，表示超越信念向度與心理幸福、情緒幸福、社會幸福三個向度及整體幸福感變項間均呈顯著正相關，其中與心理幸福變項間的相關為顯著低度正相關 (相關係數 r 絕對值小於 .400)；而與情緒幸福、社會幸福及整體幸福感三個變項間均呈顯著中度正相關。

4. 就整體職場靈性變項而言，其與心理幸福、情緒幸福、社會幸福三個向度
及整體幸福感之相關係數 r 分別為 .488 (p < .001)、.562 (p < .001)、.633 (p <
.001)、.626 (p < .001)，均達統計顯著水準，拒絕虛無假設 (r = 0)，對立假設
得到支持 (r ≠ 0)，積差相關係數均顯著不等於0。四個相關係數 r 均為正值
且絕對值均大於 .400，表示工作意義向度與心理幸福、情緒幸福、社會幸福
三個向度及整體幸福感間均呈顯著中度正相關。

決定係數值 (r^2) 的求出可以使用 Excel 試算表軟體或 R 軟體較為簡便。

1. 將相關係數摘要表中的星號 (*) 移除後，將相關係數摘要表複製到試算表之
工作表中，範例於 F2 細格鍵入「= B2^2」(B2 細格為人我連結與心理幸福
之相關係數值，統計量數 = 0.296)，按輸入鈕 (✓)(原 16 個相關係數值的儲
存格位置為 B2:E5)。

	COUNT		▾	× ✓ ƒx	=B2^2	
	A	B	C	D	E	F	G
1	變項	心理幸福	情緒幸福	社會幸福	整體幸福感		
2	人我連結	0.296	0.416	0.547	0.468	=B2^2	
3	工作意義	0.526	0.477	0.504	0.562		
4	超越信念	0.357	0.442	0.448	0.465		
5	整體職場靈性	0.488	0.562	0.633	0.626		

2. F2 細格的量數為 B2 細格相關係數的平方值，按減少小數位數鈕，將小數位
數調整至小數第三位，按 F2 細格右下方的＋號不放，向右拉曳至 I2 細格。

	F2		▾	ƒx	=B2^2		
	A	B	C	D	E	F	G	H	I
1	變項	心理幸福	情緒幸福	社會幸福	整體幸福感				
2	人我連結	0.296	0.416	0.547	0.468	0.088			
3	工作意義	0.526	0.477	0.504	0.562				
4	超越信念	0.357	0.442	0.448	0.465				
5	整體職場靈性	0.488	0.562	0.633	0.626				
6									

3. 選取 F2 細格至 I2 細格，按 I2 細格右下方的＋號不放，向下拉曳至 I5 細格。

	F2			f_x	=B2^2			
	A	B	C	D	E	F	G	H	I
1	變項	心理幸福	情緒幸福	社會幸福	整體幸福感				
2	人我連結	0.296	0.416	0.547	0.468	0.088	0.173	0.299	0.219
3	工作意義	0.526	0.477	0.504	0.562				
4	超越信念	0.357	0.442	0.448	0.465				
5	整體職場靈性	0.488	0.562	0.633	0.626				
6									

工作表中 F2:I5 細格的數值為相關係數平方值，將十六個細格的數值複製到 WORD 表格中。

	F2			f_x	=B2^2			
	A	B	C	D	E	F	G	H	I
1	變項	心理幸福	情緒幸福	社會幸福	整體幸福感				
2	人我連結	0.296	0.416	0.547	0.468	0.088	0.173	0.299	0.219
3	工作意義	0.526	0.477	0.504	0.562	0.277	0.228	0.254	0.316
4	超越信念	0.357	0.442	0.448	0.465	0.127	0.195	0.201	0.216
5	整體職場靈性	0.488	0.562	0.633	0.626	0.238	0.316	0.401	0.392

[表格範例]

教師職場靈性與教師幸福感間之決定係數摘要表 (N = 200)

變項	心理幸福	情緒幸福	社會幸福	整體幸福感
人我連結	0.088	0.173	0.299	0.219
工作意義	0.277	0.228	0.254	0.316
超越信念	0.127	0.195	0.201	0.216
整體職場靈性	0.238	0.316	0.401	0.392

1. 就人我連結變項而言，其與心理幸福、情緒幸福、社會幸福三個向度及整體幸福感變項之相關係數 r 平方 (r^2) 分別為 0.088、0.173、0.299、0.219，表示人我連結向度變項可以解釋心理幸福、情緒幸福、社會幸福及整體幸福感四個變項的解釋變異量分別為 8.8%、17.3%、29.9%、21.9%。

2. 就工作意義變項而言，其與心理幸福、情緒幸福、社會幸福三個向度及整體幸福感之相關係數 r 平方 (r^2) 分別為 0.277、0.228、0.254、0.316，表示工作意義向度變項可以解釋心理幸福、情緒幸福、社會幸福及整體幸福感四個變項的解釋變異量分別為 27.7%、22.8%、25.4%、31.6%。

3. 就超越信念變項而言，其與心理幸福、情緒幸福、社會幸福三個向度及整體幸福感之相關係數 r 平方 (r^2) 分別為 0.127、0.195、0.201、0.216，表示超越信念向度變項可以解釋心理幸福、情緒幸福、社會幸福及整體幸福感四個變項的解釋變異量分別為 12.7%、19.5%、20.1%、21.6%。

4. 就整體職場靈性變項而言，其與心理幸福、情緒幸福、社會幸福三個向度及整體幸福感之相關係數 r 平方 (r^2) 分別為 0.238、0.316、0.401、0.392，表示整體職場靈性變項可以解釋心理幸福、情緒幸福、社會幸福及整體幸福感四個變項的解釋變異量分別為 23.8%、31.6%、40.1%、39.2%。若是整體職場靈性變項與整體幸福感間無法明顯劃分何者為解釋變項 (自變項)、何者為效果變項 (依變項)，決定係數也可以解釋為「整體職場靈性變項總異量中，可以被整體幸福感解釋的變異量有 39.2%」，或「整體幸福感變項可以解釋整體職場靈性變項 39.2% 的變異量。」

　　教師職場靈性與教師幸福感之相關分析程序，使用題項加總的分數作為標的變項或使用題項加總後之單題平均數作為標的變項，求出的結果是相同的。範例「雙變量相關分析」對話視窗中，選取至「變數 (V)：」下方框中的變項為向度加總後之單題平均分數，被選取的變項為人我連結單題、工作意義單題、超越信念單題、整體職場靈性單題、心理幸福單題、情緒幸福單題、社會幸福單題、整體幸福感單題等八個。

相關分析程序輸出之相關係數表如下，表中細格數據之皮爾森 (Pearson) 積差相關係數 r 與顯著性機率值 p 均與選取向度變項 (測量題項加總分數之變項) 結果相同。

相關

		人我連結單題	工作意義單題	超越信念單題	整體職場靈性單題	心理幸福單題	情緒幸福單題	社會幸福單題	整體幸福感單題
人我連結單題	皮爾森 (Pearson) 相關	1	.413**	.355**	.755**	.296**	.416**	.547**	.468**
	顯著性 (雙尾)		.000	.000	.000	.000	.000	.000	.000
	N	200	200	200	200	200	200	200	200
工作意義單題	皮爾森 (Pearson) 相關	.413**	1	.539**	.798**	.526**	.477**	.504**	.562**
	顯著性 (雙尾)	.000		.000	.000	.000	.000	.000	.000
	N	200	200	200	200	200	200	200	200
超越信念單題	皮爾森 (Pearson) 相關	.355**	.539**	1	.814**	.357**	.442**	.448**	.465**
	顯著性 (雙尾)	.000	.000		.000	.000	.000	.000	.000
	N	200	200	200	200	200	200	200	200

		人我連結單題	工作意義單題	超越信念單題	整體職場靈性單題	心理幸福單題	情緒幸福單題	社會幸福單題	整體幸福感單題
整體職場靈性單題	皮爾森 (Pearson) 相關	.755**	.798**	.814**	1	.488**	.562**	.633**	.626**
	顯著性 (雙尾)	.000	.000	.000		.000	.000	.000	.000
	N	200	200	200	200	200	200	200	200
心理幸福單題	皮爾森 (Pearson) 相關	.296**	.526**	.357**	.488**	1	.718**	.624**	.876**
	顯著性 (雙尾)	.000	.000	.000	.000		.000	.000	.000
	N	200	200	200	200	200	200	200	200
情緒幸福單題	皮爾森 (Pearson) 相關	.416**	.477**	.442**	.562**	.718**	1	.753**	.923**
	顯著性 (雙尾)	.000	.000	.000	.000	.000		.000	.000
	N	200	200	200	200	200	200	200	200
社會幸福單題	皮爾森 (Pearson) 相關	.547**	.504**	.448**	.633**	.624**	.753**	1	.883**
	顯著性 (雙尾)	.000	.000	.000	.000	.000	.000		.000
	N	200	200	200	200	200	200	200	200
整體幸福感單題	皮爾森 (Pearson) 相關	.468**	.562**	.465**	.626**	.876**	.923**	.883**	1
	顯著性 (雙尾)	.000	.000	.000	.000	.000	.000	.000	
	N	200	200	200	200	200	200	200	200

**. 相關性在 0.01 層上顯著 (雙尾)。

肆、增列共變異數矩陣

　　範例視窗介面從變數清單中選取整體職場靈性、整體幸福感二個變項，按「選項」鈕，開啟「雙變量相關分析：選項」次對話視窗，統計資料方盒勾選「☑平均數與標準差」、「☑交叉乘積離差與共變異數矩陣 (C)」選項，按「繼續」鈕，回到「雙變量相關分析」主對話視窗，按「確定」鈕。

描述性統計資料 (描述性統計量)

	平均數	標準差	N
整體職場靈性	48.23	6.405	200
整體幸福感	57.74	8.502	200

　　範例為整體職場靈性、整體幸福感的描述性統計量，包括平均數、標準差與有效樣本數。

相關

		整體職場靈性	整體幸福感
整體職場靈性	皮爾森 (Pearson) 相關	1	.626**
	顯著性 (雙尾)		.000
	平方和及交叉乘積	8162.875	6784.925
	共變異數	41.019	34.095
	N	200	200
整體幸福感	皮爾森 (Pearson) 相關	.626**	1
	顯著性 (雙尾)	.000	
	平方和及交叉乘積	6784.925	14382.955
	共變異數	34.095	72.276
	N	200	200

**. 相關性在 0.01 層上顯著 (雙尾)。

整體職場靈性變項與整體幸福感變項間之相關矩陣，一般常簡化如下，此種相關矩陣的對角線量數為 1.000，表示的是變項自身間的相關，變項與變項本身間的相關係數剛好等於 1.000，此數值為完全正相關，除對角線量數 1.000 外，只要呈現下三角矩陣相關係數或上三角矩陣相關係數，範例摘要表呈現的下三角矩陣相關係數。此種相關矩陣摘要表適合選取的變項個數較少的情況，若是選取的變項較多，相關矩陣摘要表可能無法以正常直式方式呈現，而要另外以橫式格式呈現：

變項名稱	整體職場靈性變項	整體幸福感變項
整體職場靈性變項	1.000	
整體幸福感變項	.626***	1.000

*** p < .001

輸出結果之相關係數摘要表各細格包括五個統計量：皮爾森 (Pearson) 積差相關係數 r、顯著性 (雙尾) p、平方和及交叉乘積、共變異數、有效觀察值個數 N。

共變異數 $COV_{(X,Y)} = \frac{CP_{XY}}{N-1} = \frac{(X-\bar{X})(Y-\bar{Y})}{N-1}$，以上三角矩陣為例，積差相關係數 r = .626、顯著性 p = .000、叉積平方和 = 6784.925、共變異數 = 34.095，有效觀察值個數 N = 200，共變異數 $COV_{(X,Y)} = \frac{CP_{XY}}{N-1} = \frac{6784.925}{(200-1)} = 34.094$。

語法指令使用 R 軟體主控台計算共變數統計量：

```
> 6784.925/(200-1)
[1] 34.0951
```

整體職場靈性變項的平方和數值 = 8162.875、整體幸福感變項的平方和數值 = 14382.955，二個變項的交乘積數值 = 6784.925，三個統計量數構成的矩陣為 SSCP 矩陣，交乘積除以二個平方和數值平方根乘積項可以求出二個變項的積差相關係數 $r = \frac{6784.925}{\sqrt{8162.875} \times \sqrt{14382.955}} = .626$。

語法指令使用 R 軟體主控台計算積差相關係數 r：

```
> r = 6784.925/(sqrt (8162.875)*sqrt (14382.955))
> r
[1] 0.6261803
```

　　從表中的相關係數摘要表，可以求出共變異數矩陣，整體職場靈性變項的變異數為 41.019、整體幸福感變項的變異數為 72.276，二個變項的共變數為 34.095，相關係數為二個變項的共變數除以二個變項標準差的乘積項，以符號表示為：

$$r = \frac{COV_{(X,Y)}}{Sd_X \times Sd_Y} = \frac{COV_{(X,Y)}}{\sqrt{VAR_X} \times \sqrt{VAR_Y}} = \frac{34.095}{\sqrt{41.019} \times \sqrt{72.276}} = 0.626$$

語法指令使用 R 軟體主控台計算積差相關係數 r：

```
> rvalue = 34.095/(sqrt (41.019)*sqrt (72.276))
> round (rvalue,3)
[1] 0.626
```

　　教師職場靈性與教師幸福感八個變項間包含所有統計量數之相關係數表如下：

敘述統計

	平均值	標準差	N
人我連結	14.83	2.813	200
工作意義	16.58	2.365	200
超越信念	16.82	2.941	200
整體職場靈性	48.23	6.405	200
心理幸福	20.18	3.224	200
情緒幸福	20.95	3.219	200
社會幸福	16.61	3.067	200
整體幸福感	57.74	8.502	200

教師職場靈性四個變項與教師幸福感四個變項之描述性統計量摘要表。

相關性

		人我連結	工作意義	超越信念	整體職場靈性	心理幸福	情緒幸福	社會幸福	整體幸福感
人我連結	皮爾森 (Pearson) 相關性	1	.413**	.355**	.755**	.296**	.416**	.547**	.468**
	顯著性 (雙尾)		.000	.000	.000	.000	.000	.000	.000
	平方和及交叉乘積	1574.220	546.550	584.880	2705.650	534.950	750.300	939.740	2224.990
	共變量	7.911	2.746	2.939	13.596	2.688	3.770	4.722	11.181
	N	200	200	200	200	200	200	200	200
工作意義	皮爾森 (Pearson) 相關性	.413**	1	.539**	.798**	.526**	.477**	.504**	.562**
	顯著性 (雙尾)	.000		.000	.000	.000	.000	.000	.000
	平方和及交叉乘積	546.550	1112.875	745.700	2405.125	797.875	722.750	727.850	2248.475
	共變量	2.746	5.592	3.747	12.086	4.009	3.632	3.658	11.299
	N	200	200	200	200	200	200	200	200
超越信念	皮爾森 (Pearson) 相關性	.355**	.539**	1	.814**	.357**	.442**	.448**	.465**
	顯著性 (雙尾)	.000	.000		.000	.000	.000	.000	.000
	平方和及交叉乘積	584.880	745.700	1721.520	3052.100	673.300	833.200	804.960	2311.460
	共變量	2.939	3.747	8.651	15.337	3.383	4.187	4.045	11.615
	N	200	200	200	200	200	200	200	200
整體職場靈性	皮爾森 (Pearson) 相關性	.755**	.798**	.814**	1	.488**	.562**	.633**	.626**
	顯著性 (雙尾)	.000	.000	.000		.000	.000	.000	.000
	平方和及交叉乘積	2705.650	2405.125	3052.100	8162.875	2006.125	2306.250	2472.550	6784.925
	共變量	13.596	12.086	15.337	41.019	10.081	11.589	12.425	34.095
	N	200	200	200	200	200	200	200	200
心理幸福	皮爾森 (Pearson) 相關性	.296**	.526**	.357**	.488**	1	.718**	.624**	.876**
	顯著性 (雙尾)	.000	.000	.000	.000		.000	.000	.000
	平方和及交叉乘積	534.950	797.875	673.300	2006.125	2068.875	1482.750	1228.650	4780.275
	共變量	2.688	4.009	3.383	10.081	10.396	7.451	6.174	24.021
	N	200	200	200	200	200	200	200	200
情緒幸福	皮爾森 (Pearson) 相關性	.416**	.477**	.442**	.562**	.718**	1	.753**	.923**
	顯著性 (雙尾)	.000	.000	.000	.000	.000		.000	.000
	平方和及交叉乘積	750.300	722.750	833.200	2306.250	1482.750	2061.500	1479.100	5023.350

		人我 連結	工作 意義	超越 信念	整體職 場靈性	心理 幸福	情緒 幸福	社會 幸福	整體 幸福感
	共變量	3.770	3.632	4.187	11.589	7.451	10.359	7.433	25.243
	N	200	200	200	200	200	200	200	200
社會幸福	皮爾森 (Pearson) 相關性	.547**	.504**	.448**	.633**	.624**	.753**	1	.883**
	顯著性 (雙尾)	.000	.000	.000	.000	.000	.000		.000
	平方和及交叉乘積	939.740	727.850	804.960	2472.550	1228.650	1479.100	1871.580	4579.330
	共變量	4.722	3.658	4.045	12.425	6.174	7.433	9.405	23.012
	N	200	200	200	200	200	200	200	200
整體 幸福感	皮爾森 (Pearson) 相關性	.468**	.562**	.465**	.626**	.876**	.923**	.883**	1
	顯著性 (雙尾)	.000	.000	.000	.000	.000	.000	.000	
	平方和及交叉乘積	2224.990	2248.475	2311.460	6784.925	4780.275	5023.350	4579.330	14382.955
	共變量	11.181	11.299	11.615	34.095	24.021	25.243	23.012	72.276
	N	200	200	200	200	200	200	200	200

**. 相關性在 0.01 層級上顯著 (雙尾)。

　　五個計量變項之相關係數摘要表，各變項第一橫列「皮爾森 (Pearson) 相關性」為皮爾森積差相關係數 r。皮爾森積差相關係數 r 對應的顯著性 p 小於 .05，會於相關係數 r 統計量旁增列一個星號 (*)；如顯著性 p 小於 .01，會於相關係數 r 統計量旁增列二個星號 (**)；顯著性 p 小於 .001，相關係數 r 統計量旁增列的星號個數也是二個 (**)。

　　期刊論文使用者若省略顯著性 p 值統計量，對應統計量標記的符號如下：

顯著性 p	顯著性 p < .05	顯著性 p < .01	顯著性 p < .001	顯著性 p > .05
統計量旁增列 符號	一個星號 (*)	二個星號 (*)	三個星號 (*)	ns (也可以不標 記)
範例 (r/t/F)	.125*	.256**	.564***	.089ns .089

　　第二橫列「顯著性 (雙尾)」為雙尾考驗情況下之顯著性 p 值、p 值若小於 .05，表示二個計量變項的直線相關達到統計顯著水準，皮爾森積差相關係數 r 顯著不等於 0，二個計量變項間有顯著線性相關，不表示二個計量變項有因果關

係存在，因此研究者最好不要做因果關係的推論。如國中生之英文成績與數學成績有顯著高度正相關，研究者不能論述英文成績的好壞是造成數學成績高低的變因，因為這二個計量變項間之所以有高度正相關，可能受到另一個共同變項的影響導致，如學生智力或努力程度的影響，第三個共同變因稱為「混淆變數」(confounding variable)。

相對的，如果顯著性 p 值大於等於 .05，表示二個計量變項間沒有線性相關，沒有線性相關不表示二個計量變項間完全沒有關聯，因為可能有二次曲線相關或其他曲線相關存在。第三橫列「平方和及交叉乘積」為叉積平方和統計量，量數為計量變項各自的平方和與兩個變項的交乘積。第四橫列「共變量」為二個變項間的共變異數，變項與變項自己的共變數儲存格量數為變項的變異數。第五橫列「N」為有效觀察值個數。

伍、散佈圖

執行功能表列「統計圖 (G)」/「歷史對話記錄 (L)」/「散佈圖/點狀圖樣 (S)」程序，開啟「散佈圖/點形圖」對話視窗。

　　IBM SPSS 24 版本之「統計圖」功能表改為「圖形 (G)」，第一層功能表選單改為「舊式對話框 (L)」，次選單大致相同，包括「長條圖 (B)」、「立體長條圖 (3)」、「線形圖 (L)」、「區域圖 (A)」、「圓餅圖 (E)」、「股價圖 (H)」、「盒形圖 (X)」、「誤差長條圖 (O)」、「人口金字塔圖 (Y)」、「散點圖/點狀圖 (S)」、「直方圖 (I)」等。

　　在「散佈圖/點形圖」對話視窗中，點選「簡單散佈圖」選項，按「定義」鈕，開啟「簡單散佈圖」次對話視窗。

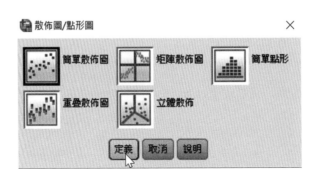

　　於「簡單散佈圖」次對話視窗，從左邊變數清單中點選整體職場靈性變項至右邊「Y 軸：」下方框中，點選整體幸福感變項至右邊「X 軸：」下方框中，按「確定」鈕。

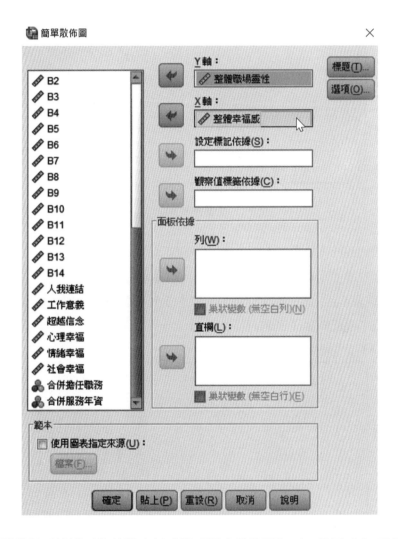

　　整體職場靈性變項與整體幸福感變項間之散佈圖如下，從圖示中可以看出，樣本觀察值在整體職場靈性變項的測量值愈高，在整體幸福感變項之測量值也愈高，表示整體職場靈性變項與整體幸福感變項二個變項可能有正相關存在，至於相關係數是否達到統計顯著水準，必須查看相關係數摘要表之顯著性 p 值。

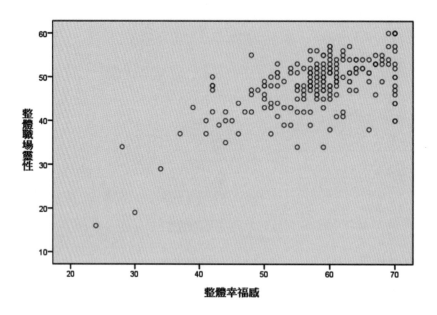

範例散佈圖於「簡單散佈圖」次對話視窗，從左邊變數清單中點選整體職場靈性變項至右邊「X 軸：」下方框中，點選整體幸福感變項至右邊「Y 軸：」下方框中，按「確定」鈕。與上述圖形不同的是整體職場靈性變項從 Y 轉轉換到 X 軸、整體幸福感變項從 X 轉轉換到 Y 軸。

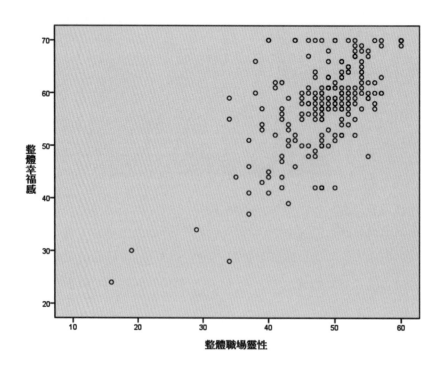

滑鼠停留在圖形物件上面，會出現「連按兩下來啟動」的訊息，表示連按左鍵滑鼠二下，可以開啟圖形編輯器視窗，來編輯美化圖形。

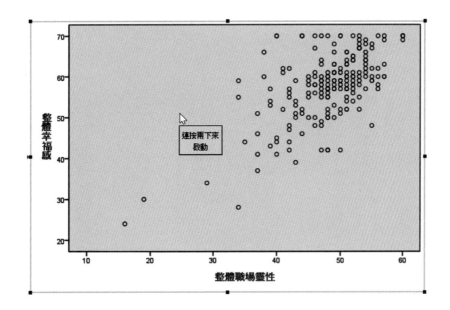

圖表編輯器視窗中，點選圖形中的物件，連按滑鼠左鍵二下，可以快速開啟物件對應的內容編輯子視窗。範例視窗介面選取圖形之類型符號 (小圓點)，連按滑鼠左鍵二下，開啟的內容子視窗，其中「標記」交談窗中「標記」方盒可以設定標記符號的類型 (內定為圓形)、大小 (內定大小為 5)、框線寬度 (內定寬度值為 1)；「色彩」可以界定標記符號的內部顏色與邊框線條的色彩，設定後按「套用」鈕。

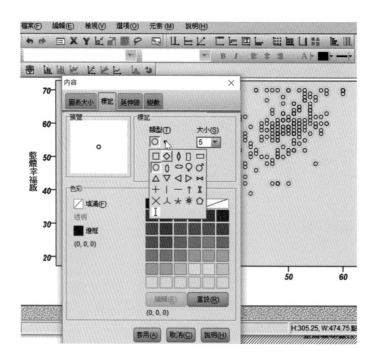

　　圖表編輯器視窗中，點選座標軸數值，連按滑鼠左鍵二下開啟的內容子視窗介面，交談窗鈕包括尺度 (S)、標籤與刻度、數字格式、變數、圖表大小、文字 (T)等，文字交談窗可以設定座標軸數值的字體、樣式、大小與色彩。

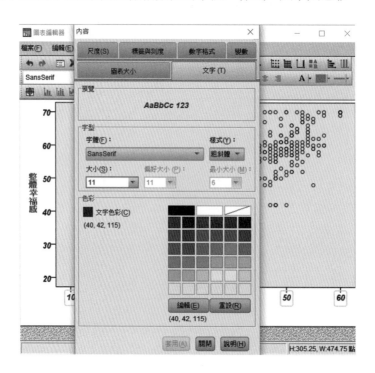

範例視窗介面按下「新增最適線」工具列鈕，開啟對應的內容視窗。

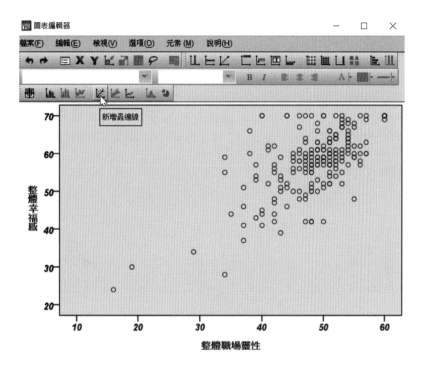

　　內容子視窗之「配置直線」交談窗，「最適方法」方盒內定的選項為「◉線性 (L)」，若是研究者要改用其他預測模型，可以直接點選。

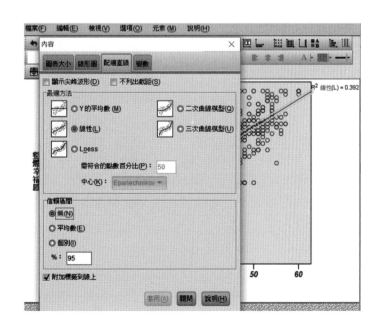

　　圖形編輯器視窗的操作與試算表圖形編輯類似，選取要編輯的圖形物件，按右鍵會出現對應的快顯功能表供使用者選取，退出圖表編輯器視窗，執行功能表列「檔案 (F)」/「關閉 (C)」程序。

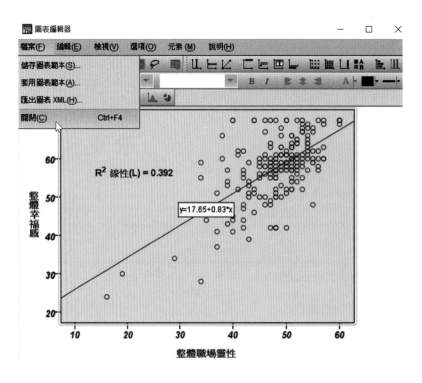

　　視窗圖示為內容子視窗之「配置直線」交談窗中選取「⊙二次曲線模型」選項，增列的二次曲線迴歸線：

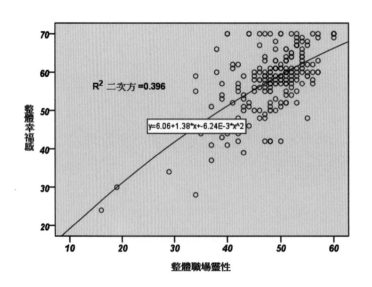

Chapter

9

獨立樣本 t 檢定

壹、適用時機

　　二個平均數間的差異檢定，採用的統計方法為 t 檢定，若是二個平均數來自不同的群體，此種 t 檢定稱為獨立樣本 t 檢定，二個測量分數如果均來自相同的一群樣本觀察值或受試者，此種 t 檢定稱為相依樣本 t 檢定，或重複量數 t 檢定。相依樣本 t 檢定如準實驗設計中，實驗組前測分數與後測分數之差異值是否顯著等於 0 的考驗、控制組前測分數與後測分數之差異值是否顯著等於 0 的考驗。

　　獨立樣本 t 檢定之組別變項為二分類別變項，檢定變項為計量變項。範例架構中的性別人口變項為二分類別變項，水準數值 1 為男生群組、水準數值 2 為女生群組；教師職場靈性、教師幸福感均為計量變項，探討不同教師性別在教師職場靈性、教師幸福感的差異，採用的統計方法為獨立樣本 t 檢定。獨立樣本 t 檢定的對立假設與虛無假設分別為：

1. 對立假設：二個群體的平均數間差異值不等於 0

$\mu_1 \neq \mu_2$，或 $\mu_1 - \mu_2 \neq 0$

2. 虛無假設：二個群體的平均數間差異值等於 0

$\mu_1 = \mu_2$，或 $\mu_1 - \mu_2 = 0$

　　虛無假設假定二個群體平均數相等或二個群體平均數差異值等於 0，表示二個群體在變項的平均數沒有差異，群組 1 的平均數＝群組 2 的平均數。

　　統計分析結果有以下二種情形：

1. 顯著性 $p < .05$，出現虛無假設的機率很低，有足夠證據可以拒絕虛無假設 (當某一事件出現的機率很小時，寧願作出此事件可能是不成立的推論) → 接受對立假設 $\mu_1 - \mu_2 \neq 0$，二個群體平均數間的差異值顯著不等於 0，即 $\mu_1 \neq \mu_2$。二個母群體的平均數不相等，有可能是 $\mu_1 > \mu_2$，或可能 $\mu_1 < \mu_2$，那一個群組的平均數比較高，可以直接從描述性統計量之平均數判別或從 t 統計量判斷，當 t 統計量為正，表示第一個群組的平均數比第二個群組的平均數高；若是 t 統計量為負，表示第一個群組的平均數比第二個群組的平均數小。

2. 顯著性 p ≥ .05，出現虛無假設的機率很高，沒有足夠證據拒絕虛無假設 (當某一事件出現的機率很大時，可作出此事件可能是成立的推論) →接受虛無假設 $\mu_1 - \mu_2 = 0$，二個群體平均數間的差異值顯著等於 0，即 $\mu_1 = \mu_2$ (二個群體的平均數相等)。

　　獨立樣本 t 檢定統計分析結果之顯著性 p 值若大於等於 .05，表示二個群組母群體的平均數差異值顯著等於 0 (二個群組母群體在檢定變數的平均數相等)，此時不管樣本觀察值二個群體平均數的差異值等於多少，或是 t 值統計量多少，這二個量數都顯著為 0。樣本觀察值之 t 值統計量不等於 0，表示是抽樣誤差或機遇造成的，對應的平均差異值才不會等於 0，二個樣本觀察值群體平均數雖有高低，但若進行普測，二個樣本觀察值群組所在的母群體的平均數是相等的。

　　以樣本觀察值統計分析所得之統計量 $M_1 - M_2 = 0.4760$ 為例，獨立樣本 t 檢定程序之 t 值統計量對應的顯著性 p = .089，將顯著水準 α 設為 .05 時，由於 p = .089 > .05，接受虛無假設：$\mu_1 - \mu_2 = 0$，推估母群體二個水準群組的平均數相等 $\mu_1 = \mu_2$，原樣本統計量 $M_1 - M_2 = 0.4760$ 是機遇或抽樣誤差造成的，二個水準群組母群體之差異值應視為 0.0000，而不是 0.4760。相對的，獨立樣本 t 檢定程序之 t 值統計量對應的顯著性 p = .002，將顯著水準 α 設為 .05 時，由於 p = .002 < .05，有足夠證據拒絕虛無假設 ($\mu_1 - \mu_2 = 0$)，得出二個水準群組母群體的平均數差異值顯著不等於 0 (平均差異值 = 0.4760，第一個群體平均數顯著高於第二群體平均數 0.4760 分)，二個水準群組之母群體的平均數不相等：$\mu_1 \neq \mu_2$。

　　進行獨立樣本 t 檢定分析程序時，要先判別二個獨立群組在檢定變項分數變化程度的情況是否相同，若是二個群組的變異數相同，稱為變異數同質 (假設變異數相等)；如果二個群組的變異數顯著不相等，稱為變異數異質性 (假設變異數不相等，或稱為不假設變異數相等)。變異數同質與變異數異質時，採用之 t 檢定的考驗公式不同，二者之自由度也不相同，因而獨立樣本 t 檢定程序的報表會有二個 t 值。二個群組之母群體的變異數是否相等檢定的虛無假設與對立假設如下：

虛無假設：$\sigma^2_{群組 1} = \sigma^2_{群組 2}$

對立假設：$\sigma^2_{群組 1} \neq \sigma^2_{群組 2}$

　　獨立樣本 t 檢定程序中檢定變異數是否相等的方法稱為 Levene 檢定，出現

直行的名稱為「變異數相等的 Levene 檢定」或「Levene 的變異數相等測試」。如果檢定統計量 F 值達到統計顯著水準 (p < .05)，表示出現虛無假設的可能性很低，有足夠證據拒絕虛無假設，對立假設得到支持：二個群組之母群體的變異數不相等或變異數異質，當變異數異質時，t 值統計量計算程序之自由度要加以調整。相反的若是檢定統計量 F 值未達統計顯著水準 (p ≥ .05)，表示出現虛無假設的可能性很高，沒有足夠證據拒絕虛無假設，必須接受虛無假設：二個群組之母群體的變異數相等或變異數同質 (假設變異數相等)。

範例研究問題為：

(一) 性別變項在教師職場靈性是否有顯著差異存在？

(二) 性別變項在教師幸福感是否有顯著差異存在？

研究假設分別為：

(一) 性別變項在教師職場靈性有顯著差異存在。

(二) 性別變項在教師幸福感有顯著差異存在。

性別因子變項為二分類別變項，水準數值 1 為男生教師群組、水準數值 2 為女生教師群組。

研究假設 (一)：性別變項在教師職場靈性有顯著差異存在檢定的操作程序如下。

貳、操作程序

執行功能表列「分析 (A)」/「比較平均數法 (M)」/「獨立樣本 T 檢定 (T)…」程序，開啟「獨立樣本 T 檢定」對話視窗，操作程序可以進行二個獨立群體平均數的差異比較。

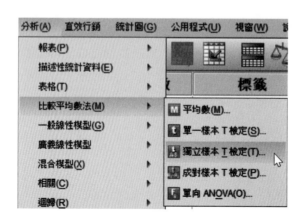

　　「獨立樣本 T 檢定」主對話視窗中，左邊為變數檢視工作表的所有變數清單，右邊「檢定變數 (T)：」下方格為從變數清單中選取的依變項 (計量變項)，檢定變項一次可以選取多個，至少為一個變項；「分組變數 (G)：」下長方形方框中為獨立樣本 t 檢定程序的分組變項 (間斷變項)，每次只可點選一個組別變項。

　　在左邊變數清單中將因子變項「性別」點選至右邊「分組變數 (G)：」訊息下方框中，此時「分組變數 (G)：」下方框會出現「性別 (? ?)」訊息，表示使用者尚未界定因子變項的二個水準數值編碼，點選「性別 (? ?)」選項，按「定義組別 (D)…」鈕，開啟「定義組別」次對話視窗。

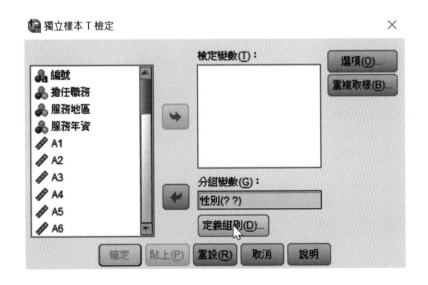

在「定義組別」次對話視窗中，採用內定選項「◉使用指定的數值 (U)」，在「組別 1 (1)」的右方空格中鍵入男生群組的數值編碼 1 (第一個水準群組的數值編碼，數值要為半形不能為全形字)。在「組別 2 (2)」的右方空格中鍵入女生群組的數值編碼 2 (第二個水準群組的數值編碼，數值要為半形不能為全形字)。按『繼續』鈕，回到「獨立樣本 T 檢定」主對話視窗。

回到「獨立樣本 T 檢定」主對話視窗後，「分組變數 (G)：」訊息下方框中的變項會由「性別 (? ?)」轉變為「性別 (1 2)」，表示性別因子變項的二個水準數值編碼分別為 1、2。

從左邊變數清單中點選目標變數「人我連結」、「工作意義」、「超越信念」與「整體職場靈性」四個變項至右邊「檢定變數 (T)：」下的方框中，按『確定』鈕。

　　「獨立樣本 T 檢定」主對話視窗按「貼上 (P)」鈕後，語法指令貼於語法視窗，對應的關鍵函數為 T-TEST。

　　在「獨立樣本 T 檢定」主對話視窗，按「選項 (O)」鈕，開啟「獨立樣本 T 檢定：選項」次對話視窗，視窗中信賴區間百分比內定的數值為 95%，表示顯著性水準 α 為 .05，此內定選項量數最好不要更改。

參、輸出報表

群組統計資料

	性別	N	平均數	標準偏差	標準錯誤平均值
人我連結	1 男生	96	14.61	2.807	.287
	2 女生	104	15.03	2.816	.276
工作意義	1 男生	96	16.39	2.739	.280
	2 女生	104	16.75	1.955	.192
超越信念	1 男生	96	16.77	3.000	.306
	2 女生	104	16.87	2.900	.284

	性別	N	平均數	標準偏差	標準錯誤平均值
整體職場靈性	1 男生	96	47.77	7.283	.743
	2 女生	104	48.64	5.474	.537

　　表格為性別因子變項在「人我連結」、「工作意義」、「超越信念」與「整體職場靈性」四個檢定變項之描述性統計量摘要表。表格分成六個直行：第一個直行為檢定變項 (依變項)、第二個直行為組別變項二個水準群組、第三個直行為水準群組有效樣本觀察值個數、第四個直行為水準群組在檢定變項的平均數、第五個直行為水準群組在檢定變項測量值的標準差、第六個直行為水準群組在檢定變項測量值平均數的標準誤。性別因子變項二個水準群組編碼情況為 1 男生、2 女生，二個水準群組有效觀察值分別為 96、104。

　　就人我連結向度變項而言，二個水準群組 1 男生、2 女生的平均數分別為 14.61、15.03，標準差分別為 2.807、2.816，平均數的標準誤分別為 .287、.276，平均數的標準誤 $= \dfrac{標準差}{\sqrt{n}}$，$\dfrac{2.807}{\sqrt{96}} = 0.286$、$\dfrac{2.816}{\sqrt{104}} = 0.276$，使用 R 軟體主控台直接計算結果如下：

```
> round (2.807/sqrt (96), 3)
[1] 0.286
> round (2.816/sqrt (104), 3)
[1] 0.276
```

　　就工作意義向度變項而言，二個水準群組 1 男生、2 女生的平均數分別為 16.39、16.75，標準差分別為 2.739、1.955。

　　就超越信念向度變項而言，二個水準群組 1 男生、2 女生的平均數分別為 16.77、16.87，標準差分別為 3.000、2.900。

　　就整體職場靈性變項而言，二個水準群組 1 男生、2 女生的平均數分別為 47.77、48.64，標準差分別為 7.283、5.474。

獨立樣本檢定

		Levene 的變異數相等測試		針對平均值是否相等的 t 測試						
		F	顯著性	T	df	顯著性(雙尾)	平均差異	標準誤差	95% 差異數的信賴區間	
									下限	上限
人我連結	採用相等變異數	.141	.708	-1.041	198	.299	-.414	.398	-1.199	.371
	不採用相等變異數			-1.041	196.823	.299	-.414	.398	-1.199	.371
工作意義	採用相等變異數	4.183	.042	-1.090	198	.277	-.365	.335	-1.024	.295
	不採用相等變異數			-1.076	170.544	.284	-.365	.339	-1.034	.304
超越信念	採用相等變異數	.142	.707	-.227	198	.821	-.095	.417	-.917	.728
	不採用相等變異數			-.226	195.445	.821	-.095	.418	-.919	.730
整體職場靈性	採用相等變異數	2.198	.140	-.963	198	.337	-.873	.907	-2.661	.915
	不採用相等變異數			-.953	175.808	.342	-.873	.917	-2.683	.936

1. 就人我連結向度檢定變項而言，變異數同質性檢定的 F 值統計量 = 0.141、顯著性 p = .708 > .05，未達統計顯著水準，接受虛無假設 ($\sigma^2_{男生群組}$ = $\sigma^2_{女生群組}$)，二個群組之變異數同質，t 考驗統計量看採用相等變異數 (假設變異數相等) 橫列的數據。二個群組平均數差異值 = -0.414，平均數差異檢定的 t 值統計量 = -1.041 (p = .299 > .05)，未達統計顯著水準，接受虛無假設 ($\mu_{男生群組}$ － $\mu_{女生群組}$ = 0)，二個群體之平均數差異值顯著等於 0 (樣本統計量二個群組平均數差異值 $M_{男生群組}$ － $M_{女生群組}$ = -1.041 是機遇或抽樣誤差造成的)，即二個水準群體在人我連結的平均數相同。

2. 就工作意義向度檢定變項而言，變異數同質性檢定的 F 值統計量 = 4.183、顯著性 p = .042 < .05，達到統計顯著水準，二個群組之變異數異質，t 考驗統計量看不採用相等變異數 (不假設變異數相等) 橫列的數據。二個群組平均數差異值 = -0.365，平均數差異檢定的 t 值統計量 = -1.076 (p =.284 > .05)，未達統計顯著水準，接受虛無假設，二個群體之平均數差異值顯著等於 0，即二個水準群體在工作意義的平均數相同。

3. 就超越信念向度檢定變項而言，變異數同質性檢定的 F 值統計量 = 0.142、顯著性 p = .707 > .05，未達統計顯著水準，二個群組之變異數同質，t 考驗統計量看採用相等變異數 (假設變異數相等) 橫列的數據。二個群組平均數

差異值 = -0.095，平均數差異檢定的 t 值統計量 = -0.227 (p = .821 > .05)，未達統計顯著水準，接受虛無假設，二個群體之平均數差異值顯著等於 0，即二個水準群體在超越信念的平均數相同。

4. 就整體職場靈性檢定變項而言，變異數同質性檢定的 F 值統計量 = 2.198、顯著性 p = .140 > .05，未達統計顯著水準，二個群組之變異數同質，t 考驗統計量看採用相等變異數 (/假設變異數相等) 橫列的數據。二個群組平均數差異值 = -0.873，平均數差異檢定的 t 值統計量 = -0.963 (p = .337 > .05)，未達統計顯著水準，接受虛無假設，二個群體之平均數差異值顯著等於 0，即二個水準群體在超越信念的平均數相同。表示男生教師群組、女生教師群組在整體職場靈性的感受沒有顯著不同。

當二個群體平均數差異檢定之 t 值統計量未達統計顯著水準，表示二個群體之平均數差異值顯著等於 0，此時，其對應的 95% 信賴區間值會包含 0 量數點。人口變項教師性別在人我連結、工作意義、超越信念、整體職場靈性四個檢定變項的差異檢定均未達統計顯著水準，其平均差異 95% 信賴區間值分別為 [-1.199,.371]、[-1.034,.304]、[-.917,.728]、[-2.661,.915]，四個檢定變項之平均差異 95% 信賴區間值均包含 0，表示平均差異值出現 0 的可能性很高，因而必須接受虛無假設 ($\mu_{男生群體} - \mu_{女生群體} = 0$)。

IBM SPSS 24 統計檢視器輸出的獨立樣本 t 檢定中文版的結果如下：

群組統計量

	性別	N	平均值	標準差	標準誤平均值
人我連結	男生	96	14.61	2.807	.287
	女生	104	15.03	2.816	.276
工作意義	男生	96	16.39	2.739	.280
	女生	104	16.75	1.955	.192
超越信念	男生	96	16.77	3.000	.306
	女生	104	16.87	2.900	.284
整體職場靈性	男生	96	47.77	7.283	.743
	女生	104	48.64	5.474	.537

獨立樣本檢定

		變異數等式的 Levene 檢定		平均值等式的 t 檢定	
		F	顯著性	t	自由度
人我連結	採用相等變異數	.141	.708	-1.041	198
	不採用相等變異數			-1.041	196.823
工作意義	採用相等變異數	4.183	.042	-1.090	198
	不採用相等變異數			-1.076	170.544
超越信念	採用相等變異數	.142	.707	-.227	198
	不採用相等變異數			-.226	195.445
整體職場靈性	採用相等變異數	2.198	.140	-.963	198
	不採用相等變異數			-.953	175.808

獨立樣本檢定

		平均值等式的 t 檢定				
		顯著性 (雙尾)	平均值差異	標準誤差異	差異的 95% 信賴區間	
					下限	上限
人我連結	採用相等變異數	.299	-.414	.398	-1.199	.371
	不採用相等變異數	.299	-.414	.398	-1.199	.371
工作意義	採用相等變異數	.277	-.365	.335	-1.024	.295
	不採用相等變異數	.284	-.365	.339	-1.034	.304
超越信念	採用相等變異數	.821	-.095	.417	-.917	.728
	不採用相等變異數	.821	-.095	.418	-.919	.730
整體職場靈性	採用相等變異數	.337	-.873	.907	-2.661	.915
	不採用相等變異數	.342	-.873	.917	-2.683	.936

　　表格中「採用相等變異數」橫列資訊為二個水準群組變異數同質性檢定結果未達統計顯著水準，接受虛無假設，假設二個變異數相等情況下 t 檢定的數據 (自由度不調整)；「不採用相等變異數」橫列資訊為二個水準群組變異數同質性檢定結果達到統計顯著水準，拒絕虛無假設，假設二個變異數不相等 t 檢定的數據 (調整自由度)。

[表格範例]

不同教師性別在職場靈性感受差異之獨立樣本 t 檢定摘要表

檢定變項	性別	個數	平均數	標準差	t 值
人我連結	1 男生	96	14.61	2.81	-1.04
	2 女生	104	15.03	2.82	
工作意義	1 男生	96	16.39	2.74	-1.08
	2 女生	104	16.75	1.96	
超越信念	1 男生	96	16.77	3.00	-0.23
	2 女生	104	16.87	2.90	
整體職場靈性	1 男生	96	47.77	7.28	-0.96
	2 女生	104	48.64	5.47	

肆、性別變項在教師幸福感的差異比較

◆ 一、操作程序

執行功能表列「分析 (A)」/「比較平均數法 (M)」/「獨立樣本 T 檢定 (T)…」程序，開啟「獨立樣本 T 檢定」對話視窗。從「檢定變數 (T)：」下方框中點選之前被選入的目標變數「人我連結」、「工作意義」、「超越信念」與「整體職場靈性」，按中間左移鈕 <img_arrow>，將四個變項還原至左邊變數清單中。

　　從左邊變數清單中點選目標變數「心理幸福」、「情緒幸福」、「社會幸福」與「整體幸福感」四個變項至右邊「檢定變數 (T)：」下的方框中，按「確定」鈕。

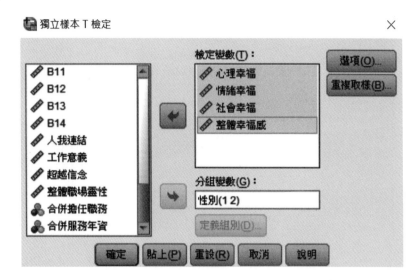

　　上述操作程序中，若是研究者要重新選取分組變項，點選原分組變項「性別(1 2)」，按左移鈕 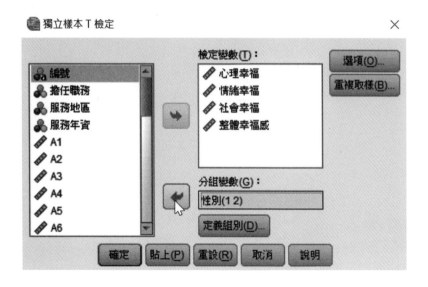，將性別分組變項還原至變項清單中。

　　右邊「分組變數 (G)」下方框為空白，表示可以從左邊變數清單中重新選取分組變項 (因子變項)。使用者也可以在「獨立樣本 T 檢定」主對話視窗中，按

「重設 (R)」鈕，將之前選取的變項全部還原，主對話視窗還原成原先狀態，重新選取檢定變項與分組變項。

　　按「獨立樣本 T 檢定」主對話視窗中的「選項 (O)」鈕，可以開啟「獨立樣本 T 檢定：選項」次對話視窗，次對話視窗內定的「信賴區間百分比 (C)」為 95%，對應的顯著水準 α 為 .05。此次對話視窗之「信賴區間百分比 (C)」的數值最好不要任意更改，也不用將其設定為 99% (顯著水準 α 改訂為 .01)。因為將信賴區間百分比 (C)」量數提高至 99%，表示將顯著水準 α 界定為 .01，愈小的顯著水準量數可以減少犯第一類型錯誤率，但相對的會增加犯第二類型的錯誤率 (β)，第二類型錯誤率提高，對應的統計考驗力 $1-\beta$ 值就會下降，統計考驗力 (Power) 是研究推論的裁決正確率，一般以 0.80 為臨界指標值。

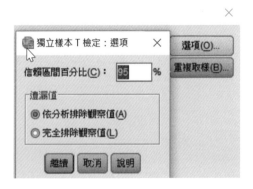

◆ 二、輸出報表

群組統計量

	性別	N	平均值	標準差	標準誤平均值
心理幸福	男生	96	19.69	3.401	.347
	女生	104	20.63	2.999	.294
情緒幸福	男生	96	20.36	3.443	.351
	女生	104	21.49	2.910	.285
社會幸福	男生	96	16.06	3.224	.329
	女生	104	17.12	2.836	.278
整體幸福感	男生	96	56.11	9.066	.925
	女生	104	59.23	7.690	.754

從群組統計資料 (組別統計量) 摘要表可以得知：

1. 就心理幸福向度變項而言，二個水準群組 1 男生、2 女生的平均數分別為 19.69、20.63，標準差分別為 3.401、2.999。

2. 就情緒幸福向度變項而言，二個水準群組 1 男生、2 女生的平均數分別為 20.36、21.49，標準差分別為 3.443、2.910。

3. 就社會幸福向度變項而言，二個水準群組 1 男生、2 女生的平均數分別為 16.06、17.12，標準差分別為 3.224、2.836。

4. 就整體幸福感變項而言，二個水準群組 1 男生、2 女生的平均數分別為 56.11、59.23，標準差分別為 9.066、7.690。

獨立樣本檢定

		變異數等式的 Levene 檢定		平均值等式的 t 檢定						
									差異的 95% 信賴區間	
		F	顯著性	t	自由度	顯著性(雙尾)	平均值差異	標準誤差異	下限	上限
心理幸福	採用相等變異數	.157	.692	-2.071	198	.040	-.938	.453	-1.830	-.045
	不採用相等變異數			-2.061	190.031	.041	-.938	.455	-1.835	-.040

		變異數等式的 Levene 檢定		平均值等式的 t 檢定						
						顯著性 (雙尾)	平均值差異	標準誤差異	差異的 95% 信賴區間	
		F	顯著性	t	自由度				下限	上限
情緒幸福	採用相等變異數	.318	.573	-2.504	198	.013	-1.126	.450	-2.012	-.239
	不採用相等變異數			-2.487	186.700	.014	-1.126	.453	-2.019	-.233
社會幸福	採用相等變異數	.369	.544	-2.456	198	.015	-1.053	.429	-1.898	-.208
	不採用相等變異數			-2.444	189.848	.015	-1.053	.431	-1.903	-.203
整體 幸福感	採用相等變異數	.771	.381	-2.628	198	.009	-3.116	1.186	-5.455	-.778
	不採用相等變異數			-2.611	187.009	.010	-3.116	1.194	-5.471	-.762

從獨立樣本 t 檢定摘要表可以發現：

1. 就心理幸福向度檢定變項而言，變異數同質性檢定的 F 值統計量 = 0.157、顯著性 p = .692 > .05，未達統計顯著水準，二個群組之變異數同質，t 考驗統計量看採用相等變異數 (假設變異數相等) 橫列的數據。二個群組平均數差異值 = -0.938，平均數差異檢定的 t 值統計量 = -2.071 (p = .040 < .05)，達到統計顯著水準，拒絕虛無假設，對立假設得到支持 $\mu_{男生群組} \neq \mu_{女生群組}$，二個群體之平均數差異值顯著不等於 0，男生教師群組在心理幸福向度的平均數顯著低於女生教師群組，即男生教師群組在心理幸福向度的感受顯著的低於女生教師群組。

2. 就情緒幸福向度檢定變項而言，變異數同質性檢定的 F 值統計量 = 0.318、顯著性 p = .573 > .05，未達統計顯著水準，二個群組之變異數同質，t 考驗統計量看採用相等變異數 (假設變異數相等) 橫列的數據。二個群組平均數差異值 = -1.126，平均數差異檢定的 t 值統計量 = -2.504 (p = .013 < .05)，達到統計顯著水準，拒絕虛無假設，對立假設得到支持 $\mu_{男生群組} \neq \mu_{女生群組}$，二個群體之平均數差異值顯著不等於 0，男生教師群組在情緒幸福向度的平均數顯著低於女生教師群組，即男生教師群組在情緒幸福向度的感受顯著的低於女生教師群組。

3. 就社會幸福向度檢定變項而言，變異數同質性檢定的 F 值統計量 = 0.369、

顯著性 p = .544 > .05，未達統計顯著水準，二個群組之變異數同質，t 考驗統計量看採用相等變異數 (假設變異數相等) 橫列的數據。二個群組平均數差異值 = -1.053，平均數差異檢定的 t 值統計量 = -2.456 (p = .015 < .05)，達到統計顯著水準，拒絕虛無假設，對立假設得到支持 $\mu_{男生群組} \neq \mu_{女生群組}$，二個群體之平均數差異值顯著不等於 0，男生教師群組在社會幸福向度的平均數顯著低於女生教師群組，即男生教師群組在社會幸福向度的感受顯著的低於女生教師群組。

4. 就整體幸福感檢定變項而言，變異數同質性檢定的 F 值統計量 = 0.771、顯著性 p = .381 > .05，未達統計顯著水準，二個群組之變異數同質，t 考驗統計量看採用相等變異數 (假設變異數相等) 橫列的數據。二個群組平均數差異值 = -3.116，平均數差異檢定的 t 值統計量 = -2.628 (p = .009 < .05)，達到統計顯著水準，拒絕虛無假設，對立假設得到支持 $\mu_{男生群組} \neq \mu_{女生群組}$，二個群體之平均數差異值顯著不等於 0，男生教師群組在整體幸福感的平均數顯著低於女生教師群組，即男生教師群組在整體幸福感的感受顯著的低於女生教師群組。

伍、求出效果值 (一)

效果值 (effect sizes) 是一種實務顯著性 (practical significance)，其性質與決定係數 r^2 類似，它與統計顯著性 (statistical significance) 不同。統計顯著性在於檢定二個水準群組之母群體的平均數是否相同，或二個水準群組之母群體平均數差異值是否顯著不等於 0。當對立假設或研究假設得到支持，研究者可進一步探究因子變項可以解釋計量變項多少的變異量，或檢定變項之總變異量中可以由因子變項解釋的變異量有多少。實驗處理中二種效果值的計算方法為：

$$\Delta = \frac{M_{實驗組} - M_{控制組}}{Sd_{控制組}}, \quad Sd_{控制組}為控制組在結果變項的標準差。$$

$$d = \frac{M_{實驗組} - M_{控制組}}{Sd_{組別合併}} = \frac{|平均差異值|}{標準差}, \quad Sd_{組別合併}為合併的標準差。根據 Cohen$$

(1988) 所提，d 值統計量大於等於 .80 時，實務顯著性為大的效果量；d 值統計量大於等於 .50 且小於 .80 時，實務顯著性為中的效果量；d 值統計量大於等於

.20 且小於 .50 時，實務顯著性為小的效果量；d 值統計量小於 .20 時，實務顯著性之效果量非常小。獨立樣本 t 檢定程序中另一個常使用的效果量為 η^2，η^2 的公式為：

$$\eta^2 = \frac{t^2}{t^2 + df} = \frac{t^2}{t^2 + (n_1 + n_2 - 2)}$$，其中 n_1 為水準群組 1 之樣本觀察值個數、n_2

為水準群組 2 之樣本觀察值個數。以統計量 t 值代入下列公式，也可以求出 d 值：

$$d = \frac{2t}{\sqrt{df}} = \frac{2t}{\sqrt{n_1 + n_2 - 2}}$$，df 為自由度。

◆ 一、操作程序

執行功能表列「分析 (A)」/「比較平均數法 (M)」/「平均數 (M)」程序，開啟「平均數」對話視窗。

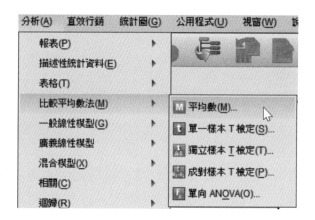

在「平均數」主對話視窗中，從左邊變數清單點選檢定變項「心理幸福」、「情緒幸福」、「社會幸福」、「整體幸福感」四個至右邊「因變數清單 (D)：」下方框中。

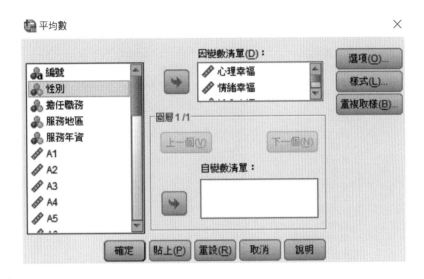

在「平均數」主對話視窗中，從左邊變數清單點選因子變項「性別」至右邊「自變數清單：」下方框中，按「選項 (O)」鈕，開啟「平均數：選項」次對話視窗。

於「平均數：選項」次對話視窗中，勾選下方「☑Anova 表格與 eta 值 (A)」選項，按「繼續」鈕，回到「平均數」主對話視窗，按「確定」鈕。

　　「平均數」主對話視窗中按「貼上 (P)」鈕，操作程序轉換為語法指令輸出於語法視窗中，「平均數」程序對應的關鍵函數為 MEANS，引數有 CELLS、STATISTICS。

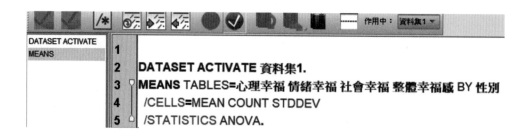

◆ 二、輸出報表

觀察值處理摘要

	觀察值					
	已併入		已排除		總計	
	N	百分比	N	百分比	N	百分比
心理幸福 * 性別	200	100.0%	0	0.0%	200	100.0%
情緒幸福 * 性別	200	100.0%	0	0.0%	200	100.0%
社會幸福 * 性別	200	100.0%	0	0.0%	200	100.0%
整體幸福感 * 性別	200	100.0%	0	0.0%	200	100.0%

　　觀察值處理摘要表第一直欄中，心理幸福 * 性別、情緒幸福 * 性別、社會幸福 * 性別、整體幸福感 * 性別，星號 * 前的變項為檢定變項、星號 * 後的變項為因子變項 (自變項)，已併入直行之 N 為各變項有效觀察值的個數。

報表

性別		心理幸福	情緒幸福	社會幸福	整體幸福感
1 男生	平均數	19.69	20.36	16.06	56.11
	N	96	96	96	96
	標準偏差	3.401	3.443	3.224	9.066
2 女生	平均數	20.63	21.49	17.12	59.23
	N	104	104	104	104
	標準偏差	2.999	2.910	2.836	7.690
總計	平均數	20.18	20.95	16.61	57.73
	N	200	200	200	200
	標準偏差	3.224	3.219	3.067	8.502

　　報表摘要中為男生水準群組、女生水準群組在「心理幸福」、「情緒幸福」、「社會幸福」、「整體幸福感」四個檢定變項的描述性統計量，統計量採用內定選項，包括平均數、觀察值個數、標準差。

ANOVA 摘要表

			平方和	df	平均值平方	F	顯著性
心理幸福 * 性別	群組之間	(合併)	43.875	1	43.875	4.290	.040
	在群組內		2025.000	198	10.227		
	總計		2068.875	199			
情緒幸福 * 性別	群組之間	(合併)	63.270	1	63.270	6.269	.013
	在群組內		1998.230	198	10.092		
	總計		2061.500	199			
社會幸福 * 性別	群組之間	(合併)	55.340	1	55.340	6.033	.015
	在群組內		1816.240	198	9.173		
	總計		1871.580	199			
整體幸福感 * 性別	群組之間	(合併)	484.754	1	484.754	6.906	.009
	在群組內		13898.201	198	70.193		
	總計		14382.955	199			

在獨立樣本 T 檢定程序中，若二個水準群組的變異數相等，自由度不用進行校正，ANOVA 摘要表之 F 值統計量剛好是 t 值統計量的平方 $F = t^2$，二個統計量之顯著性 p 相等。性別變項在「心理幸福」、「情緒幸福」、「社會幸福」、「整體幸福感」四個檢定變項之 F 值統計量分別為 4.290 (p = .040 < .05)、6.269 (p = .013 < .05)、6.033 (p = .015 < .05)、6.906 (p = .009 < .05)，均達到統計顯著水準，表示性別因子變項二個水準群組在「心理幸福」、「情緒幸福」、「社會幸福」、「整體幸福感」四個檢定變項之平均數差異值均顯著不等於 0。

獨立樣本 t 檢定程序，四個 t 值統計量為 -2.071、-2.504、-2.456、-2.628，t 值統計量的平方值為 4.289、6.270、6.032、6.906，t 值統計量的平方值即為 ANOVA 摘要表中的 F 值。

範例語法使用 R 軟體求出 t 值統計量的平方值：

```
> tvalue = c (-2.071,-2.504,-2.456,-2.628)
> Fvalue = tvalue^2
> round (Fvalue,3)
[1] 4.289 6.270 6.032 6.906
```

關聯的測量

	Eta 值	Eta 平方
心理幸福 * 性別	.146	.021
情緒幸福 * 性別	.175	.031
社會幸福 * 性別	.172	.030
整體幸福感 * 性別	.184	.034

　　性別因子變項在「心理幸福」、「情緒幸福」、「社會幸福」、「整體幸福感」四個檢定變項之 Eta 平方值分別為 .021、.031、.030、.034，均小於 .06，表示效果值均為小的效果量。效果量的屬性與決定係數類似，表示的性別因子變項可以解釋檢定變項的變異量。效果量 η^2 若小於 .06，表示臨床顯著性或實務顯著性為小的效果量；η^2 若大於等於 .06 且小於 .14，表示臨床顯著性或實務顯著性為中的效果量；η^2 若大於等於 .14，表示臨床顯著性或實務顯著性為大的效果量。

[表格範例]

不同教師性別在教師幸福感差異之獨立樣本 t 檢定摘要表

	性別	N	平均數	標準差	t 值	η^2
心理幸福	1 男生	96	19.69	3.40	-2.07*	.021
	2 女生	104	20.63	3.00		
情緒幸福	1 男生	96	20.36	3.44	-2.50*	.031
	2 女生	104	21.49	2.91		
社會幸福	1 男生	96	16.06	3.22	-2.46*	.030
	2 女生	104	17.12	2.84		
整體幸福感	1 男生	96	56.11	9.07	-2.63**	.034
	2 女生	104	59.23	7.69		

* p<.05　** p<.01

陸、求出效果值 (二)

◆ 一、操作程序

效果值統計量數也可以使用一般線性模式之單變量程式求出。

執行功能表列「分析 (A)」/「一般線性模式 (G)」/「單變量 (U)」程序，開啟「單變量」對話視窗。

「單變量」對話視窗中將檢定變項「心理幸福」點選至右邊「應變數 (D)」(依變數) 下方框中，從變數清單點選因子變項「性別」至「固定因子 (F)」下方框內，按「選項」鈕，開啟「單變量：選項」次對話視窗。

「單變量：選項」次對話視窗，勾選「☑效應大小的估計值 (E)」(效果大小估計值) 與「☑觀察到的冪 (B)」(觀察的檢定能力—統計考驗力) 二個選項，按「繼續」鈕，回到「單變量」主對話視窗，按「確定」鈕。

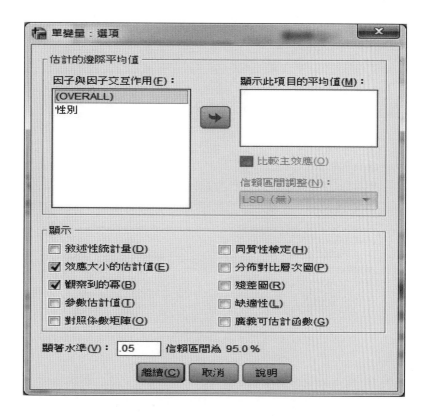

　　「單變量」對話視窗中將檢定變項「情緒幸福」點選至右邊「應變數 (D)」(依變數) 下方框中，從變數清單點選因子變項「性別」至「固定因子 (F)」下方框內，按「選項」鈕，開啟「單變量：選項」次對話視窗。「單變量：選項」次對話視窗，勾選「☑效應大小的估計值 (E)」(效果大小估計值) 與「☑觀察到的冪 (B)」(觀察的檢定能力—統計考驗力) 二個選項，按「繼續」鈕，回到「單變量」主對話視窗，按「確定」鈕。

　　若是變項順序沒有移動，再次開啟「單變量」對話視窗會保留先前的設定，使用者只要將「應變數 (D)」下方框之檢定變項「心理幸福」還原至變數清單，再從變數清單中點選新的檢定變項「情緒幸福」至「應變數 (D)」下方框中即可。

　　「單變量」對話視窗中將檢定變項「社會幸福」點選至右邊「依變數 (D)」(應變數) 下方框中，從變數清單點選因子變項「性別」至「固定因子 (F)」下方框內，按「選項」鈕，開啟「單變量：選項」次對話視窗。「單變量：選項」次對話視窗，勾選「☑效應大小的估計值 (E)」(效果大小估計值) 與「☑觀察到的冪 (B)」(觀察的檢定能力─統計考驗力) 二個選項，按「繼續」鈕，回到「單變量」主對話視窗，按「確定」鈕。

　　「單變量」對話視窗中將檢定變項「整體幸福感」點選至右邊「應變數
(D)」(依變數) 下方框中，從變數清單點選因子變項「性別」至「固定因子 (F)」
下方框內，按「選項」鈕，開啟「單變量：選項」次對話視窗。「單變量：選
項」次對話視窗，勾選「☑效應大小的估計值 (E)」(效果大小估計值) 與「☑觀
察到的冪 (B)」(觀察的檢定能力—統計考驗力) 二個選項，按「繼續」鈕，回到
「單變量」主對話視窗，按「確定」鈕。

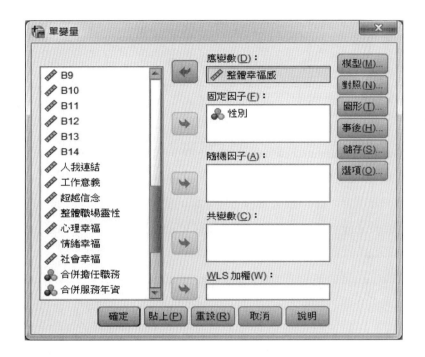

◆ 二、輸出報表

變異數的單變量分析

受試者間因子

		值標籤	N
性別	1	男生	96
	2	女生	104

　　受試者間因子為性別因子變項二個水準數值編碼與群組標記名稱，男生群
組、女生群體之樣本觀察值人數為 96、104。

受試者間效應項檢定

依變數：心理幸福

來源	類型 III 平方和	自由度	均方	F	顯著性	Partial Eta Squared	非中心參數	觀察的冪[b]
修正模型	43.875[a]	1	43.875	4.290	.040	.021	4.290	.540
截距	81124.875	1	81124.875	7932.210	.000	.976	7932.210	1.000
性別	43.875	1	43.875	4.290	.040	.021	4.290	.540
誤差	2025.000	198	10.227					
總計	83475.000	200						
修正後總數	2068.875	199						

a. R 平方 = .021 (調整的 R 平方 = .016)
b. 使用 α 計算 = .05

　　「Partial Eta Squared」欄為效果值統計量 = .021，數值等於註解中的 R 平方值，R 平方值 = SSB ÷ SST = SSB ÷ (SSE + SSB) = 43.875 ÷ 2068.875 = .021，表示性別因子變項可以解釋檢定變項心理幸福的變異量為 2.1%。「觀察的冪」欄為統計考驗力量數 = .540，表示研究推論結果之裁決正確率為 54.0%，裁決正確率指的是當虛無假設為假的情況下，正確拒絕虛無假設的機率。

```
> round (43.875/2068.875,3)
[1] 0.021
```

受試者間效應項檢定

依變數：情緒幸福

來源	類型 III 平方和	自由度	均方	F	顯著性	Partial Eta Squared	非中心參數	觀察的冪[b]
修正模型	63.270[a]	1	63.270	6.269	.013	.031	6.269	.703
截距	87451.770	1	87451.770	8665.394	.000	.978	8665.394	1.000
性別	63.270	1	63.270	6.269	.013	.031	6.269	.703
誤差	1998.230	198	10.092					
總計	89842.000	200						
修正後總數	2061.500	199						

a. R 平方 = .031 (調整的 R 平方 = .026)
b. 使用 α 計算 = .05

檢定變項為情緒幸福向度時，因子變項性別的效果值 $\eta^2 = .031$，統計考驗力 $\beta = .703$。

受試者間效應項檢定

依變數：社會幸福

來源	類型 III 平方和	自由度	均方	F	顯著性	Partial Eta Squared	非中心參數	觀察的冪[b]
修正模型	55.340[a]	1	55.340	6.033	.015	.030	6.033	.686
截距	54950.540	1	54950.540	5990.510	.000	.968	5990.510	1.000
性別	55.340	1	55.340	6.033	.015	.030	6.033	.686
誤差	1816.240	198	9.173					
總計	57050.000	200						
修正後總數	1871.580	199						

a. R 平方 = .030 (調整的 R 平方 = .025)

b. 使用 α 計算 = .05

檢定變項為社會幸福向度時，因子變項性別的效果值 $\eta^2 = .030$，統計考驗力 $\beta = .686$。

受試者間效應項檢定

依變數：整體幸福感

來源	類型 III 平方和	自由度	均方	F	顯著性	Partial Eta Squared	非中心參數	觀察的冪[b]
修正模型	484.754[a]	1	484.754	6.906	.009	.034	6.906	.744
截距	664163.154	1	664163.154	9461.966	.000	.980	9461.966	1.000
性別	484.754	1	484.754	6.906	.009	.034	6.906	.744
誤差	13898.201	198	70.193					
總計	681049.000	200						
修正後總數	14382.955	199						

a. R 平方 = .034 (調整的 R 平方 = .029)

b. 使用 α 計算 = .05

檢定變項為整體幸福感時，因子變項性別的效果值 $\eta^2 = .034$，統計考驗力 $\beta = .744$。

　　在獨立樣本 T 檢定程序中，檢定變數可以選取題項加總後的向度，或題項加總後單題平均向度變項，若因子變項 (分組變項) 相同，則輸出之獨立樣本 t 檢定摘要表大致是相同的，唯一的差別是平均數、標準差、平均數差異值、標準誤差異值等欄。

　　範例獨立樣本 T 檢定程序「檢定變數 (T)」下方框選取的變項為人我連結單題、工作意義單題、超越信念單題、整體職場靈性單題等四個，分組變項為教師性別。

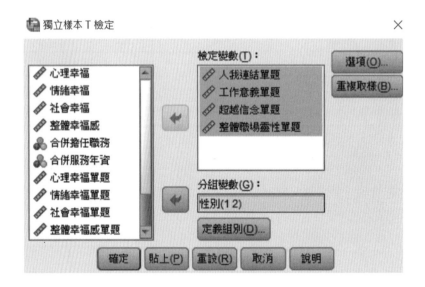

　　性別因子變項在教師職場靈性之差異比較輸出報表如下：

群組統計量

	性別	N	平均值	標準差	標準誤平均值
人我連結單題	男生	96	3.6536	.70185	.07163
	女生	104	3.7572	.70406	.06904
工作意義單題	男生	96	4.0964	.68477	.06989
	女生	104	4.1875	.48865	.04792
超越信念單題	男生	96	4.1927	.74998	.07654
	女生	104	4.2163	.72495	.07109
整體職場靈性單題	男生	96	3.9809	.60691	.06194
	女生	104	4.0537	.45613	.04473

　　表格之組別統計量之平均數介於 1.00 至 5.00 之間，因為每位樣本觀察值在檢定變項的測量值也介於 1.00 至 5.00 之間，標準差欄數值與平均數的標準誤欄的數值都較小。

獨立樣本檢定

| | | 變異數等式的 Levene 檢定 | | 平均值等式的 t 檢定 | | | | | | |
		F	顯著性	T	自由度	顯著性 (雙尾)	平均值差異	標準誤差異	差異的 95% 信賴區間 下限	上限
人我連結單題	採用相等變異數	.141	.708	-1.041	198	.299	-.10357	.09950	-.29978	.09265
	不採用相等變異數			-1.041	196.823	.299	-.10357	.09949	-.29976	.09263
工作意義單題	採用相等變異數	4.183	.042	-1.090	198	.277	-.09115	.08364	-.25608	.07379
	不採用相等變異數			-1.076	170.544	.284	-.09115	.08474	-.25841	.07612
超越信念單題	採用相等變異數	.142	.707	-.227	198	.821	-.02364	.10432	-.22936	.18208
	不採用相等變異數			-.226	195.445	.821	-.02364	.10446	-.22966	.18238
整體職場靈性單題	採用相等變異數	2.198	.140	-.963	198	.337	-.07278	.07555	-.22178	.07621
	不採用相等變異數			-.953	175.808	.342	-.07278	.07640	-.22357	.07800

　　獨立樣本檢定摘要中與上述選取題項加總之向度變項不同的欄位為平均值差異欄、標準誤差異欄、平均數差異的 95% 信賴區間欄，其餘欄位的統計量均相同，包括 Levene 的變異數相等測試欄、t 值統計量欄、自由度欄、顯著性 (雙尾) 欄。

　　教師性別因子變項在人我連結單題、工作意義單題、超越信念單題、整體職場靈性單題四個變項平均差異值分別為 -.10357、-.09115、-.02364、-.07278，平均差異值是否顯著等於 0 檢定之 t 值統計量分別為 -1.041 (p = .299 > .05)、-1.076 (p = .284 > .05)、-0.227 (p = .821 > .05)、-0.963 (p = .337 > .05)，均未達統計顯著水準，表示四個平均差異值均顯著等於 0，男生教師群體與女生教師群體在人我連結單題、工作意義單題、超越信念單題、整體職場靈性單題四個變項的平均數均沒有顯著差異存在。檢定變項點選向度單題平均變項或向度加總變項得出之 t 值統計量與顯著性 p 值均相同。

[表格範例]

不同教師性別在職場靈性感受差異之獨立樣本 t 檢定摘要表

檢定變項	性別	個數	平均數	標準差	t 值
人我連結單題	1 男生	96	3.65	0.70	-1.04
	2 女生	104	3.76	0.70	
工作意義單題	1 男生	96	4.10	0.68	-1.08
	2 女生	104	4.19	0.49	
超越信念單題	1 男生	96	4.19	0.75	-0.23
	2 女生	104	4.22	0.72	
整體職場靈性單題	1 男生	96	3.98	0.61	-0.96
	2 女生	104	4.05	0.46	

　　範例獨立樣本 T 檢定程序「檢定變數 (T)」下方框選取的變項為心理幸福單題、情緒幸福單題、社會幸福單題、整體幸福感單題等四個,分組變項為教師性別。

群組統計資料

	性別	N	平均值	標準差	標準誤平均值
心理幸福單題	1 男生	96	3.9375	.68013	.06942
	2 女生	104	4.1250	.59980	.05882
情緒幸福單題	1 男生	96	4.0729	.68863	.07028
	2 女生	104	4.2981	.58193	.05706
社會幸福單題	1 男生	96	4.0156	.80607	.08227
	2 女生	104	4.2788	.70908	.06953
整體幸福感單題	1 男生	96	4.0082	.64755	.06609
	2 女生	104	4.2308	.54926	.05386

表格之組別統計量之平均數介於 1.00 至 5.00 之間，因為每位樣本觀察值在檢定變項的測量值也介於 1.00 至 5.00 之間，標準差欄數值與平均數的標準誤欄的數值都較小。

獨立樣本檢定

		變異數等式的 Levene 檢定		平均值等式的 t 檢定						
									差異的 95% 信賴區間	
		F	顯著性	t	自由度	顯著性 (雙尾)	平均值差異	標準誤差異	下限	上限
心理幸福單題	採用相等變異數	.157	.692	-2.071	198	.040	-.18750	.09053	-.36602	-.00898
	不採用相等變異數			-2.061	190.031	.041	-.18750	.09098	-.36696	-.00804
情緒幸福單題	採用相等變異數	.318	.573	-2.504	198	.013	-.22516	.08993	-.40249	-.04783
	不採用相等變異數			-2.487	186.700	.014	-.22516	.09053	-.40375	-.04657
社會幸福單題	採用相等變異數	.369	.544	-2.456	198	.015	-.26322	.10717	-.47455	-.05189
	不採用相等變異數			-2.444	189.848	.015	-.26322	.10772	-.47570	-.05075
整體幸福感單題	採用相等變異數	.771	.381	-2.628	198	.009	-.22258	.08470	-.38961	-.05556
	不採用相等變異數			-2.611	187.009	.010	-.22258	.08526	-.39077	-.05440

獨立樣本檢定摘要中與上述選取題項加總之向度變項不同的欄位為平均值差異欄、標準誤差異欄、平均數差異的 95% 信賴區間欄，其餘欄位的統計量均相同，包括變異數等式的 Levene 檢定 (Levene 的變異數相等測試欄)、t 值統計量

欄、自由度欄、顯著性 (雙尾) 欄。

教師性別因子變項在心理幸福單題、情緒幸福單題、社會幸福單題、整體幸福感單題四個變項平均值差異分別為 -.18750、-.22516、-.26322、-.22258。平均差異值是否顯著等於 0 檢定之 t 值統計量分別為 -2.071 (p = .040 < .05)、-2.504 ((p = .013 < .05)、-2.456 (p = .015 < .05)、-2.628 ((p = .009 < .05)，均達統計顯著水準，表示四個平均差異值均顯著等於 0，男生教師群體與女生教師群體在心理幸福單題、情緒幸福單題、社會幸福單題、整體幸福感單題四個變項的平均數均有顯著差異存在。檢定變項點選向度單題平均變項或向度加總變項得出之 t 值統計量與顯著性 p 值均相同。

[表格範例]

不同教師性別在教師幸福感差異之獨立樣本 t 檢定摘要表

	性別	N	平均數	標準差	t 值
心理幸福單題	1 男生	96	3.94	0.68	-2.07*
	2 女生	104	4.13	0.60	
情緒幸福單題	1 男生	96	4.07	0.69	-2.50*
	2 女生	104	4.30	0.58	
社會幸福單題	1 男生	96	4.02	0.81	-2.46*
	2 女生	104	4.28	0.71	
整體幸福感單題	1 男生	96	4.01	0.65	-2.63**
	2 女生	104	4.23	0.55	

* p<.05　** p<.01

以單題平均為檢定變項，求出性別因子變項在心理幸福單題、情緒幸福單題、社會幸福單題、整體幸福感單題四個變項的效果值：

關聯的測量

	Eta 值	Eta 平方
心理幸福單題 * 性別	.146	.021
情緒幸福單題 * 性別	.175	.031
社會幸福單題 * 性別	.172	.030
整體幸福感單題 * 性別	.184	.034

性別因子變項在心理幸福單題、情緒幸福單題、社會幸福單題、整體幸福感單題四個計量變項 η^2 量數分別為 .021、.031、.030、.034，與之前使用題項加總分數作為檢定變項的結果完全相同。

柒、因子變項為三分類別以上

因子變項如果為三分類別以上，但研究者只想進行其中二個水準群組在計量變項的差異比較，也可以直接使用獨立樣本 T 檢定程序。

範例問卷中人口變項合併擔任職務有三個教師群體，水準數值 1 為科任、水準數值 2 為兼行政、水準數值 3 為級任。

合併擔任職務

		次數分配表	百分比	有效百分比	累積百分比
有效	1 科任	71	35.5	35.5	35.5
	2 兼行政	60	30.0	30.0	65.5
	3 級任	69	34.5	34.5	100.0
	總計	200	100.0	100.0	

◆ 一、只進行科任與級任群體比較

「獨立樣本 T 檢定」對話視窗中，從變數清單選取因子變項「合併擔任職務」至右邊「分組變數 (G)」下方框內，按「定義群組 (D)」鈕，開啟「定義群組」次對話視窗。

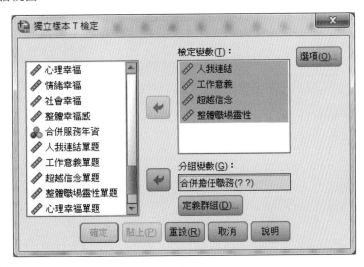

　　於「定義群組」次對話視窗，「群組 1：」右邊方框鍵入科任群體之水準數值編碼 1、「群組 2：」右邊方框鍵入級任群體之水準數值編碼 3，按「繼續」鈕，回到「獨立樣本 T 檢定」主對話視窗。

　　「獨立樣本 T 檢定」主對話視窗，「分組變數 (G)」下方框提示訊息由「合併擔任職務 (? ?)」變為「合併擔任職務 (1 3)」，表示進行因子變項之水準數值 1 群體與水準數值 3 群體平均數的差異比較，按「確定」鈕。

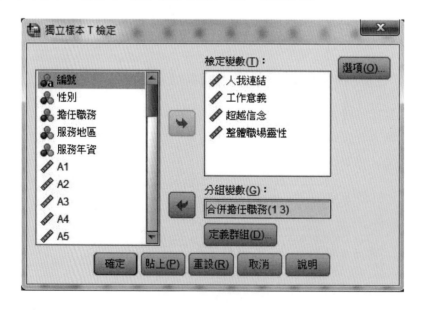

群組統計量

	合併擔任職務	N	平均值	標準差	標準誤平均值
人我連結	1 科任	71	14.72	2.732	.324
	3 級任	69	14.29	3.209	.386
工作意義	1 科任	71	15.82	2.515	.298
	3 級任	69	17.03	2.288	.275
超越信念	1 科任	71	15.93	3.369	.400
	3 級任	69	16.77	2.876	.346
整體職場靈性	1 科任	71	46.46	6.788	.806
	3 級任	69	48.09	6.602	.795

　　水準數值編碼 1 為科任教師群體、水準數值編碼 3 為級任教師群體，二個群體在人我連結、工作意義、超越信念與整體職場靈性之描述性統計量，二個群體有效樣本觀察值個數為 71、69。

獨立樣本檢定

		變異數等式的 Levene 檢定		平均值等式的 t 檢定						
									差異的 95% 信賴區間	
		F	顯著性	t	自由度	顯著性 (雙尾)	平均值差異	標準誤差異	下限	上限
人我連結	採用相等變異數	2.766	.099	.852	138	.396	.428	.503	-.566	1.423
	不採用相等變異數			.850	133.288	.397	.428	.504	-.569	1.426
工作意義	採用相等變異數	.036	.849	-2.981	138	.003	-1.212	.407	-2.016	-.408
	不採用相等變異數			-2.985	137.410	.003	-1.212	.406	-2.015	-.409
超越信念	採用相等變異數	1.064	.304	-1.582	138	.116	-.839	.530	-1.887	.210
	不採用相等變異數			-1.585	135.752	.115	-.839	.529	-1.884	.207
整體職場靈性	採用相等變異數	.001	.972	-1.433	138	.154	-1.622	1.132	-3.861	.616
	不採用相等變異數			-1.433	138.000	.154	-1.622	1.132	-3.860	.615

　　科任教師群體與級任教師群體在人我連結、工作意義、超越信念與整體職場靈性四個變項平均數差異檢定之 t 值統計量分別為 .852 (p = .396 > .05)、-2.981 (p

= .003 < .05)、-1.582 (p =. 116 > .05)、-1.433 (p = .154 > .05)，兩個群體在人我連結、超越信念、整體職場靈性三個檢定變項的差異均未達統計顯著水準，只有在工作意義向度變項的差異達顯著，科任教師群體的平均數顯著低於級任教師群體的平均數。

◆ 二、只進行兼行政與級任群體比較

「獨立樣本 T 檢定」對話視窗中，從變數清單選取因子變項「合併擔任職務」至右邊「分組變數 (G)」下方框內，按「定義群組 (D)」鈕，開啟「定義群組」次對話視窗。

「定義群組」次對話視窗，「群組 1：」右邊方框鍵入兼行政群體之水準數值編碼 2、「群組 2：」右邊方框鍵入級任群體之水準數值編碼 3，按「繼續」鈕，回到「獨立樣本 T 檢定」主對話視窗。

「獨立樣本 T 檢定」主對話視窗，「分組變數 (G)」下方框提示訊息由「合併擔任職務 (? ?)」變為「合併擔任職務 (2 3)」，表示進行因子變項之水準數值 2 群體與水準數值 3 群體平均數的差異比較，按「確定」鈕。

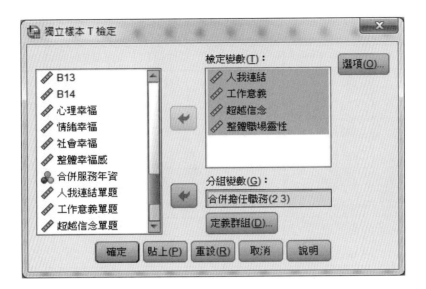

視窗介面為「合併擔任職務」因子變項第二個水準群組與第三個水準群組在教師幸福感向度與整體教師幸福感的差異比較圖示，選進「檢定變數」方框內的變項名稱為心理幸福、情緒幸福、社會幸福與整體幸福感，「分組變數 (G)」下方框的訊息為「合併擔任職務 (2 3)」。

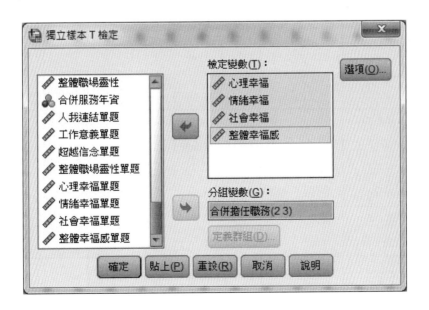

群組統計量

	合併擔任職務	N	平均值	標準差	標準誤平均值
人我連結	2 兼行政	60	15.58	2.242	.289
	3 級任	69	14.29	3.209	.386
工作意義	2 兼行政	60	16.95	2.062	.266
	3 級任	69	17.03	2.288	.275
超越信念	2 兼行政	60	17.93	1.990	.257
	3 級任	69	16.77	2.876	.346
整體職場靈性	2 兼行政	60	50.47	4.959	.640
	3 級任	69	48.09	6.602	.795

　　水準數值編碼 2 為兼行政教師群體、水準數值編碼 3 為級任教師群體，二個群體在人我連結、工作意義、超越信念與整體職場靈性之描述性統計量，二個群體有效樣本觀察值個數為 60、69。

獨立樣本檢定

		變異數等式的 Levene 檢定		平均值等式的 t 檢定						
									差異的 95% 信賴區間	
		F	顯著性	T	自由度	顯著性 (雙尾)	平均值差異	標準誤差異	下限	上限
人我連結	採用相等變異數	7.496	.007	2.616	127	.010	1.293	.495	.315	2.272
	不採用相等變異數			2.680	121.608	.008	1.293	.483	.338	2.249
工作意義	採用相等變異數	.038	.846	-.205	127	.838	-.079	.386	-.843	.685
	不採用相等變異數			-.206	126.827	.837	-.079	.383	-.837	.679
超越信念	採用相等變異數	3.750	.055	2.637	127	.009	1.165	.442	.291	2.040
	不採用相等變異數			2.703	121.177	.008	1.165	.431	.312	2.019
整體職場靈性	採用相等變異數	2.812	.096	2.287	127	.024	2.380	1.041	.320	4.439
	不採用相等變異數			2.332	124.476	.021	2.380	1.021	.360	4.400

　　兼行政教師群體與級任教師群體在人我連結、工作意義、超越信念與整體職場靈性四個變項平均數差異檢定之 t 值統計量分別為 2.680 (p = .008 < .05)、-.205

(p = .838 > .05)、2.637 (p = .009 < .05)、2.287 (p = .024 < .05)，兩個群體在人我連結、超越信念、整體職場靈性三個檢定變項的差異達到統計顯著水準，兼行政教師群體的平均數均顯著高於級任教師群體的平均數。

　　新版的 IBM SPSS 資料編輯器視窗之「比較平均數法」選單，增列「獨立樣本 T 檢定摘要」選單，選單功能可以直接輸入二個水準群組的平均數、標準差、觀察值個數。

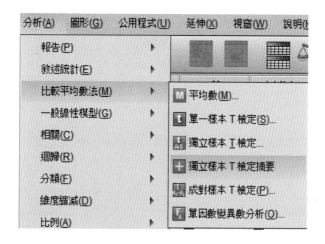

　　「透過摘要資料計算的 T 檢定」對話視窗，「樣本 1」方盒為第一個水準群組的統計量數，包括觀察值數目、平均數、標準差；「樣本 2」方盒為第二個水準群組的統計量數，包括觀察值數目、平均數、標準差。只要在對應統計量訊息下方框鍵入已統計出來的統計量數，也可以求出二個水準群組 T 檢定結果的摘要表 (一般在問卷統計程序中，會直接使用原始數據變項求出二個水準群組之 T 檢定結果，常用的次選單為「獨立樣本 T 檢定」)。

執行功能表列「分析 (A)」/「比較平均數 (M)」/「平均數 (M)」程序，求出性別因子變項在教師幸福感的平均數、標準差與個數。

報表

性別		心理幸福	情緒幸福	社會幸福	整體幸福感
1 男生	平均數	19.69	20.36	16.06	56.11
	N	96	96	96	96
	標準差	3.401	3.443	3.224	9.066
2 女生	平均數	20.63	21.49	17.12	59.23
	N	104	104	104	104
	標準差	2.999	2.910	2.836	7.690
總計	平均數	20.18	20.95	16.61	57.74
	N	200	200	200	200
	標準差	3.224	3.219	3.067	8.502

以心理幸福檢定變項為例，男生群體平均數 = 19.69、N = 96、標準差 = 3.401；女生群體平均數 = 20.63、N = 104、標準差 = 2.999。將二個群體的統計量數依序輸入樣本 1 方盒、樣本 2 方盒對應的方框內，按「確定」鈕。

獨立樣本 T 檢定摘要表如下：

Summary T-Test (T-Test 摘要表)

摘要資料

	數目	平均值	標準差	標準誤差平均值
Sample 1	96.000	19.690	3.401	.347
Sample 2	104.000	20.630	2.999	.294

性別變項二個水準群組在情緒幸福檢定變項的描述性統計量。

獨立樣本檢定

	平均值差異	標準誤差差異	t	自由度	顯著性 (雙尾)
採用相等變異數	-.940	.453	-2.077	198.000	.039
不採用相等變異數	-.940	.455	-2.066	190.024	.040

用於相等變異的 Hartley 檢定：F = 1.286，顯著性 = 0.1044

　　變異數同質性檢定 F 值統計量 = 1.286，顯著性 p = 0.1044 > .05，接受虛無假設，二個水準群體變異數相等，查看「採用相等變異數」橫列數據，二個水準群體平均數差異檢定的 t 值統計量 = -2.077、顯著性 p = .039 < .05，拒絕虛無假設，二個群體的平均數差異值顯著不等於 0，女生群體在心理幸福的感受顯著高於男生。

差異的 95.0% 信賴區間

	下限	上限
漸近線 (相等變異)	-1.827	-.053
漸近線 (不相等變異)	-1.832	-.048
確切 (相等變異)	-1.833	-.047
確切 (不相等變異)	-1.837	-.043

　　二個水準群體平均數差異檢定的 t 值統計量達到統計顯著水準，對應的差異的 95.0% 信賴區間值就不會包含 0，漸近線 (相等變異) 橫列之 95.0% 信賴區間值為 [-1.827, -.053]；確切 (相等變異) 橫列之95.0% 信賴區間值為 [-1.833, -.047]。

　　範例檢定變項為情緒幸福依變項，男生群體平均數 = 20.36、N = 96、標準差 = 3.443; 女生群體平均數 = 21.49、N = 104、標準差 = 2.910。將二個群體的統計量數依序輸入樣本 1 方盒、樣本 2 方盒對應的方框內，樣本 1 方盒第四項「標籤 (L)」下方框之水準群組名稱界定為男生群體，樣本 2 方盒第四項「標籤 (A)」下方框之水準群組名稱界定為女生群體；按「確定」鈕。

摘要資料

	數目	平均值	標準差	標準誤差平均值
男生群體	96.000	20.360	3.443	.351
女生群體	104.000	21.490	2.910	.285

性別變項二個水準群組在情緒幸福檢定變項的描述性統計量。

獨立樣本檢定

	平均值差異	標準誤差差異	t	自由度	顯著性 (雙尾)
採用相等變異數	-1.130	.450	-2.513	198.000	.013
不採用相等變異數	-1.130	.453	-2.496	186.714	.013

用於相等變異的 Hartley 檢定：F = 1.400，顯著性 = 0.0466

變異數同質性檢定 F 值統計量 = 1.400，顯著性 p = 0.0466 < .05，拒絕虛無假設 ($\sigma^2_{男生群體} = \sigma^2_{女生群體}$)，二個水準群體變異數顯著不相等，查看「不採用相等變異數」橫列數據，二個水準群體平均數差異檢定的 t 值統計量 = -2.496、顯著

性 p = .013 < .05，拒絕虛無假設，二個群體的平均數差異值顯著不等於 0，女生群體在心理幸福的感受顯著高於男生。

差異的 95.0% 信賴區間

	下限	上限
漸近線 (相等變異)	-2.011	-.249
漸近線 (不相等變異)	-2.017	-.243
確切 (相等變異)	-2.017	-.243
確切 (不相等變異)	-2.023	-.237

　　二個水準群體平均數差異檢定的 t 值統計量達到統計顯著水準，對應差異的 95.0% 信賴區間值就不會包含 0，漸近線 (不相等變異) 橫列之 95.0% 信賴區間值為 [-2.017, -.243]；確切 (不相等變異) 橫列之 95.0% 信賴區間值為 [-2.023, -.237]，平均數差異值 95.0% 信賴區間未包含 0，表示平均差異值等於 0 的可能性很低。

Chapter 10

單因子獨立樣本變異數分析

壹、適用時機

　　獨立樣本變異數分析 (analysis of variance; [ANOVA]) 程序在於檢定三個以上平均數數值是否相等，若是平均數來自不同的群體，變異數分析型態稱為獨立樣本變異數分析；如果平均數數值均來自相同的樣本觀察值，變異數分析類型為相依樣本變異數分析。就獨立樣本變異數分析而言，其自變項稱為固定因子變項，自變項的尺度為間斷變數，依變項或檢定變項為計量變項，如果自變項個數只有一個稱為單因子獨立樣本變異數分析。範例研究架構圖的人口變項服務地區 (四分類別變項)、合併擔任職務 (三分類別變項)、合併服務年資 (五分類別變項) 均為名義變項，教師職場靈性、教師幸福感均為計量變項，探討這三個人口變項在教師職場靈性、教師幸福感的差異，使用之統計方法為單因子獨立樣本變異數分析。

　　以教師擔任職務在整體教師職場靈性感受的差異而言，合併後的教師擔任職務因子變項，水準數值 1 為科任教師群組、水準數值 2 為兼行政教師群組、水準數值 3 為級任教師群組，自變項有三個水準 (level) 或類別群組，單因子獨立樣本變異數分析程序的虛無假設與對立假設分別為：

虛無假設 H_0: $\mu_{科任群組} = \mu_{兼行政群組} = \mu_{級任群組}$，或

虛無假設 H_0: $\mu_1 = \mu_2 = \mu_3$

對立假設 H_1: 母群體中至少有一配對組的平均數差異值顯著不等於 0，或

對立假設 H_1: 母群體中至少有一群組平均數與其他群組平均數顯著不同

對立假設以符號表示為 H_1: $\mu_i \neq \mu_j$，存在於部分的 i 與 j 之中

　　虛無假設假定三個群體平均數相等或三個群體平均數差異值等於 0，虛無假設表示的是三個群體在變項的平均數沒有顯著差異，群組 1 的平均數 = 群組 2 的平均數 = 群組 3 的平均數。

　　統計分析結果有以下二種情形：

(一) 顯著性 p ≥ .05，出現虛無假設的機率很高，沒有足夠證據拒絕虛無假設，研究結果為接受虛無假設 H_0: $\mu_1 = \mu_2 = \mu_3$，三個群體平均數相等，三個群體平均數相等表示的結果為：

1. $\mu_1 - \mu_2 = 0$ (科任群體平均數與兼行政群體平均數的差異值顯著等於 0)。

2. $\mu_1 - \mu_3 = 0$ (科任群體平均數與級任群體平均數的差異值顯著等於 0)。

3. $\mu_2 - \mu_3 = 0$ (兼行政群體平均數與級任群體平均數的差異值顯著等於 0)。

單因子獨立樣本變異數分析檢定統計分析結果之顯著性 p 值若大於等於 .05，表示三個群組母群體的平均數相同，配對群組平均數之差異值均等於 0，樣本觀察值在檢定變項之平均數高低沒有實質意義，因為若進行普測，三個樣本觀察值群組所在的母群體的平均數是相等的。

(二) 顯著性 p < .05，出現虛無假設的機率很低，有足夠證據可以拒絕虛無假設，研究結果之對立假設得到支持，對立假設只假定至少有二個群組的平均數間之差異值顯著不等於 0，三個群組之平均數不同，有可能以下幾種情況：

1. 有一配對群組的平均數不相等，可能的情形：

$\mu_{科任群組} \neq \mu_{兼行政群組}$，或

$\mu_{兼行政群組} \neq \mu_{級任群組}$，或

$\mu_{科任群組} \neq \mu_{級任群組}$，以符號表示為：

$\mu_1 \neq \mu_2$

$\mu_2 \neq \mu_3$

$\mu_1 \neq \mu_3$

2. 有二個配對群組的平均數不相等，可能的情形：

$\mu_{科任群組} \neq \mu_{兼行政群組}$ 且 $\mu_{科任群組} \neq \mu_{級任群組}$，或

$\mu_{兼行政群組} \neq \mu_{級任群組}$ 且 $\mu_{科任群組} \neq \mu_{兼行政群組}$，或

$\mu_{科任群組} \neq \mu_{級任群組}$ 且 $\mu_{兼行政群組} \neq \mu_{級任群組}$。以符號表示為：

$\mu_1 \neq \mu_2 \ \& \ \mu_1 \neq \mu_3$

$\mu_2 \neq \mu_3 \ \& \ \mu_1 \neq \mu_2$

$\mu_1 \neq \mu_3 \ \& \ \mu_2 \neq \mu_3$

3. 有三個配對群組的平均數不相等

$\mu_{科任群組} \neq \mu_{兼行政群組}$ 且 $\mu_{科任群組} \neq \mu_{級任群組}$ 且 $\mu_{兼行政群組} \neq \mu_{級任群組}$，以符號表示：

$\mu_1 \neq \mu_2 \ \& \ \mu_1 \neq \mu_3 \ \& \ \mu_2 \neq \mu_3$

單因子獨立樣本變異數分析拒絕或接受虛無假設考驗的程序，稱為平均數

的整體考驗，考驗的統計量為 F 值。如果 F 值對應的顯著性 p < .05，就可拒絕虛無假設 (H_0: $\mu_1 = \mu_2 = \mu_3$)，對立假設得到支持，對立假設只知至少二個群組的平均數顯著不同，或至少有一配對群組間的平均數差異值顯著不等於 0。至於是那一組配對群體的平均數顯著不同，進一步的變異數分析程序要進行多重比較 (multiple comparisons) 或事後比較，問卷統計分析中，研究者較常使用的多重比較法為 Tukey 之最實在的顯著差異法 (honestly significant difference; [HSD]) 與薛費法 (Scheffe's method)。

三個水準群組因子變項的事後比較共有六個配對組：

1. 以水準群組 1 為基準：$\mu_1 - \mu_2$、$\mu_1 - \mu_3$。
2. 以水準群組 2 為基準：$\mu_2 - \mu_1$、$\mu_2 - \mu_3$。
3. 以水準群組 3 為基準：$\mu_3 - \mu_1$、$\mu_3 - \mu_2$。

其中 $\mu_1 - \mu_2$ 與 $\mu_2 - \mu_1$ 二個配對群組結果的平均數差異值剛好相反，因為若 $\mu_1 - \mu_2$ 二個群組間的平均差異值為 +5.000，則 $\mu_2 - \mu_1$ 二個群組間的平均差異值為 -5.000，配對組檢定結果之平均差異值若顯著不等於 0，表示的結果均為水準群組 1 樣本觀察值的平均數顯著大於水準群組 2 樣本觀察值。此外，$\mu_1 - \mu_3$ 與 $\mu_3 - \mu_1$ 二個配對群組結果的平均數差異值剛好相反，$\mu_2 - \mu_3$ 與 $\mu_3 - \mu_2$ 二個配對群組結果的平均數差異值正負號剛好相反，但其絕對值相同。因而在事後比較差異檢定中，研究者只檢核配對組間之平均差異值為正的數據即可。

四個水準群組因子變項的事後比較共有十二個配對組：

1. 以水準群組 1 為基準：$\mu_1 - \mu_2$、$\mu_1 - \mu_3$、$\mu_1 - \mu_4$。
2. 以水準群組 2 為基準：$\mu_2 - \mu_1$、$\mu_2 - \mu_3$、$\mu_2 - \mu_4$。
3. 以水準群組 3 為基準：$\mu_3 - \mu_1$、$\mu_3 - \mu_2$、$\mu_3 - \mu_4$。
4. 以水準群組 4 為基準：$\mu_4 - \mu_1$、$\mu_4 - \mu_2$、$\mu_4 - \mu_3$。

其中有六個配對組之平均數差異值的絕對值相等。

1. 第一個配對組：$\mu_1 - \mu_2$ & $\mu_2 - \mu_1$。
2. 第二個配對組：$\mu_1 - \mu_3$ & $\mu_3 - \mu_1$。
3. 第三個配對組：$\mu_1 - \mu_4$ & $\mu_4 - \mu_1$。
4. 第四個配對組：$\mu_2 - \mu_3$ & $\mu_3 - \mu_2$。

5. 第五個配對組：$\mu_2 - \mu_4$ & $\mu_4 - \mu_2$。

6. 第六個配對組：$\mu_3 - \mu_4$ & $\mu_4 - \mu_3$。

　　獨立樣本變異數分析程序的變異量數總共有三個，一為總變異量數、二為群組間 (between groups) 變異量數、三為群組內 (within groups) 變異量數。總變異量數為各觀察值測量值與總平均數 (grand mean) 間差異值平方的總和；群組間變異量數為群組平均數與總平均數差異值平方的總和，此數值愈大，表示個別群組平均數與總平均數的差異愈大，量數值愈小，表示個別群組平均數與總平均數的差異程度愈小，群組間的差異愈不明顯；群組內變異量數為觀察值測量值與觀察值群組平均數差異值平方和的總和，代表的是各群組內的誤差變異情況，群組間的變異數加上群組內變異量數等於總變異量數，以符號表示為：$SS_T = SS_B + SS_W$，或 $SS_T = SS_B + SS_E$。

　　範例單因子獨立樣本變異數分析程序之研究問題與研究假設為：

　　研究問題：不同擔任職務之教師在教師職場靈性的感受是否有所不同？
　　研究假設：不同擔任職務之教師在教師職場靈性的感受有顯著不同。
　　研究問題：不同擔任職務之教師在教師幸福感的感受是否有所不同？
　　研究假設：不同擔任職務之教師在教師幸福感的感受有顯著不同。

　　其中擔任職務為三分類別變項，原擔任職務為四分類別變項，合併後的擔任職務變項之水準數值 1 為科任教師群組、水準數值 2 為兼行政教師群組、水準數值 3 為級任教師群組。

貳、操作程序

　　執行功能表列「分析 (A)」/「比較平均數法 (M)」/「單向 ANOVA (O)…」程序，開啟「單向 ANOVA」(單因子變異數分析) 對話視窗。

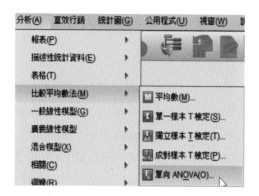

　　IBM SPSS 24 版本之「比較平均數法」主選單之次選單「單向 ANOVA (O)」中文繁體字元改為「單因數變異數分析 (O)」，二個次選單的功能相同，在於執行單因子獨立樣本變異數分析程序，次選單改為之前「單因數 (子) 變異數分析 (O)」更為適切。

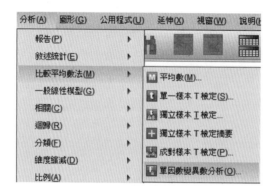

　　「單向 ANOVA」主對話視窗，右邊「因變數清單 (E)：」為單因子變異數分析程序之依變項 (計量變項)、「因素 (F)：」或「因子 (F)：」為單因子變異數分析程序之分組變項 (間斷變項)。「因變數清單 (E)：」下的方框中至少要選取一個依變項 (檢定變數)，如果有多個依變項要同時進行單因子變異數分析考驗，可以一次選取多個依變項至方框中，電腦會分別進行單因子變異數分析的檢定；「因素 (F)：」下的方框中一次只能選取一個分組變項 (自變項)，此自變項必須為間斷變數。

　　範例視窗介面從左邊變數清單中點選目標變數「人我連結」、「工作意義」、「超越信念」與「整體職場靈性」四個變項至右邊「因變數清單 (E)：」下的方框中，點選分組變項 (固定因子)「合併擔任職務」至右邊「因素 (F)：」

下方框中。按「選項 (O)」鈕，開啟「單向 ANOVA：選項」次對話視窗。

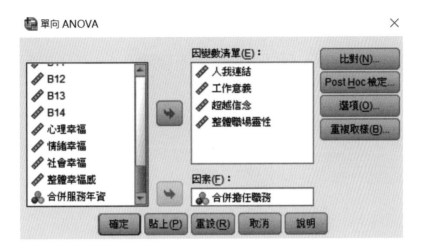

視窗介面為 IBM SPSS 24 統計軟體的圖示，檢定變數的訊息方框為「依變數清單 (E)」，組別變項的訊息方框為「因子 (F)」。

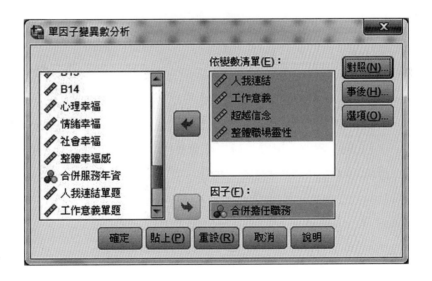

在「單因子變異數分析：選項」(單向 ANOVA：選項) 次對話視窗中，「統計量」方盒包括五個選項：「敘述統計 (D)」(描述性統計量)、「固定和隨機效應 (F)」、「變異數同質性檢定 (H)」、「Brown-Forsythe 法考驗 (B)」、「Welch 法考驗 (W)」，其中 Brown-Forsythe 法考驗、Welch 法考驗乃適用樣本變異數違反同質性假定時之 F 檢定統計量。範例勾選「☑敘述統計 (D)」選

項、「☑變異數同質性檢定 (H)」選項、「☑Brown-Forsythe 法考驗 (B)」選項、「☑Welch 法考驗 (W)」選項，此外也增列勾選「☑平均值圖形 (M)」選項。按「繼續」鈕，回到「單因子變異數分析」(單向 ANOVA) 主對話視窗。

　　上述勾選「☑平均值圖形 (M)」(平均數圖) 選項在於查看因子變項之水準群組在檢定變項的平均數變化情形，圖形不能作為平均數差異值是否達到統計顯著水準的依據，但可以作為群組間平均數高低變化情況的參考。

　　「單向 ANOVA」(單因子變異數分析) 主對話視窗中，按「事後 (H)…」(Post Hoc 檢定) 鈕，開啟「單因子變異數分析：事後多重比較」次對話視窗，於「假設相等的變異」方盒中勾選一種事後比較方法，常用者如「☑Scheffe 法」、「☑Tukey 法」，範例只勾選「☑Scheffe 法」，按「繼續」鈕，回到「單向 ANOVA」(單因子變異數分析) 主對話視窗，按「確定」鈕。

變異數分析程序，如果違反變異數同質性假設，使用者若直接選用了「均等平均數的強韌性檢定」表格之統計量 (Welch、Brown-Forsythe)，則對應的事後比較，就應改用「未假設相等的變異」方盒中的事後比較方法，如「Tamhane's T2 法」、「Dunnett's T3 法」、「Games-Howell 檢定法」等。

參、輸出報表

◆ 一、不同擔任職務在教師職場靈性的差異比較結果如下

敘述統計

		N	平均值	標準差	標準誤	平均值的 95% 信賴區間 下限	平均值的 95% 信賴區間 上限	最小值	最大值
人我連結	1 科任	71	14.72	2.732	.324	14.07	15.36	7	20
	2 兼行政	60	15.58	2.242	.289	15.00	16.16	9	20
	3 級任	69	14.29	3.209	.386	13.52	15.06	5	20
	總計	200	14.83	2.813	.199	14.44	15.22	5	20
工作意義	1 科任	71	15.82	2.515	.298	15.22	16.41	4	20
	2 兼行政	60	16.95	2.062	.266	16.42	17.48	13	20
	3 級任	69	17.03	2.288	.275	16.48	17.58	7	20
	總計	200	16.58	2.365	.167	16.25	16.90	4	20

		N	平均值	標準差	標準誤	平均值的 95% 信賴區間		最小值	最大值
						下限	上限		
超越信念	1 科任	71	15.93	3.369	.400	15.13	16.73	4	20
	2 兼行政	60	17.93	1.990	.257	17.42	18.45	12	20
	3 級任	69	16.77	2.876	.346	16.08	17.46	4	20
	總計	200	16.82	2.941	.208	16.41	17.23	4	20
整體職場靈性	1 科任	71	46.46	6.788	.806	44.86	48.07	16	56
	2 兼行政	60	50.47	4.959	.640	49.19	51.75	34	60
	3 級任	69	48.09	6.602	.795	46.50	49.67	19	60
	總計	200	48.23	6.405	.453	47.33	49.12	16	60

上表為描述性統計資料摘要表，第一直欄為擔任職務因子變項三個水準群組的水準數值編碼與群組名稱，第二直欄 N 為各水準群組的有效樣本數，第三直欄平均數為各水準群組在檢定變項的平均數，第四直欄標準 (偏) 差為各水準群組在檢定變項的標準差、第五直欄標準 (錯) 誤為各水準群組在檢定變項的標準誤、第六直欄平均值的 95% 信賴區間為各水準群組在檢定變項之平均數的 95% 信賴區間值、第七直欄最小值為各水準群組在檢定變項測量值的最小值 (最低分者)、第八直欄最大值為各水準群組在檢定變項測量值的最大值 (最高分者)。

以人我連結檢定變項而言，擔任職務因子變項三個水準群組的水準數值編碼與群組標記分別為 1 科任、2 兼行政、3 級任；三個水準群組在人我連結向度的平均數分別為 14.72、15.58、14.29；三個水準群組在人我連結向度的標準差分別為 2.732、2.242、3.209；三個水準群組在人我連結向度測量值分數的標準誤分別為 0.324、0.289、0.386；三個水準群組在人我連結向度測量值分數平均值的 95% 信賴區間分別為 [14.07, 15.36]、[15.00, 16.16]、[13.52, 15.06]；三個水準群組在人我連結向度測量值分數的最小值分別為 7、9、5；最大值分別為 20、20、20。200 位有效樣本在人我連結檢定變項的平均數為 14.83、標準差為 2.813、標準誤為 0.199，平均數的 95% 信賴區間為 [14.44, 15.22]，向度分數的最低分為 5 分、最高分為 20 分。

變異數同質性檢定

	Levene 統計量	自由度 1	自由度 2	顯著性
人我連結	3.727	2	197	.026
工作意義	.069	2	197	.933
超越信念	3.979	2	197	.020
整體職場靈性	1.536	2	197	.218

變異數同質性檢定主要在檢定因子變項三個水準群組在依變項的變異數是否相同，檢定的虛無假設為：

$$\sigma^2_{級任} = \sigma^2_{兼行政} = \sigma^2_{科任}$$

對立假設為：

$\sigma^2_i \neq \sigma^2_j$，結果出現在部分的 i 與 j

有學者認為單因子變異數分析之水準群組變異數同質性檢定的顯著水準 α 可以界定為嚴格一些，如 α 從一般的 .05 改為 .01 或 .001。

就人我連結檢定變項而言，Levene 統計量 = 3.727、顯著性 p = .026 < .05，達到統計顯著水準，拒絕虛無假設，三個水準群組的變異數不同質，變異數分析之 F 值統計量的分母自由度要加以調整，此時的整體考驗及顯著性要查看平均值等式穩健檢定表格內數據。

就工作意義檢定變項而言，Levene 統計量 = .069、顯著性 p = .933 > .05，未達統計顯著水準，接受虛無假設，三個水準群組的變異數同質，變異數分析之 F 值統計量的分母自由度不用進行調整。

就超越信念檢定變項而言，Levene 統計量 = 3.979、顯著性 p = .020 < .05，達到統計顯著水準，拒絕虛無假設，三個水準群組的變異數不同質，變異數分析之 F 值統計量的分母自由度要加以調整，此時的整體考驗及顯著性要查看「平均值等式穩健檢定」(均等平均數的 Robust 檢定) 表格內數據。

就整體職場靈性檢定變項而言，Levene 統計量 = 1.536、顯著性 p = .218 > .05，未達統計顯著水準，接受虛無假設，三個水準群組的變異數同質，變異數分析之 F 值統計量的分母自由度不用進行調整。

變異數分析

		平方和	自由度	均方	F	顯著性
人我連結	群組之間	55.068	2	27.534	3.571	.030
	群組內	1519.152	197	7.711		
	總計	1574.220	199			
工作意義	群組之間	63.463	2	31.732	5.957	.003
	群組內	1049.412	197	5.327		
	總計	1112.875	199			
超越信念	群組之間	130.849	2	65.424	8.103	.000
	群組內	1590.671	197	8.074		
	總計	1721.520	199			
整體職場靈性	群組之間	522.801	2	261.401	6.740	.001
	群組內	7640.074	197	38.782		
	總計	8162.875	199			

　　原始變異數分析摘要表之 F 值統計量的判讀前提是因子變項的水準群組在依變項的測量值之變異數相等，若是符合變異數同質性假定，則平均數差異之整體考驗直接查看變異數分析摘要表中 F 值統計量與顯著性。如果不符合變異數相等性假定，則應改查看下面平均值等式穩健檢定表的統計量與顯著性。因為分母自由度若經過調整，則 F 值統計量與 Brown-Forsythe (B)、Welch 統計量會有些許差異，此外，顯著性 p 統計量也不會完全相同。但就獨立樣本單因子變異數分析法而言，其本身就具有很高的強韌性，即使水準群組不符合變異數同質性假定，直接使用原始變異數分析摘要表的統計結果也不會有很大偏誤，這表示二種表格呈現的統計量雖有稍許差異存在，但顯著性 p 統計量的差異不會太大，因而變異數分析結果得出整體檢定結論是相同的。因為變異數分析方法本身有很高的強韌性，因而在許多論文期刊中，研究者在進行變異數分析程序時，並沒有就資料結構是否符合變異數同質性進行檢定。

　　變異數分析摘要表為單因子獨立樣本變異數分析之整體檢定，變異數分析摘要表共有七個直欄，第一欄為檢定變項名稱；第二欄行為變異來源，包括組間/群組之間 (Between Groups)、組內/在群組內 (Within Groups) 及全體/總計 (Total) 三部分；第三欄為離均差平方和 (Sum of Squares；簡稱 SS)，全體的 SS 等於組

間 SS 加組內 SS，即 $SS_t = SS_b + SS_w$；第四欄為自由度，組間 df = k − 1 = 3 − 1 = 2 (k 為水準群組數 3)、組內 df = N − k = 200 − 3 = 197 (N 為有效樣本數 200)、全體 df = N − 1 = 200 − 1 = 199；第五欄為平均平方和/平均數平方 (Mean Square；簡稱 MS)，MS 等於 SS 除以 df，是組間及組內變異數的不偏估計值；第六欄為 F 考驗之 F 值統計量，由組間 MS 除以組內 MS 而得，第七欄為顯著性考驗之機率值 p。

在變異數分析摘要表中，相關數值關係如下 (以人我連結依變項為例)：

$SS_t = 1574.220 = SS_b + SS_w = 55.068 + 1519.152$

$df_t = df_b + df_w = 2 + 197 = 199$

$MS_b = 27.534 = SS_b \div df_b = 55.068 \div 2$

$MS_w = 7.711 = SS_w \div df_w = 1519.152 \div 197$

F 值 = ÷ = 27.534 ÷ 7.711 = 3.571

從統計分析之變異數分析摘要表可以得知：

1. 就「人我連結」向度而言，整體檢定之 F 值統計量 = 3.571，顯著性 p = .030 < .05，達到統計顯著水準，拒絕虛無假設 H_0: $\mu_{科任群組} = \mu_{兼行政群組} = \mu_{級任群組}$，對立假設得到支持，擔任職務因子變項在「人我連結」檢定變項上，至少有一組配對群組 (二個水準群組為一個配對組) 的平均數差異值顯著不等於 0，或至少有一個水準群組的平均數與其他水準群組的平均數顯著不相等。至於是那幾個水準群組間之配對組在檢定變項平均數的差異值顯著不等於 0，進一步需從事後比較摘要表中方能得知。

2. 就「工作意義」向度而言，整體檢定之 F 值統計量 = 5.957，顯著性 p = .003 < .05，達到統計顯著水準，拒絕虛無假設 H_0: $\mu_{科任群組} = \mu_{兼行政群組} = \mu_{級任群組}$，對立假設得到支持，擔任職務因子變項在「工作意義」檢定變項上，至少有一組配對群組 (二個水準群組為一個配對組) 的平均數差異值顯著不等於 0，或至少有一個水準群組的平均數與其他水準群組的平均數顯著不相等。至於是那幾個水準群組間之配對組在檢定變項平均數的差異值顯著不等於 0，進一步需從事後比較摘要表中方能得知。

3. 就「超越信念」向度而言，整體檢定之 F 值統計量 = 8.103，顯著性 p < .001，達到統計顯著水準，拒絕虛無假設 H_0: $\mu_{科任群組} = \mu_{兼行政群組} = \mu_{級任群組}$，

對立假設得到支持，擔任職務因子變項在「超越信念」檢定變項上，至少有一組配對群組 (二個水準群組為一個配對組) 的平均數差異值顯著不等於 0，或至少有一個水準群組的平均數與其他水準群組的平均數顯著不相等。至於是那幾個水準群組間之配對組在檢定變項平均數的差異值顯著不等於 0，進一步需從事後比較摘要表中方能得知。

4. 就「整體職場靈性」向度而言，整體檢定之 F 值統計量 = 6.740，顯著性 p = .001 < .05，達到統計顯著水準，拒絕虛無假設 H_0: $\mu_{科任群組}$ = $\mu_{兼行政群組}$ = $\mu_{級任群組}$，對立假設得到支持，擔任職務因子變項在「整體職場靈性」檢定變項上，至少有一組配對群組 (二個水準群組為一個配對組) 的平均數差異值顯著不等於 0，或至少有一個水準群組的平均數與其他水準群組的平均數顯著不相等。至於是那一個水準群組的平均數與其他水準群組的平均數顯著不相等，進一步需從事後比較摘要表中方能得知。

平均值等式穩健檢定

		統計量[a]	自由度 1	自由度 2	顯著性
人我連結	Welch	4.073	2	130.574	.019
	Brown-Forsythe (B)	3.653	2	187.888	.028
工作意義	Welch	5.450	2	131.101	.005
	Brown-Forsythe (B)	6.054	2	196.027	.003
超越信念	Welch	9.844	2	129.420	.000
	Brown-Forsythe (B)	8.436	2	181.226	.000
整體職場靈性	Welch	7.913	2	131.106	.001
	Brown-Forsythe (B)	6.926	2	192.317	.001

a. 漸近分佈 F 值。

表格中的「自由度 2」欄 (F 分配的分母自由度) 為自由度經過調整後的量數，每個檢定依變項的整體考驗有二種調整後的統計量：

就人我連結向度依變項而言，Welch 統計量 = 4.073 (p = .019 < .05)、Brown-Forsythe (B) 統計量 = 3.653 (p =. 028 <. 05)，平均差異之整體檢定均達到統計顯著水準 (自由度未調整的原始 F 值統計量 = 3.571，p = .003 < .05)。

就工作意義向度依變項而言，Welch 統計量 = 5.450 (p = .005 < .05)、Brown-Forsythe (B) 統計量 = 6.054 (p = .003 < .05)，平均差異之整體檢定均達到統計顯

著水準。

　　就超越信念向度依變項而言，Welch 統計量 = 9.844 (p < .001)、Brown-Forsythe (B) 統計量 = 8.436 (p = .000 < .05)，平均差異之整體檢定均達到統計顯著水準 (自由度未調整的原始 F 值統計量 = 8.103，p < .001)。

　　就整體職場靈性依變項而言，Welch 統計量 = 7.913 (p =.001 < .05)、Brown-Forsythe (B) 統計量 = 6.926 (p = .001 < .05)，平均差異之整體檢定均達到統計顯著水準。

事後檢定

多重比較

Scheffe 法

依變數	(I) 合併擔任職務	(J) 合併擔任職務	平均值差異 (I-J)	標準誤	顯著性	95% 信賴區間 下限	95% 信賴區間 上限
人我連結	1 科任	2 兼行政	-.865	.487	.209	-2.07	.34
		3 級任	.428	.469	.660	-.73	1.59
	2 兼行政	1 科任	.865	.487	.209	-.34	2.07
		3 級任	1.293*	.490	.033	.08	2.50
	3 級任	1 科任	-.428	.469	.660	-1.59	.73
		2 兼行政	-1.293*	.490	.033	-2.50	-.08
工作意義	1 科任	2 兼行政	-1.133*	.405	.021	-2.13	-.13
		3 級任	-1.212*	.390	.009	-2.17	-.25
	2 兼行政	1 科任	1.133*	.405	.021	.13	2.13
		3 級任	-.079	.407	.981	-1.08	.93
	3 級任	1 科任	1.212*	.390	.009	.25	2.17
		2 兼行政	.079	.407	.981	-.93	1.08
超越信念	1 科任	2 兼行政	-2.004*	.498	.000	-3.23	-.77
		3 級任	-.839	.480	.220	-2.02	.35
	2 兼行政	1 科任	2.004*	.498	.000	.77	3.23
		3 級任	1.165	.502	.070	-.07	2.40
	3 級任	1 科任	.839	.480	.220	-.35	2.02
		2 兼行政	-1.165	.502	.070	-2.40	.07

依變數	(I) 合併擔任職務	(J) 合併擔任職務	平均值差異 (I-J)	標準誤	顯著性	95% 信賴區間	
						下限	上限
整體職場靈性	1 科任	2 兼行政	-4.002*	1.092	.002	-6.70	-1.31
		3 級任	-1.622	1.053	.307	-4.22	.97
	2 兼行政	1 科任	4.002*	1.092	.002	1.31	6.70
		3 級任	2.380	1.099	.099	-.33	5.09
	3 級任	1 科任	1.622	1.053	.307	-.97	4.22
		2 兼行政	-2.380	1.099	.099	-5.09	.33

*. 平均值差異在 0.05 層級顯著。

　　多重比較為單因子變異數分析之事後比較，當單因子變異數分析整體考驗之 F 值統計量達到統計顯著水準 (p < .05)，才需要進一步查看事後比較，以判別是那幾對水準群組間的平均差異值顯著不等於 0。由於擔任職務有三個水準群組：1 科任、2 兼行政、3 級任，因而全部會有六個配對組的平均值差異 (以人我連結檢定變項的數據為例)：

　　「1 科任」–「2 兼行政」= -.865 (p = .209 > .05)

　　「1 科任」–「3 級任」= .428 (p = .660 > .05)

　　「2 兼行政」–「1 科任」= .865 (p = .209 > .05)

　　「2 兼行政」–「3 級任」= 1.293 (p = .033 < .05)，平均值差異欄標記為 1.293*

　　「3 級任」–「1 科任」= -.428 (p = .660 > .05)

　　「3 級任」–「2 兼行政」= -1.293 (p = .033 < .05)，平均值差異欄標記為 -1.293*

　　配對組平均數差異檢定中，若水準群組 1-水準群組 2 的平均值差異為正，則水準群組 2-水準群組 1 的平均值差異為負；如果水準群組 1-水準群組 2 的平均值差異為負，則水準群組 2-水準群組 1 的平均值差異為正，二個配對組的標準誤差值相同、顯著性也相同，因而研究者在查看時只要檢核平均值差異為正值的配對組即可。此外，由於 SPSS 統計軟體在事後比較摘要表中，若是二個水準群組的平均值差異達到統計顯著水準 (p < .05，平均值差異顯著不等於 0)，會自動於平均值差異後面標註一個星號 (*)，如「1.293*」、「-1.293*」，使用者不

用再去查看多重比較之「顯著性」欄的 p 值。

1. 範例在人我連結向度之事後比較中,「兼行政教師群組」的平均數顯著高於「級任教師群組」的平均數,以符號表示為:「兼行政」>「級任」。

2. 就「工作意義」向度而言,事後比較摘要表中平均差異欄數值為正且標記星號者為:「2 兼行政群組」>「1 科任群組」(標記符號為 1.133*) 與「3 級任群組」>「1 科任群組」(標記符號為 1.212*),前者差異值的意涵表示「兼行政」教師群組在工作意義的平均數顯著高於「科任」教師群組的平均數有 1.133,此平均差異值不是機遇造成的;後者差異值的意涵表示「級任」教師群組在工作意義的平均數顯著高於「科任」教師群組的平均數有 1.212,此平均差異值不是機遇造成的。

3. 就「超越信念」向度而言,事後比較摘要表中平均差異欄數值為正且標記星號者為:「2 兼行政群組」>「1 科任群組」(標記符號為 2.004*),表示兼行政教師群組在職場靈性之超越信念向度的感受顯著高於科任教師群組。

4. 就「整體職場靈性」而言,事後比較摘要表中平均差異欄數值為正且標記星號者為:「2 兼行政群組」>「1 科任群組」(標記符號為 4.002*),表示兼行政教師群組在整體職場靈性之感受顯著高於科任教師群組,二者的平均數差異值為 4.002。

同質子集

人我連結

Scheffe 法[a,b]

合併擔任職務	N	$\alpha = 0.05$ 的子集	
		1	2
級任	69	14.29	
科任	71	14.72	14.72
兼行政	60		15.58
顯著性		.674	.203

會顯示同質子集中群組的平均值。

a. 使用調和平均值樣本大小 = 66.307。

b. 群組大小不相等。將使用群組大小的調和平均值。不保證類型 I 錯誤層級。

同質子集也是一種事後比較方法,同一子集中的水準群組平均數沒有顯著差

異存在，就人我連結向度變項而言，級任與科任群體在子集 1，表示這二個群體的平均數沒有顯著差異；科任與兼行政群體子集 2，顯示這二個群體的平均數沒有顯著差異，級任群體在子集 1、兼行政群體在子集 2，二個群體沒有在同一子集中，表示兼行政群體的平均數顯著高於級任群體的平均數。

平均數圖如下：

平均值圖形

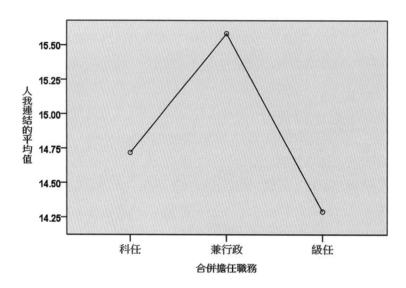

工作意義

Scheffe 法[a,b]

合併擔任職務	N	$\alpha = 0.05$ 的子集	
		1	2
科任	71	15.82	
兼行政	60		16.95
級任	69		17.03
顯著性		1.000	.981

會顯示同質子集中群組的平均值。

a. 使用調和平均值樣本大小 = 66.307。

b. 群組大小不相等。將使用群組大小的調和平均值。不保證類型 I 錯誤層級。

就工作意義檢定向度依變項而言，兼行政群體與級任群體均聚於子集 2，表

示這二個水準群體的平均數沒有顯著不同；科任群體位於子集 1，顯示兼行政群體與級任群體的平均數均顯著高於科任群體。三個水準群組的平均數圖如下：

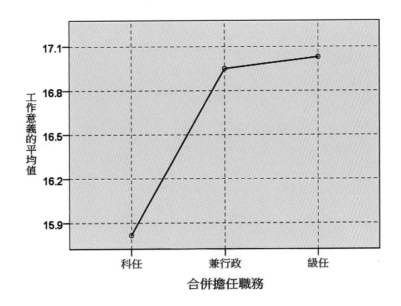

超越信念

Scheffe 法[a,b]

合併擔任職務	N	$\alpha = 0.05$ 的子集	
		1	2
科任	71	15.93	
級任	69	16.77	16.77
兼行政	60		17.93
顯著性		.239	.064

會顯示同質子集中群組的平均值。
a. 使用調和平均值樣本大小 = 66.307。
b. 群組大小不相等。將使用群組大小的調和平均值。不保證類型 I 錯誤層級。

就超越信念向度變項而言，科任與級任群體在子集 1，表示這二個群體的平均數沒有顯著差異；級任與兼行政群體子集 2，顯示這二個群體的平均數沒有顯著差異；科任群體在子集 1、兼行政群體在子集 2，二個群體沒有在同一子集中，表示兼行政群體的平均數顯著高於科任群體的平均數。三個水準群組的平均數圖如下：

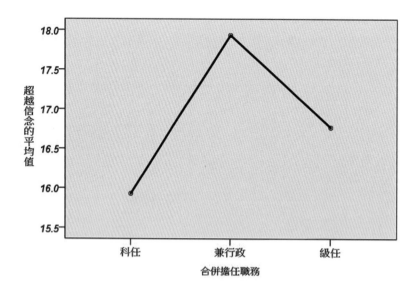

整體職場靈性

Scheffe 法[a,b]

合併擔任職務	N	$\alpha = 0.05$ 的子集	
		1	2
科任	71	46.46	
級任	69	48.09	48.09
兼行政	60		50.47
顯著性		.327	.092

會顯示同質子集中群組的平均值。

a. 使用調和平均值樣本大小 = 66.307。

b. 群組大小不相等。將使用群組大小的調和平均值。不保證類型 I 錯誤層級。

*. 平均值差異在 0.05 層級顯著。

　　就整體職場靈性變項而言，科任與級任群體在子集 1，表示這二個群體的平均數沒有顯著差異；級任與兼行政群體子集 2，顯示這二個群體的平均數沒有顯著差異；科任群體在子集 1、兼行政群體在子集 2，二個群體沒有在同一子集中，表示兼行政群體的平均數顯著高於科任群體的平均數。三個水準群組的平均數圖如下：

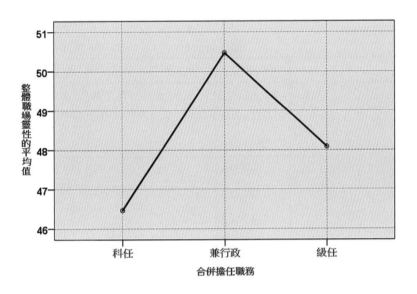

　　直接使用未合併前的擔任職務 (四分類別變項) 作為因子變項,以教師職場靈性三個向度及整體職場靈性變項為依變項。「單因子變異數分析」主對話視窗中,從左邊變數清單中點選目標變數「人我連結」、「工作意義」、「超越信念」與「整體職場靈性」四個變項至右邊「依變數清單 (E):」下的方框中,點選分組變項 (固定因子)「擔任職務」至右邊「因子 (F):」下方框中。視窗中的「對照 (N)」鈕為之前版本的「比對 (C)」鈕,「事後 (H)」鈕為之前版本的「Post Hoc 檢定 (H)」鈕,「事後 (H)」鈕的功能為進行變異數分析的多重比較或事後比較。

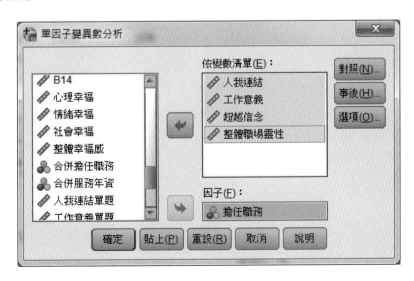

變異數分析結果輸出報表如下：

變異數分析

		平方和	自由度	均方	F	顯著性
人我連結	群組之間	56.213	3	18.738	2.419	.067
	群組內	1518.007	196	7.745		
	總計	1574.220	199			
工作意義	群組之間	63.586	3	21.195	3.959	.009
	群組內	1049.289	196	5.354		
	總計	1112.875	199			
超越信念	群組之間	133.986	3	44.662	5.514	.001
	群組內	1587.534	196	8.100		
	總計	1721.520	199			
整體職場靈性	群組之間	529.007	3	176.336	4.527	.004
	群組內	7633.868	196	38.948		
	總計	8162.875	199			

1. 就「人我連結」向度依變項而言，整體檢定之 F 值統計量 = 2.419，顯著性 p = .067 > .05，未達統計顯著水準，四個水準群組的平均數沒有顯著不同。

2. 就「工作意義」向度依變項而言，整體檢定之 F 值統計量 = 3.959，顯著性 p = .009 < .05，達到統計顯著水準，拒絕虛無假設 $H_0: \mu_{科任} = \mu_{組長} = \mu_{級任} = \mu_{主任}$，四個水準群組的平均數有顯著差異。

3. 就「超越信念」向度依變項而言，整體檢定之 F 值統計量 = 5.514，顯著性 p = .001 < .05，達到統計顯著水準，拒絕虛無假設 $H_0: \mu_{科任} = \mu_{組長} = \mu_{級任} = \mu_{主任}$，四個水準群組的平均數有顯著差異。

4. 就「整體職場靈性」依變項而言，整體檢定之 F 值統計量 = 4.527，顯著性 p = .004 < .05，達到統計顯著水準，拒絕虛無假設 $H_0: \mu_{科任} = \mu_{組長} = \mu_{級任} = \mu_{主任}$，四個水準群組的平均數有顯著差異。

事後檢定

多重比較

Scheffe 法

依變數	(I) 擔任職務	(J) 擔任職務	平均值差異 (I-J)	標準誤	顯著性	95% 信賴區間	
						下限	上限
人我連結	1 科任	2 組長	-.782	.534	.544	-2.29	.72
		3 級任	.428	.470	.842	-.90	1.76
		4 主任	-1.094	.770	.570	-3.27	1.08
	2 組長	1 科任	.782	.534	.544	-.72	2.29
		3 級任	1.210	.537	.170	-.30	2.72
		4 主任	-.313	.812	.985	-2.60	1.98
	3 級任	1 科任	-.428	.470	.842	-1.76	.90
		2 組長	-1.210	.537	.170	-2.72	.30
		4 主任	-1.523	.772	.277	-3.70	.65
	4 主任	1 科任	1.094	.770	.570	-1.08	3.27
		2 組長	.313	.812	.985	-1.98	2.60
		3 級任	1.523	.772	.277	-.65	3.70
工作意義	1 科任	2 組長	-1.160	.444	.081	-2.41	.09
		3 級任	-1.212*	.391	.024	-2.32	-.11
		4 主任	-1.058	.640	.437	-2.86	.75
	2 組長	1 科任	1.160	.444	.081	-.09	2.41
		3 級任	-.052	.446	1.000	-1.31	1.21
		4 主任	.102	.675	.999	-1.80	2.01
	3 級任	1 科任	1.212*	.391	.024	.11	2.32
		2 組長	.052	.446	1.000	-1.21	1.31
		4 主任	.154	.642	.996	-1.66	1.96
	4 主任	1 科任	1.058	.640	.437	-.75	2.86
		2 組長	-.102	.675	.999	-2.01	1.80
		3 級任	-.154	.642	.996	-1.96	1.66
超越信念	1 科任	2 組長	-1.866*	.546	.010	-3.41	-.33
		3 級任	-.839	.481	.388	-2.20	.52
		4 主任	-2.383*	.788	.030	-4.60	-.16

依變數	(I) 擔任職務	(J) 擔任職務	平均值差異 (I-J)	標準誤	顯著性	95% 信賴區間	
						下限	上限
	2 組長	1 科任	1.866*	.546	.010	.33	3.41
		3 級任	1.027	.549	.324	-.52	2.58
		4 主任	-.517	.831	.943	-2.86	1.83
	3 級任	1 科任	.839	.481	.388	-.52	2.20
		2 組長	-1.027	.549	.324	-2.58	.52
		4 主任	-1.544	.790	.284	-3.77	.68
	4 主任	1 科任	2.383*	.788	.030	.16	4.60
		2 組長	.517	.831	.943	-1.83	2.86
		3 級任	1.544	.790	.284	-.68	3.77
整體職 場靈性	1 科任	2 組長	-3.808*	1.197	.020	-7.18	-.43
		3 級任	-1.622	1.055	.502	-4.60	1.35
		4 主任	-4.535	1.727	.079	-9.41	.34
	2 組長	1 科任	3.808*	1.197	.020	.43	7.18
		3 級任	2.186	1.204	.351	-1.21	5.58
		4 主任	-.727	1.822	.984	-5.87	4.41
	3 級任	1 科任	1.622	1.055	.502	-1.35	4.60
		2 組長	-2.186	1.204	.351	-5.58	1.21
		4 主任	-2.913	1.732	.421	-7.80	1.97
	4 主任	1 科任	4.535	1.727	.079	-.34	9.41
		2 組長	.727	1.822	.984	-4.41	5.87
		3 級任	2.913	1.732	.421	-1.97	7.80

*. 平均值差異在 0.05 層級顯著。

從多重比較發現：

1. 就「工作意義」向度依變項而言，級任教師群組>科任教師群組，平均數差異值為 1.212。

2. 就「超越信念」向度依變項而言，組長群組>科任群體，平均數差異值為 1.866；主任群組>科任群體，平均數差異值為 2.383。

3. 就「整體職場靈性」向度依變項而言，組長群組>科任群體，平均數差異值為 3.808。

同質子集

人我連結

Scheffe 法[a,b]

擔任職務	N	$\alpha = 0.05$ 的子集
		1
級任	69	14.29
科任	71	14.72
組長	44	15.50
主任	16	15.81
顯著性		.157

會顯示同質子集中群組的平均值。

a. 使用調和平均值樣本大小 = 35.148。

b. 群組大小不相等。將使用群組大小的調和平均值。不保證類型 I 錯誤層級。

　　同質子集有時作為成對多重比較的方法，位於同一子集中的群組平均數沒有顯著不同，就人我連結向度依變項而言，四個群體的平均數均聚在子集 1，表示四個群組的平均數兩兩間沒有顯著差異存在。

工作意義

Scheffe 法[a,b]

擔任職務	N	$\alpha = 0.05$ 的子集
		1
科任	71	15.82
主任	16	16.88
組長	44	16.98
級任	69	17.03
顯著性		.189

會顯示同質子集中群組的平均值。

a. 使用調和平均值樣本大小 = 35.148。

b. 群組大小不相等。將使用群組大小的調和平均值。不保證類型 I 錯誤層級。

　　就工作意義向度依變項而言，四個群體的平均數均聚在子集 1，表示四個群組的平均數兩兩間沒有顯著差異存在。

超越信念

Scheffe 法[a,b]

擔任職務	N	$\alpha = 0.05$ 的子集	
		1	2
科任	71	15.93	
級任	69	16.77	16.77
組長	44	17.80	17.80
主任	16		18.31
顯著性		.059	.163

會顯示同質子集中群組的平均值。

a. 使用調和平均值樣本大小 = 35.148。

b. 群組大小不相等。將使用群組大小的調和平均值。不保證類型 I 錯誤層級。

就超越信念向度依變項而言，科任、級任、組長三個群體的平均數均聚在子集 1，表示這三個群組的平均數兩兩間沒有顯著差異存在；級任、組長、主任三個群體的平均數均聚在子集 2，表示這三個群組的平均數兩兩間沒有顯著差異存在，至於科任與主任二個群體則在不同子集中，表示科任與主任二個群體的平均數間有顯著差異存在，主任群組>科任群體。

整體職場靈性

Scheffe 法[a,b]

擔任職務	N	$\alpha = 0.05$ 的子集	
		1	2
科任	71	46.46	
級任	69	48.09	48.09
組長	44	50.27	50.27
主任	16		51.00
顯著性		.092	.284

會顯示同質子集中群組的平均值。

a. 使用調和平均值樣本大小 = 35.148。

b. 群組大小不相等。將使用群組大小的調和平均值。不保證類型 I 錯誤層級。

就整體職場靈性依變項而言，科任、級任、組長三個群體的平均數均聚在子集 1，表示這三個群組的平均數兩兩間沒有顯著差異存在。級任、組長、主任三個群體的平均數均聚在子集 2，表示這三個群組的平均數兩兩間沒有顯著差異存在。至於科任與主任二個群體則在不同子集中，表示科任與主任二個群體的平均數間有顯著差異存在，主任群組>科任群體。

上述採用同質子集數據進行配對水準群組平均數的差異比較結果與使用 Scheffe 法多重比較結果有些許差異，乃是二種方法使用的運算式不同，使用者在判讀變異數分析之事後比較時還是以 Scheffe 法或 HSD 法輸出的數據結果為準。擔任職務因子變項與合併擔任職務因子變項由於水準群組個數不同、水準群組個數包含的樣本觀察值也不一樣，因而二個因子變項在教師職場靈性變項的差異比較結果也有所不同。

◆ 二、不同擔任職務在幸福感的差異比較

執行功能表列「分析 (A)」/「比較平均數法 (M)」/「單向 ANOVA (O)…」(單因子變異數分析) 程序，開啟「單向 ANOVA」(單因子變異數分析) 對話視窗。將「因變數清單 (E)：」下方框之「人我連結」、「工作意義」、「超越信念」與「整體職場靈性」四個變項還原至左方變數清單中，再從變數清單中重新選取「心理幸福」、「情緒幸福」、「社會幸福」與「整體幸福感」四個變項至右邊「因變數清單 (E)：」(依變數清單) 下的方框中，按「確定」鈕。由於因子變項相同，因而不用重新復原再選取，而次視窗的選項由於未重設或取消勾選，也不用開啟重新勾選。

使用者也可以在主對話視窗中，按「重設 (R)」將之前選取的變項與子視窗中選取或勾選的選項還原，重新選取檢定變項與因子變項，按「選項 (O)」鈕與「事後 (H)」「Post Hoc 檢定 (H)」鈕重新勾選描述性統計量與事後多重比較選項。

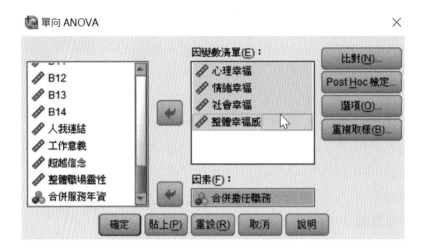

輸出結果

敘述統計

		N	平均值	標準差	標準誤	平均值的 95% 信賴區間 下限	上限	最小值	最大值
心理幸福	科任	71	19.42	3.632	.431	18.56	20.28	10	25
	兼行政	60	20.60	2.865	.370	19.86	21.34	15	25
	級任	69	20.58	2.967	.357	19.87	21.29	11	25
	總計	200	20.18	3.224	.228	19.73	20.62	10	25
情緒幸福	科任	71	20.24	3.826	.454	19.33	21.15	7	25
	兼行政	60	21.70	2.670	.345	21.01	22.39	15	25
	級任	69	21.03	2.833	.341	20.35	21.71	13	25
	總計	200	20.95	3.219	.228	20.50	21.40	7	25
社會幸福	科任	71	16.11	3.387	.402	15.31	16.91	4	20
	兼行政	60	17.32	2.460	.318	16.68	17.95	8	20
	級任	69	16.51	3.123	.376	15.76	17.26	4	20
	總計	200	16.61	3.067	.217	16.18	17.04	4	20
整體 幸福感	科任	71	55.77	10.052	1.193	53.40	58.15	24	70
	兼行政	60	59.62	6.842	.883	57.85	61.38	42	70
	級任	69	58.12	7.720	.929	56.26	59.97	30	70
	總計	200	57.74	8.502	.601	56.55	58.92	24	70

　　描述性統計資料表為擔任職務三個水準群組在心理幸福、情緒幸福、社會幸福三個向度與整體幸福感檢定變項之描述性統計量摘要表，包括檢定變項名稱、因子變項水準數值編碼及群組標記、各水準群組有效觀察值個數 N、平均值、標準差、標準誤、平均值的 95% 信賴區間的上下限、水準群組在檢定變項測量值中的最小值、最大值。

變異數同質性檢定

	Levene 統計量	自由度 1	自由度 2	顯著性
心理幸福	2.013	2	197	.136
情緒幸福	2.833	2	197	.061
社會幸福	2.918	2	197	.056
整體幸福感	4.061	2	197	.019

　　若將顯著水準 α 界定為 .01，因子變項合併擔任職務在心理幸福、情緒幸福、社會幸福、整體幸福感四個依變項的 Levene 統計量分別為 2.013、2.833、2.918、4.061，均未達統計顯著水準，表示因子變項在四個依變項均符合變異數同質性或變異數相等性的假定。如將顯著水準 α 界定為 .05，因子變項在整體幸福感檢定變項違反了變異數相等性假定。在變異數相等性檢定中，將顯著性 α 界定較為嚴格一些，是合理且適切的。

變異數分析

		平方和	自由度	均方	F	顯著性
心理幸福	群組之間	62.339	2	31.170	3.060	.049
	群組內	2006.536	197	10.185		
	總計	2068.875	199			
情緒幸福	群組之間	70.028	2	35.014	3.464	.033
	群組內	1991.472	197	10.109		
	總計	2061.500	199			
社會幸福	群組之間	48.252	2	24.126	2.607	.076
	群組內	1823.328	197	9.255		
	總計	1871.580	199			
整體幸福感	群組之間	495.305	2	247.652	3.513	.032
	群組內	13887.650	197	70.496		
	總計	14382.955	199			

1. 就「心理幸福」向度而言，整體檢定之 F 值統計量 = 3.060，顯著性 p = .049 < .05，達到統計顯著水準，拒絕虛無假設 $H_0: \mu_{科任群組} = \mu_{兼行政群組} = \mu_{級任群組}$，對立假設得到支持。擔任職務因子變項在「心理幸福」檢定變項上，至少有一組配對群組 (二個水準群組為一個配對組) 的平均數差異值顯著不等於 0，或至少有一個水準群組的平均數與其他水準群組的平均數顯著不相等。至於是那幾個水準群組間之配對組在檢定變項平均數的差異值顯著不等於 0，進一步需從事後比較摘要表中方能得知。

2. 就「情緒幸福」向度而言，整體檢定之 F 值統計量 = 3.464，顯著性 p = .033 < .05，達到統計顯著水準，拒絕虛無假設 $H_0: \mu_{科任群組} = \mu_{兼行政群組} = \mu_{級任群組}$，對立假設得到支持。擔任職務因子變項在「情緒幸福」檢定變項上，至少有一組配對群組 (二個水準群組為一個配對組) 的平均數差異值顯著不等於 0，至於是那幾個配對水準群組在檢定變項平均數的差異值顯著不等於 0，進一步需從事後比較摘要表中方能得知。

3. 就「社會幸福」向度而言，整體檢定之 F 值統計量 = 2.607，顯著性 p = .076 > .05，未達統計顯著水準，接受虛無假設 $H_0: \mu_{科任群組} = \mu_{兼行政群組} = \mu_{級任群組}$，對立假設無法得到支持。擔任職務因子變項三個水準群組 (科任群組、兼行政群組、級任群組) 在「社會幸福」向度的感受上沒有顯著不同，即三個水準群組在「社會幸福」向度的平均數是相同的。描述性統計量中三個水準群組的平均數分別 16.11、17.32、16.51，樣本觀察值平均數差異值雖不等於 0，但若進行普測三個群體所對應母群體的平均數是相同的，樣本觀察值配對水準群組的平均數差異值不等於 0，為抽樣誤差或機遇造成的。

4. 就「整體幸福感」向度而言，整體檢定之 F 值統計量 = 3.513，顯著性 p = .032 < .05，達到統計顯著水準，拒絕虛無假設 $H_0: \mu_{科任群組} = \mu_{兼行政群組} = \mu_{級任群組}$，對立假設得到支持。擔任職務因子變項在「整體幸福感」檢定變項上，至少有一組配對群組 (二個水準群組為一個配對組) 的平均數差異值顯著不等於 0，至於是那幾個配對水準群組在檢定變項平均數的差異值顯著不等於 0，進一步需從事後比較摘要表中方能得知。

平均值等式穩健檢定

		統計量[a]	自由度 1	自由度 2	顯著性
心理幸福	Welch	2.691	2	130.554	.072
	Brown-Forsythe (B)	3.113	2	192.460	.047
情緒幸福	Welch	3.314	2	130.230	.039
	Brown-Forsythe (B)	3.556	2	184.419	.031
社會幸福	Welch	3.042	2	131.207	.051
	Brown-Forsythe (B)	2.677	2	192.622	.071
整體幸福感	Welch	3.340	2	130.605	.038
	Brown-Forsythe (B)	3.616	2	185.253	.029

a. 漸近分佈 F 值。

　　平均值等式穩健檢定數據為均等平均數的強韌性檢定表，表示提供二種調整自由度的統計量。

　　整體幸福感檢定變項而言，Welch 統計量 = 3.340 (p = .038 < .05、自由度 1 = 2、自由度 2 = 130.605)、Brown-Forsythe (B) 統計量 = 3.616 (p = .029.05、自由度 1 = 2、自由度 2 = 185.253)，均達到統計顯著水準，平均數差異檢定之整體考驗達到顯著，表示至少有一個配對水準群組平均數間的差異值顯著不等於 0。原變異數分析摘要表之 F 值統計量 = 3.513 (p = .032 < .05、自由度 1 = 2、自由度 2 = 197)，整體考驗得出的結論相同，分母自由度未調整的 F 值統計量與調整分母自由度的穩健統計量 Brown-Forsythe、Welch 量數差異不大。

事後檢定

多重比較

Scheffe 法

依變數	(I) 合併擔任職務	(J) 合併擔任職務	平均值差異 (I-J)	標準誤	顯著性	95% 信賴區間 下限	95% 信賴區間 上限
心理幸福	1 科任	2 兼行政	-1.177	.560	.112	-2.56	.20
		3 級任	-1.157	.540	.103	-2.49	.17
	2 兼行政	1 科任	1.177	.560	.112	-.20	2.56
		3 級任	.020	.563	.999	-1.37	1.41
	3 級任	1 科任	1.157	.540	.103	-.17	2.49
		2 兼行政	-.020	.563	.999	-1.41	1.37

依變數	(I) 合併擔任職務	(J) 合併擔任職務	平均值差異 (I-J)	標準誤	顯著性	95% 信賴區間	
						下限	上限
情緒幸福	1 科任	2 兼行政	-1.461*	.558	.034	-2.84	-.09
		3 級任	-.790	.537	.342	-2.12	.54
	2 兼行政	1 科任	1.461*	.558	.034	.09	2.84
		3 級任	.671	.561	.491	-.71	2.06
	3 級任	1 科任	.790	.537	.342	-.54	2.12
		2 兼行政	-.671	.561	.491	-2.06	.71
社會幸福	1 科任	2 兼行政	-1.204	.533	.081	-2.52	.11
		3 級任	-.395	.514	.745	-1.66	.87
	2 兼行政	1 科任	1.204	.533	.081	-.11	2.52
		3 級任	.809	.537	.323	-.52	2.13
	3 級任	1 科任	.395	.514	.745	-.87	1.66
		2 兼行政	-.809	.537	.323	-2.13	.52
整體幸福感	1 科任	2 兼行政	-3.842*	1.472	.035	-7.47	-.21
		3 級任	-2.341	1.419	.259	-5.84	1.16
	2 兼行政	1 科任	3.842*	1.472	.035	.21	7.47
		3 級任	1.501	1.482	.600	-2.15	5.16
	3 級任	1 科任	2.341	1.419	.259	-1.16	5.84
		2 兼行政	-1.501	1.482	.600	-5.16	2.15

*. 平均值差異在 0.05 層級顯著。

　　就「心理幸福」向度檢定變項而言，雖然變異數分析整體檢定之 F 值統計量達到統計顯著水準，但採用「Scheffe 法」進行事後比較程序未發現有任何二個水準群組間的平均值差異達到顯著 (平均值差異欄均沒有標記星號*)。在變異數分析中，有時會發現整體考驗的 F 值達到顯著水準，但經採用「Scheffe」法之事後比較檢定，則沒有出現成對組的平均值差異達到顯著，此種結果乃是「Scheffe 法是各種事後比較方法中最嚴格、統計考驗力最低的一種多重比較方法，此方法較不會違犯第一類型的錯誤，因而平均值差異檢定較為嚴謹。」整體考驗 F 值達到顯著水準，而使用「Scheffe」法之事後比較檢定，沒有出現成對組的平均值差異達到顯著的情形，通常發生整體考驗 F 值的顯著性機率值 p 在

.05 附近 (p < α)(吳明隆，2014)。此時，擔任職務因子變項在「心理幸福」向度的差異比較結果，研究者可以這樣撰述：

1. 「擔任職務因子變項在「心理幸福」差異比較之整體考驗的 F 值統計量 $F_{(2,197)}$ = 3.060 (p = .049)，雖達到統計顯著水準 (p < .05)，但進一步採用薛費法進行事後比較程序，未發現有任何一個配對群組間的平均值達到顯著。」

2. 就「情緒幸福」向度而言，事後比較摘要表中平均值差異欄數值為正且標記星號者為：「2 兼行政群組」>「1 科任群組」(標記符號為 1.461*)，表示兼行政教師群組在「情緒幸福」感的感受顯著高於科任教師群組。

3. 由於擔任職務因子變項在「社會幸福」向度整體差異檢定的 F 值統計量未達統計顯著水準，因而事後比較摘要表不用查看。

4. 就「整體幸福感」向度而言，事後比較摘要表中平均值差異欄數值為正且標記星號者為：「2 兼行政群組」>「1 科任群組」(標記符號為 3.842*)，表示兼行政教師群組在整體幸福感的感受顯著高於科任教師群組。至於級任群體與兼行政群體、級任群體與科任群體在整體幸福感間的成對差異均未達顯著。

肆、服務地區在教師職場靈性與幸福感的差異比較

範例因子變項為樣本觀察值不同服務地區，服務地區為四分類別變項，水準數值 1 為北區群組、水準數值 2 為中區群組、水準數值 3 為南區群組、水準數值 4 為東區群組。

範例單因子獨立樣本變異數分析程序之研究問題與研究假設為：

研究問題：不同服務地區之教師在教師職場靈性的感受是否有所不同？
研究假設：不同服務地區之教師在教師職場靈性的感受有顯著不同。
研究問題：不同服務地區之教師在教師幸福感的感受是否有所不同？
研究假設：不同服務地區之教師在教師幸福感的感受有顯著不同。

◆ 一、不同服務地區在教師職場靈性的差異比較

單因子變異數分析主對話視窗中，被選取的依變項為人我連結、工作意義、超越信念與整體職場靈性；被選取的因子變項為服務地區。

描述性統計資料

		N	平均數	標準差	標準誤	平均值的 95% 信賴區間 下限	平均值的 95% 信賴區間 上限	最小值	最大值
人我連結	1 北區	49	15.20	2.784	.398	14.40	16.00	9	20
	2 中區	65	15.18	2.669	.331	14.52	15.85	5	20
	3 南區	45	14.71	2.302	.343	14.02	15.40	9	19
	4 東區	41	13.95	3.413	.533	12.87	15.03	7	20
	總計	200	14.83	2.813	.199	14.44	15.22	5	20
工作意義	1 北區	49	17.29	2.189	.313	16.66	17.91	13	20
	2 中區	65	16.69	2.249	.279	16.13	17.25	7	20
	3 南區	45	16.13	1.866	.278	15.57	16.69	11	20
	4 東區	41	16.02	2.996	.468	15.08	16.97	4	20
	總計	200	16.58	2.365	.167	16.25	16.90	4	20
超越信念	1 北區	49	17.39	2.388	.341	16.70	18.07	12	20
	2 中區	65	17.38	2.163	.268	16.85	17.92	7	20
	3 南區	45	16.73	2.453	.366	16.00	17.47	12	20
	4 東區	41	15.34	4.351	.679	13.97	16.71	4	20
	總計	200	16.82	2.941	.208	16.41	17.23	4	20
整體職 場靈性	1 北區	49	49.88	5.783	.826	48.22	51.54	37	60
	2 中區	65	49.26	5.874	.729	47.81	50.72	19	60

	N	平均數	標準差	標準誤	平均值的95%信賴區間		最小值	最大值
					下限	上限		
3 南區	45	47.58	5.362	.799	45.97	49.19	35	56
4 東區	41	45.32	7.929	1.238	42.81	47.82	16	60
總計	200	48.23	6.405	.453	47.33	49.12	16	60

　　描述性統計資料表為服務地區四個水準群組 (1 北區、2 中區、3 南區、4 東區) 在人我連結、工作意義、超越信念三個向度與整體職場靈性檢定變項之描述性統計量摘要表，包括檢定變項名稱、因子變項水準數值編碼及群組標記、各水準群組有效觀察值個數 N、平均數、標準差、平均數標準誤、平均數 95% 信賴區間的上下限、水準群組在檢定變項測量值中的最小值、最大值。服務地區四個水準群組 (1 北區、2 中區、3 南區、4 東區) 的有效樣本觀察值個數分別為 49、65、45、41。

變異數分析

		平方和	df	平均值平方	F	顯著性
人我連結	群組之間	47.329	3	15.776	2.025	.112
	在群組內	1526.891	196	7.790		
	總計	1574.220	199			
工作意義	群組之間	46.853	3	15.618	2.871	.038
	在群組內	1066.022	196	5.439		
	總計	1112.875	199			
超越信念	群組之間	126.483	3	42.161	5.181	.002
	在群組內	1595.037	196	8.138		
	總計	1721.520	199			
整體職場靈性	群組之間	569.200	3	189.733	4.897	.003
	在群組內	7593.675	196	38.743		
	總計	8162.875	199			

　　1. 就「人我連結」向度而言，整體檢定之 F 值統計量 = 2.025，顯著性 p = .112 > .05，未達統計顯著水準，接受虛無假設 (H_0: $\mu_{北區群組}$ = $\mu_{中區群組}$ = $\mu_{南區群組}$ =

$\mu_{東區群組}$)，不同服務地區因子變項在「人我連結」向度的平均數沒有顯著不同。

2. 就「工作意義」向度而言，整體檢定之 F 值統計量 = 2.871，顯著性 p = .038 < .05，達到統計顯著水準，拒絕虛無假設 (H_0: $\mu_{北區群組} = \mu_{中區群組} = \mu_{南區群組} = \mu_{東區群組}$)，對立假設得到支持，服務地區因子變項在「工作意義」檢定變項上，至少有一個配對群體 (二個水準群組為一個配對組) 的平均數差異值顯著不等於 0。至於是那幾個配對組在檢定變項平均數的差異值顯著不等於 0，進一步需從事後比較摘要表中方能得知。

3. 就「超越信念」向度而言，整體檢定之 F 值統計量 = 5.181，顯著性 p = .002 < .05，達到統計顯著水準，拒絕虛無假設 (H_0: $\mu_{北區群組} = \mu_{中區群組} = \mu_{南區群組} = \mu_{東區群組}$)，對立假設得到支持，服務地區因子變項在「超越信念」檢定變項上，至少有一個配對群體的平均數差異值顯著不等於 0。至於是那幾個配對組在檢定變項平均數的差異值顯著不等於 0，進一步需從事後比較摘要表中方能得知。

4. 就「整體職場靈性」向度而言，整體檢定之 F 值統計量 = 4.897，顯著性 p = .002 < .05，達到統計顯著水準，拒絕虛無假設 (H_0: $\mu_{北區群組} = \mu_{中區群組} = \mu_{南區群組} = \mu_{東區群組}$)，對立假設得到支持，服務地區因子變項在「整體職場靈性」檢定變項上，至少有一個配對群體的平均數差異值顯著不等於 0。至於是那幾個配對組在檢定變項平均數的差異值顯著不等於 0，進一步需從事後比較摘要表中方能得知。

事後測試

多重比較

Scheffe 法

因變數	(I) 服務地區	(J) 服務地區	平均差異 (I-J)	標準錯誤	顯著性	95% 信賴區間 下限	95% 信賴區間 上限
人我連結	1 北區	2 中區	.019	.528	1.000	-1.47	1.51
		3 南區	.493	.576	.866	-1.13	2.12
		4 東區	1.253	.591	.216	-.41	2.92
	2 中區	1 北區	-.019	.528	1.000	-1.51	1.47
		3 南區	.474	.541	.858	-1.05	2.00
		4 東區	1.233	.557	.182	-.34	2.80

因變數	(I) 服務地區	(J) 服務地區	平均差異 (I-J)	標準錯誤	顯著性	95% 信賴區間 下限	95% 信賴區間 上限
	3 南區	1 北區	-.493	.576	.866	-2.12	1.13
		2 中區	-.474	.541	.858	-2.00	1.05
		4 東區	.760	.603	.662	-.94	2.46
	4 東區	1 北區	-1.253	.591	.216	-2.92	.41
		2 中區	-1.233	.557	.182	-2.80	.34
		3 南區	-.760	.603	.662	-2.46	.94
工作意義	1 北區	2 中區	.593	.441	.614	-.65	1.84
		3 南區	1.152	.482	.129	-.21	2.51
		4 東區	1.261	.494	.092	-.13	2.65
	2 中區	1 北區	-.593	.441	.614	-1.84	.65
		3 南區	.559	.452	.676	-.72	1.83
		4 東區	.668	.465	.561	-.64	1.98
	3 南區	1 北區	-1.152	.482	.129	-2.51	.21
		2 中區	-.559	.452	.676	-1.83	.72
		4 東區	.109	.504	.997	-1.31	1.53
	4 東區	1 北區	-1.261	.494	.092	-2.65	.13
		2 中區	-.668	.465	.561	-1.98	.64
		3 南區	-.109	.504	.997	-1.53	1.31
超越信念	1 北區	2 中區	.003	.540	1.000	-1.52	1.53
		3 南區	.654	.589	.745	-1.01	2.32
		4 東區	2.046*	.604	.011	.34	3.75
	2 中區	1 北區	-.003	.540	1.000	-1.53	1.52
		3 南區	.651	.553	.709	-.91	2.21
		4 東區	2.043*	.569	.006	.44	3.65
	3 南區	1 北區	-.654	.589	.745	-2.32	1.01
		2 中區	-.651	.553	.709	-2.21	.91
		4 東區	1.392	.616	.168	-.34	3.13
	4 東區	1 北區	-2.046*	.604	.011	-3.75	-.34
		2 中區	-2.043*	.569	.006	-3.65	-.44
		3 南區	-1.392	.616	.168	-3.13	.34

因變數	(I) 服務地區	(J) 服務地區	平均差異 (I-J)	標準錯誤	顯著性	95% 信賴區間	
						下限	上限
整體職場靈性	1 北區	2 中區	.616	1.178	.965	-2.70	3.94
		3 南區	2.300	1.285	.364	-1.32	5.92
		4 東區	4.560*	1.317	.009	.85	8.28
	2 中區	1 北區	-.616	1.178	.965	-3.94	2.70
		3 南區	1.684	1.207	.585	-1.72	5.09
		4 東區	3.944*	1.241	.020	.44	7.45
	3 南區	1 北區	-2.300	1.285	.364	-5.92	1.32
		2 中區	-1.684	1.207	.585	-5.09	1.72
		4 東區	2.261	1.344	.421	-1.53	6.05
	4 東區	1 北區	-4.560*	1.317	.009	-8.28	-.85
		2 中區	-3.944*	1.241	.020	-7.45	-.44
		3 南區	-2.261	1.344	.421	-6.05	1.53

*. 平均值差異在 0.05 層級顯著。

從多重比較摘要表可以得知：

1. 服務地區因子變項在工作意義向度檢定變項之整體考驗的 F 值雖達到統計顯著水準，但經薛費法事後比較程序卻未發現有任何二個水準群組的平均數達到顯著。

2. 就超越信念檢定變項而言，薛費法事後比較程序發現：「北區水準群組>東區水準群組」，平均數差異值為 2.046、「中區水準群組>東區水準群組」，平均數差異值為 2.043，至於其他配對水準群組間的平均數差異值均未達顯著。

3. 就整體職場靈性檢定變項而言，薛費法事後比較程序發現：「北區水準群組>東區水準群組」，平均數差異值為 4.560、「中區水準群組>東區水準群組」，平均數差異值為 3.944，至於其他配對水準群組間的平均數差異值均未達顯著。

◆ 二、不同服務地區在教師幸福感的差異比較

單因子變異數分析主對話視窗中，被選取的依變項為心理幸福、情緒幸福、社會幸福與整體幸福感四個；被選取的因子變項為服務地區。

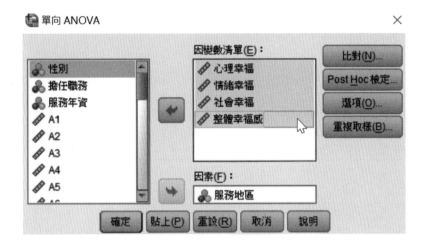

描述性統計資料

		N	平均數	標準差	標準誤	平均值的95%信賴區間 下限	平均值的95%信賴區間 上限	最小值	最大值
心理幸福	1 北區	49	20.84	2.988	.427	19.98	21.70	15	25
	2 中區	65	20.22	2.758	.342	19.53	20.90	12	25
	3 南區	45	19.64	3.024	.451	18.74	20.55	15	25
	4 東區	41	19.90	4.224	.660	18.57	21.24	10	25
	總計	200	20.18	3.224	.228	19.73	20.62	10	25
情緒幸福	1 北區	49	21.59	2.761	.394	20.80	22.38	15	25
	2 中區	65	21.23	2.771	.344	20.54	21.92	14	25
	3 南區	45	20.56	3.145	.469	19.61	21.50	11	25
	4 東區	41	20.17	4.218	.659	18.84	21.50	7	25
	總計	200	20.95	3.219	.228	20.50	21.40	7	25
社會幸福	1 北區	49	16.94	2.703	.386	16.16	17.72	8	20
	2 中區	65	16.95	2.955	.367	16.22	17.69	4	20
	3 南區	45	16.36	2.656	.396	15.56	17.15	9	20

		N	平均數	標準差	標準誤	平均值的 95%信賴區間		最小值	最大值
						下限	上限		
	4 東區	41	15.95	3.930	.614	14.71	17.19	4	20
	總計	200	16.61	3.067	.217	16.18	17.04	4	20
整體幸福感	1 北區	49	59.37	7.313	1.045	57.27	61.47	42	70
	2 中區	65	58.40	7.518	.933	56.54	60.26	30	70
	3 南區	45	56.56	7.662	1.142	54.25	58.86	37	70
	4 東區	41	56.02	11.481	1.793	52.40	59.65	24	70
	總計	200	57.74	8.502	.601	56.55	58.92	24	70

　　描述性統計資料表為服務地區四個水準群組 (1 北區、2 中區、3 南區、4 東區) 在心理幸福、情緒幸福、社會幸福三個向度與整體幸福感檢定變項之描述性統計量摘要表,包括檢定變項名稱、因子變項水準數值編碼及群組標記、各水準群組有效觀察值個數 N、平均數、標準差、平均數標準誤、平均值 95% 信賴區間的上下限、水準群組在檢定變項測量值中的最小值、最大值。

變異數分析

		平方和	df	平均值平方	F	顯著性
心理幸福	群組之間	37.276	3	12.425	1.199	.311
	在群組內	2031.599	196	10.365		
	總計	2068.875	199			
情緒幸福	群組之間	57.209	3	19.070	1.865	.137
	在群組內	2004.291	196	10.226		
	總計	2061.500	199			
社會幸福	群組之間	33.689	3	11.230	1.198	.312
	在群組內	1837.891	196	9.377		
	總計	1871.580	199			
整體幸福感	群組之間	341.881	3	113.960	1.591	.193
	在群組內	14041.074	196	71.638		
	總計	14382.955	199			

1. 就心理幸福向度而言，不同服務地區因子變項在心理幸福差異檢定之整體考驗的 F 值統計量為 1.199 (p = .311 > .05)，未達統計顯著水準，接受虛無假設 H_0: $\mu_{北區}$ = $\mu_{中區}$ = $\mu_{南區}$ = $\mu_{東區}$，四個水準群組在心理幸福向度感受的差異沒有不同。

2. 就情緒幸福向度而言，不同服務地區因子變項在心理幸福差異檢定之整體考驗的 F 值統計量為 1.865 (p = .137 > .05)，未達統計顯著水準，接受虛無假設 H_0: $\mu_{北區}$ = $\mu_{中區}$ = $\mu_{南區}$ = $\mu_{東區}$，四個水準群組在情緒幸福向度感受的差異沒有不同。

3. 就社會幸福向度而言，不同服務地區因子變項在心理幸福差異檢定之整體考驗的 F 值統計量為 1.198 (p = .312 > .05)，未達統計顯著水準，接受虛無假設 H_0: $\mu_{北區}$ = $\mu_{中區}$ = $\mu_{南區}$ = $\mu_{東區}$，四個水準群組在社會幸福向度感受的差異沒有不同。

4. 就整體幸福感而言，不同服務地區因子變項在心理幸福差異檢定之整體考驗的 F 值統計量為 1.591 (p = .193 > .05)，未達統計顯著水準，接受虛無假設 H_0: $\mu_{北區}$ = $\mu_{中區}$ = $\mu_{南區}$ = $\mu_{東區}$，四個水準群組在整體幸福感感受的差異沒有不同。

事後測試

多重比較

Scheffe 法

因變數	(I) 服務地區	(J) 服務地區	平均差異 (I-J)	標準錯誤	顯著性	95% 信賴區間 下限	上限
心理幸福	1 北區	2 中區	.621	.609	.791	-1.10	2.34
		3 南區	1.192	.665	.362	-.68	3.07
		4 東區	.934	.681	.599	-.99	2.86
	2 中區	1 北區	-.621	.609	.791	-2.34	1.10
		3 南區	.571	.624	.841	-1.19	2.33
		4 東區	.313	.642	.971	-1.50	2.12
	3 南區	1 北區	-1.192	.665	.362	-3.07	.68
		2 中區	-.571	.624	.841	-2.33	1.19
		4 東區	-.258	.695	.987	-2.22	1.70

因變數	(I) 服務地區	(J) 服務地區	平均差異 (I-J)	標準錯誤	顯著性	95% 信賴區間 下限	上限
	4 東區	1 北區	-.934	.681	.599	-2.86	.99
		2 中區	-.313	.642	.971	-2.12	1.50
		3 南區	.258	.695	.987	-1.70	2.22
情緒幸福	1 北區	2 中區	.361	.605	.949	-1.34	2.07
		3 南區	1.036	.660	.484	-.83	2.90
		4 東區	1.421	.677	.224	-.49	3.33
	2 中區	1 北區	-.361	.605	.949	-2.07	1.34
		3 南區	.675	.620	.757	-1.07	2.42
		4 東區	1.060	.638	.432	-.74	2.86
	3 南區	1 北區	-1.036	.660	.484	-2.90	.83
		2 中區	-.675	.620	.757	-2.42	1.07
		4 東區	.385	.690	.958	-1.56	2.33
	4 東區	1 北區	-1.421	.677	.224	-3.33	.49
		2 中區	-1.060	.638	.432	-2.86	.74
		3 南區	-.385	.690	.958	-2.33	1.56
社會幸福	1 北區	2 中區	-.015	.579	1.000	-1.65	1.62
		3 南區	.583	.632	.837	-1.20	2.37
		4 東區	.988	.648	.510	-.84	2.82
	2 中區	1 北區	.015	.579	1.000	-1.62	1.65
		3 南區	.598	.594	.798	-1.08	2.27
		4 東區	1.003	.611	.443	-.72	2.72
	3 南區	1 北區	-.583	.632	.837	-2.37	1.20
		2 中區	-.598	.594	.798	-2.27	1.08
		4 東區	.404	.661	.945	-1.46	2.27
	4 東區	1 北區	-.988	.648	.510	-2.82	.84
		2 中區	-1.003	.611	.443	-2.72	.72
		3 南區	-.404	.661	.945	-2.27	1.46
整體幸福感	1 北區	2 中區	.967	1.601	.947	-3.55	5.48
		3 南區	2.812	1.748	.461	-2.12	7.74
		4 東區	3.343	1.791	.326	-1.71	8.39

因變數	(I) 服務地區	(J) 服務地區	平均差異 (I-J)	標準錯誤	顯著性	95% 信賴區間 下限	95% 信賴區間 上限
	2 中區	1 北區	-.967	1.601	.947	-5.48	3.55
		3 南區	1.844	1.641	.738	-2.78	6.47
		4 東區	2.376	1.688	.577	-2.38	7.14
	3 南區	1 北區	-2.812	1.748	.461	-7.74	2.12
		2 中區	-1.844	1.641	.738	-6.47	2.78
		4 東區	.531	1.827	.994	-4.62	5.68
	4 東區	1 北區	-3.343	1.791	.326	-8.39	1.71
		2 中區	-2.376	1.688	.577	-7.14	2.38
		3 南區	-.531	1.827	.994	-5.68	4.62

如果因子變項在檢定變項之整體差異檢定 F 值統計量未達統計顯著水準 (p > .05)，則對應檢定變項之多重比較摘要表就不用查看，因為整體差異檢定 F 值統計量未達統計顯著水準，表示因子變項之水準群組在檢定變項的平均數均相同，兩兩多重比較之平均差異值均顯著等於 0，平均差異值 (I-J) 欄不會出現星號標記 (*)。以服務地區因子變項在整體幸福感平均差異而言，因為：

接受虛無假設 H_0: $\mu_{北區} = \mu_{中區} = \mu_{南區} = \mu_{東區}$，四個水準群組的平均數相同，所以六個配對差異比較的平均數還是相同，或配對組平均差異值均顯著等於 0：

$\mu_{北區} - \mu_{中區} = 0$、$\mu_{北區} - \mu_{南區} = 0$、$\mu_{北區} - \mu_{東區} = 0$
$\mu_{中區} - \mu_{南區} = 0$、$\mu_{中區} - \mu_{東區} = 0$、$\mu_{南區} - \mu_{東區} = 0$

多重比較表中的平均差異值 (I-J) 欄的數值不等於 0 乃是機遇或抽樣誤差造成的。

伍、服務年資在教師職場靈性與幸福感的差異比較

範例因子變項為樣本觀察值不同服務年資，服務年資為五分類別變項，水準數值 1 為 10 年以下群組、水準數值 2 為 11-15 年群組、水準數值 3 為 16-20 年群組、水準數值 4 為 21-25 年群組、水準數值 5 為 26 年以上群組。

範例單因子獨立樣本變異數分析程序之研究問題與研究假設為：

研究問題：不同服務年資之教師在教師職場靈性的感受是否有所不同？
研究假設：不同服務年資之教師在教師職場靈性的感受有顯著不同。
研究問題：不同服務年資之教師在教師幸福感的感受是否有所不同？
研究假設：不同服務年資之教師在教師幸福感的感受有顯著不同。

◆ 一、不同服務年資在教師職場靈性的差異比較

單因子變異數分析 (單向 ANOVA) 主對話視窗中，被選入右邊「因變數清單 (E)：」(依變數清單) 下方框中的檢定變項為人我連結、工作意義、超越信念、整體職場靈性等四個；從變數清單中選取的因子變項為「合併服務年資」，將「合併服務年資」變項選入右邊「因子 (F)」(因素) 下方框中。

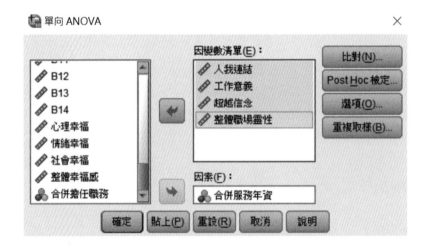

描述性統計資料

		N	平均數	標準差	標準誤	平均值的 95% 信賴區間 下限	平均值的 95% 信賴區間 上限	最小值	最大值
人我連結	1 10 年以下	29	14.83	3.013	.559	13.68	15.97	5	20
	2 11-15 年	39	14.62	2.160	.346	13.92	15.32	8	20
	3 16-20 年	40	14.68	3.016	.477	13.71	15.64	8	20
	4 21-25 年	35	15.43	2.593	.438	14.54	16.32	9	20
	5 26 年以上	57	14.72	3.115	.413	13.89	15.55	7	20
	總計	200	14.83	2.813	.199	14.44	15.22	5	20

		N	平均數	標準差	標準誤	平均值的95%信賴區間		最小值	最大值
						下限	上限		
工作意義	1 10 年以下	29	16.45	2.733	.508	15.41	17.49	7	20
	2 11-15 年	39	17.05	2.025	.324	16.39	17.71	13	20
	3 16-20 年	40	16.48	2.013	.318	15.83	17.12	13	20
	4 21-25 年	35	16.71	2.008	.339	16.02	17.40	12	20
	5 26 年以上	57	16.30	2.796	.370	15.56	17.04	4	20
	總計	200	16.58	2.365	.167	16.25	16.90	4	20
超越信念	1 10 年以下	29	17.03	3.479	.646	15.71	18.36	4	20
	2 11-15 年	39	17.72	2.102	.337	17.04	18.40	12	20
	3 16-20 年	40	16.50	3.004	.475	15.54	17.46	4	20
	4 21-25 年	35	16.91	2.994	.506	15.89	17.94	8	20
	5 26 年以上	57	16.26	2.997	.397	15.47	17.06	4	20
	總計	200	16.82	2.941	.208	16.41	17.23	4	20
整體職場靈性	1 10 年以下	29	48.31	7.276	1.351	45.54	51.08	19	57
	2 11-15 年	39	49.38	4.716	.755	47.86	50.91	39	60
	3 16-20 年	40	47.65	5.668	.896	45.84	49.46	34	60
	4 21-25 年	35	49.06	6.107	1.032	46.96	51.15	34	60
	5 26 年以上	57	47.28	7.528	.997	45.28	49.28	16	60
	總計	200	48.23	6.405	.453	47.33	49.12	16	60

　　描述性統計資料表為服務年資五個水準群組 (1 為 10 年以下、2 為 11-15 年、3 為 16-20 年、4 為 21-25 年、5 為 26 年以上) 在人我連結、工作意義、超越信念三個向度與整體職場靈性檢定變項之描述性統計量摘要表，包括檢定變項名稱、因子變項水準數值編碼及群組標記、各水準群組有效觀察值個數 N、平均數、標準差、平均數標準誤、平均值的 95% 信賴區間的上下限、水準群組在檢定變項測量值中的最小值、最大值。服務年資五個水準群組 (1 為 10 年以下、2 為 11-15 年、3 為 16-20 年、4 為 21-25 年、5 為 26 年以上) 有效樣本觀察值個數分別為 29、39、40、35、57。

變異數分析

		平方和	df	平均值平方	F	顯著性
人我連結	群組之間	15.996	4	3.999	.500	.735
	在群組內	1558.224	195	7.991		
	總計	1574.220	199			
工作意義	群組之間	14.757	4	3.689	.655	.624
	在群組內	1098.118	195	5.631		
	總計	1112.875	199			
超越信念	群組之間	54.862	4	13.715	1.605	.175
	在群組內	1666.658	195	8.547		
	總計	1721.520	199			
整體職場靈性	群組之間	140.943	4	35.236	.857	.491
	在群組內	8021.932	195	41.138		
	總計	8162.875	199			

1. 就「人我連結」向度而言，整體檢定之 F 值統計量 = 0.500，顯著性 p = .735 > .05，未達統計顯著水準，接受虛無假設 (H_0: $\mu_{10\,年以下}$ = $\mu_{11\text{-}15\,年}$ = $\mu_{16\text{-}20\,年}$ = $\mu_{21\text{-}25\,年}$ = $\mu_{26\,年以上}$)，不同服務年資因子變項在「人我連結」向度的平均數沒有顯著不同。

2. 就「工作意義」向度而言，整體檢定之 F 值統計量 = 0.655，顯著性 p = .624 > .05，未達統計顯著水準，接受虛無假設 (H_0: $\mu_{10\,年以下}$ = $\mu_{11\text{-}15\,年}$ = $\mu_{16\text{-}20\,年}$ = $\mu_{21\text{-}25\,年}$ = $\mu_{26\,年以上}$)，不同服務年資因子變項在「工作意義」向度的平均數沒有顯著不同。

3. 就「超越信念」向度而言，整體檢定之 F 值統計量 = 1.605，顯著性 p = .175 > .05，未達統計顯著水準，接受虛無假設 (H_0: $\mu_{10\,年以下}$ = $\mu_{11\text{-}15\,年}$ = $\mu_{16\text{-}20\,年}$ = $\mu_{21\text{-}25\,年}$ = $\mu_{26\,年以上}$)，不同服務年資因子變項在「超越信念」向度的平均數沒有顯著不同。

4. 就「整體職場靈性」依變項而言，整體檢定之 F 值統計量 = 0.857 (組間自由度 = 4、組內自由度 = 195)，顯著性 p = .491 > .05，未達統計顯著水準，接受虛無假設 (H_0: $\mu_{10\,年以下}$ = $\mu_{11\text{-}15\,年}$ = $\mu_{16\text{-}20\,年}$ = $\mu_{21\text{-}25\,年}$ = $\mu_{26\,年以上}$)，不同服務年資因子變項在「整體職場靈性」依變項的平均數沒有顯著不同。

　　由於服務年資因子變項在人我連結、工作意義、超越信念三個向度與整體職場靈性檢定變項之整體考驗的 F 值均未達統計顯著水準，因而不用再查看多重比較表格 (多重比較表略)。

◆ 二、不同服務年資在教師幸福感的差異比較

　　單因子變異數分析 (單向 ANOVA) 主對話視窗中，被選入右邊「因變數清單 (E)：」(依變數清單) 下方框中的檢定變項為心理幸福、情緒幸福、社會幸福、整體幸福感等四個；從變數清單中選取的因子變項為「合併服務年資」，將「合併服務年資」變項選入右邊「因子 (F)」(因素) 下方框中。

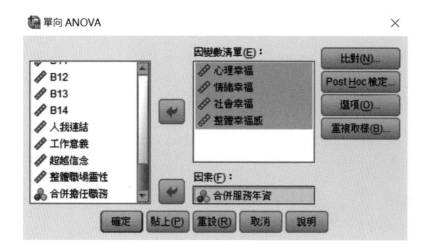

描述性統計資料

		N	平均數	標準差	標準誤	平均值的 95% 信賴區間 下限	平均值的 95% 信賴區間 上限	最小值	最大值
心理幸福	1 10 年以下	29	19.34	2.567	.477	18.37	20.32	12	25
	2 11-15 年	39	20.72	2.564	.411	19.89	21.55	15	25
	3 16-20 年	40	20.25	3.160	.500	19.24	21.26	15	25
	4 21-25 年	35	19.77	3.515	.594	18.56	20.98	10	25
	5 26 年以上	57	20.42	3.741	.496	19.43	21.41	11	25
	總計	200	20.18	3.224	.228	19.73	20.62	10	25

		N	平均數	標準差	標準誤	平均值的 95% 信賴區間		最小值	最大值
						下限	上限		
情緒幸福	1 10 年以下	29	20.86	2.748	.510	19.82	21.91	13	25
	2 11-15 年	39	21.97	2.084	.334	21.30	22.65	16	25
	3 16-20 年	40	20.90	3.070	.485	19.92	21.88	11	25
	4 21-25 年	35	20.31	3.652	.617	19.06	21.57	10	25
	5 26 年以上	57	20.72	3.793	.502	19.71	21.73	7	25
	總計	200	20.95	3.219	.228	20.50	21.40	7	25
社會幸福	1 10 年以下	29	16.21	3.406	.632	14.91	17.50	4	20
	2 11-15 年	39	16.82	2.674	.428	15.95	17.69	8	20
	3 16-20 年	40	17.05	2.810	.444	16.15	17.95	11	20
	4 21-25 年	35	16.91	2.944	.498	15.90	17.93	8	20
	5 26 年以上	57	16.18	3.392	.449	15.28	17.08	4	20
	總計	200	16.61	3.067	.217	16.18	17.04	4	20
整體 幸福感	1 10 年以下	29	56.41	7.510	1.394	53.56	59.27	30	70
	2 11-15 年	39	59.51	5.261	.842	57.81	61.22	45	70
	3 16-20 年	40	58.20	8.194	1.296	55.58	60.82	37	70
	4 21-25 年	35	57.00	9.353	1.581	53.79	60.21	28	70
	5 26 年以上	57	57.32	10.306	1.365	54.58	60.05	24	70
	總計	200	57.74	8.502	.601	56.55	58.92	24	70

　　描述性統計資料表為服務年資五個水準群組 (1 為 10 年以下、2 為 11-15 年、3 為 16-20 年、4 為 21-25 年、5 為 26 年以上) 在心理幸福、情緒幸福、社會幸福三個向度與整體幸福感檢定變項之描述性統計量摘要表，包括檢定變項名稱、因子變項水準數值編碼及群組標記、各水準群組有效觀察值個數 N、平均數、標準差、平均數標準誤、平均值的 95% 信賴區間的上下限、水準群組在檢定變項測量值中的最小值、最大值。服務年資五個水準群組 (1 為 10 年以下、2 為 11-15 年、3 為 16-20 年、4 為 21-25 年、5 為 26 年以上) 有效樣本觀察值個數分別為 29、39、40、35、57。

變異數分析

		平方和	df	平均值平方	F	顯著性
心理幸福	群組之間	40.860	4	10.215	.982	.418
	在群組內	2028.015	195	10.400		
	總計	2068.875	199			
情緒幸福	群組之間	58.426	4	14.606	1.422	.228
	在群組內	2003.074	195	10.272		
	總計	2061.500	199			
社會幸福	群組之間	28.189	4	7.047	.745	.562
	在群組內	1843.391	195	9.453		
	總計	1871.580	199			
整體幸福感	群組之間	211.461	4	52.865	.727	.574
	在群組內	14171.494	195	72.674		
	總計	14382.955	199			

1. 就「心理幸福」向度而言，整體檢定之 F 值統計量 = 0.982，顯著性 p = .418 > .05，未達統計顯著水準，接受虛無假設 (H_0: $\mu_{10\,年以下}$ ＝ $\mu_{11\text{-}15\,年}$ ＝ $\mu_{16\text{-}20\,年}$ ＝ $\mu_{21\text{-}25\,年}$ ＝ $\mu_{26\,年以上}$)，不同服務年資因子變項在「心理幸福」向度的平均數沒有顯著不同。

2. 就「情緒幸福」向度而言，整體檢定之 F 值統計量 = 1.422，顯著性 p = .228 > .05，未達統計顯著水準，接受虛無假設 (H_0: $\mu_{10\,年以下}$ ＝ $\mu_{11\text{-}15\,年}$ ＝ $\mu_{16\text{-}20\,年}$ ＝ $\mu_{21\text{-}25\,年}$ ＝ $\mu_{26\,年以上}$)，不同服務年資因子變項在「情緒幸福」向度的平均數沒有顯著不同。

3. 就「社會幸福」向度而言，整體檢定之 F 值統計量 = 0.745，顯著性 p = .562 > .05，未達統計顯著水準，接受虛無假設 (H_0: $\mu_{10\,年以下}$ ＝ $\mu_{11\text{-}15\,年}$ ＝ $\mu_{16\text{-}20\,年}$ ＝ $\mu_{21\text{-}25\,年}$ ＝ $\mu_{26\,年以上}$)，不同服務年資因子變項在「社會幸福」向度的平均數沒有顯著不同。

4. 就「整體幸福感」依變項而言，整體檢定之 F 值統計量 = 0.727 (組間自由度 = 4、組內自由度 = 195)，顯著性 p = .574 > .05，未達統計顯著水準，接受虛無假設 (H_0: $\mu_{10\,年以下}$ ＝ $\mu_{11\text{-}15\,年}$ ＝ $\mu_{16\text{-}20\,年}$ ＝ $\mu_{21\text{-}25\,年}$ ＝ $\mu_{26\,年以上}$)，不同服務年資因子變項在「整體幸福感」依變項的平均數沒有顯著不同。

　　由於服務年資因子變項在心理幸福、情緒幸福、社會幸福三個向度與整體幸福感檢定變項之整體考驗的 F 值均未達統計顯著水準，因而不用再查看多重比較表格。

陸、以多變量程序求效果量

　　獨立樣本變異數分析的效果量通常以關聯強度係數 (coefficient of strength of association；$[\omega^2]$) 表示，變異數分析程序之整體考驗 F 值若達到統計顯著水準，表示因子變項與依變項間有某種程度的關聯存在，關聯程度的高低以統計量 ω^2 表示。ω^2 量數大於等於 .14，表示因子變項與依變項間為大的關聯程度 (高度關聯)、ω^2 量數大於等於 .06 且小於 .14，表示因子變項與依變項間為中的關聯程度 (中度關聯)、ω^2 量數小於 .06，表示因子變項與依變項間為小的關聯程度 (低度關聯)。關聯強度係數 ω^2 是一種實務顯著性或臨床顯著性，只有因子變項在依變項整體檢定之 F 值統計量達到統計顯著水準前提下，再求出因子變項與依變項間的關聯強度係數 ω^2 才有意義；若是因子變項在依變項整體檢定之 F 值統計量未達統計顯著水準，表示因子變項與依變項間沒有關聯存在，則不必求出關聯強度係數 ω^2 量數。

　　範例之擔任職務在教師職場靈性的差異比較，整體考驗之 F 值統計量在部分 (或全部) 的依變項有達到統計顯著水準，進一步可以求出關聯強度係數值。

◆ 一、操作程序

　　執行功能表列「分析 (A)」/「一般線性模式 (G)」/「多變量 (M)」程序，開啟「多變量」對話視窗。

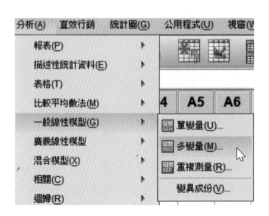

　　「多變量」主對話視窗中，右邊「因變數 (D)：」(依變數) 下方框選取的變項為依變項，依變項的個數可以選取多個，「固定因素 (F)：」(固定因子) 下方框選取的變項為自變項 (因子變項)，自變項至少要選取一個。

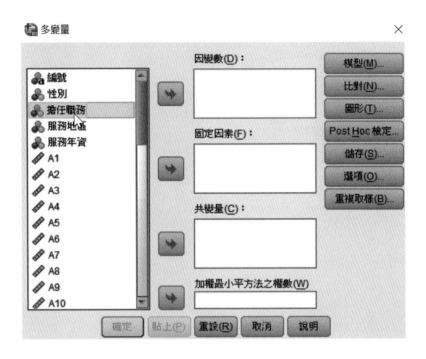

　　視窗介面從左邊變數清單中選取「人我連結」、「工作意義」、「超越信念」與「整體職場靈性」四個變項至右邊「因變數 (D)：」下的方框中，點選分組變項 (固定因子)「合併擔任職務」至右邊「固定因素 (F)：」下方框中。按「選項 (O)」鈕，開啟「多變量：選項」次對話視窗。

　　「多變量：選項」次對話視窗，勾選「顯示」方盒中的「☑效果大小估計值(E)」選項，按「繼續」鈕，回到「多變量」主對話視窗，按「確定」鈕。

　　「多變量：選項」次對話視窗中，如勾選「觀察的檢定能力 (B)」選項可以輸出統計考驗力統計量。

◆ 二、輸出報表

一般線性模型

主旨間係數

		數值標籤	N
合併擔任職務	1	科任	71
	2	兼行政	60
	3	級任	69

　　因子變項合併擔任職務三個水準數值編碼與水準數值群組標記，科任、兼行政、級任三個群體的有效觀察值個數分別為 71、60、69。

多變數檢定[a]

效果		數值	F	假設 df (假設自由度)	錯誤 df (誤差自由度)	顯著性	局部 Eta 方形 (淨相關 Eta 平方)
截距	Pillai's 追蹤	.985	4131.540[b]	3.000	195.000	.000	.985
	Wilks' Lambda (Λ)	.015	4131.540[b]	3.000	195.000	.000	.985
	Hotelling's 追蹤	63.562	4131.540[b]	3.000	195.000	.000	.985
	Roy's 最大根	63.562	4131.540[b]	3.000	195.000	.000	.985
合併擔任職務	Pillai's 追蹤	.150	5.299	6.000	392.000	.000	.075
	Wilks' Lambda (Λ)	.856	5.273[b]	6.000	390.000	.000	.075
	Hotelling's 追蹤	.162	5.247	6.000	388.000	.000	.075
	Roy's 最大根	.087	5.680[c]	3.000	196.000	.001	.080

a. 設計：截距＋合併擔任職務
b. 確切的統計資料
c. 統計資料是 F 的上限，其會產生顯著層次上的下限。

　　多變數檢定摘要表中第一欄效果為四種多變量統計量、第二欄數值為多變量統計量數、第三欄 F 值為多變量量數轉換的數值、第四欄為假設自由度、第五欄為誤差自由度、第六欄為多變量統計量之顯著性、第七欄為淨相關 Eta 平方值

(有些版本譯為「局部 Eta 方形」並不適切)。由於統計程序不是在進行單因子獨立樣本多變量變異數分析，因而此報表可以不用查看。

主旨間效果檢定 (受試者間效應項的檢定)

來源	因變數	第 III 類平方和	df	平均值平方	F	顯著性	局部 Eta 方形
修正的模型	人我連結	55.068[a]	2	27.534	3.571	.030	.035
	工作意義	63.463[b]	2	31.732	5.957	.003	.057
	超越信念	130.849[c]	2	65.424	8.103	.000	.076
	整體職場靈性	522.801[d]	2	261.401	6.740	.001	.064
截距	人我連結	43948.477	1	43948.477	5699.132	.000	.967
	工作意義	54805.816	1	54805.816	10288.379	.000	.981
	超越信念	56659.557	1	56659.557	7017.122	.000	.973
	整體職場靈性	464821.271	1	464821.271	11985.459	.000	.984
合併擔任職務	人我連結	55.068	2	27.534	3.571	.030	.035
	工作意義	63.463	2	31.732	5.957	.003	.057
	超越信念	130.849	2	65.424	8.103	.000	.076
	整體職場靈性	522.801	2	261.401	6.740	.001	.064
錯誤	人我連結	1519.152	197	7.711			
	工作意義	1049.412	197	5.327			
	超越信念	1590.671	197	8.074			
	整體職場靈性	7640.074	197	38.782			
總計	人我連結	45560.000	200				
	工作意義	56059.000	200				
	超越信念	58304.000	200				
	整體職場靈性	473293.000	200				
校正後總數	人我連結	1574.220	199				
	工作意義	1112.875	199				
	超越信念	1721.520	199				
	整體職場靈性	8162.875	199				

a. R 平方 = .035 (調整的 R 平方 = .025)

b. R 平方 = .057 (調整的 R 平方 = .047)

c. R 平方 = .076 (調整的 R 平方 = .067)

d. R 平方 = .064 (調整的 R 平方 = .055)

　　主旨間效果檢定表為受試者間效應項的檢定摘要表，表中的「合併擔任職務」項的數據為單因子變異數分析中的組間變異，「誤差」項的量數為單因子變異數分析中的組內變異、「校正後總數」項為單因子變異數分析中的總變異，合併擔任職務因子變項在人我連結、工作意義、超越信念、整體職場靈性依變項之整體檢定的 F 值統計量分別為 3.571 (p = .030 < .05)、5.975 (p = .003 < .05)、8.103 (p = .000 < .05)、6.740 (p = .001 < .05)，均達統計顯著水準。

　　因子變項在四個檢定依變項的淨 Eta 平方分別為 .035、.057、.076、.064，四個量數為淨 η^2 量數，淨 η^2 量數也是一種效果量，只是以淨 η^2 作為單因子獨立樣本變異數分析之效果值常會高估，因而一般採用關聯強度係數 ω^2，關聯強度係數 ω^2 為表格最下方之「調整後 R 平方」數據，四個關聯強度係數 ω^2 值為 .025、.047、.067、.055，未調整的 R 平方值即為淨 η^2 量數。

　　就關聯強度係數 ω^2 值判別，擔任職務因子變項與「超越信念」依變項間有中等的關聯程度，與「人我連結」、「工作意義」、「整體職場靈性」依變項間有小的關聯程度 (低等關聯程度)。

[表格範例]

不同擔任職務在教師職場靈性之描述性統計量摘要表

依變項		N	平均數	標準差	平均值的 95% 信賴區間	
					下限	上限
人我連結	1 科任	71	14.72	2.73	14.07	15.36
	2 兼行政	60	15.58	2.24	15.00	16.16
	3 級任	69	14.29	3.21	13.52	15.06
	總計	200	14.83	2.81	14.44	15.22
工作意義	1 科任	71	15.82	2.52	15.22	16.41
	2 兼行政	60	16.95	2.06	16.42	17.48
	3 級任	69	17.03	2.29	16.48	17.58
	總計	200	16.58	2.37	16.25	16.90
超越信念	1 科任	71	15.93	3.37	15.13	16.73
	2 兼行政	60	17.93	1.99	17.42	18.45
	3 級任	69	16.77	2.88	16.08	17.46
	總計	200	16.82	2.94	16.41	17.23

依變項		N	平均數	標準差	平均值的 95% 信賴區間	
					下限	上限
整體職場靈性	1 科任	71	46.46	6.79	44.86	48.07
	2 兼行政	60	50.47	4.96	49.19	51.75
	3 級任	69	48.09	6.60	46.50	49.67
	總計	200	48.23	6.41	47.33	49.12

不同擔任職務在教師職場靈性之單因子獨立樣本變異數分析摘要表

		平方和	df	均方	F	事後比較	ω^2
人我連結	群組間	55.07	2	27.53	3.571*	2 > 3	.025
	群組內	1519.15	197	7.71			
	總計	1574.22	199				
工作意義	群組間	63.46	2	31.73	5.957**	2 > 1	.047
	群組內	1049.41	197	5.33		3 > 1	
	總計	1112.88	199				
超越信念	群組間	130.85	2	65.42	8.103***	2 > 1	.067
	群組內	1590.67	197	8.07			
	總計	1721.52	199				
整體職場靈性	群組間	522.80	2	261.40	6.740**	2 > 1	.055
	群組內	7640.07	197	38.78			
	總計	8162.88	199				

◆ 三、合併擔任職務在幸福感的關聯強度係數

　　視窗介面從右邊「因變數 (D)：」下的方框點選「人我連結」、「工作意義」、「超越信念」與「整體職場靈性」四個變項至變數清單中，再從左邊變數清單中選取「心理幸福」、「情緒幸福」、「社會幸福」與「整體幸福感」四個變項至右邊「因變數 (D)：」下的方框中，右邊「固定因素 (F)：」(固定因子) 下方框中的因子變項還是「合併擔任職務」，按「確定」鈕。

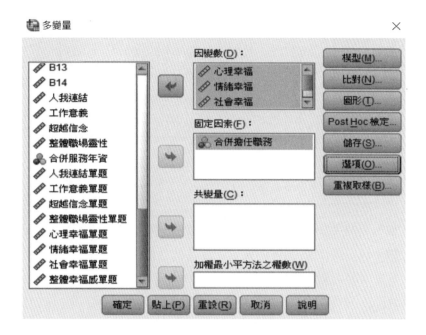

如果在「多變量」主對話視窗中按「重設 (R)」鈕，表示視窗還原為原先設定，依變項與因子變項皆必須重新選取，「多變量：選項」次對話視窗中的「效果大小估計值」選項也必須重新勾選。

輸出報表如下：

主旨間係數 (受試者間因子)

		數值標籤	N
合併擔任職務	1	科任	71
	2	兼行政	60
	3	級任	69

因子變項合併擔任職務三個水準數值編碼與水準數值群組標記，科任、兼行政、級任三個群體的有效觀察值個數分別為 71、60、69。

多變數檢定[a]

效果		數值	F	假設 df	錯誤 df	顯著性	局部 Eta 方形
截距	Pillai's 追蹤	.980	3223.115[b]	3.000	195.000	.000	.980
	Wilks' Lambda (Λ)	.020	3223.115[b]	3.000	195.000	.000	.980
	Hotelling's 追蹤	49.586	3223.115[b]	3.000	195.000	.000	.980
	Roy's 最大根	49.586	3223.115[b]	3.000	195.000	.000	.980

效果		數值	F	假設 df	錯誤 df	顯著性	局部 Eta 方形
合併擔任職務	Pillai's 追蹤	.054	1.823	6.000	392.000	.093	.027
	Wilks' Lambda (Λ)	.946	1.816[b]	6.000	390.000	.095	.027
	Hotelling's 追蹤	.056	1.809	6.000	388.000	.096	.027
	Roy's 最大根	.037	2.422[c]	3.000	196.000	.067	.036

a. 設計：截距 + 合併擔任職務

b. 確切的統計資料

c. 統計資料是 F 的上限，其會產生顯著層次上的下限。

　　多變數檢定摘要表中第一欄效果為四種多變量統計量、第二欄數值為多變量統計量數、第三欄 F 值為多變量量數轉換的數值、第四欄為假設自由度、第五欄為誤差自由度、第六欄為多變量統計量之顯著性、第七欄為淨相關 Eta 平方值。由於統計程序不是在進行單因子獨立樣本多變量變異數分析，因而此報表可以不用查看 (進行多變量統計程序，變項之觀察值必須獨立，因而同一量表中若選取量表中的向度作為依變項，則量表加總變項不應再作為依變項，這樣測量值會重複出現在依變項中，沒有符合獨立性，多變量統計量 Λ 值是錯誤的，範例只是在求出關聯強度係數值，因而可以同時選取量表中的向度變項與總分變項)。

主旨間效果檢定 (受試者間效應項的檢定)

來源	因變數	第 III 類 平方和	df	平均值 平方	F	顯著性	局部 Eta 方形
修正的模型	心理幸福	62.339[a]	2	31.170	3.060	.049	.030
	情緒幸福	70.028[b]	2	35.014	3.464	.033	.034
	社會幸福	48.252[c]	2	24.126	2.607	.076	.026
	整體幸福感	495.305[d]	2	247.652	3.513	.032	.034
截距	心理幸福	81174.035	1	81174.035	7969.600	.000	.976
	情緒幸福	87636.561	1	87636.561	8669.168	.000	.978
	社會幸福	55115.970	1	55115.970	5954.959	.000	.968
	整體幸福感	665388.039	1	665388.039	9438.706	.000	.980
合併擔任職務	心理幸福	62.339	2	31.170	3.060	.049	.030
	情緒幸福	70.028	2	35.014	3.464	.033	.034

來源	因變數	第 III 類 平方和	df	平均值 平方	F	顯著性	局部 Eta 方形
	社會幸福	48.252	2	24.126	2.607	.076	.026
	整體幸福感	495.305	2	247.652	3.513	.032	.034
錯誤	心理幸福	2006.536	197	10.185			
	情緒幸福	1991.472	197	10.109			
	社會幸福	1823.328	197	9.255			
	整體幸福感	13887.650	197	70.496			
總計	心理幸福	83475.000	200				
	情緒幸福	89842.000	200				
	社會幸福	57050.000	200				
	整體幸福感	681049.000	200				
校正後總數	心理幸福	2068.875	199				
	情緒幸福	2061.500	199				
	社會幸福	1871.580	199				
	整體幸福感	14382.955	199				

a. R 平方 = .030 (調整的 R 平方 = .020)
b. R 平方 = .034 (調整的 R 平方 = .024)
c. R 平方 = .026 (調整的 R 平方 = .016)
d. R 平方 = .034 (調整的 R 平方 = .025)

　　單變量檢定程序，因子變項「合併擔任職務」在心理幸福差異之整體檢定的 F 值統計量雖達到統計顯著水準 ($F_{(2, 197)}$ = 3.060, p = .049 < .05)，但進一步以薛費法進行多重比較並未發現有任何一個配對群組間的平均數差異值顯著不等於 0，對立假設無法得到支持。單因子變異數分析之統計量未達統計顯著性，不必進行實務顯著性量數的解讀。

　　因子變項「合併擔任職務」在社會幸福差異之整體檢定的 F 值統計量未達統計顯著水準 ($F_{(2, 197)}$ = 2.607, p = .076 > .05)，表示因子變項「合併擔任職務」與依變項社會幸福間沒有顯著關聯存在，R 平方值或調整後 R 平方值均顯著等於 0。

　　因子變項「合併擔任職務」與情緒幸福依變項間有顯著關聯存在 ($F_{(2, 197)}$ = 3.464, p = .033 < .05)，其關聯強度係數 ω^2 值 = .024，量數小於 .06，表示「合併

擔任職務」與情緒幸福依變項間為小的關聯程度，未調整前的淨 η^2 值 = .034。

因子變項「合併擔任職務」與整體幸福感依變項間有顯著關聯存在 ($F_{(2,197)}$ = 3.513, p = .032 < .05)，其關聯強度係數 ω^2 值 = .025，量數小於 .06，表示「合併擔任職務」與整體幸福感間為小的關聯程度，未調整前的淨 η^2 值 = .034。

[表格範例]

不同擔任職務在教師幸福感之描述性統計量摘要表

		N	平均數	標準差	平均值的 95% 信賴區間	
					下限	上限
心理幸福	1 科任	71	19.42	3.63	18.56	20.28
	2 兼行政	60	20.60	2.87	19.86	21.34
	3 級任	69	20.58	2.97	19.87	21.29
	總計	200	20.18	3.22	19.73	20.62
情緒幸福	1 科任	71	20.24	3.83	19.33	21.15
	2 兼行政	60	21.70	2.67	21.01	22.39
	3 級任	69	21.03	2.83	20.35	21.71
	總計	200	20.95	3.22	20.50	21.40
社會幸福	1 科任	71	16.11	3.39	15.31	16.91
	2 兼行政	60	17.32	2.46	16.68	17.95
	3 級任	69	16.51	3.12	15.76	17.26
	總計	200	16.61	3.07	16.18	17.04
整體幸福感	1 科任	71	55.77	10.05	53.40	58.15
	2 兼行政	60	59.62	6.84	57.85	61.38
	3 級任	69	58.12	7.72	56.26	59.97
	總計	200	57.74	8.50	56.55	58.92

不同擔任職務在教師幸福感之單因子獨立樣本變異數分析摘要表

依變項		平方和 (SS)	df	均方 (MS)	F	事後 比較	ω^2
心理幸福	群組間	62.34	2	31.17	3.060*	ns	
	群組內	2006.54	197	10.19			
	總計	2068.88	199				
情緒幸福	群組間	70.03	2	35.01	3.464*	2 > 1	.024
	群組內	1991.47	197	10.11			
	總計	2061.50	199				
社會幸福	群組間	48.25	2	24.13	2.607		
	群組內	1823.33	197	9.26			
	總計	1871.58	199				
整體幸福感	群組間	495.31	2	247.65	3.513*	2 > 1	.025
	群組內	13887.65	197	70.50			
	總計	14382.96	199				

* p < .05　ns 事後比較不顯著

柒、以單變量程序求效果量

　　教師服務地區在教師職場靈性的單因子變異數分析程序中，整體檢定 F 值統計量與事後比較均達統計顯著水準的依變項有「超越信念」與「整體職場靈性」二個，「工作意義」依變項整體考驗的 F 值統計量雖達統計顯著水準 ($F_{(3, 197)}$ = 2.871, p = .038 < .05)，但事後比較結果卻未發現有任何二個水準群組的平均數差異值顯著不等於 0。實務顯著性之關聯強度係數 ω^2 值只要求出因子變項教師服務地區與「超越信念」依變項間之關聯程度，及因子變項教師服務地區與「整體職場靈性」依變項間之關聯程度。

　　視窗介面採用上述多變量程序，在「多變量」主對話視窗中從左邊變數清單中選取「人我連結」、「工作意義」、「超越信念」與「整體職場靈性」四個變項至右邊「因變數 (D)：」下的方框中，點選分組變項 (固定因子)「服務地區」至右邊「固定因素 (F)：」下方框中。按「選項 (O)」鈕，開啟「多變量：選項」次對話視窗，於「多變量：選項」次對話視窗，勾選「☑效果大小估計值 (E)」選項，按「繼續」鈕，回到「多變量」主對話視窗，按「確定」鈕。

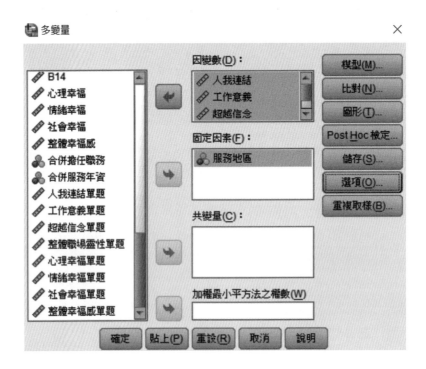

受試者間效應項的檢定摘要表如下：

主旨間效果檢定 (受試者間效應項的檢定)

來源	因變數	第 III 類 平方和	df	平均值 平方	F	顯著性	局部 Eta 方形
修正的模型	人我連結	47.329[a]	3	15.776	2.025	.112	.030
	工作意義	46.853[b]	3	15.618	2.871	.038	.042
	超越信念	126.483[c]	3	42.161	5.181	.002	.073
	整體職場靈性	569.200[d]	3	189.733	4.897	.003	.070
截距	人我連結	42315.557	1	42315.557	5431.855	.000	.965
	工作意義	53078.379	1	53078.379	9759.052	.000	.980
	超越信念	54226.449	1	54226.449	6663.410	.000	.971
	整體職場靈性	447508.340	1	447508.340	11550.617	.000	.983
服務地區	人我連結	47.329	3	15.776	2.025	.112	.030
	工作意義	46.853	3	15.618	2.871	.038	.042
	超越信念	126.483	3	42.161	5.181	.002	.073
	整體職場靈性	569.200	3	189.733	4.897	.003	.070

來源	因變數	第 III 類 平方和	df	平均值 平方	F	顯著性	局部 Eta 方形
錯誤	人我連結	1526.891	196	7.790			
	工作意義	1066.022	196	5.439			
	超越信念	1595.037	196	8.138			
	整體職場靈性	7593.675	196	38.743			
總計	人我連結	45560.000	200				
	工作意義	56059.000	200				
	超越信念	58304.000	200				
	整體職場靈性	473293.000	200				
校正後總數	人我連結	1574.220	199				
	工作意義	1112.875	199				
	超越信念	1721.520	199				
	整體職場靈性	8162.875	199				

a. R 平方 = .030 (調整的 R 平方 = .015)
b. R 平方 = .042 (調整的 R 平方 = .027)
c. R 平方 = .073 (調整的 R 平方 = .059)
d. R 平方 = .070 (調整的 R 平方 = .055)

　　因子變項教師服務地區與「超越信念」依變項間之關聯強度係數 ω^2 值 = .059、因子變項教師服務地區與「整體職場靈性」依變項間之關聯強度係數 ω^2 值 = .055，量數值均小於 .060，表示關聯程度均為小的關聯，未調整前的淨 η^2 值分別為 .073、.070。

　　獨立樣本單因子變異數分析程序中，如果因子變項在依變項整體考驗之 F 值達到統計顯著水準 (p < .05) 的量數不多，要求出因子變項與依變項間之關聯強度係數 ω^2，也可以採用一般線性模式之單變量程序。

◆ 一、操作程序

　　執行功能表列「分析 (A)」/「一般線性模式 (G)」/「單變量 (U)」程序，開啟「單變量」對話視窗。

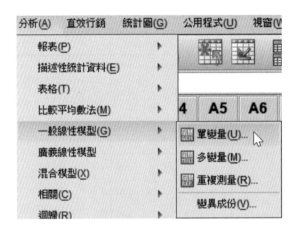

　　「單變量」主對話視窗中，右邊「因變數 (D)：」(依變數) 下方框選取的變項為依變項，每次選取的依變項只能一個，「固定因素 (F)：」(固定因子) 下方框選取的變項為自變項 (因子變項)，自變項至少要選取一個，若選取固定因子變項有二個，統計分析程序為二因子獨立樣本變異數分析。

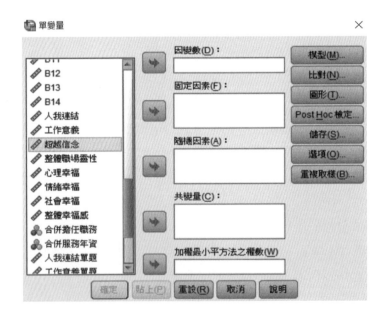

　　視窗介面之「單變量」主對話視窗中，從左邊變數清單中選取「超越信念」依變項至右邊「因變數 (D)：」下的方框中，點選分組變項 (固定因子)「服務地區」至右邊「固定因素 (F)：」(固定因子) 下方框中。按「選項 (O)」鈕，開啟「單變量：選項」次對話視窗。

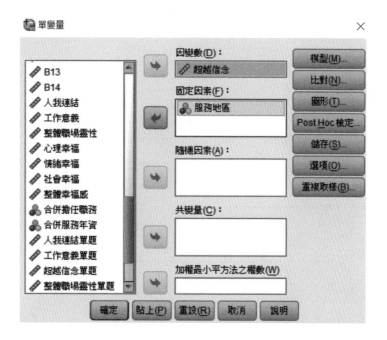

　　「單變量：選項」次對話視窗，勾選「顯示」方盒中的「☑效果大小估計值 (E)」選項，按「繼續」鈕，回到「單變量」主對話視窗，按「確定」鈕。

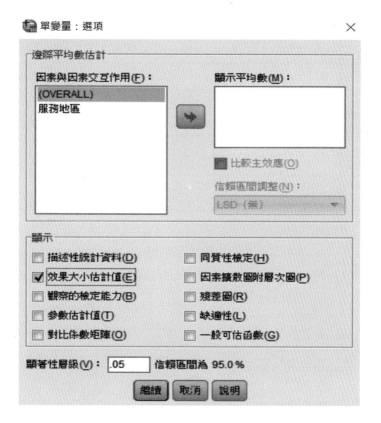

　　「單變量：選項」次對話視窗之「顯示」方盒中的選項「觀察的檢定能力 (B)」，若是勾選則表格可輸出統計考驗力統計量。

◆ 二、輸出報表

主旨間係數 (受試者間因子)

		數值標籤	N
服務地區	1	北區	49
	2	中區	65
	3	南區	45
	4	東區	41

　　受試者間因子 (主旨間係數) 為固定因子服務地區四個水準數值編碼與水準數值標記群組名稱，水準數值 1 為北區、水準數值 2 為中區、水準數值 3 為南區、水準數值 4 為東區，四個水準群組有效觀察值分別為 49、65、45、41。

主旨間效果檢定 (受試者間效應項的檢定)

因變數：超越信念

來源	第 III 類平方和	df	平均值平方	F	顯著性	局部 Eta 方形
修正的模型	126.483[a]	3	42.161	5.181	.002	.073
截距	54226.449	1	54226.449	6663.410	.000	.971
服務地區	126.483	3	42.161	5.181	.002	.073
錯誤	1595.037	196	8.138			
總計	58304.000	200				
校正後總數	1721.520	199				

a. R 平方 = .073 (調整的 R 平方 = .059)

　　受試者間效應項的檢定表格中的服務地區、誤差 (錯誤)、校正後總數列的數據為原單因子變異數分析程序中的群組之間、群組之內、總計橫列的數據。因子變項在依變項「超越信念」平均差異之整體考驗的 F 值統計量 = 5.181 (p = .002 < .05)，達到統計顯著水準，淨 η^2 量數 = .073，關聯強度係數 ω^2 = .059 (調整後 R 平方的數據)。

　　視窗介面之「單變量」主對話視窗中，從左邊變數清單中選取「整體職場靈性」依變項至右邊「因變數 (D)：」下的方框中，點選分組變項 (固定因子)「服務地區」至右邊「固定因素 (F)：」(固定因子) 下方框中。

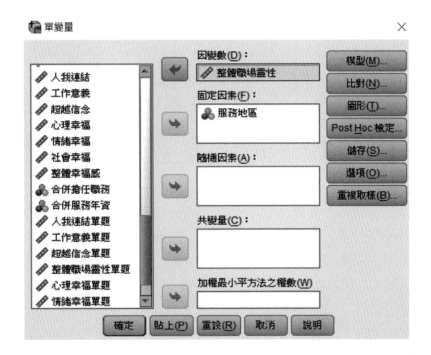

輸出報表如下：

主旨間係數 (受試者間因子)

		數值標籤	N
服務地區	1	北區	49
	2	中區	65
	3	南區	45
	4	東區	41

　　受試者因子 (主旨間係數) 為固定因子服務地區四個水準數值編碼與水準數值標記群組名稱，水準數值 1 為北區、水準數值 2 為中區、水準數值 3 為南區、水準數值 4 為東區，四個水準群組有效觀察值分別為 49、65、45、41。

主旨間效果檢定 (受試者間效應項的檢定)

因變數：整體職場靈性

來源	第 III 類 平方和	df	平均值平方	F	顯著性	局部 Eta 方形
修正的模型	569.200a	3	189.733	4.897	.003	.070
截距	447508.340	1	447508.340	11550.617	.000	.983
服務地區	569.200	3	189.733	4.897	.003	.070
錯誤	7593.675	196	38.743			
總計	473293.000	200				
校正後總數	8162.875	199				

a. R 平方 = .070 (調整的 R 平方 = .055)

　　受試者間效應項的檢定表格中的服務地區、誤差 (錯誤)、校正後總數列的數據為原單因子變異數分析程序中的群組之間、群組之內、總計橫列的數據。因子變項在依變項「超越信念」平均差異之整體考驗的 F 值統計量 = 4.897 (p = .003 < .05)，達到統計顯著水準，淨 η^2 量數 = .070，關聯強度係數 ω^2 = .055 (調整後 R 平方的數據)。

　　採用單變量程序與使用多變量程序求出的淨 η^2 量數、關聯強度係數 ω^2 量數均相同。在實務操作上，如果單因子變異數分析程序之整體考驗 F 值達到統計顯著水準的依變項較少，使用單變量分析程序即可，操作程序只要逐一選取達到統計顯著水準的依變項至「因變數」方框中。相對的，若是單因子變異數分析程序之整體考驗 F 值達到統計顯著水準的依變項較多，則直接使用多變量分析程序較為方便。二種不同的統計分析程序，求出的淨 η^2 量數、關聯強度係數 ω^2 量數都相同。

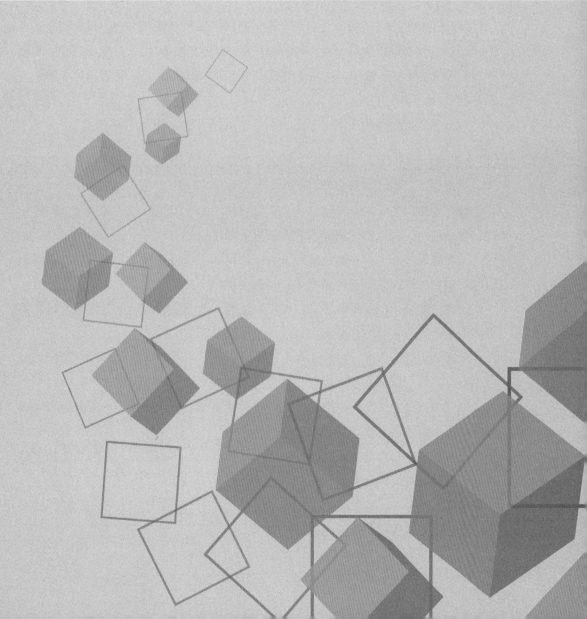

Chapter 11

複迴歸分析

壹、適用時機

　　統計方法投入二個以上自變項來預測依變項，以探究自變項對依變項的預測力或解釋變異情形，稱為複迴歸分析或多元迴歸分析 (multiple regression analysis)。迴歸分析程序中的自變項又稱為預測變項、解釋變項，依變項又稱為效標變項或結果變項。假設依變項為 Y、自變項為 X_1、X_2、X_3，複迴歸的迴歸方程式為：

$$\hat{Y} = b_0 + b_1 X_1 + b_2 X_2 + b_3 X_3$$

　　迴歸分析程序之自變項若只有一個，迴歸程序稱為簡單線性迴歸。複迴歸分析程序之自變項與依變項尺度均必須為計量變項 (連續變項)，自變項若是間斷變項 (名義變項或次序變項) 必須將變項尺度轉為虛擬變項，虛擬變項的水準數值編碼為 0、1。

　　範例架構研究問題如下：

　　研究問題 1：「人我連結」、「工作意義」、「超越信念」三個教師職場靈性向度是否可以有效解釋心理幸福感結果變項？

　　研究問題 2：「人我連結」、「工作意義」、「超越信念」三個教師職場靈性向度是否可以有效解釋情緒幸福感結果變項？

　　研究問題 3：「人我連結」、「工作意義」、「超越信念」三個教師職場靈性向度是否可以有效解釋社會幸福感結果變項？

　　研究問題 4：「人我連結」、「工作意義」、「超越信念」三個教師職場靈性向度是否可以有效解釋整體幸福感結果變項？

　　研究假設 1：「人我連結」、「工作意義」、「超越信念」三個教師職場靈性向度可以有效解釋心理幸福感結果變項。

　　研究假設 2：「人我連結」、「工作意義」、「超越信念」三個教師職場靈性向度可以有效解釋情緒幸福感結果變項。

　　研究假設 3：「人我連結」、「工作意義」、「超越信念」三個教師職場靈性向度可以有效解釋社會幸福感結果變項。

　　研究假設 4：「人我連結」、「工作意義」、「超越信念」三個教師職場靈性向度可以有效解釋整體幸福感結果變項。

　　複迴歸程序中投入的預測變項為教師職場靈性三個向度變項 (人我連結、工作意義、超越信念)，效標變項為教師幸福感三個向度變項與整體教師幸福感變項。自變項選取中，因以教師職場靈性三個向度變項作為預測變項，迴歸分析統計程序就不能同時再投入「整體職場靈性」變項作為預測變項。

貳、強迫輸入法程序

◆ 一、操作程序 (依變項為心理幸福)

　　執行功能表列執行「分析 (A)」/「迴歸 (R)」/「線性 (L)」程序，開啟「線性迴歸」主對話視窗。

　　「線性迴歸」對話視窗中，右邊「因變數 (D)：」或「依變數 (D)：」下的方框選取的是依變項 (效標變項/結果變項)，依變項必須為計量變項。右邊「自變數 (I)」下的方框要選取的為迴歸分析的自變項 (解釋變項或預測變項)；方框中至少要點選一個以上的預測變項 (自變項)，若是點選的自變項只有一個，即為簡單直線迴歸，如果選取的自變項有二個以上，則為複迴歸分析 (或多元迴歸分析)。點選的自變項必須為計量變項，如果是間斷變項，要轉換為水準數值 0、1 的虛擬變項。「方法 (M)：」下拉式選單中提供五種不同的迴歸分析時之自變項選取的方法：「Enter」(強迫進入變數法)、「逐步迴歸法」(Stepwise)、「移除」/「刪除法」(Remove)、「之前」/「向後法」、「向前轉」(Forward)，其中常用的方法為「Enter」法 (強迫進入變數法) 與「逐步迴歸法」。

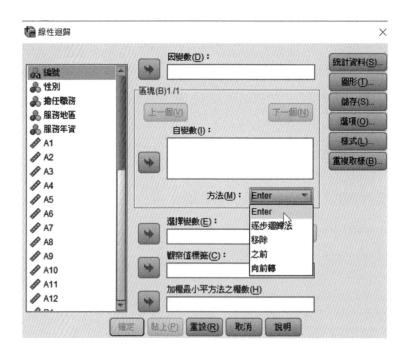

範例視窗介面從變數清單中選取效標變項「心理幸福」向度至右方「因變數 (D)：」(依變數) 下的方格中。從左邊變數清單中選取教師職場靈性三個預測變項向度：「人我連結」、「工作意義」、「超越信念」至右邊「自變數 (I)：」下的方格中，按「圖形」鈕，開啟「線性迴歸：圖形」次對話視窗。

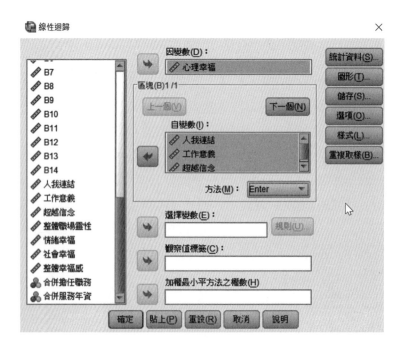

　　上述迴歸方程程序中選取的是教師職場靈性量表三個向度變項：「人我連結」、「工作意義」、「超越信念」。由於「整體職場靈性」變項的測量值是「人我連結」、「工作意義」、「超越信念」三個向度的加總，向度變項與「整體職場靈性」變項包含的測量題項有重疊，因而不能再從變數清單中加選「整體職場靈性」變項至右邊「自變數 (I)」下的方格中，同一量表測量題項加總的總分變項與部分題項構成的向度變項不能同時作為同一迴歸模式的自變項。

　　視窗圖示「線性迴歸：圖形」次對話視窗中，勾選「⊙常態機率圖 (R)」選項，按「繼續」鈕，回到「線性迴歸」主對話視窗。

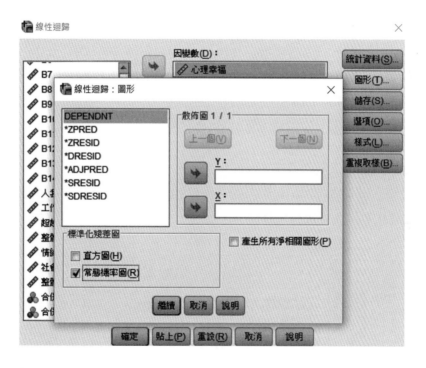

　　於「線性迴歸」主對話視窗中，按「統計資料 (S)」鈕，開啟「線性迴歸：統計資料」之對話視窗，內定的選項為「☑估計值 (E)」、「☑模型適合度 (M)」二個。強迫輸入法之複迴歸程序，一般會加選「☑共線性診斷 (L)」鈕，以判別是否有多元共線性問題，按「繼續」鈕，回到「線性迴歸」主對話視窗，按「確定」鈕。

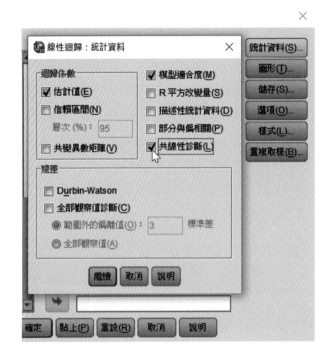

「線性迴歸」主對話視窗，若不按「確定」鈕，而是按「貼上 (P)」鈕，則語法指令貼於語法視窗中，對應的迴歸分析函數為 REGRESSION，迴歸分析方法的引數/METHOD 界定為 ENTER。

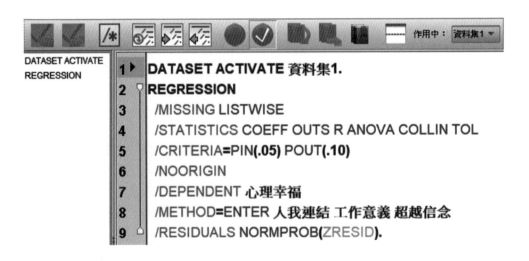

◆ 二、輸出報表

變數已輸入/已移除[a]

模型	變數已輸入	變數已移除	方法
1	超越信念, 人我連結, 工作意義[b]	.	Enter

a. 應變數：心理幸福
b. 已輸入所有要求的變數。

　　「變數已輸入/已移除」表格在於說明複迴歸投入的自變項與被排除的變項，由於複迴歸採用的是強迫輸入法 (ENTER)，強迫所有的預測變項均要進入迴歸模式中，因而三個預測變項不管其斜率係數是否達到統計顯著水準均會進入迴歸模式，其進入的順序依次為「超越信念」、「人我連結」、「工作意義」。

模型摘要

模型	R	R 平方	調整後 R 平方	標準偏斜度錯誤
1	.538[a]	.289	.279	2.739

a. 預測值：(常數)，超越信念，人我連結，工作意義

　　上表為迴歸模型之模式摘要表，每個模式包括多元相關係數 (R)、多元相關係數的平方 (R Square)、調整後的 R 平方 (Adjusted R Square)、估計的標準誤 (標準偏斜度錯誤)(Std. Error of the Estimate)。由表中可知：「超越信念」、「人我連結」、「工作意義」三個預測變項與依變項「心理幸福」的多元相關係數為 .538、決定係數/多元相關係數的平方值 (R^2) 為 .289、調整後的 R^2 為 .279，估計標準誤為 2.739，「超越信念」、「人我連結」、「工作意義」三個預測變項共可解釋「心理幸福」效標變項 28.9% 的變異量。

變異數分析[a]

模型		平方和	df	平均值平方	F	顯著性
1	迴歸	598.820	3	199.607	26.613	.000[b]
	殘差	1470.055	196	7.500		
	總計	2068.875	199			

a. 應變數：心理幸福
b. 預測值：(常數)，超越信念，人我連結，工作意義

迴歸模式之變異數分析摘要表中變異量顯著性考驗的 F 值為 26.613、顯著性考驗的 p 值為 .000，小於 .05 的顯著水準，表示迴歸模式整體解釋變異量達到顯著水準，有足夠的證據拒絕虛無假設 $H_0: R^2 = 0$，接受對立假設 $H_1: R^2 \neq 0$。迴歸模式的整體性統計考驗之 F 值達到顯著，表示迴歸方程式中，三個自變項的斜率係數 (迴歸係數) 至少有一個迴歸係數不等於 0，或者全部迴歸係數均不等於 0，亦即至少有一個預測變項會達到顯著水準。至於是那些迴歸係數達到顯著，可從下述的「係數」摘要表中的迴歸係數、相對應顯著性考驗的 T 值及其顯著性機率值 p 加以判別。

迴歸係數是否顯著等於 0 整體檢定之變異數分析檢定的虛無假設與對立假設，若以迴歸係數表示為：

虛無假設 $H_0: \beta_1 = \beta_2 = \beta_3 = 0$，或
虛無假設 $H_0: \beta_{工作意義} = \beta_{人我連結} = \beta_{超越信念} = 0$

對立假設 H_1: 至少有一個 β_i 不等於 0，i = 1、2、3，上述對立假設可能的情況：

一個自變項迴歸係數顯著不等於 0：

$\beta_{工作意義} \neq 0$、或 $\beta_{人我連結} \neq 0$、或 $\beta_{超越信念} \neq 0$

二個自變項迴歸係數顯著不等於 0：

$\beta_{工作意義} \neq 0 \& \beta_{人我連結} \neq 0$，或
$\beta_{工作意義} \neq 0 \& \beta_{超越信念} \neq 0$，或
$\beta_{人我連結} \neq 0 \& \beta_{超越信念} \neq 0$

三個自變項迴歸係數均顯著不等於 0：

$\beta_{工作意義} \neq 0 \& \beta_{人我連結} \neq 0 \& \beta_{超越信念} \neq 0$

如果變異數分析之 F 值統計量對應的顯著性 p 大於等於 .05，表示出現虛無假設的機率很高，研究結果無法拒絕虛無假設，此時得出的結果為 $\beta_{工作意義} = \beta_{人我連結} = \beta_{超越信念} = 0$，工作意義、人我連結、超越信念三個自變項的迴歸係數均等於 0，斜率係數 β 為 0，表示自變項對依變項的解釋變異量：$R^2 = 0$ 等於 0，自變項或預測變項對依變項或效標變項沒有解釋力或預測力。迴歸係數整體考驗

F 值統計未達統計顯著水準 (變異數分析 F 值統計量之顯著性 p > .05)，個別迴歸係數均為 0：

$$\beta_{\text{工作意義}} = 0 \ \& \ \beta_{\text{人我連結}} = 0 \ \& \ \beta_{\text{超越信念}} = 0$$

係數[a]

模型		非標準化係數		標準化係數	T	顯著性	共線性統計資料	
		B	標準錯誤	Beta			允差	VIF
1	(常數)	7.114	1.510		4.712	.000		
	人我連結	.093	.077	.081	1.214	.226	.805	1.243
	工作意義	.606	.102	.445	5.970	.000	.654	1.530
	超越信念	.097	.080	.088	1.217	.225	.688	1.452

a. 應變數：心理幸福

　　上表為迴歸模式的迴歸係數及迴歸係數的顯著性考驗，包括非標準化的迴歸係數 (Unstandardized Coefficients，B 之估計值欄)、標準化的迴歸係數 (Standardized Coefficients，Beta 欄)、迴歸係數顯著性考驗的 t 值及顯著性機率值 p、共線性診斷的統計量 (Collinearity Statistics)，包括允差 (容忍度) 及變異數膨脹係數 (VIF)。標準化迴歸係數 (β) 的絕對值愈大，表示該預測變項對依變項「心理幸福」效標變項的影響愈大，其解釋依變項的變異量也會愈大

　　允差/容忍度 (Tolerance) 及變異數膨脹係數 (VIF) 可檢核多元迴歸分析是否有多元共線性問題，容忍度值愈接近 0 時，表示變項間愈有線性重合問題 (多元共線性問題愈嚴重)；而變異數膨脹係數值如大於 10，則表示變項間愈有線性重合問題。上述三個自變項的容忍度值分別為 .805、.654、.688 均大於 .600，變異數膨脹係數值分別為 1.243、1.530、1.452，未大於臨界指標值 10，表示進入迴歸方程式的自變項間沒有多元共線性或線性相依的問題。

　　迴歸係數摘要表中的迴歸方程式截距項 (常數項) 為 7.114、標準誤為 1.510，量數值是否顯著等於0檢定的 t 值統計量等於 4.712，顯著性 p = .000，拒絕虛無假設，截距項顯著不等於 0。自變項人我連結的原始迴歸係數為 0.093、估計標準誤為 .077、標準化迴歸係數 β = .081，迴歸係數是否為 0 之檢定統計量 t = 1.214，顯著性 p = .226 > .05，接受虛無假設：$\beta_{\text{人我連結}} = 0$，人我連結自變項的迴歸係數顯著等於 0，表示人我連結自變項對依變項心理幸福變異量沒有顯著

解釋力。自變項超越信念的原始迴歸係數為 0.097、估計標準誤為 .080、標準化迴歸係數 $\beta = .088$，迴歸係數是否為 0 之檢定統計量 t = 1.217，顯著性 p = .225 > .05，接受虛無假設：$\beta_{超越信念} = 0$，超越信念自變項的迴歸係數顯著等於 0，表示超越信念自變項對依變項心理幸福沒有顯著解釋力 (心理幸福總變異量中可以由超越信念自變項預測的變異量為 0)。

　　自變項工作意義的原始迴歸係數為 .606、估計標準誤為 .102、標準化迴歸係數 $\beta = .445$，迴歸係數是否為 0 之檢定統計量 t = 5.970，顯著性 p = .000 < .05，有足夠證據拒絕虛無假設：$\beta_{工作意義} = 0$，對立假設得到支持：$\beta_{工作意義} \neq 0$。工作意義自變項的迴歸係數顯著不等於 0，表示工作意義自變項對依變項心理幸福有顯著的解釋力。

　　從係數摘要表中可以得出未標準化迴歸方程式如下

$$\hat{Y}_{心理幸福} = 7.114 + .093 \times 人我連結 + .606 \times 工作意義 + .097 \times 超越信念$$

　　迴歸方程式表示的意涵為人我連結、超越信念二個變數保持不變的情況下，若樣本觀察值在工作意義的分數增加 1 分，則其心理幸福分數會增加 0.606 分；樣本觀察值在工作意義的分數如果增加 10 分，則其心理幸福分數會增加 6.06 分。樣本觀察值在工作意義預測變項向度的得分愈高，心理幸福效標變項的得分就相對提高，因而工作意義預測變項向度對心理幸福效標變項的影響為正向。

　　由於非標準化自變項的單位不同，因而非標準化迴歸係數值的大小不能作為自變項間對依變項影響程度重要性比較的統計量數，若將各自變項的單位轉換為一致，去除截距項量數，迴歸方程式中自變項的斜率係數稱為標準化迴歸係數 β。因為標準化迴歸係數已去除單位的影響，因而可作為自變項間對依變項影響程度的比較量數，標準化迴歸係數 β 的絕對值愈大，表示自變項對效標變項的影響愈大，標準化迴歸係數值為正，自變項對依變項的影響為正向；標準化迴歸係數值為負，自變項對依變項的影響為負向。教師職場靈性三個向度變項對教師心理幸福向度預測之標準化迴歸方程式如下：

　　心理幸福 = .081 × 人我連結 + .445 × 工作意義 + .088 × 超越信念

共線性診斷[a]

模型	維度	特徵值	條件指數	變異數比例			
				(常數)	人我連結	工作意義	超越信念
1	1	3.954	1.000	.00	.00	.00	.00
	2	.022	13.502	.01	.90	.02	.23
	3	.015	16.479	.55	.10	.03	.60
	4	.009	20.665	.44	.01	.94	.17

a. 應變數：心理幸福

　　上表為預測變項共線性診斷各種統計量，表中提供的多元共線性的評鑑指標有特徵值 (eigenvalue)、條件指標 (condition index；CI 值)、變異數比例。在迴歸模式中如果 CI 值小於 30、特徵值大於 .01，則預測變項間多元共線性問題就不存在。範例中有三個預測變項，共可求出四個特徵值 (= 3 + 1)，四個特徵值中小於 .01 者只有一個，相對應的條件指標值均沒有大於 30 者，最大的 CI 值為 20.665，表示自變項間沒有多元共線性問題。

　　在共線性診斷統計量中，變異數比例 (Variance Proportions) 為一個特徵值個數所構成的方形矩陣，因為有 4 個特徵值，所形成的特徵向量為 4 × 4 矩陣，每一個直行四個變異數比例的總和均為 1 (= 100%)，當二個預測變項在同一橫列特徵值上的變異數比例值愈接近 1，表示變項間的關係愈密切，此時特徵值的數值會愈小，這二個變項愈有多元共線性問題 (吳明隆，2014)。從變異數比例來看，未同時有二個變項在某一個特徵值上的變異數比例值高於 .800 或 .700 以上，表示自變項間沒有多元共線性問題，此結果與上述採用變異數膨脹係數 (VIF 欄) 及容忍度值 (允差欄) 所得的結果相同。

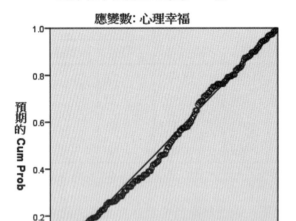

迴歸標準化殘差的常態 P-P 圖為樣本標準化殘差值的常態機率分布圖 (Normal P-P Plot of Regression Standardized Residual)，分布圖的 X 軸為觀察的累積機率值、Y 軸為預測累積機率值。若是標準化殘差值的累積機率分布呈一條左下至右上的四十五度角直線，則樣本觀察值即符合常態性假定。由圖中可知，標準化殘差值的累積機率點大致分布在四十五度角的直線附近，因而樣本觀察值十分接近常態分配的假定。

[表格範例]

教師職場靈性三個向度變項對心理幸福感之複迴歸分析摘要表

模型	自變項	非標準化迴歸係數 B	標準化迴歸係數 β	T 值	容忍度	VIF
1	(常數)	7.114		4.712***		
	人我連結	.093	.081	1.214	.805	1.243
	工作意義	.606	.445	5.970***	.654	1.530
	超越信念	.097	.088	1.217	.688	1.452
	R = .538	$R^2 = .289$	$R^2 = .279$	F = 26.613***		

◆ 三、依變項為情緒幸福向度

視窗介面「線性迴歸」主對話視窗中，被選入「因變數 (D)：」下方框中的結果變項為情緒幸福，被選入「自變數 (I)：」下方框中的預測變項為「人我連結」、「工作意義」、「超越信念」三個向度，複迴歸統計程序方法為「Enter」(強迫輸入法)。

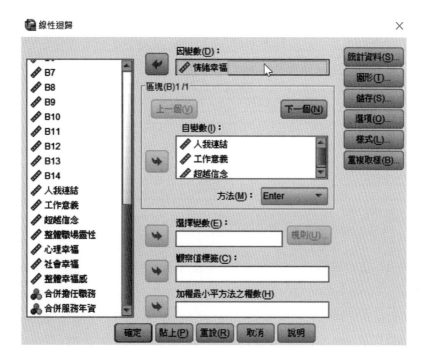

教師職場靈性三個向度變項對情緒幸福依變項之複迴歸分析結果如下：

迴歸

變數已輸入/已移除[a]

模型	變數已輸入	變數已移除	方法
1	超越信念, 人我連結, 工作意義[b]	.	Enter

a. 應變數：情緒幸福
b. 已輸入所有要求的變數

依變項為情緒幸福，方法欄顯示採用的複迴歸法為 Enter 法。

模型摘要[b]

模型	R	R 平方	調整後 R 平方	標準偏斜度錯誤
1	.564[a]	.318	.308	2.677

a. 預測值：(常數)，超越信念，人我連結，工作意義

b. 應變數：情緒幸福

　　超越信念、人我連結、工作意義三個自變項與情緒幸福依變項間的多元相關係數 R = .564、多元相關係數 R^2 = .318、調整後的 R^2 = .308、估計的標準誤值 = 2.677，三個自變項可以共同解釋情緒幸福依變項的變異量為 31.8%。

變異數分析[a]

模型		平方和	df	平均值平方	F	顯著性
1	迴歸	656.515	3	218.838	30.529	.000[b]
	殘差	1404.985	196	7.168		
	總計	2061.500	199			

a. 應變數：情緒幸福

b. 預測值：(常數)，超越信念，人我連結，工作意義

　　迴歸模式之變異數分析摘要表中變異量顯著性考驗的 F 值為 30.529、顯著性機率值 p = .000，小於 .05 的顯著水準，表示迴歸模式整體解釋變異量達到顯著水準，有足夠的證據拒絕虛無假設 H_0: R^2 = 0，接受對立假設 H_1: $R^2 \neq 0$。迴歸模式的整體性統計考驗之 F 值達到顯著，表示迴歸方程式中，三個自變項的斜率係數 (迴歸係數) 至少有一個迴歸係數不等於 0。

係數[a]

模型		非標準化係數		標準化係數	T	顯著性
		B	標準錯誤	Beta		
1	(常數)	7.064	1.476		4.786	.000
	人我連結	.263	.075	.230	3.494	.001
	工作意義	.361	.099	.265	3.632	.000
	超越信念	.239	.078	.218	3.067	.002

a. 應變數：情緒幸福

1. 人我連結自變項的未標準化迴歸係數 = .263、標準誤差 = .075、標準化迴歸係數 β = .230，迴歸係數是否顯著不等於 0 檢定之 T 值統計量 = 3.494 (p = .001 < .05)，達到統計顯著水準，人我連結自變項的迴歸係數顯著不等於 0，人我連結自變項對情緒幸福依變項有顯著的解釋力，迴歸係數值為正，表示人我連結自變項對情緒幸福依變項的影響為正向。

2. 工作意義自變項的未標準化迴歸係數 = .361、標準誤差 = .099、標準化迴歸係數 β = .265，迴歸係數是否顯著不等於 0 檢定之 T 值統計量 = 3.632 (p = .000 < .05)，達到統計顯著水準，工作意義自變項的迴歸係數顯著不等於 0，工作意義自變項對情緒幸福依變項有顯著的解釋力，迴歸係數值為正，表示工作意義自變項對情緒幸福依變項的影響為正向。

3. 超越信念自變項的未標準化迴歸係數 = .239、標準誤差 = .078、標準化迴歸係數 β = .218，迴歸係數是否顯著不等於 0 檢定之 T 值統計量 = 3.067 (p = .002 < .05)，達到統計顯著水準，超越信念自變項的迴歸係數顯著不等於 0，超越信念自變項對情緒幸福依變項有顯著的解釋力，迴歸係數值為正，表示超越信念自變項對情緒幸福依變項的影響為正向。

　　係數表中的非標準化係數項之原始迴歸係數 B 欄數值與標準誤差欄數值的比值為「T 值」欄的統計量 T 值，如人我連結自變項迴歸係數的 T 值統計量 = $\dfrac{\text{原始迴歸係數}}{\text{標準誤}} = \dfrac{.263}{.075} = 3.5066$ (小數點的誤差項為分子項、分母項進位時所造成的差異)。範例語法指令使用 R 軟體主控台計算 T 值統計量：

```
> 7.064/1.476
[1] 4.785908
> .263/.075
[1] 3.506667
> .361/.099
[1] 3.646465
> .239/.078
[1] 3.064103
```

從標準化迴歸係數 β 絕對值大小而言，人我連結、工作意義、超越信念三個自變項的 β 值分別為 .230、.265、.218，表示對依變項情緒幸福解釋變異量的大小或影響權重程度依序為工作意義>人我連結>超越信念。

圖表

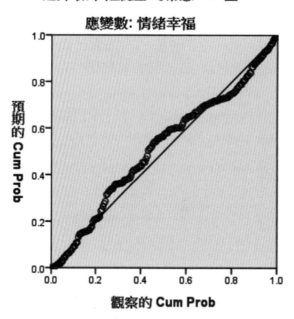

迴歸 標準化殘差 的常態 P-P 圖

應變數: 情緒幸福

◆ 四、依變項為社會幸福向度

視窗介面「線性迴歸」主對話視窗中，被選入「因變數 (D)：」下方框中的結果變項為社會幸福，被選入「自變數 (I)：」下方框中的預測變項為「人我連結」、「工作意義」、「超越信念」三個向度，複迴歸統計程序方法為「Enter」(強迫輸入法)。

迴歸

變數已輸入/已移除[a]

模型	變數已輸入	變數已移除	方法
1	超越信念, 人我連結, 工作意義[b]	.	Enter

a. 應變數：社會幸福

b. 已輸入所有要求的變數

　　依變項為社會幸福，方法欄顯示採用的複迴歸法為 Enter 法 (強迫輸入法)，因為採用強迫輸入法不管個別自變項的解釋力是否達到顯著，均會進入迴歸方程式中。

模型摘要[b]

模型	R	R 平方	調整後 R 平方	標準偏斜度錯誤
1	.644[a]	.415	.406	2.364

a. 預測值：(常數)，超越信念，人我連結，工作意義

b. 應變數：社會幸福

　　超越信念、人我連結、工作意義三個自變項與社會幸福依變項間的多元相關係數 R = .644、多元相關係數 R^2 = .415、調整後的 R^2 = .406、估計的標準誤值 = 2.364，三個自變項可以共同解釋社會幸福依變項的變異量為 41.5%。

變異數分析[a]

模型		平方和	df	平均值平方	F	顯著性
1	迴歸	776.427	3	258.809	46.319	.000b
	殘差	1095.153	196	5.588		
	總計	1871.580	199			

a. 應變數：社會幸福
b. 預測值：(常數)，超越信念，人我連結，工作意義

　　迴歸模式之變異數分析摘要表中變異量顯著性考驗的 F 值為 46.319、顯著性機率值 p = .000，小於 .05 的顯著水準，表示迴歸模式整體解釋變異量達到顯著水準，有足夠的證據拒絕虛無假設 H_0: R^2 = 0，接受對立假設 H_1: $R^2 \neq 0$。迴歸模式的整體性統計考驗之 F 值達到顯著，表示迴歸方程式中，三個自變項的斜率係數 (迴歸係數) 至少有一個迴歸係數不等於 0。

係數[a]

模型		非標準化係數		標準化係數	T	顯著性
		B	標準錯誤	Beta		
1	(常數)	1.935	1.303		1.485	.139
	人我連結	.415	.066	.380	6.247	.000
	工作意義	.326	.088	.251	3.720	.000
	超越信念	.185	.069	.178	2.700	.008

a. 應變數：社會幸福

　　從個別預測變項對社會幸福依變項之迴歸係數摘要表可以發現：

1. 人我連結自變項的未標準化迴歸係數 = .415、標準誤差 = .066、標準化迴歸係數 β = .380，迴歸係數是否顯著不等於 0 檢定之 T 值統計量 = 6.247 (p = .000 < .05)，達到統計顯著水準，人我連結自變項的迴歸係數顯著不等於 0，人我連結自變項對情緒幸福依變項有顯著的解釋力，迴歸係數值為正，表示人我連結自變項對社會幸福依變項的影響為正向。

2. 工作意義自變項的未標準化迴歸係數 = .326、標準誤差 = .088、標準化迴歸係數 β = .251，迴歸係數是否顯著不等於 0 檢定之 T 值統計量 = 3.720 (p = .000 < .05)，達到統計顯著水準，工作意義自變項的迴歸係數顯著不等於 0，工作意義自變項對社會幸福依變項有顯著的解釋力，迴歸係數值為正，表示工作意義自變項對社會幸福依變項的影響為正向。

3. 超越信念自變項的未標準化迴歸係數 = .185、標準誤差 = .069、標準化迴歸係數 β = .178，迴歸係數是否顯著不等於 0 檢定之 T 值統計量 = 2.700 (p = .008 < .05)，達到統計顯著水準，超越信念自變項的迴歸係數顯著不等於 0，超越信念自變項對社會幸福依變項有顯著的解釋力，迴歸係數值為正，表示超越信念自變項對社會幸福依變項的影響為正向。

從標準化迴歸係數 β 來看，人我連結、工作意義、超越信念三個自變項的 β 值分別為 .380、.251、.178，三個自變項對社會幸福依變項解釋變異量的大小 (或影響程度) 依序為人我連結>工作意義>超越信念。

圖表

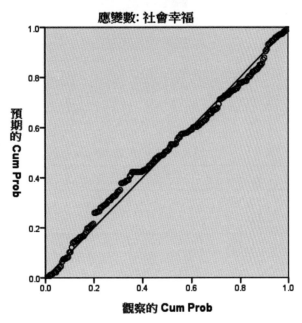

◆ 五、依變項為整體幸福感

　　視窗介面「線性迴歸」主對話視窗中，被選入「因變數 (D)：」下方框中的結果變項為整體幸福感，被選入「自變數 (I)：」下方框中的預測變項為「人我連結」、「工作意義」、「超越信念」三個向度，複迴歸統計程序方法為「Enter」(強迫輸入法)。

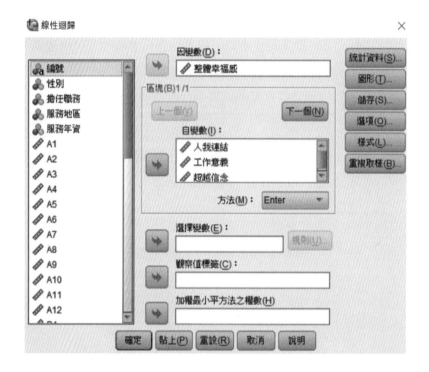

迴歸

變數已輸入/已移除[a]

模型	變數已輸入	變數已移除	方法
1	超越信念, 人我連結, 工作意義[b]	.	Enter

a. 應變數：整體幸福感
b. 已輸入所有要求的變數

　　依變項為整體幸福感，方法欄顯示採用的複迴歸法為 Enter 法 (強迫輸入法)，因為採用強迫輸入法不管個別自變項的解釋力是否達到顯著，均會進入迴歸方程式中。

模型摘要[b]

模型	R	R 平方	調整後 R 平方	標準偏斜度錯誤
1	.636[a]	.405	.396	6.607

a. 預測值：(常數)，超越信念，人我連結，工作意義
b. 應變數：整體幸福感

　　超越信念、人我連結、工作意義三個自變項與整體幸福感依變項間的多元相關係數 R = .636、多元相關係數 R^2 = .405、調整後的 R^2 = .396、估計的標準誤值 = 6.607，三個自變項可以共同解釋社會幸福依變項的變異量為 40.5%。

變異數分析[a]

模型		平方和	df	平均值平方	F	顯著性
1	迴歸	5826.119	3	1942.040	44.484	.000[b]
	殘差	8556.836	196	43.657		
	總計	14382.955	199			

a. 應變數：整體幸福感
b. 預測值：(常數)，超越信念，人我連結，工作意義

　　迴歸模式之變異數分析摘要表中變異量顯著性考驗的 F 值為 44.484、顯著性機率值 p = .000，小於 .05 的顯著水準，表示迴歸模式整體解釋變異量達到顯著水準，有足夠的證據拒絕虛無假設 H_0: R^2 = 0，接受對立假設 H_1: $R^2 \neq 0$。迴歸模式的整體性統計考驗之 F 值達到顯著，表示迴歸方程式中，三個自變項的斜率係數 (迴歸係數) 至少有一個迴歸係數不等於 0。

　　根據變異數分析表可以求出多元相關係數的平方：

$$R^2 = \frac{迴歸項平方和}{總和項平方和} = \frac{迴歸\ SS}{總和\ SS} = \frac{5826.119}{14382.955} = .405$$

　　多元相關係數平方的平方根量數為多元相關係數 $R = \sqrt{.405} = 0.636$，多元相關係數值為整體幸福感實際量測值 Y 與整體幸福感預測值 $\hat{Y}$ 間的皮爾森積差相關係數，預測值 $\hat{Y}$ 為三個預測變項線性組合的分數，因而多元相關係數為三個預測變項線性組合分數與整體幸福感實際量測值分數間的相關。範例使用 R 主控台計算多元相關係數 R 平方值與多元相關係數 R：

```
> (5826.119)/(14382.955)
[1] 0.4050711
> sqrt (.405)
[1] 0.6363961
> sqrt (5826.119/14382.955)
[1] 0.6364519
```

從公式中可以得知 R^2 是依變項整體幸福感的總變異量中，可以被預測變項解釋的變異部分，R^2 = .405，表示整體幸福感的總變異量中，可以由人我連結、工作意義、超越信念三個預測變項解釋的變異量為 40.5%，無法解釋的變異量 (殘差變異量) 為 1 − .405 = .595。

係數[a]

模型	非標準化係數 B	非標準化係數 標準錯誤	標準化係數 Beta	T	顯著性	共線性統計資料 允差	共線性統計資料 VIF
1　(常數)	16.113	3.643		4.423	.000		
人我連結	.771	.186	.255	4.153	.000	.805	1.243
工作意義	1.293	.245	.360	5.277	.000	.654	1.530
超越信念	.521	.192	.180	2.713	.007	.688	1.452

a. 應變數：整體幸福感

從個別預測變項對整體幸福感依變項之迴歸係數摘要表可以發現：

從允差/容忍度 (Tolerance) 及變異數膨脹係數 (VIF) 可檢核多元迴歸分析是否有多元共線性問題，容忍度值愈接近 0 時，表示變項間愈有線性重合問題 (多元共線性問題愈嚴重)；而變異數膨脹係數值如大於 10，則表示變項間愈有線性重合問題。上述三個自變項的容忍度值分別為 .805、.654、.688 均大於 .600，變異數膨脹係數值分別為 1.243、1.530、1.452，未大於臨界指標值 10，表示進入迴歸方程式的自變項間沒有多元共線性或線性相依的問題。當複迴歸中投入相同的自變項，採用強迫輸入法分析程序時，雖然選取的是不同的依變項，但由於自變項的個數相同，自變項變項名稱也相同，因而共線性診斷的係數值均會一樣，若有多個複迴歸方程，只要檢核第一個複迴歸之共線性診斷統計量即可。

　　人我連結、工作意義、超越信念三個自變項之迴歸係數均顯著不等於 0，表示三個自變項均有顯著解釋力，非標準化迴歸係數值分別為 .771、1.293、.521，迴歸係數是否顯著不等於 0 檢定之 T 值統計量為 4.153 (p = .000 < .05)、5.277 (p = .000 < .05)、2.713 (p = .007 < .05)，均達統計顯著水準。迴歸係數值為正，表示超越信念自變項對整體幸福感依變項的影響為正向。從標準化迴歸係數 β 來看，人我連結、工作意義、超越信念三個自變項的 β 值分別為 .255、.360、.180，三個自變項對整體幸福感依變項解釋變異量的大小 (或影響程度) 依序為工作意義>人我連結>超越信念，三個自變項相較之下，以工作意義自變項對整體幸福感依變項的影響力最大。由於三個自變項的標準化迴歸係數 β 均為正，表示工作意義、人我連結、超越信念三個自變項對整體幸福感依變項的影響均為正向。

　　從係數摘要表中可以得出未標準化迴歸方程式如下：

$$\hat{Y}_{整體幸福感} = 16.113 + 0.771 \times 人我連結 + 1.293 \times 工作意義 + 0.521 \times 超越信念$$

共線性診斷[a]

模型	維度	特徵值	條件指數	變異數比例			
				(常數)	人我連結	工作意義	超越信念
1	1	3.954	1.000	.00	.00	.00	.00
	2	.022	13.502	.01	.90	.02	.23
	3	.015	16.479	.55	.10	.03	.60
	4	.009	20.665	.44	.01	.94	.17

a. 應變數：整體幸福感

　　以整體幸福感為依變項之共線性診斷表格數據，與心理幸福為依變項之共線性診斷表格數據完全相同，條件指數分別為 1.000、13.502、16.479、20.665。

圖表

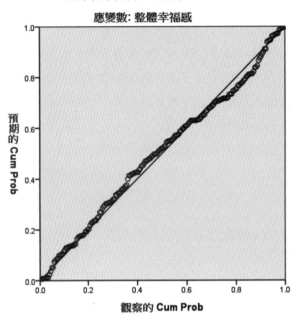

迴歸 標準化殘差 的常態 P-P 圖
應變數: 整體幸福感

[表格範例]

教師職場靈性三個向度變項對整體幸福感之複迴歸分析摘要表

模型	自變項	非標準化係數 B	標準化係數 β	T 值
1	(常數)	16.113		4.423***
	人我連結	.771	.255	4.153***
	工作意義	1.293	.360	5.277***
	超越信念	.521	.180	2.713**
	R = .636	R^2 = .405	R^2 = .396	F = 44.484***

　　IBM SPSS 24 版本輸出之強迫輸入法報表格式如下,「線性迴歸:統計量」次對話視窗中,增列勾選「☑R平方改變量 (S)」、「共線性診斷 (L)」二個選項:

選入/刪除的變數[a]

模型	已輸入的變數	已移除的變數	方法
1	超越信念, 人我連結, 工作意義[b]	.	輸入 (Enter)

a. 應變數：整體幸福感
b. 已輸入所有要求的變數

模型摘要

模型	R	R 平方	調整後 R 平方	估計的 標準誤	變更統計量		
					R 平方變更	F 值變更	自由度 1
1	.636[a]	.405	.396	6.607	.405	44.484	3

由於採用強迫輸入法，R 平方變更量只呈現所有自變項投入迴歸方程的總解釋變異量，「R平方變更」欄統計量即「R平方」欄之統計量，「F值變更」欄的統計量與變異數分析摘要中的 F 值統計量相同。

模型摘要

模型	變更統計量	
	自由度 2	顯著性 F 值變更
1	196	.000

a. 解釋變數：(常數)，超越信念，人我連結，工作意義

變異數分析[a]

模型		平方和	自由度	均方	F	顯著性
1	迴歸	5826.119	3	1942.040	44.484	.000[b]
	殘差	8556.836	196	43.657		
	總計	14382.955	199			

a. 應變數：整體幸福感
b. 解釋變數：(常數)，超越信念，人我連結，工作意義

係數[a]

模型		非標準化係數		標準化係數	T	顯著性	共線性統計量	
		B	標準誤	β			允差	VIF
1	(常數)	16.113	3.643		4.423	.000		
	人我連結	.771	.186	.255	4.153	.000	.805	1.243
	工作意義	1.293	.245	.360	5.277	.000	.654	1.530
	超越信念	.521	.192	.180	2.713	.007	.688	1.452

a. 應變數：整體幸福感

共線性診斷[a]

模型	維度	特徵值	條件指數	變異數比例			
				(常數)	人我連結	工作意義	超越信念
1	1	3.954	1.000	.00	.00	.00	.00
	2	.022	13.502	.01	.90	.02	.23
	3	.015	16.479	.55	.10	.03	.60
	4	.009	20.665	.44	.01	.94	.17

a. 應變數：整體幸福感

參、逐步迴歸分析法

　　若是自變項的個數較多，迴歸分析程序可以採取逐步多元迴歸分析法，此程序被選入迴歸方程式的自變項對依變項都有顯著的預測力，且可以知道個別自變項對依變項的解釋變異 R^2 改變量的量數，逐步多元迴歸分析法可以解決部分多元共線性問題。統計分析結果中，研究者若發現輸出報表之預測變項對依變項之迴歸係數的正負號與原相關係數相反，可能就有多元共線性問題；或是標準化迴歸係數 β 值的絕對值大於 1.000 以上，預測變項間也可能有多元共線性問題。此時，最簡便的方法是將預測變項數簡化，將變項與其他自變項間有高度相關的預測變項從迴歸模式中排除。如自變項 X1 與自變項 X2、自變項 X3 間的積差相關係數 r 分別為 .92、.89，自變項 X2 與自變項 X3 間的積差相關係數 r 為 .69，自變項 X1 與自變項 X2、X3 間均有高度相關，迴歸模式中可優先將自變項 X1 排除。

◆ 一、操作程序

　　視窗介面「線性迴歸」主對話視窗中，被選入「因變數 (D)：」下方框中的結果變項為整體幸福感，被選入「自變數 (I)：」下方框中的預測變項為「人我連結」、「工作意義」、「超越信念」三個向度，複迴歸統計程序方法選取的為「逐步迴歸法」。按「統計資料 (S)」(統計量) 鈕，開啟「線性迴歸：統計資料」(線性迴歸：統計量) 次對話視窗。

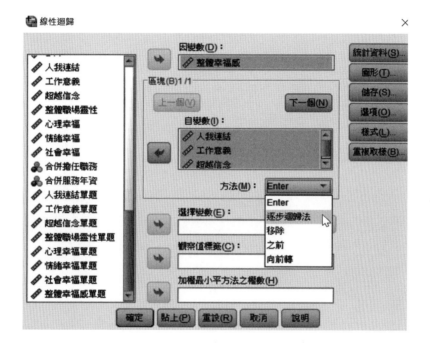

　　IBM SPSS 24 版本之線性迴歸主對話視窗中，將「因變數 (D)」改譯為「依變數值 D」；五種迴歸方法譯為輸入、逐步、移除、向後法、向前法，其中之輸入法為 Enter 法 (強迫輸入法)、逐步法為逐步多元迴歸法。

　　「線性迴歸：統計資料」(線性迴歸：統計量) 次對話視窗中，內定勾選的選項為「☑估計值 (E)」、「☑模型模合度 (M)」(模式適合度)，視窗介面增列勾選「☑R平方改變量 (S)」、「☑描述性統計資料 (D)」(描述性統計量) 選項，按「繼續」鈕，回到「線性迴歸」主對話視窗，按「確定」鈕。

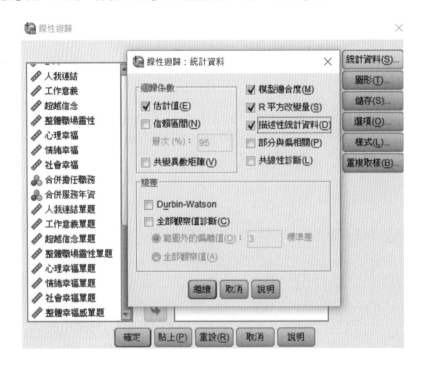

◆ 二、輸出報表

迴歸

描述性統計資料

	平均數	標準偏差	N
整體幸福感	57.74	8.502	200
人我連結	14.83	2.813	200
工作意義	16.58	2.365	200
超越信念	16.82	2.941	200

敘述統計量表為依變項、自變項之描述性統計量，包括平均數、標準差 (標準離差/標準偏差)、有效觀察值個數。

相關

		整體幸福感	人我連結	工作意義	超越信念
皮爾森 (Pearson) 相關	整體幸福感	1.000	.468	.562	.465
	人我連結	.468	1.000	.413	.355
	工作意義	.562	.413	1.000	.539
	超越信念	.465	.355	.539	1.000
顯著性 (單尾)	整體幸福感	.	.000	.000	.000
	人我連結	.000	.	.000	.000
	工作意義	.000	.000	.	.000
	超越信念	.000	.000	.000	.
N	整體幸福感	200	200	200	200
	人我連結	200	200	200	200
	工作意義	200	200	200	200
	超越信念	200	200	200	200

相關係數摘要表包括三大項，第一大項皮爾森 (Pearson) 相關為三個自變項與效標變間的相關係數矩陣，人我連結、工作意義、超越信念三個預測變項與效標變項整體幸福感間的相關係數 r 分別為 .468、.562、465；第二大項為第一大項相關係數矩陣中之相關係數 r 對應的顯著性 p 值、第三大項為有效觀察值的個數。

變數已輸入/已移除[a]

模型	變數已輸入	變數已移除	方法
1	工作意義	.	逐步 (準則：F-to-enter 的機率 <= .050，F-to-remove 的機率 >= .100)。
2	人我連結	.	逐步 (準則：F-to-enter 的機率 <= .050，F-to-remove 的機率 >= .100)。
3	超越信念	.	逐步 (準則：F-to-enter 的機率 <= .050，F-to-remove 的機率 >= .100)。

a. 應變數：整體幸福感

　　選入/刪除的變數表為各模型中被選入迴歸方程的預測變項與被排除的預測變項，模型 1 被選入迴歸方程式的預測變項為工作意義；模型 2 再被選入迴歸方程的預測變項為人我連結，模型 2 的預測變項共有二個：工作意義、人我連結；模型 3 再被選入迴歸方程的預測變項為超越信念，模型 3 的預測變項共有三個：工作意義、人我連結、超越信念。模型 3 為逐步多元迴歸程序最後的迴歸模型，被選入迴歸方程中的自變項有三個。

模型摘要

模型	R	R 平方	調整後 R 平方	標準偏斜度錯誤	變更統計資料				
					R 平方變更	F 值變更	df1	df2	顯著性 F 值變更
1	.562[a]	.316	.312	7.050	.316	91.410	1	198	.000
2	.619[b]	.383	.376	6.713	.067	21.344	1	197	.000
3	.636[c]	.405	.396	6.607	.022	7.361	1	196	.007

a. 預測值：(常數)，工作意義
b. 預測值：(常數)，工作意義，人我連結
c. 預測值：(常數)，工作意義，人我連結，超越信念

　　模式摘要表中的第一欄為模式序號。第二欄為 R 為多元相關係數，多元相關係數表示的模型中的預測變項與效標變項間的複相關。第三欄 R 平方為多元相關係數的平方，表示模型中所有自變項可以共同解釋效標變項的變異量 (累積解釋變異量)。第四欄為調整過的 R 平方。第五欄為估計的標準誤。第六欄 R 平方改變量為個別預測變項 (該模型中被選入的預測變項) 可以解釋效標變項的變異量；F 改變量為個別預測變項之 R 平方是否等於 0 的檢定，由於採取的是逐步

多元迴歸分析法，被選入迴歸方程的預測變項都有顯著的解釋力，因而 F 改變量對應的顯著性機率值 p 都會小於 .05。第七欄為分子自由度。第八欄為分母自由度。第九欄顯著性 F 改變量為顯著性 p 值，此顯著性 p 值檢定的是各模型中被選入的預測變項對依變項解釋變異量 ΔR^2 是否顯著不等於 0，由於複迴歸程序採用的是逐步多元迴歸分析法，各模式中被選入的預測變項的解釋力都會達到統計顯著水準，ΔR^2 都顯著不等於 0，顯著性 F 改變量之 p 值都會小於 .05。

1. 模型 1 的預測變項有一個 (工作意義)，工作意義預測變項與效標變項整體幸福感的多元相關係數 R = .562、多元相關係數 R 平方 = .316，工作意義預測變項可以解釋效標變項整體幸福感的變異量為 31.6%。

2. 模型 2 的預測變項有二個 (工作意義、人我連結)，工作意義、人我連結二個預測變項與效標變項整體幸福感的多元相關係數 R = .619、多元相關係數 R 平方 = .383，工作意義、人我連結二個預測變項共可解釋效標變項整體幸福感的變異量為 38.3%，人我連結預測變項可以解釋效標變項整體幸福感的解釋量為 6.74% (= .383 − .316)。

3. 模型 3 的預測變項有三個 (工作意義、人我連結、超越信念)，工作意義、人我連結、超越信念三個預測變項與效標變項整體幸福感的多元相關係數 R = .636、多元相關係數 R 平方 = .405，工作意義、人我連結、超越信念三個預測變項共可解釋效標變項整體幸福感的變異量為 40.5%，超越信念預測變項可以解釋效標變項整體幸福感的解釋量為 2.2% (= .405 − .383)。

從 R 平方改變量欄的數值大小或排序，可以得知被選入迴歸模式中自變項對依變項個別的預測力或個別的解釋變異量，工作意義、人我連結、超越信念三個預測變項可以解釋依變項整體幸福感的變異量分別 31.6%、6.7%、2.2%。

變異數分析[a]

型		平方和	df	平均值平方	F	顯著性
1	迴歸	4542.864	1	4542.864	91.410	.000[b]
	殘差	9840.091	198	49.697		
	總計	14382.955	199			
2	迴歸	5504.752	2	2752.376	61.073	.000[c]
	殘差	8878.203	197	45.067		

型		平方和	df	平均值平方	F	顯著性
	總計	14382.955	199			
3	迴歸	5826.119	3	1942.040	44.484	.000^d
	殘差	8556.836	196	43.657		
	總計	14382.955	199			

a. 應變數：整體幸福感
b. 預測值：(常數)，工作意義
c. 預測值：(常數)，工作意義，人我連結
d. 預測值：(常數)，工作意義，人我連結，超越信念

　　變異數分析為各模型中迴歸係數是否等於 0 之整體考驗，若是整體考驗之 F 值統計量達到統計顯著水準，表示迴歸模型中的預測變項至少有一個預測變項的迴歸係數顯著不等於 0。採用逐步多元迴歸分析法，被選入迴歸模式之預測變項的 ΔR^2 都顯著不等於 0，表示預測變項的迴歸係數也顯著不等於 0，因而變異數分析摘要表中的各模型之整體考驗的 F 值統計量都會達到顯著 (p < .05)。

　　迴歸模型 1 中的預測變項為工作意義，整體考驗的 F 值統計量 = 91.410，顯著性 p < .001，達到統計顯著水準，工作意義預測變項的迴歸係數顯著不等於 0。

　　迴歸模型 2 中的預測變項為工作意義、人我連結，整體考驗的 F 值統計量 = 61.073，顯著性 p < .001，達到統計顯著水準，工作意義、人我連結二預測變項的迴歸係數至少有一個顯著不等於 0。

　　迴歸模型 3 中的預測變項為工作意義、人我連結、超越信念，整體考驗的 F 值統計量 = 44.484，顯著性 p < .001，達到統計顯著水準，工作意義、人我連結、超越信念三預測變項的迴歸係數至少有一個顯著不等於 0。

係數^a

模型		非標準化係數		標準化係數		
		B	標準錯誤	Beta	T	顯著性
1	(常數)	24.247	3.538		6.853	.000
	工作意義	2.020	.211	.562	9.561	.000

模型		非標準化係數		標準化係數	T	顯著性
		B	標準錯誤	Beta		
2	(常數)	18.505	3.591		5.153	.000
	工作意義	1.599	.221	.445	7.236	.000
	人我連結	.858	.186	.284	4.620	.000
3	(常數)	16.113	3.643		4.423	.000
	工作意義	1.293	.245	.360	5.277	.000
	人我連結	.771	.186	.255	4.153	.000
	超越信念	.521	.192	.180	2.713	.007

a. 應變數：整體幸福感

　　逐步多元迴歸分析程序共有三個模式，最後的模式為模型 3，迴歸模型 3 自變項具有顯著解釋力或預測力者共有三個：工作意義、人我連結、超越信念，非標準化迴歸方程式之截距項為 16.113，三個預測變項的迴歸係數分別為 1.293、.771、.521，標準化迴歸方程式之 β 值分別為 .360、.255、.180。

排除的變數[a]

模型		Beta 入	T	顯著性	偏相關	共線性統計資料
						允差
1	人我連結	.284[b]	4.620	.000	.313	.829
	超越信念	.228[b]	3.349	.001	.232	.710
2	超越信念	.180[c]	2.713	.007	.190	.688

a. 應變數：整體幸福感
b. 模型中的預測值：(常數)，工作意義
c. 模型中的預測值：(常數)，工作意義，人我連結

　　排除的變數表為各迴歸模型排除的預測變項，模型 1 被排除的預測變項為人我連結、超越信念，被選入的預測變項為工作意義。模型 2 被排除的變項為超越信念，被選入的預測變項為人我連結，模型 2 被選入迴歸模式的預測變項為人我連結，包括之前模型 1 被選入的預測變項工作意義，因而模型 2 迴歸模式中的預測變項有二個：工作意義、人我連結。模型 3 沒有被排除的預測變項，表示模型 3 程序中將最後一個預測變項超越信念也選入迴歸模式中。

[表格範例]

教師職場靈性向度變項對整體教師幸福感之逐步多元迴歸分析摘要表

模型序號	被選入預測變項	R	R^2	ΔR^2	ΔF	B	β
	截距項					16.113	.360
1	工作意義	.562	.316	.316	91.410***	1.293	.255
2	人我連結	.619	.383	.067	21.344***	.771	.180
3	超越信念	.636	.405	.022	7.361**	.521	

◆ 三、依變項為向度變項

　　視窗介面「線性迴歸」主對話視窗中，被選入「因變數 (D)：」下方框中的結果變項為「心理幸福」向度，被選入「自變數 (I)：」下方框中的預測變項為「人我連結」、「工作意義」、「超越信念」三個向度，複迴歸統計程序方法選取的為「逐步迴歸法」。按「統計資料 (S)」(統計量) 鈕，開啟「線性迴歸：統計資料」(線性迴歸：統計量) 次對話視窗。

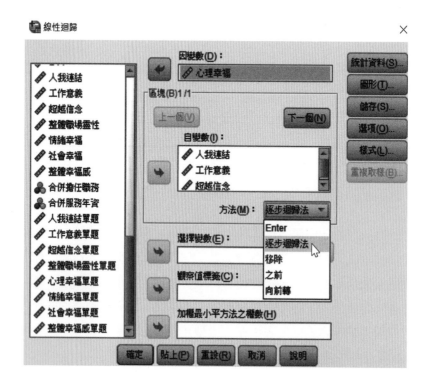

「線性迴歸：統計資料」(線性迴歸：統計量) 次對話視窗中，內定勾選的選項為「☑估計值 (E)」、「☑模型適合度 (M)」(模式模合度)，視窗介面增列勾選「☑R平方改變量 (S)」、「☑描述性統計資料 (D)」選項，按「繼續」鈕，回到「線性迴歸」主對話視窗，按「確定」鈕。

迴歸

描述性統計資料

	平均數	標準偏差	N
心理幸福	20.18	3.224	200
人我連結	14.83	2.813	200
工作意義	16.58	2.365	200
超越信念	16.82	2.941	200

敘述統計量表為依變項、自變項之描述性統計量，包括平均數、標準差 (標準離差/標準偏差)、有效觀察值個數。迴歸程序的依變項為心理幸福向度，其餘三個變項均為預測變項。

相關

		心理幸福	人我連結	工作意義	超越信念
皮爾森 (Pearson) 相關	心理幸福	1.000	.296	.526	.357
	人我連結	.296	1.000	.413	.355
	工作意義	.526	.413	1.000	.539
	超越信念	.357	.355	.539	1.000
顯著性 (單尾)	心理幸福	.	.000	.000	.000
	人我連結	.000	.	.000	.000
	工作意義	.000	.000	.	.000
	超越信念	.000	.000	.000	.
N	心理幸福	200	200	200	200
	人我連結	200	200	200	200
	工作意義	200	200	200	200
	超越信念	200	200	200	200

　　人我連結、工作意義、超越信念三個預測變項與依變項心理幸福向度的積差相關係數 r 值統計量分別為 .296 ($p < .001$)、.526 ($p < .001$)、.357 ($p < .001$)，均達統計顯著水準，三個積差相關係數 r 值均為正值，表示人我連結、工作意義、超越信念三個預測變項與依變項心理幸福向度有顯著正相關。

變數已輸入/已移除[a]

模型	變數已輸入	變數已移除	方法
1	工作意義	.	逐步 (準則：F-to-enter 的機率 <= .050，F-to-remove 的機率 >= .100)。

a. 應變數：心理幸福

　　模式 1 程序被選迴歸模型的預測變項為工作意義，此程序被排除的預測變項為人我連結與超越信念二個，逐步多元迴歸分析法程序只有一個模式，表示投入的預測變項中只有一個預測變項對效標變項心理幸福的解釋變異量達到顯著。

模型摘要

模型	R	R 平方	調整後 R 平方	標準偏斜度錯誤	變更統計資料				
					R 平方變更	F 值變更	df1	df2	顯著性 F 值變更
1	.526[a]	.276	.273	2.750	.276	75.668	1	198	.000

a. 預測值：(常數)，工作意義

模式 1 被選入的工作意義預測變項與效標變項心理幸福間的多元相關係數 R = .526、多元相關係數 R 平方值 = .276、調整過後的 R 平方值 = .273、估計的標準誤 = 2.750、R 平方改變量 = .276 (工作意義預測變項可以解釋依變項的變異量)、F 值改變量 = 75.668、顯著性 p = .000 < .05，達到統計顯著水準。

變異數分析[a]

模型		平方和	df	平均值平方	F	顯著性
1	迴歸	572.036	1	572.036	75.668	.000[b]
	殘差	1496.839	198	7.560		
	總計	2068.875	199			

a. 應變數：心理幸福
b. 預測值：(常數)，工作意義

模型 1 中迴歸係數是否顯著不等於 0 檢定之整體考驗，F 值統計量 = 75.668 (p < .05)，迴歸模式中只有「工作意義」一個預測變項，表示工作意義的迴歸係數顯著不等於 0，工作意義對依變項心理幸福有顯著的預測力。

係數[a]

模型		非標準化係數		標準化係數	T	顯著性
		B	標準錯誤	Beta		
1	(常數)	8.292	1.380		6.009	.000
	工作意義	.717	.082	.526	8.699	.000

a. 應變數：心理幸福

工作意義預測變項的非標準化迴歸係數 B = .717，標準化迴歸係數 β 值 = .526，由於迴歸係數值為正，表示預測變項工作意義對心理幸福依變項的影響為正向。

排除的變數[a]

模型		Beta 入	T	顯著性	偏相關	共線性統計資料
						允差
1	人我連結	.096[b]	1.444	.150	.102	.829
	超越信念	.104b	1.447	.150	.103	.710

a. 應變數：心理幸福

b. 模型中的預測值：(常數)，工作意義

　　模式 1 程序被選迴歸模型的預測變項為工作意義，此程序被排除的預測變項為人我連結與超越信念二個。

肆、性別變項的轉換

　　之前因子變項性別的水準數值編碼為 1、2，若要將因子變項作為預測變項，投入迴歸模式中最好將性別因子變項水準數值重新編碼為 0、1。

性別

		次數	百分比	有效的百分比	累積百分比
有效	1 男生	96	48.0	48.0	48.0
	2 女生	104	52.0	52.0	100.0
	總計	200	100.0	100.0	

　　操作程序如下：

　　執行功能表列「轉換 (T)」/「重新編碼成不同變數 (R)」程序，開啟「重新編碼成不同變數」對話視窗。

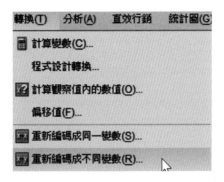

在「重新編碼成不同變數」對話視窗中，從變數清單中點選性別變項至中間
方框中，於「輸出之新變數」方盒「名稱 (N)：」下方框中輸入「虛擬性別」新
因子變項名稱，按「變更 (H)」鈕，中間方框的訊息為「性別 --> 虛擬性別」，
按「舊值與新值」鈕，開啟「重新編碼成不同變數：舊值與新值」次對話視窗。

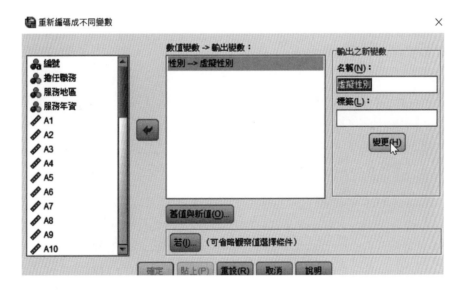

於「重新編碼成不同變數：舊值與新值」次對話視窗中，「舊值」方盒之
「⊙數值 (V)：」下方框鍵入 1、「新值為」方盒之「⊙數值 (L)：」右方框鍵
入 0，按「新增」鈕；「舊值」方盒之「⊙數值 (V)：」下方框鍵入 2、「新值
為」方盒之「⊙數值 (L)：」右方框鍵入 1，按「新增」鈕，按「繼續」鈕，回
到「重新編碼成不同變數」主對話視窗，按「確定」鈕。

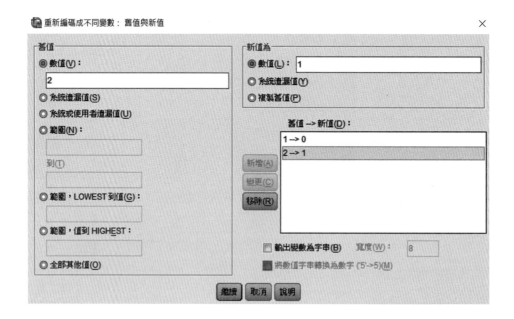

　　變數檢視工作表中增列一個「虛擬性別」因子變項，於變數視圖或變數檢視
工作表中，在「虛擬性別」橫列與「數值」欄交叉細格右邊按一下，開啟「數值
標籤」對話視窗，設定二個水準數值的群組標記，水準數值 0 為男生、水準數值
1 為女生 (原性別因子變項之水準數值 1 為男生、水準數值 2 為女生)。

　　「虛擬性別」因子變項的次數分配如下。轉換後的因子變項「虛擬性別」可
以作為預測變項，投入迴歸模式中。

虛擬性別

		次數	百分比	有效的百分比	累積百分比
有效	0 男生	96	48.0	48.0	48.0
	1 女生	104	52.0	52.0	100.0
	總計	200	100.0	100.0	

範例視窗介面「線性迴歸」對話視窗中，被選入「自變數 (I)：」下方框中的預測變項除教師職場靈性三個向度變項外，也包括因子變項「虛擬性別」。

Chapter 12

典型相關

壹、基本概念

　　簡單線性相關為積差相關，積差相關統計法適用時機為一個計量變項與另一個計量變項間的相關。典型相關分析法則是一組計量變項與另一組計量變項間的相關，第一組計量變項為自變項或控制變項、第二組計量變項為依變項。典型相關程序中第一組變項 (人我連結、工作意義、超越信念) 一般稱為 X 組變項、第二組變項 (心理幸福、情緒幸福、社會幸福) 稱為 Y 組變項。

　　X 組變項中的人我連結、工作意義、超越信念三個向度變項是樣本觀察值勾選的分數，三個變項的測量值可以界定操作型定義，此種變項稱為觀察變項或指標變項；三個觀察變項的線性組合是無法界定操作型定義，稱為潛在變項，或無法觀察的變項。X 組變項的潛在變項稱為 χ (第一組三個變項的線性組合)，典型相關分析程序中線性組合之潛在變項稱為典型變量 χ_1、χ_2、χ_3、……。

　　Y 組變項中的心理幸福、情緒幸福、社會幸福三個向度變項是樣本觀察值勾選的分數，三個變項的測量值可以界定操作型定義，此種變項稱為觀察變項或指標變項；三個觀察變項的線性組合是無法界定操作型定義，稱為潛在變項，或無法觀察的變項。Y 組變項的潛在變項稱為 η (第二組三個變項的線性組合)，典型相關分析程序中線性組合之潛在變項稱為典型變量 η_1、η_2、η_3、……。潛在變項 χ、η 在典型相關程序中又稱為 X 組、Y 組「典型變量」或「典型變項」(典型變數)。

　　X 組變項之潛在變項 χ 與 Y 組變項之潛在變項 η 間的相關係數稱為典型相關係數，以符號 ρ 表示，典型相關係數 ρ 是 X 組變項的線性組合與 Y 組變項的線性組合間之相關。X 組第一個典型變量 χ_1 與 Y 組第一個典型變量 η_1 間的相關為第一個典型相關係數 ρ_1；X 組第二個典型變量 χ_2 與 Y 組第二個典型變量 η_2 間的相關為第二個典型相關係數 ρ_2；X 組第三個典型變量 χ_3 與 Y 組第三個典型變量 η_3 間的相關為第三個典型相關係數 ρ_3，依此類推。假設有四個典型相關係數，典型相關係數的大小為 $\rho_1 > \rho_2 > \rho_3 > \rho_4$，典型相關係數是否顯著不等於 0，要判別其對應的卡方值統計量。

　　X 組典型變量 χ 與 X 組觀察變項 (X1、X2、X3、……) 間的相關稱為典型負荷量 (canonical loading)，典型負荷量又稱為典型結構係數，X 組典型變量 χ 與 Y 組觀察變項 (Y1、Y2、Y3、……) 間的相關稱為跨典型負荷量/交叉典型負荷量 (cross canonical loading)，交叉典型負荷量又稱為 index 係數。典型負荷量平方

加總的平均數為 X 組觀察變項可以被其典型變量 χ 解釋的變異量，跨典型負荷量平方加總的平均數為 X 組觀察變項可以被其對應典型變量 η 解釋的變異量。

Y 組典型變量 η 與 Y 組觀察變項 (Y1、Y2、Y3、……) 間的相關稱為典型負荷量 (canonical loading)，典型負荷量又稱為典型結構係數，Y 組典型變量 η 與 X 組觀察變項 (X1、X2、X3、……) 間的相關稱為跨典型負荷量/交叉典型負荷量 (cross canonical loading)，交叉典型負荷量又稱為 index 係數。典型負荷量平方加總的平均數為 Y 組觀察變項可以被其典型變量 η 解釋的變異量，跨典型負荷量平方加總的平均數為 Y 組觀察變項可以被其對應典型變量 χ 解釋的變異量。

X 組變項可以被對應典型變量 η 解釋的變異量，或 Y 組變項可以被對應典型變量 χ 解釋的變異量，在典型相關分析程序中此統計量稱為重疊係數或重疊量數。

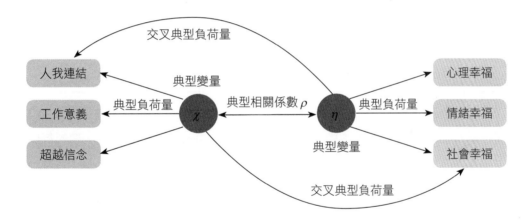

範例研究問題與研究假設為：

研究問題：人我連結、工作意義、超越信念三個向度變項與心理幸福、情緒幸福、社會幸福三個向度變項間是否有顯著典型相關存在？

研究假設：人我連結、工作意義、超越信念三個向度變項與心理幸福、情緒幸福、社會幸福三個向度變項間有顯著典型相關存在。

貳、操作程序

典型相關語法巨集檔檔名為「Canonical correlation.sps」，一般資料夾位置存在於「Program files」中，之下的路徑隨 SPSS 版本的不同而稍有不同，範例

之路徑位置為「C:\Program files\IBM\SPSS\Statistics\22\Samples\English\」，路徑資料中會有一個「Canonical correlation.sps」檔案，檔案類型標記為「SPSS Statistics Syntax File」(SPSS 統計語法檔案)。

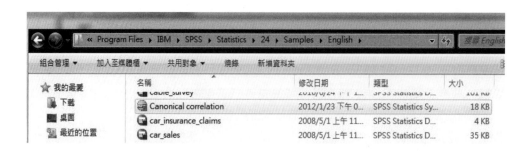

典型相關程序之語法指令如下：

```
INCLUDE file = 'c:\Program files\IBM\SPSS\Statistics\22\Samples\English\canonical
correlation.sps'.
CANCORR  set1 = 人我連結  工作意義  超越信念 /
               set2 = 心理幸福  情緒幸福  社會幸福 /.
EXECUTE.
```

視窗介面 Canonical correlaion 統計語法在 IBM SPSS 24 統計軟體的路徑，路徑位置為「C:\Program files\IBM\SPSS\Statistics\24\Samples\English\」，要執行典型相關程序，INCLUDE file 的語法指令為：

「INCLUDE file = 'C:\Program files\IBM\SPSS\Statistics\24\Samples\English\canonical correlation.sps'. 」

執行功能表列「檔案 (F)」/「新增 (E)」/「語法 (S)」程序，開啟「IBM SPSS Statistics Syntax Editor」(IBM SPSS 統計語法編輯器) 對話視窗。

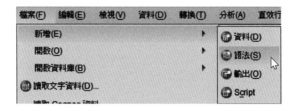

在「IBM SPSS Statistics Syntax Editor」(IBM SPSS 統計語法編輯器) 介面視窗中的右邊方框鍵入典型相關語法指令。

語法指令第一列關鍵函數 INCLUDE 在呼叫典型相關巨集檔案，以便執行典型相關，語法指令列也改為：

「INCLUDE FILE = 'C:\Program files\IBM\SPSS\Statistics\24\Samples\English\canonical correlation.sps'.」

第二列關鍵函數 CANCORR 界定典型相關二組變項，引數 set1 (或大寫 SET1) 界定第一組變項 (X 組變項)、set2 (或大寫 SET2) 界定第二組變項 (Y 組變項)，各組變項間要空一格以上。CANCORR 函數語法為：

```
CANCORR  set1 = X 組變項名稱 /
          set2 = Y 組變項名稱 /.
或
CANCORR  SET1 = X 組變項名稱 /
          SET2 = Y 組變項名稱 /.
```

X 組變項名稱為第一組的變項，如：

「set1 = X1 X2 X3 X4 X5 /」，或「SET1 = X1 X2 X3 X4 X5 /」

Y 組變項名稱為第二組的變項，如：

「set2 = Y1 Y2 Y3 Y4 Y5 /.」或「SET2 = Y1 Y2 Y3 Y4 Y5 /.」，語法指令最後面界定一個小點「.」，表示語法指令結束。IBM SPSS 22 統計軟體之視窗介面為：

```
1   INCLUDE file='c:\Program files\IBM\SPSS\Statistics\22\Samples\English\canonical correlation.sps'.
2   CANCORR  set1=人我連結  工作意義  超越信念 /
3              set2=心理幸福  情緒幸福  社會幸福 /.
4   EXECUTE.
5
```

選取所有語法指令，按工具列「執行選取範圍」鈕 ▶。

IBM SPSS 24 安裝路徑之典型相關分析語法視窗介面圖示如下：

典型相關語法指令只更改版本對應的路徑：

```
INCLUDE file = 'c:\Program files\IBM\SPSS\Statistics\24\Samples\English\canonical
correlation.sps'.
CANCORR  set1 = 人我連結  工作意義  超越信念 /
              set2 = 心理幸福  情緒幸福  社會幸福 /.
EXECUTE.
```

參、輸出報表

矩陣

Run MATRIX procedure:

Correlations for Set-1

	人我	工作	超越
人我	1.0000	.4129	.3553
工作	.4129	1.0000	.5387
超越	.3553	.5387	1.0000

[說明]

　　第一組三個向度變項 (人我連結、工作意義、超越信念三個) 間之皮爾森積差相關矩陣，三個配對變項間的相關係數 r 分別為 .4129、.3553、.5387。

Correlations for Set-2

	心理	情緒	社會
心理	1.0000	.7180	.6244
情緒	.7180	1.0000	.7530
社會	.6244	.7530	1.0000

[說明]

　　第二組三個向度變項 (心理幸福、情緒幸福、社會幸福三個) 間之皮爾森積差相關矩陣，三個配對變項間的相關係數 r 分別為 .7180、.6244、.7530。

Correlations Between Set-1 and Set-2

	心理	情緒	社會
人我	.2964	.4165	.5475
工作	.5258	.4772	.5043
超越	.3568	.4423	.4485

[說明]

　　第一組三個向度變項 (人我連結、工作意義、超越信念) 與第二組三個向度

變項 (心理幸福、情緒幸福、社會幸福) 間之皮爾森積差相關，九個配對變項間的相關係數 r 介於 .2964 至 .5475 之間，相關係數均為正值。

Canonical Correlations

1	.657
2	.312
3	.117

[說明]

三組典型變量的相關 (三個典型相關係數) 分別為 .657、.312、.117，三個典型相關係數以符號表示為 ρ_1、ρ_2、ρ_3，ρ_1 為 χ_1 與 η_1 的相關、ρ_2 為 χ_2 與 η_2 的相關、ρ_3 為 χ_3 與 η_3 的相關。典型相關係數的平方值為 X 組典型變量 χ 與 Y 組典型變量 η 可以相互解釋的變異量。三個典型相關係數的平方值分別為 0.432、0.097、0.014，典型變量 χ_1 與 η_1 可以相互解釋的變異量為 43.2%、典型變量 χ_2 與 η_2 可以相互解釋的變異量為 9.7%，由於第三對典型變量間的相關係數未達統計顯著水準，表示第三對典型變量 χ_3 與 η_3 間可以相互解釋的變異量為 0.0%。

範例使用 R 軟體主控台計算典型相關係數平方值：

```
> rho = c (.657,.312,.117)
> rho2 = rho^2
> round (rho2,3)
[1] 0.432 0.097 0.014
```

Test that remaining correlations are zero:

	Wilk's	Chi-SQ	DF	Sig.
1	.506	133.153	9.000	.000
2	.890	22.746	4.000	.000
3	.986	2.691	1.000	.101

[說明]

三個典型相關係數維度縮減檢定，檢定統計量為 Λ 值 (可以轉換為卡方值)。簡易判別方法將三個維度對應三個典型相關係數，以顯著性 p 欄作為典型相關係數是否顯著不等於 0 的統計量。統計結果中二個典型相關係數達到 .05 統

計顯著水準，第一個典型相關係數 ρ_1 = .657 (Λ 值 = .506，卡方值 = 133.153)，顯著性 p < .001；第二個典型相關係數等於 ρ_2 = .312 (Λ 值 = .890，卡方值 = 22.746)，顯著性 p < .001。第三個典型相關係數等於 ρ_3 = .117 (Λ 值 = .986，卡方值 = 2.691)，顯著性 p = .101 > .05，未達統計顯著水準，第三個典型相關係數等於 ρ_3 顯著等於 0。第一組變項與第二組變項雖可以求出三個典型相關係數 ρ，顯著性檢定結果只有第一個典型相關係數 ρ_1 與第二個典型相關係數 ρ_2 達到統計顯著水準 (典型相關係數顯著不等於 0)。

Standardized Canonical Coefficients for Set-1

	1	2	3
人我	-.510	.841	-.525
工作	-.469	-1.042	-.474
超越	-.281	.266	1.141

[說明]

第一組 (X 組) 三個向度變項 (人我連結、工作意義、超越信念) 標準化典型係數。

Raw Canonical Coefficients for Set-1

	1	2	3
人我	-.181	.299	-.187
工作	-.199	-.440	-.200
超越	-.095	.090	.388

[說明]

第一組 (X 組) 三個向度變項 (人我連結、工作意義、超越信念) 的原始典型係數值 (典型加權係數)。

Standardized Canonical Coefficients for Set-2

	1	2	3
心理	-.173	-1.350	-.532
情緒	-.173	.254	1.707
社會	-.739	.826	-1.078

[說明]

　　第二組 (Y 組) 三個向度變項 (心理幸福 、 情緒幸福、社會幸福) 的標準化典型係數。

Raw Canonical Coefficients for Set-2

	1	2	3
心理	-.054	-.419	-.165
情緒	-.054	.079	.530
社會	-.241	.269	-.351

[說明]

　　第二組 (Y 組) 三個向度變項 (心理幸福、情緒幸福、社會幸福) 的原始典型係數 (典型加權係數)。

Canonical Loadings for Set-1 [X 組的典型負荷量]

	1	2	3
人我	-.803	.505	-.315
工作	-.831	-.551	-.076
超越	-.715	.004	.700

[說明]

　　第一組 (X 組) 三個向度變項 (人我連結、工作意義、超越信念) 的典型負荷量 (典型結構係數)，典型負荷量為向度變項與其典型變量 χ 間的相關係數。X 組第一個典型變量 χ_1 與人我連結、工作意義、超越信念三個向度變項間的相關係數分別為 -.803、-.831、-.715，三個典型結構係數絕對值均大於 .500，表示教師職場靈性三個向度變項與第一個典型變量 χ_1 間均有高度相關；X 組第二個典型變量 χ_2 與人我連結、工作意義、超越信念三個向度變項間的相關係數分別為 .505、-.551、.004，教師職場靈性人我連結、工作意義向度變項與第二個典型變量 χ_2 間之典型結構係數絕對值大於 .500，表示此二個向度變項與第二個典型變量 χ_2 間均有高度相關；X 組第三個典型變量 χ_3 與人我連結、工作意義、超越信念三個向度變項間的典型結構係數 (相關係數) 分別為 -.315、-.076、.700。

　　典型負荷量平方值總和的平均數為典型變量 χ 可以解釋 X 組三個向度變項的解釋變異量，此數據為下列「Redundancy Analysis:Proportion of Variance of Set-1 表中的數據。表中語法指令視窗介面為 R 軟體主控台：

```
> cl1 = c (-.803,-.831,-.715)  #界定三個典型負荷量的數值向量
> cl12 = mean (cl1^2)  #求典型負荷量平方加總的平均數
> round (cl12,3)   #四捨五入至小數第三位
[1] 0.616
> cl2 = c (.505,-.551,.004)
> cl22 = mean (cl2^2)  #求典型負荷量平方加總的平均
> round (cl22,3)
[1] 0.186
```

Cross Loadings for Set-1 [X 組的交叉負荷量]

	1	2	3
人我	-.528	.158	-.037
工作	-.546	-.172	-.009
超越	-.469	.001	.082

[說明]

　　第一組 (X 組) 三個向度變項 (人我連結、工作意義、超越信念) 的跨典型負荷量 (跨典型結構係數/交叉負荷量/index 係數)，跨典型負荷量為向度變項與其對應典型變量 η (Y 組向度變項線性組合的典型變量) 間的相關。Y 組第一個典型變量 η_1 與人我連結、工作意義、超越信念三個向度變項間的相關係數分別為 -.528、-.546、-.469 (X 組三個向度人我連結、工作意義、超越信念與其對應之典型變量 η_1 間的相關)；Y 組第二個典型變量 η_2 與人我連結、工作意義、超越信念三個向度變項間的相關係數分別為 .158、-.172、.001 (X 組三個向度人我連結、工作意義、超越信念與其對應之典型變量 η_2 間的相關)；Y 組第三個典型變量 η_3 與人我連結、工作意義、超越信念三個向度變項間的相關係數分別為 -.037、-.009、.082 (X 組三個向度人我連結、工作意義、超越信念與其對應之典型變量 η_3 間的相關)。

　　第一組 (X 組) 三個向度變項 (人我連結、工作意義、超越信念) 跨典型負荷量平方值加總的平均數為 Y 組典型變量 η 可以解釋 X 組三個向度變項的變異量，此數值為下述表格「Proportion of Variance of Set-1 Explained by Opposite Can. Var.」中的數據。表中語法指令視窗介面為 R 軟體主控台：

```
> crlo1 = c (-.528,-.546,-.469)       # 界定三個交叉典型負荷量的數值向量
> crlo12 = crlo1^2        # 求出交叉典型負荷量的平方值
> crlo12.m = mean (crlo12)  # 求出交叉典型負荷量平方值加總的平均數
> round (crlo12.m,3)        # 四捨五入輸出至小數第三位
[1] 0.266
> crlo2 = c (.158,-.172,.001)  # 界定三個交叉典型負荷量的數值向量
> crlo22 = crlo2^2  # 求出交叉典型負荷量的平方值
> crlo22.m = mean (crlo22)  # 求出交叉典型負荷量平方值加總的平均數
> round (crlo22.m,3)  # 四捨五入輸出至小數第三位
[1] 0.018
```

Canonical Loadings for Set-2 [Y 組的典型負荷量]

	1	2	3
心理	-.758	-.652	.020
情緒	-.853	-.093	.513
社會	-.977	.174	-.125

[說明]

　　第二組 (Y 組) 三個向度變項 (心理幸福、情緒幸福、社會幸福) 的典型負荷量 (典型結構係數)，典型負荷量為教師幸福感三個向度變項與其典型變量 η 間的相關。Y 組第一個典型變量 η_1 與心理幸福、情緒幸福、社會幸福三個向度變項間的相關係數分別為 -.758、-.853、-.977，三個典型結構係數絕對值均大於 .500，表示教師幸福感三個向度變項與第一個典型變量 η_1 間均有高度相關；Y 組第二個典型變量 η_2 與心理幸福、情緒幸福、社會幸福三個向度變項間的相關係數分別為 -.652、-.093、.174，心理幸福向度變項與第二個典型變量 η_2 間的典型結構係數絕對值大於 .500，第二個典型變量 η_2 與教師幸福感中心理幸福向度變項關係較為密切；Y 組第三個典型變量 η_3 與心理幸福、情緒幸福、社會幸福三個向度變項間的相關係數分別為 .020、.513、-.125。

　　典型負荷量平方值總和的平均數為 Y 組典型變量可以解釋 Y 組心理幸福、情緒幸福、社會幸福三個向度變項的變異量，此數值為表格「Proportion of Variance of Set-2 Explained by Its Own Can. Var.」中的數據。表中語法指令視窗介面為 R 軟體主控台：

```
> calo1 = c (-.758,-.853,-.977)     #三個典型負荷量的數值向量
> calo12 = calo1^2  #典型負荷量的平方值
> calo12.m = mean( calo12) #三個典型負荷量平方值的平均數
> round (calo12.m,3) #統計量數四捨五入至小數第三位
[1] 0.752
> calo2 = c (-.652,-.093,.174) #三個典型負荷量的數值向量
> calo22 = calo2^2  #典型負荷量的平方值
> calo22.m = mean (calo22) #三個典型負荷量平方值的平均數
> round (calo22.m,3)
[1] 0.155  #統計量數四捨五入至小數第三位
```

Cross Loadings for Set-2 [Y 組的交叉負荷量]

	1	2	3
心理	-.498	-.204	.002
情緒	-.560	-.029	.060
社會	-.642	.054	-.015

[說明]

　　第二組 (Y 組) 三個向度變項 (心理幸福、情緒幸福、社會幸福) 的跨典型負荷量 (跨典型結構係數/交叉負荷量/index 係數)，跨典型負荷量為向度變項與其對應典型變量 η (X 組向度變項線性組合的典型變量)間的相關。X 組第一個典型變量 χ_1 與 Y 組心理幸福、情緒幸福、社會幸福三個向度變項間的相關係數分別為 -.498、-.560、-.642 (Y 組心理幸福、情緒幸福、社會幸福三個向度變項與其對應典型變量 χ_1 間的相關)；X 組第二個典型變量 χ_2 與心理幸福、情緒幸福、社會幸福三個向度變項間的相關係數分別為 -.204、-.029、.054 (Y 組心理幸福、情緒幸福、社會幸福三個向度變項與其對應典型變量 χ_2 間的相關)；X 組第三個典型變量 χ_3 與心理幸福、情緒幸福、社會幸福三個向度變項間的相關係數分別為 .002、.060、-.015 (Y 組心理幸福、情緒幸福、社會幸福三個向度變項與其對應典型變量 χ_3 間的相關)。

　　第二組 (Y 組) 三個向度變項 (心理幸福、情緒幸福、社會幸福) 跨典型負荷量平方值加總的平均數為 X 組典型變量 χ 可以解釋 Y 組三個向度變項的變異量，此數值為下述表格「Proportion of Variance of Set-2 Explained by Opposite Can. Var.」中的數據。表中語法指令視窗介面為 R 軟體主控台：

```
> crlo1 = c (-.498,-.560,-.642) #三個交叉典型負荷量的數值向量
> crlo12 = crlo1^2#交叉典型負荷量的平方值
> crlo12.m = mean (crlo12) #三個交叉典型負荷量平方值的平均數
> round (crlo12.m,3) #統計量數四捨五入至小數第三位
[1] 0.325
> crlo2 = c (-.204,-.029,.054) #三個交叉典型負荷量的數值向量
> crlo22 = crlo2^2 #交叉典型負荷量的平方值
> crlo22.m = mean (crlo22) #三個交叉典型負荷量平方值的平均數
> round (crlo22.m,3) #統計量數四捨五入至小數第三位
[1] 0.015
```

Redundancy Analysis:

Proportion of Variance of Set-1 Explained by Its Own Can. Var.

	Prop Var
CV1-1	.615
CV1-2	.186
CV1-3	.198

[說明]

　　第一組 (X 組) 三個向度變項 (人我連結、工作意義、超越信念) 可以被其典型變量 χ (X 組三個變項線性組合之潛在變項)解釋的變異量，第一個典型變量可以解釋 X 組人我連結、工作意義、超越信念三個向度變項 61.5% 的變異量；第二個典型變量可以解釋 X 組教師職場靈性三個向度 18.6% 的變異量；第三個典型變量 χ_3 可以解釋 X 組教師職場靈性三個向度 19.8% 的變異量。表格典型變量可以解釋三個向度變項的解釋變異量不一定由大至小排序。如果典型變量的個數與 X 組觀察變項的個數相同，表中解釋變異量的總和為 100.0%，若是典型變量 χ 的個數小於 X 組觀察變項的個數，解釋變異量的總和會小於 100.0%；萃取的典型變量個數與 X 組變項的個數相同，則典型變量可以解釋 X 組變項的累積解釋變異量為 100.0%。

Proportion of Variance of Set-1 Explained by Opposite Can.Var.

	Prop Var
CV2-1	.266
CV2-2	.018
CV2-3	.003

[說明]

　　第一組 (X 組) 三個向度變項 (人我連結、工作意義、超越信念) 可以被其對應典型變量 η (Y 組變項的線性組合) 解釋的變異量。Y 組三個觀察變項線性組合的典型變量 η_1 可以解釋第一組教師職場靈性三個向度變項 (人我連結、工作意義、超越信念) 26.6% 的變異量，即 Y 組心理幸福、情緒幸福、社會幸福三個向度變項透過第一對典型變量與可以解釋 X 組三個向度變項 (人我連結、工作意義、超越信念) 的變異量為 26.6%。Y 組三個觀察變項線性組合的第二個典型變量 η_2 可以解釋第一組教師職場靈性三個向度變項 (人我連結、工作意義、超越信念) 1.8% 的變異量，即 Y 組心理幸福、情緒幸福、社會幸福三個向度變項透過第二對典型變量 η_2 與 χ_2 可以解釋 X 組三個向度變項 (人我連結、工作意義、超越信念) 的變異量為 1.8%。Y 組三個觀察變項線性組合的第三個典型變量 η_3 可以解釋第一組教師職場靈性三個向度變項 (人我連結、工作意義、超越信念) 0.3% 的變異量，即 Y 組心理幸福、情緒幸福、社會幸福三個向度變項透過第三對典型變量 η_3 與 χ_3 可以解釋 X 組三個向度變項 (人我連結、工作意義、超越信念) 的變異量為 0.3%，由於第三個典型相關係數 ρ_3 假設檢定結果顯著等於 0，因而第三個重疊係數值也顯著等於 0。

　　「Proportion of Variance of Set-1 Explained by Opposite Can.Var.」表格數據為 Y 組教師幸福感變項對 X 組教師職場靈性變項影響的重疊量數。

　　第一組變項 X 被其對應典型變量 η 解釋變異量的流程圖說明如下：

1. 典型變量 η → 第一組變項 X。
2. 典型變量 η → 典型變量 χ → 第一組變項 X。
3. 典型變量 η 為 Y 組三個向度變項的線性組合。
4. Y 組三個向度變項 → 典型變量 η → 典型變量 χ → 第一組變項 X。
5. X 組觀察變項有三個 (人我連結、工作意義、超越信念)。
6. Y 組三個向度變項 → 典型變量 η → 典型變量 χ → 第一組 X 三個向度變項。
7. Y 組三個向度變項 (心理幸福、情緒幸福、社會幸福) → 典型變量 η → 典型變量 χ → 第一組三個向度變項 (人我連結、工作意義、超越信念)。

　　以第一個重疊係數而言，表示的是心理幸福、情緒幸福、社會幸福三個 Y 組變項，透過第一對典型變量 η_1 與 χ_1 ($\eta_1 \rightarrow \chi_1$) 而影響到 X 組三個向度變項 (人

我連結、工作意義、超越信念)，可以解釋的變異量為 .266。

以第二個重疊係數而言，表示的是心理幸福、情緒幸福、社會幸福三個 Y 組變項，透過第二對典型變量 η_2 與 χ_2 $(\eta_2 \rightarrow \chi_2)$ 而影響到 X 組三個向度變項 (人我連結、工作意義、超越信念)，可以解釋的變異量為 .018。

心理幸福、情緒幸福、社會幸福三個 Y 組變項，透過二對典型變量 $(\eta_1 \rightarrow \chi_1 \cdot \eta_2 \rightarrow \chi_2)$ 可以解釋 X 組人我連結、工作意義、超越信念三個向度變項的解釋的變異量為 .284 (= .266 + .018)。

Proportion of Variance of Set-2 Explained by Its Own Can. Var.

	Prop Var
CV2-1	.752
CV2-2	.155
CV2-3	.093

[說明]

第二組 (Y 組) 三個向度變項 (心理幸福、情緒幸福、社會幸福) 可以被其典型變量 η (Y 組三個變項線性組合之潛在變項) 解釋的變異量。第一個典型變量可以解釋 Y 組心理幸福、情緒幸福、社會幸福三個向度變項 75.2% 的變異量；第二個典型變量 可以解釋 Y 組教師職場靈性三個向度 15.5% 的變異量；第三個典型變量 η_3 可以解釋 Y 組教師職場靈性三個向度 9.3% 的變異量。如果典型變量 η 的個數與 Y 組觀察變項的個數相同，表中解釋變異量的總和為 100.0% (= .752 + .155 + .093 = 1.000)，若是典型變量 η 的個數小於 Y 組觀察變項的個數，解釋變異量的總和會小於 100.0%。

Proportion of Variance of Set-2 Explained by Opposite Can. Var.

	Prop Var
CV1-1	.325
CV1-2	.015
CV1-3	.001

[說明]

第二組 (Y 組) 三個向度變項 (心理幸福、情緒幸福、社會幸福) 可以被其對應典型變量 χ (X 組變項的線性組合) 解釋的變異量。X 組三個觀察變項線性組合

的典型變量 χ_1 可以解釋第二組教師幸福感三個向度變項 (心理幸福、情緒幸福、社會幸福) 32.5% 的變異量，即 X 組人我連結、工作意義、超越信念三個向度變項透過第一對典型變量 χ_1 與 η_1 可以解釋 Y 組三個向度變項 (心理幸福、情緒幸福、社會幸福) 的變異量為 32.5%。

X 組三個觀察變項線性組合的典型變量 χ_2 可以解釋第二組教師幸福感三個向度變項 (心理幸福、情緒幸福、社會幸福) 1.5% 的變異量，即 X 組人我連結、工作意義、超越信念三個向度變項透過第二對典型變量 χ_2 與 η_2 可以解釋 Y 組三個向度變項 (心理幸福、情緒幸福、社會幸福) 的變異量為 1.5%。

「Proportion of Variance of Set-2 Explained by Opposite Can. Var.」表格數據為 X 組教師職場靈性三個向度變項對 Y 組教師幸福感三個向度變項影響的重疊量數。

由於重疊係數不是對稱量數，因而 Y 組三個向度變項 (心理幸福、情緒幸福、社會幸福) 可以被其對應典型變量 χ (X 組變項的線性組合) 解釋的變異量，與 X 組三個向度變項 (人我連結、工作意義、超越信念) 可以被其對應典型變量 η (Y 組變項的線性組合) 解釋的變異量不會相同。

第二組變項 Y 被其對應典型變量 χ 解釋變異量的流程圖說明如下：

1. 典型變量 χ → 第二組變項 Y。
2. 典型變量 χ → 典型變量 η → 第二組變項 Y。
3. 典型變量 χ 為 X 組三個向度變項的線性組合。
4. X 組三個向度變項 → 典型變量 χ → 典型變量 η → 第二組變項 Y。
5. Y 組觀察變項有三個 (心理幸福、情緒幸福、社會幸福)。
6. X 組三個向度變項 → 典型變量 χ → 典型變量 η → 第二組三個向度變項。
7. X 組三個向度變項 (人我連結、工作意義、超越信念) → 典型變量 χ → 典型變量 η → 第二組三個向度變項 (心理幸福、情緒幸福、社會幸福)。

以第一個重疊係數而言，表示的是人我連結、工作意義、超越信念三個 X 組變項，透過第一對典型變量 χ_1 與 η_1 ($\chi_1 \rightarrow \eta_1$) 而影響到 Y 組三個向度變項 (心理幸福、情緒幸福、社會幸福)，可以解釋的變異量為 .325。

以第二個重疊係數而言，表示的是人我連結、工作意義、超越信念三個 X 組變項，透過第二對典型變量 χ_2 與 η_2 ($\chi_2 \rightarrow \eta_2$) 而影響到 Y 組三個向度變項 (心理幸福、情緒幸福、社會幸福)，可以解釋的變異量為 .015。

因為第三對典型變量間 ($\chi_2 \leftrightarrow \eta_2$) 的典型相關係數等於 0，所以解釋變異量為 0。

人我連結、工作意義、超越信念三個 X 組變項，透過二對典型變量 ($\chi_1 \rightarrow \eta_1$、$\chi_2 \rightarrow \eta_2$) 可以解釋 Y 組心理幸福、情緒幸福、社會幸福三個向度變項的解釋的變異量為 .340 (= .325 + .015)。

[表格範例]

教師職場靈性向度變項與教師幸福感向度變項間之典型相關分析摘要表

控制變項 (X 變項)	典型變量		效標變項 (Y 變項)	典型變量	
	χ_1	χ_2		η_1	η_2
人我連結	-.803#	.505#	心理幸福	-.758#	-.652#
工作意義	-.831#	-.551#	情緒幸福	-.853#	-.093
超越信念	-.715#	.004	社會幸福	-.977#	.174
抽出變異量	.615	.186	抽出變異量	.752	.155
重疊係數	.266	.018	重疊係數	.325	.015
ρ (典型相關)	.657	.312			
ρ^2	.432	.097			
χ^2	133.153***	22.746***			

註：# 典型結構相關係數 (典型負荷量) 絕對值 ≥ .500 者　　　*** p < .001

從上述典型相關分析摘要表可以發現：

1. 教師職場靈性三個向度變項與教師幸福感三個向度變項間有三個典型相關係數，第一個典型相關係數 ρ_1 = .657 (p < .001)、第二個典型相關係數 ρ_2 = .312 (p < .001)，二個量數均達到統計顯著水準，表示此二個典型相關係數均顯著不等於 0。就第一對典型變量而言，χ_1 與 η_1 可以互相解釋的變異量為 43.2%；就第二對典型變量而言，χ_2 與 η_2 可以互相解釋的變異量為 9.7%。

2. 教師職場靈性三個向度變項抽出的二個典型變量 (χ_1 與 χ_2) 可以解釋其三個向度變項 (人我連結、工作意義、超越信念) 解釋變異量分別為 .615、.186，累積解釋變異量為 80.1%。

3. 教師幸福感三個向度變項抽出的二個典型變量 (η_1 與 η_2) 可以解釋其三個向

度變項 (心理幸福、情緒幸福、社會幸福) 解釋變異量分別為 .752、.155，累積解釋變異量為 90.7%。

4. X 組三個觀察變項透過二對典型變量 (χ_1 & η_1、χ_2 & η_2) 可以解釋 Y 組三個觀察變項的變異量分別為 .325、.015，累積的重疊係數值為 .340，表示教師職場靈性三個向度變項 (人我連結、工作意義、超越信念) 透過二對典型變量 (χ_1 & η_1、χ_2 & η_2)，可以解釋教師幸福感三個向度變項 (心理幸福、情緒幸福、社會幸福) 的累積解釋變異量為 34.0%。

5. 相對的，Y 組三個觀察變項透過二對典型變量 (η_1 & χ_1、η_2 & χ_2) 可以解釋 X 組三個觀察變項的變異量分別為 .266、.018，累積的重疊係數值為 .284，表示教師幸福感三個向度變項 (心理幸福、情緒幸福、社會幸福) 透過二對典型變量 (η_1 & χ_1、η_2 & χ_2)，可以解釋教師職場靈性三個向度變項 (人我連結、工作意義、超越信念) 的累積解釋變異量為 28.4%。

6. 從典型結構係數值而言，X 組三個向度變項中與其典型變量 χ 相關較高者 (絕對值大於等於 .500 者) 為人我連結、工作意義、超越信念，典型結構係數均為負值，X 組三個向度變項與典型變量 χ 的相關均為負向；Y 組三個向度變項中與其典型變量 η 相關較高者 (絕對值大於等於 .500 者) 為心理幸福、情緒幸福、社會幸福，典型結構係數均為負值，Y 組三個向度變項與典型變量 η 的相關均為負向，由於配對典型變量 χ 與 η 的典型相關係數 ρ 一定大於 0，因而 X 組三個向度變項透過第一對典型變量與 Y 組三個向度變項均呈顯著正相關，二組向度變項互為正向影響。

範例典型相關徑路圖為教師職場靈性三個向度變項 (人我連結、工作意義、超越信念) 透過二對典型變量 (χ_1 & η_1、χ_2 & η_2)，可以解釋教師幸福感三個向度變項 (心理幸福、情緒幸福、社會幸福) 的累積解釋變異量圖，總解釋變異量為 34.0%。

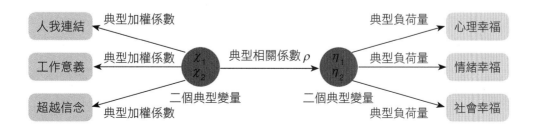

範例典型相關徑路圖為教師幸福感三個向度變項 (心理幸福、情緒幸福、社會幸福) 透過二對典型變量 (η_1 & χ_1、η_2 & χ_2)，可以解釋教師職場靈性三個向度變項 (人我連結、工作意義、超越信念) 的累積解釋變異量圖，總解釋共變量為 28.4%。

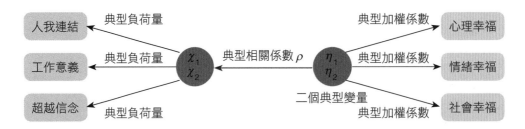

從重疊係數值而言，教師職場靈性三個向度變項透過二對典型變量對教師幸福感的總解釋變異量 (= 34.0%) 大於教師幸福感三個向度變項透過二對典型變量對教師職場靈性三個向度變項的總解釋變異量 (= 28.4%)，因而若二個變項要細分為自變項 (解釋變項) 與依變項 (效果變項)，則教師職場靈性界定為自變項、教師幸福感變項界定為依變項較為適切。在路徑分析或結構方程模式的假設模型界定，教師職場靈性變項可界定為外因變項、教師幸福感變項可界定為內因變項。

二對典型變量間之相關與其典型結構係數關係圖如下：

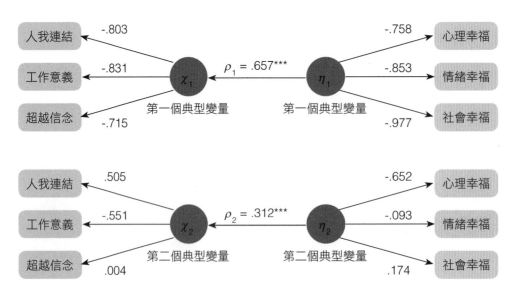

　　典型相關語法指令執行完後，在資料視圖工作表中會增列六個變項名稱：S1_CV001、S2_CV001、S1_CV002、S2_CV002、S1_CV003、S2_CV003，六個變項為 X 組變項、Y 組變項的三對典型變量 (各組變項線性組合的分數)，對應的六個典型變量為 χ_1、η_1、χ_2、η_2、χ_3、η_3, 配對典型變量間的相關 $\chi_1 \,\&\, \eta_1$、$\chi_2 \,\&\, \eta_2$、$\chi_3 \,\&\, \eta_3$ 為典型相關係數 ρ_1、ρ_2、ρ_3，未配對典型變量間的相關係數均顯著等於 0。

	整體幸福感	✎ S1_CV001	✎ S2_CV001	✎ S1_CV002	✎ S2_CV002	✎ S1_CV003	✎ S2_CV003
1	4.50	-8.92	-7.12	-.44	-1.17	.61	1.87
2	4.93	-9.50	-7.45	-1.02	-3.19	.02	1.57
3	4.36	-6.75	-6.27	-5.03	-4.58	-1.03	.86
4	2.14	-2.96	-2.36	-.96	-2.84	.38	4.04
5	3.57	-7.10	-4.18	-3.31	-6.47	1.51	2.77
6	4.29	-8.50	-6.40	-2.61	-3.47	.57	.84
7	4.07	-7.40	-6.05	-.38	-2.90	.22	1.52
8	3.21	-6.38	-5.04	-1.10	-1.25	-.19	1.09
9	3.57	-7.52	-5.49	-1.02	-.66	.59	2.86
10	5.00	-7.07	-7.50	-1.83	-3.11	1.54	2.10
11	4.00	-7.74	-6.00	-2.83	-2.49	-.60	1.68
12	4.21	-7.33	-6.35	-1.32	-2.56	.78	1.70

顯示：55 個變數

資料視圖　變數視圖

　　六個典型變量間的相關係數矩陣如下，其中 S1_CV001 與 S2_CV001 典型變量間的相關為第一個典型相關係數 ρ_1 = .657，顯著性 p < .001，達到統計顯著水準，典型相關係數顯著不等於 0；S1_CV002 與 S2_CV002 典型變量間的相關為第二個典型相關係數 ρ_2 = .312，顯著性 p < .001，達到統計顯著水準，典型相關係數顯著不等於 0；S1_CV003 與 S2_CV003 典型變量間的相關為第三個典型相關係數 ρ_3 = .117，顯著性 p = .099 > .05，未達統計顯著水準，典型相關係數顯著等於 0。X 組變項與 Y 組變項線性組合之三個典型相關係數只有第一個典型相關係數與第二個典型相關係數達到顯著。

相關性

		S1_CV001	S2_CV001	S1_CV002	S2_CV002	S1_CV003	S2_CV003
S1_CV001	皮爾森 (Pearson) 相關性	1	.657**	.000	.000	.000	.000
	顯著性 (雙尾)		.000	1.000	1.000	1.000	1.000
	N	200	200	200	200	200	200
S2_CV001	皮爾森 (Pearson) 相關性	.657**	1	.000	.000	.000	.000
	顯著性 (雙尾)	.000		1.000	1.000	1.000	1.000
	N	200	200	200	200	200	200
S1_CV002	皮爾森 (Pearson) 相關性	.000	.000	1	.312**	.000	.000
	顯著性 (雙尾)	1.000	1.000		.000	1.000	1.000
	N	200	200	200	200	200	200
S2_CV002	皮爾森 (Pearson) 相關性	.000	.000	.312**	1	.000	.000
	顯著性 (雙尾)	1.000	1.000	.000		1.000	1.000
	N	200	200	200	200	200	200
S1_CV003	皮爾森 (Pearson) 相關性	.000	.000	.000	.000	1	.117
	顯著性 (雙尾)	1.000	1.000	1.000	1.000		.099
	N	200	200	200	200	200	200
S2_CV003	皮爾森 (Pearson) 相關性	.000	.000	.000	.000	.117	1
	顯著性 (雙尾)	1.000	1.000	1.000	1.000	.099	
	N	200	200	200	200	200	200

**. 相關性在 0.01 層級上顯著 (雙尾)。

Chapter *13*

信度分析

壹、基本概念

信度表示的量表的一致性或穩定性，李克特量表常用的信度係數為內部一致性 α 係數 (Cronbach α)。一般而言，向度包含的題項數較多，其 Cronbach α 係數值會較高，因而整個量表的信度係數會大於量表中向度 (層面/構面/ 因素) 的信度。進行信度分析時要注意：

1. 不同量表間由於測得的潛在特質或心理構念不同，因而不同量表的題項或測量指標不能合併計算其內部一致性 α 係數。
2. 量表若有進行內容效度或構念效度，則除求出整個量表的內部一致性 α 係數外，也應求出各向度 (層面/構面/因素) 之內部一致性 α 係數。
3. 信度統計分析程序是接續在因素分析程序之後，如果各因素或構面包含的測量題項沒有確定，是無法求出信度係數。
4. 進行信度分析前最好進行項目分析，以刪除沒有鑑別力的題項，以最精簡的題項數來表示向度變項。

就量表與量表向度而言，Cronbach α 係數的適切性表如下：

Cronbach α	量表	Cronbach α	向度
.90 以上	良好	.80 以上	良好
.80-.89	佳	.70-.79	佳
.70-.79	尚可	.60-.69	尚可
.70 以下	不佳	.60 以下	不佳

貳、操作程序

執行功能表列「分析 (A)」「比例 (A)」(尺度)/「信度分析 (R)」程序，開啟「信度分析」對話視窗。(IBM SPSS 24 統計軟體將中間選單之尺度譯成「比例」似乎較不適切，採用原先尺度字譯較佳)

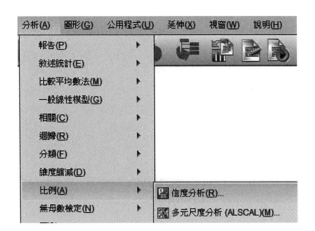

◆ 一、人我連結向度信度

「信度分析」對話視窗，選取人我連結向度的題項變數 A1、A2、A3、A4 至右邊「項目 (I)」下方框內，「模型 (M)」(模式) 右邊內定的信度統計量選項為「α」(Alpha 值)，按「統計資料」(統計量) 鈕，開啟「信度分析：統計量」次對話視窗。

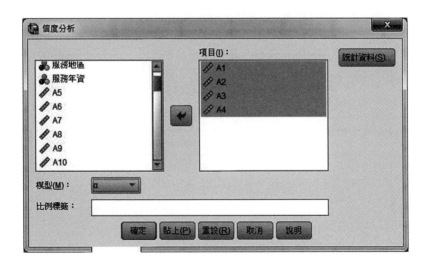

「信度分析：統計量」次對話視窗包括四個方盒：「此項目的敘述統計」、「項目之間」、「摘要」、「變異數分析表格」，信度檢定程序常用的方盒選項為「此項目的敘述統計」方盒中的「刪除項目後的比例 (A)」(刪除項目後之量尺摘要)，視介面只勾選「刪除項目後的比例 (A)」(刪除項目後之量尺摘要) 選項，按「繼續」鈕，回到「信度分析」主對話視窗，按「確定」鈕。

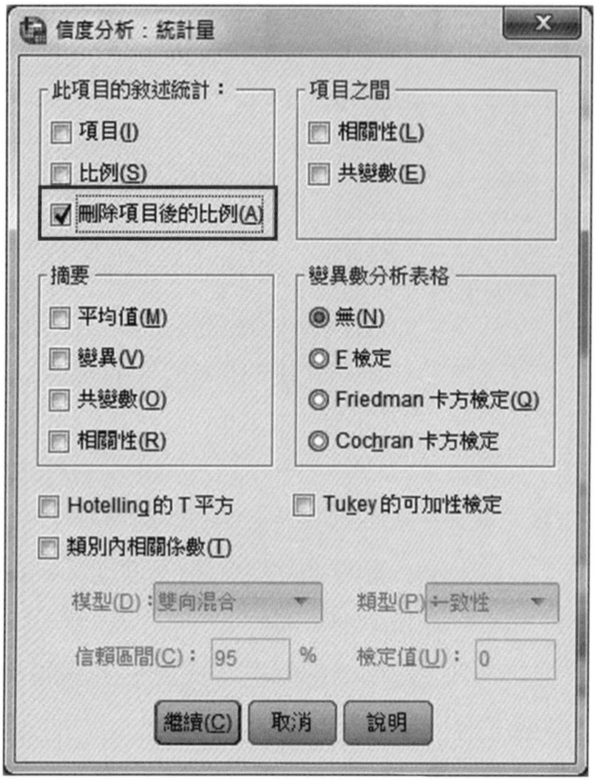

比例：ALL VARIABLES

觀察值處理摘要

		N	%
觀察值	有效	200	100.0
	已排除[a]	0	.0
	總計	200	100.0

a. 根據程序中的所有變數刪除全部遺漏值

　　觀察值處理摘要表包含有效觀察值個數、遺漏值個數、全部樣本數，範例輸出報表的數據沒有遺漏值，有效樣本觀察值個數 N = 200。

可靠性統計量

Cronbach 的 Alpha	項目數
.706	4

可靠性統計量為向度的 Cronbach 之 Alpha 值 = .706，項目數欄為向度或量表包含的題項個數，範例人我意連結向度變項的測量題項數有 4 題，向度的內部一致性 α 為 .706。

項目整體統計量

	比例平均值 (如果項目已刪除)	比例變異 (如果項目已刪除)	更正後項目總計相關性	Cronbach 的 Alpha (如果項目已刪除)
A1	10.31	6.205	.341	.721
A2	10.72	4.775	.572	.595
A3	11.59	3.942	.631	.544
A4	11.88	4.622	.456	.671

項目整體統計量表第一欄為題項變項名稱，第二欄為刪除該題項變數後，量表或向度的平均數，以第一題為例，人我連結向度刪除第一題後，餘三題的平均數為 10.31。

第三欄為刪除該題題項變數後，量表或向度的變異數，以第一題為例，人我連結向度刪除第一題後，餘三題的變異數為 6.205。

第三欄為刪除該題題項變數後，該題與其餘題項加總分數間之相關 (更正後項目總計相關性欄或譯為修正的項目總相關)，以第一題為例，第一題 A1 與第二題至第四題加總分數變項 (A2 + A3 + A4) 間之積差相關係數 r = .341，此相關係數如果小於 .400 ，表示該題項所測得的潛在特質與其他題項測得的潛在特質一致性較低，在項目分析程序時，此種題項可考慮刪除。

第四欄為刪除該題題項變數後，量表或向度變項內部一致性 α 係數的變化情況：

1. 如果刪除該題題項變數後，量表或向度的 α 係數統計量比原來的 α 係數值還高，表示刪除該題題項變數反而可以增加量表或向度的信度，在項目分析檢定程序中，此種題項變數可考慮刪除。

2. 如果刪除該題題項變數後，量表或向度的 α 係數統計量比原來的 α 係數值還低，表示刪除該題題項變數反而會降低量表或向度的信度，在項目分析檢定程序中，此種題項變數不應刪除。

　　以第一題為例，刪除第一題後，其餘三題構成的向度變項其信度係數 α = .721，保留第一題 (有四個題項數) 的向度變項，其信度係數 α 只有 .706，A2、A3、A4 三個題項建構的因素其信度係數 (α = .721) 反而高於 A1、A2、A3、A4 四個題項建構的因素之信度係數 (α = .706)，在項目分析程序，A1 題項變數可考慮刪除。

　　「信度分析」對話視窗之「模型 (M)」(模式) 右邊拉曳式選單中，內定選項為 Alpha 值 (α)，另一個常用選項為「折半」信度。

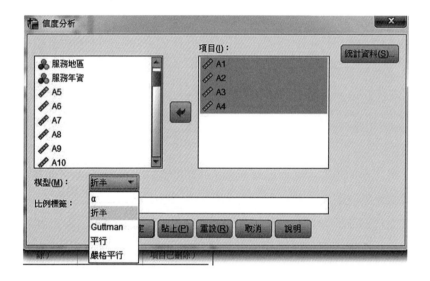

　　人我連結四個題項之折半信度表如下：

可靠性統計量

Cronbach 的 Alpha	第 1 部分	值	.564
		項目數	2[a]
	第 2 部分	值	.677
		項目數	2[b]
	項目總數		4
報表之間的相關性			.470
Spearman-Brown 係數	相等長度		.640
	不相等長度		.640
Guttman 折半係數			.617

a. 項目為：A1, A2.

b. 項目為：A3, A4.

　　折半的二個部分之題項個數如果相等，Spearman-Brown 係數項看「相等長度」列數據；折半的二個部分之題項個數若是不相等，Spearman-Brown 係數項看「不相等長度」列數據。範例第 1 部分與第 2 部分的題項數相同，「相等長度」列之 Spearman-Brown 統計量 = .640。校正之折半信度係數 Guttman 統計量 = .617。

◆ 二、工作意義向度信度

　　「信度分析」對話視窗，「項目 (I)」下方框內選取的題項變數為工作意義向度四個題項 A5、A6、A7、A8。

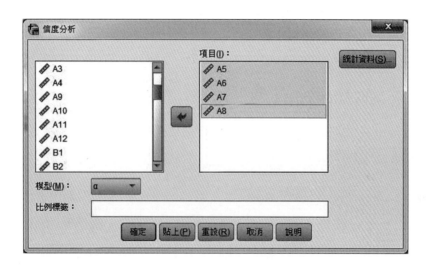

　　工作意義向度信度估計結果如下：

可靠性統計量

Cronbach 的 Alpha	項目數
.522	4

　　工作意義向度變項的內部一致性 α = .522，向度信度係數小於 .600，表示此向度的內部一致性信度不佳。

項目整體統計量

	比例平均值 (如果項目已刪除)	比例變異 (如果項目已刪除)	更正後項目總計相關性	Cronbach 的 Alpha (如果項目已刪除)
A5	12.03	4.165	.365	.434
A6	12.06	4.303	.346	.451
A7	13.47	2.521	.245	.653
A8	12.18	3.596	.481	.328

如果此量表為預試工具，要提高向度的信度係數，正式問卷施測中向度變項的測量指標可考慮刪除第七題 (A7)，只保留 A5、A6、A8 三個題項。若是時間允許，研究者可重新編修第七題或增補測量題項，之後再選取預試樣本進行預試。

◆ 三、超越信念向度信度

「信度分析」對話視窗，「項目 (I)」下方框內選取的題項變數為超越信念向度四個題項A9、A10、A11、A12。

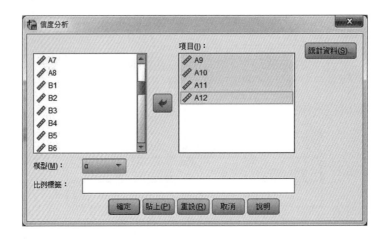

超越信念向度信度估計結果如下：

可靠性統計量

Cronbach 的 Alpha	項目數
.809	4

超越信念向度變項的內部一致性 α = .809，向度信度係數大於 .800，表示此向度的內部一致性信度良好 (向度信度係數大於 .700 表示信度尚可)。

項目整體統計量

	比例平均值 (如果項目已刪除)	比例變異 (如果項目已刪除)	更正後項目總計相關性	Cronbach 的 Alpha (如果項目已刪除)
A9	12.77	4.874	.642	.754
A10	12.40	5.166	.697	.729
A11	12.44	5.253	.697	.731
A12	12.86	5.411	.496	.825

如果此量表為預試量表，要提高向度的信度係數，正式問卷施測中向度變項的測量指標可考慮刪除第十二題 (A12)，只保留 A9、A10、A11 三個題項。因為刪除第第十二題 (A12) 後，A9、A10、A11 三個測量題項的內部一致性 α 係數提升至 .825。

◆ 四、整體職場靈性信度

「信度分析」對話視窗，「項目 (I)」下方框內選取的題項變數為整體職場靈性十二個題項 A1、A2、A3、A4、A5、A6、A7、A8、A9、A10、A11、A12。

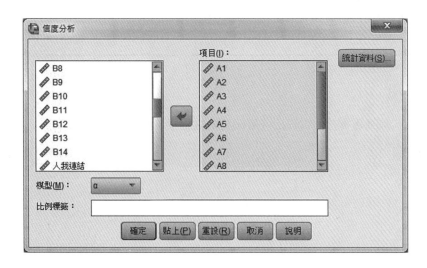

整體職場靈性信度估計報表如下：

可靠性統計量

Cronbach 的 Alpha	項目數
.811	12

整體職場靈性量表的內部一致性 α = .811，量表信度係數大於 .800，表示此量表的內部一致性信度佳。

項目整體統計量

	比例平均值 (如果項目已刪除)	比例變異 (如果項目已刪除)	更正後項目總計相關性	Cronbach 的 Alpha (如果項目已刪除)
A1	43.71	37.134	.392	.803
A2	44.12	34.283	.548	.789
A3	44.98	34.482	.412	.803
A4	45.27	34.711	.403	.803
A5	43.68	36.401	.522	.795
A6	43.71	37.616	.392	.804
A7	45.12	34.685	.263	.829
A8	43.83	34.604	.643	.784
A9	44.17	32.996	.621	.782
A10	43.81	34.208	.600	.786
A11	43.85	35.036	.529	.792
A12	44.26	34.565	.474	.796

[表格範例]

教師職場靈性量表的向度與量表之信度考驗摘要表 (N = 200)

向度變項名稱	題項數	內部一致性 α 係數
人我連結	4	.706
工作意義	4	.522
超越信念	4	.809
整體職場靈性	12	.811

參、教師幸福感量表的信度檢定

◆ 一、心理幸福向度信度

「信度分析」對話視窗，「項目 (I)」下方框內選取的題項變數為心理幸福向度五個題項 B1、B2、B3、B4、B5。

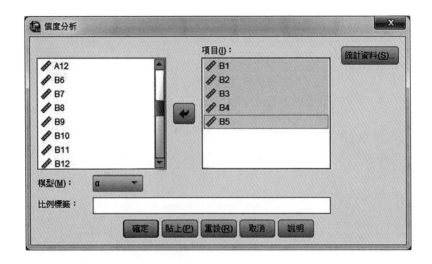

心理幸福向度信度檢定之輸出報表如下：

可靠性統計量

Cronbach 的 Alpha	項目數
.864	4

心理幸福向度變項的內部一致性 α = .864，向度信度係數大於 .800，表示此向度的內部一致性信度良好。

項目整體統計量

	比例平均值 (如果項目已刪除)	比例變異 (如果項目已刪除)	更正後項目總計相關性	Cronbach 的 Alpha (如果項目已刪除)
B1	15.72	7.439	.619	.852
B2	15.93	6.960	.731	.826
B3	16.14	6.704	.756	.818
B4	16.29	6.657	.750	.819
B5	16.63	6.638	.600	.864

　　使用者若要減少題項個數，正式問卷之心理幸福向度題項可考慮刪除第五題 (B5)，保留第一題至第四題。

◆ 二、情緒幸福向度信度

　　「信度分析」對話視窗，「項目 (I)」下方框內選取的題項變數為情緒幸福向度五個題項 B6、B7、B8、B9、B10。

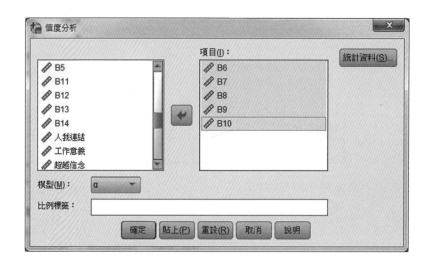

　　情緒幸福向度信度檢定之輸出報表如下：

可靠性統計量

Cronbach 的 Alpha	項目數
.847	5

　　情緒幸福向度變項的內部一致性 $\alpha = .847$，向度信度係數大於 .800，表示此向度的內部一致性信度良好。

項目整體統計量

	比例平均值 (如果項目已刪除)	比例變異 (如果項目已刪除)	更正後項目總計相關性	Cronbach 的 Alpha (如果項目已刪除)
B6	16.67	6.646	.701	.803
B7	16.67	6.755	.686	.807
B8	16.94	7.147	.625	.824
B9	16.67	7.087	.622	.824
B10	16.86	6.784	.642	.819

◆ 三、社會幸福向度信度

　　「信度分析」對話視窗，「項目 (I)」下方框內選取的題項變數為社會幸福向度四個題項 B11、B12、B13、B14。

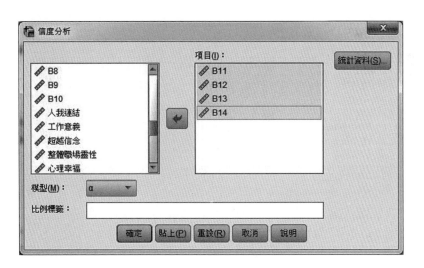

　　社會幸福向度信度檢定之輸出報表如下：

可靠性統計量

Cronbach 的 Alpha	項目數
.877	4

社會幸福向度變項的內部一致性 α = .877，向度信度係數大於 .800，表示此向度的內部一致性信度良好。

項目整體統計量

	比例平均值 (如果項目已刪除)	比例變異 (如果項目已刪除)	更正後項目總計相關性	Cronbach 的 Alpha (如果項目已刪除)
B11	12.28	5.597	.756	.835
B12	12.34	5.651	.742	.840
B13	12.62	5.434	.740	.841
B14	12.61	5.346	.708	.855

◆ 四、整體幸福感信度

「信度分析」對話視窗，「項目 (I)」下方框內選取的題項變數為整體幸福感十四個題項 B1、B2、B3、B4、B5、B6、B7、B8、B9、B10、B11、B12、B13、B14。

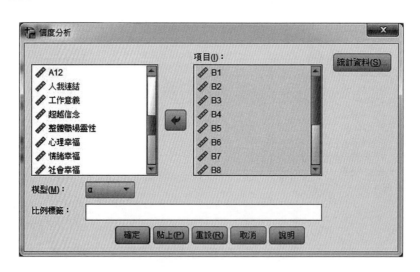

整體幸福感量表信度檢定之輸出報表如下：

可靠性統計量

Cronbach 的 Alpha	項目數
.931	14

　　整體教師幸福感量表的內部一致性 α = .931，量表信度係數大於 .900，表示此量表的內部一致性信度良好。

項目整體統計量

	比例平均值 (如果項目已刪除)	比例變異 (如果項目已刪除)	更正後項目總計相關性	Cronbach 的 Alpha (如果項目已刪除)
B1	53.28	64.092	.663	.927
B2	53.49	63.246	.713	.926
B3	53.70	63.367	.663	.927
B4	53.85	63.197	.663	.927
B5	54.19	62.644	.593	.930
B6	53.45	61.997	.729	.925
B7	53.46	61.928	.748	.924
B8	53.72	63.951	.619	.928
B9	53.46	63.526	.639	.928
B10	53.65	62.833	.646	.927
B11	53.40	61.950	.710	.925
B12	53.46	61.817	.722	.925
B13	53.74	61.751	.678	.927
B14	53.73	60.781	.707	.926

　　一個好的量表包含的測量指標 (題項) 顯示的該題題項變數從量表中移除後，量表整體的內部一致性 α 係數會下降，如此才能表示題項變數對整個量表有不同程度的貢獻，即每個題項能從不同面向測得所要測量的潛在特質或心理構念。

[表格範例]

教師幸福感量表的向度與量表之信度考驗摘要表 (N = 200)

向度變項名稱	題項數	內部一致性 α 係數
心理幸福	5	.864
情緒幸福	5	.847
社會幸福	4	.877
整體幸福感	14	.931

　　信度檢定程序，若量表中的測量題項有反向題，必須將反向題反向計分 (反向題要執行重新編碼程序)，否則相同測量值分數在反向題與正向題中表示的意涵剛好相反，信度估計結果內部一致性 α 係數會比反向題有進行反向計分程序之統計量數小很多。

　　範例之教師職場靈性量表之測量題項 A5、A10 沒有進行反向計分程序，量表信度檢定結果，內部一致性 α 係數只有 .576。

可靠性統計量

Cronbach 的 Alpha	項目數
.576	12

第 5 題、第 10 題在「更正後項目總計相關性」欄之相關係數均為負值。

項目整體統計量

	比例平均值 (如果項目已刪除)	比例變異 (如果項目已刪除)	更正後項目總計相關性	Cronbach 的 Alpha (如果項目已刪除)
A1	37.77	19.718	.330	.541
A2	38.18	17.783	.474	.501
A3	39.04	17.134	.434	.502
A4	39.33	17.006	.462	.495
A5	40.83	25.154	-.496	.659
A6	37.77	20.321	.280	.551
A7	39.18	17.301	.258	.556
A8	37.89	18.078	.554	.495

	比例平均值 (如果項目已刪除)	比例變異 (如果項目已刪除)	更正後項目總計相關性	Cronbach 的 Alpha (如果項目已刪除)
A9	38.23	17.414	.473	.497
A10	40.71	26.732	-.580	.698
A11	37.90	18.911	.365	.529
A12	38.32	17.927	.408	.514

　　範例之教師幸福感量表之測量題項 B4、B8 沒有進行反向計分程序，量表信度檢定結果，內部一致性 α 係數 = .824 (正確的內部一致性 α 係數 = .931)。

可靠性統計量

Cronbach 的 Alpha	項目數
.824	14

第 4 題、第 8 題在「更正後項目總計相關性」欄之相關係數均為負值。

項目整體統計量

	比例平均值 (如果項目已刪除)	比例變異 (如果項目已刪除)	更正後項目總計相關性	Cronbach 的 Alpha (如果項目已刪除)
B1	49.47	35.627	.641	.802
B2	49.68	35.003	.691	.798
B3	49.89	35.405	.604	.803
B4	51.82	48.614	-.680	.880
B5	50.38	34.839	.540	.807
B6	49.64	34.091	.706	.795
B7	49.64	33.878	.744	.793
B8	51.94	47.926	-.636	.876
B9	49.64	35.356	.599	.804
B10	49.83	34.892	.601	.803
B11	49.59	33.721	.723	.793
B12	49.65	33.746	.723	.793
B13	49.93	33.613	.684	.795
B14	49.92	33.069	.696	.794

Chapter 14

二因子獨立樣本變異數分析

　　單因子獨立樣本變異數分析程序中自變項 (固定因子) 只有一個，如果變異數分析之自變項 (固定因子) 的個數有二個，且因子變項的水準群組間是獨立的，則此種變異數分析法稱為二因子獨立樣本變異數分析。之前單因子變異數分析探究的是合併擔任職務因子變項在教師整體幸福感的差異，分析程序的自變項為合併擔任職務 (三個水準群組)、依變項為整體幸福感，如果自變項再納入教師性別因子變項 (二分類別變項)，探究教師性別與擔任職務在整體幸福感是否有顯著交互作用的情況，即為二因子獨立樣本變異數分析。二因子變異數分析探究的研究問題為：教師性別二個群組在整體幸福感的差異是否受到教師擔任職務不同而不同，或是教師擔任職務三個群組在整體幸福感的差異是否因性別水準群體不同而不同。

　　如果教師性別 (A 因子) 與擔任職務 (B 因子) 在整體幸福感的交互作用 (interaction) 達到統計顯著水準，表示教師性別變項在整體幸福感的差異會受到教師擔任職務變項的影響，或是教師擔任職務變項在整體幸福感的差異會受到樣本性別變項的影響。

　　二因子 (雙因子) 變異數分析之二個因子變項一般稱為 A 因子、B 因子，二因子獨立樣本變異數分析檢定的研究問題有三個：

1. A 因子與 B 因子在依變項是否有顯著交互作用存在，如果交互作用項達到統計顯著水準，要進行的檢定程序為單純主要效果。
2. A 因子在依變項是否有顯著差異存在，此種檢定稱為 A 因子主要效果 (main effect) 考驗。
3. B 因子在依變項是否有顯著差異存在，此種檢定稱為 B 因子主要效果考驗。

　　當 A 因子與 B 因子在依變項的交互作用達到統計顯著水準，個別因子之主要效果考驗是否顯著，並不是研究者要關注的焦點。

　　範例研究問題為：
　　教師性別與合併擔任職務二個因子變項在整體幸福感是否有顯著交互作用存在？

　　研究假設為：
　　教師性別與合併擔任職務二個因子變項在整體幸福感有顯著交互作用存在。

　　教師性別二個水準群體為男生、女生；合併擔任職務三個水準群體為科任、兼行政、級任，二個因子變項構成的細格為 2 × 3。

合併擔任職務 性別	科任	兼行政	級任
男生	男生科任	男生兼行政	男生級任
女生	女生科任	女生兼行政	女生級任

　　二因子獨立樣本變異數分析檢定的三個虛無假設如下：

1. 交互作用項

   A 因子性別與 B 因子合併擔任職務在整體幸福感沒有交互作用。

2. A 因子性別主要效果項

   A 因子性別二個水準群組在整體幸福感的平均數相等。

3. B 因子合併擔任職務主要效果項

   B 因子合併擔任職務三個水準群組在整體幸福感的平均數相等。

壹、操作程序

◆ 一、開啟單變量對話視窗

　　執行功能表列「分析 (A)」/「一般線性模式 (G)」/「單變量 (U)」程序，開啟「單變量」對話視窗。

◆ 二、選取變項

　　從變數清單中選取「整體幸福感」至右邊「應變數 (D)」(依變數/因變數) 下方框內。

　　從變數清單中選取「性別」、「合併擔任職務」二個因子變項至右邊「固定因子 (F)」下方框內。

　　按「選項 (O)」鈕，開啟「單變量：選項」次對話視窗。

　　「單變量：選項」次對話視窗中，左邊的「因子與因子交互作用 (F)」項下方盒的選項包括 (OVERALL)、性別、合併擔任職務、性別*合併擔任職務四項。顯示方盒中的選項包括敘述性統計量、效應大小的估計值、觀察到的冪、參數估計值、對照係數矩陣、同質性檢定、分佈對比層次圖、殘差圖、缺適性、廣義可估計函數 (一般可估函數) 等十個。其中「效應大小的估計值」(效果大小估計值) 選項可求出效果值統計量、「觀察到的冪」(觀察的檢定能力) 選項可求出統計考驗力統計量。

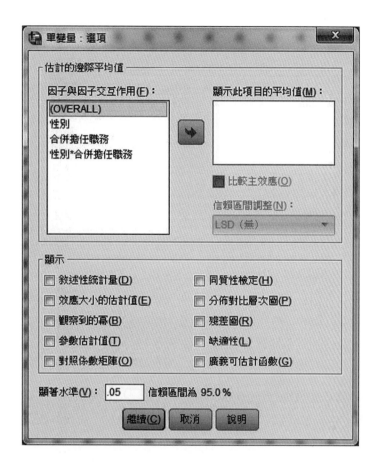

　　視窗介面選取「因子與因子交互用 (F)」項方盒內的變項：性別、合併擔任職務、性別*合併擔任職務三個，將三個變項點選至右邊「顯示此項目的平均值 (M)：」(顯示平均數)下方框中；「顯示」方盒的選項勾選「☑敘述性統計量 (D)」、「☑效應大小的估計值 (F)」二個，按「繼續」鈕，回到「單變量」對話視窗。

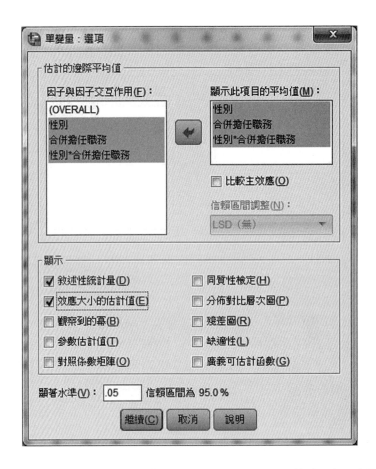

　　「單變量」主對話視窗，按「事後 (H)」(Post Hoc 檢定) 鈕，開啟「單變量：觀察到的平均值的事後多重比較」次對話視窗。次對話視窗可以界定個別因子變項主要效果項的多重比較，範例從左邊「因子」方盒中點選二個因子變項性別、合併擔任職務至右邊「此項目的事後檢定 (P)」下方框中。「假設相等的變異」方盒選項勾選「☑Scheffe (C)」事後比較法，按「繼續」鈕，回到「單變量」主對話視窗 (由於 A 因子只有二個水準群組，因而可以不用點選至「此項目的事後檢定 (P)」下方框內，但有時研究者會忘記因子變項的水準群組個數，一起點選反而不會遺漏)。

◆ 三、繪製交互作用剖面圖

「單變量」主對話視窗中按「圖形 (T)」鈕，開啟「單變量：剖面圖」次對話視窗，將性別因子變項 (A 因子) 點選至右邊「水平軸 (H)」下方框內，將合併擔任職務因子變項 (B 因子) 點選至右邊「單獨的線條 (S)」(個別線) 下方框內，按「新增」鈕。

　　按下「新增」鈕後，「圖形 (T)」下方框中的訊息為「性別*合併擔任職務」(剖面圖為 A 因子*B 因子)。

　　於「單變量：剖面圖」次對話視窗，將合併擔任職務因子變項 (B 因子) 點選至右邊「水平軸 (H)」下方框內，將性別因子變項 (A 因子) 點選至右邊「單獨的線條 (S)」(個別線) 下方框內，按「新增」鈕。

　　按下「新增」鈕後，「圖形 (T)」下方框中的訊息為「合併擔任職務*性別」(剖面圖為 B 因子*A 因子)，按「繼續」鈕，回到「單變量」主對話視窗，按「確定」鈕。

　　「圖形 (T)」方框內出現的「性別*合併擔任職務」與「合併擔任職務*性別」繪製的交互作用剖面圖不相同，前者剖面圖的水平軸為性別變項二個水準群組，後者水平軸為合併擔任職務變項三個水準群組。

貳、輸出報表

變異數的單變量分析

警告

針對	性別	不執行事後檢定，因為群組少於三個。

　　警告訊息提示：A 因子性別變項只有二個水準群體，不進行事後比較。警告訊息不會影響之後交互作用輸出的表格數據。

受試者間因子

		值標籤	N
性別	1	男生	96
	2	女生	104
合併擔任職務	1	科任	71
	2	兼行政	60
	3	級任	69

　　A 因子性別與 B 因子合併擔任職務的水準群體與水準群體樣本觀察值個數，性別因子變項為二分類別變項，合併擔任職務為三個類別變項。有效觀察值個數為邊緣平均數的樣本數。

敘述統計

依變數：整體幸福感

性別	合併擔任職務	平均值	標準差	N
男生	科任	52.30	10.333	37
	兼行政	59.79	5.918	29
	級任	57.27	8.329	30
	總計	56.11	9.066	96
女生	科任	59.56	8.338	34
	兼行政	59.45	7.702	31
	級任	58.77	7.260	39
	總計	59.23	7.690	104
總計	科任	55.77	10.052	71
	兼行政	59.62	6.842	60
	級任	58.12	7.720	69
	總計	57.74	8.502	200

　　敘述統計量包括 A 因子性別二個水準群體的平均數、標準差、個數 (A 因子的邊緣平均數、標準差與樣本數)，B 因子合併擔任職務三個水準群體的平均數、標準差、個數 (B 因子的邊緣平均數、標準差與樣本數)。A 因子 × B 因子之交互作用項的六個細格平均數、標準差與樣本數。男生科任、男生兼行政、男生級任三個細格平均數為 52.30、59.79、57.27，細格樣本觀察值個數為 37、29、30。女生科任、女生兼行政、女生級任三個細格平均數為 59.56、59.45、58.77，細格樣本觀察值個數為 34、31、39。

受試者間效應項檢定

依變數：整體幸福感

來源	類型 III 平方和	自由度	均方	F	顯著性	Partial Eta Squared
修正模型	1469.617[a]	5	293.923	4.416	.001	.102
截距	661549.732	1	661549.732	9938.611	.000	.981
性別	389.452	1	89.452	5.851	.016	.029
合併擔任職務	450.233	2	225.116	3.382	.036	.034
性別*合併擔任職務	527.094	2	263.547	3.959	.021	.039
誤差	12913.338	194	66.564			
總計	681049.000	200				
修正後總數	14382.955	199				

a. R 平方 = .102 (調整的 R 平方 = .079)

1. 性別橫列項為 A 因子性別在整體幸福感的差異檢定，整體檢定的 F 值統計量 = 5.851 (p = .016 < .05)，達到統計顯著水準，性別二個水準群體在整體幸福感的平均數差異值顯著不等於 0，女生群體的平均數 (M = 59.23) 顯著高於男女群體的平均數 (M = 56.11)，A 因子性別在依變項之效果值 η^2 = .029。

2. 合併擔任職務橫列項為 B 因子合併擔任職務在整體幸福感的差異檢定，整體檢定的 F 值統計量 = 3.382 (p = .036 < .05)，達到統計顯著水準，合併擔任職務三個水準群體在整體幸福感的平均數顯著不相等，至於是那幾個配對群體間平均數差異值顯著不等於 0，要查看多重比較摘要表中，B 因子合併擔任職務在依變項之效果值 η^2 = .034。

3. 性別*合併擔任職務橫列項為 A 因子與 B 因子交互作用項檢定，交互作用項整體檢定的 F 值統計量 = 3.959 (p = .021 < .05)，達到統計顯著水準，表示 A 因子性別變項在整體幸福感的差異會受到 B 因子教師擔任職務變項的影響，或是 B 因子教師擔任職務在整體幸福感的差異會受到 A 因子性別變項的影響。交互作用項顯著結果，研究者進一步要進行的統計程序為單純主要效果檢定，有關單純主要效果項檢定可參考筆者編著之《SPSS 操作與應用：變異數分析實務》一書。

受試者間效應項檢定表的自由度欄，A 因子性別變項有二個水準，自由度 =

2 – 1=1，B 因子合併擔任職務變項有三個水準，自由度 = 3 – 1 = 2，A 因子性別與 B 因子合併擔任職務交互作用項的自由度 = (2 – 1) × (3 – 1) = 2，類型 III 平方和欄之 SS 量數除以自由度的數值為「均方」欄 (平均平方和) 的量數。「Partial Eta Squared」欄的數據為淨相關 η^2 統計量。

估計的邊際平均值

1. 性別

依變數：整體幸福感

性別	平均值	標準誤	95% 信賴區間	
			下限	上限
男生	56.452	.838	54.801	58.104
女生	59.260	.804	57.675	60.845

性別之邊緣平均數為 A 因子二個水準群體的平均數、標準誤與平均數 95% 信賴區間值。由於 A 因子性別在整體幸福感的差異達到統計顯著水準，從平均數高低可以得知，女生教師群體的平均數顯著高於男生教師群體的平均數，即女生教師群體比男生教師群體感受較高的整體幸福感。

2. 合併擔任職務

依變數：整體幸福感

合併擔任職務	平均值	標準誤	95% 信賴區間	
			下限	上限
科任	55.928	.969	54.017	57.839
兼行政	59.622	1.054	57.544	61.701
級任	58.018	.991	56.064	59.972

合併擔任職務之邊緣平均數為 B 因子三個水準群體的平均數、標準誤與平均數 95% 信賴區間值。

3. 性別 * 合併擔任職務

依變數：整體幸福感

性別	合併擔任職務	平均值	標準誤	95% 信賴區間	
				下限	上限
男生	科任	52.297	1.341	49.652	54.943
	兼行政	59.793	1.515	56.805	62.781
	級任	57.267	1.490	54.329	60.204
女生	科任	59.559	1.399	56.799	62.318
	兼行政	59.452	1.465	56.562	62.342
	級任	58.769	1.306	56.193	61.346

　　性別 * 合併擔任職務表格之統計量為 A 因子與 B 因子交互作用項細格之平均數、標準誤與平均數 95% 信賴區間值。男生科任群體、男生兼行政群體、男生級任群體在整體幸福感的平均數為 52.297、59.793、57.267；女生科任群體、女生兼行政群體、女生級任群體在整體幸福感的平均數為 59.559、59.452、58.769。

事後檢定
合併擔任職務

多重比較

依變數：整體幸福感
Scheffe 法

(I) 合併擔任職務	(J) 合併擔任職務	平均值差異 (I-J)	標準誤	顯著性	95% 信賴區間	
					下限	上限
科任	兼行政	-3.84*	1.431	.029	-7.37	-.31
	級任	-2.34	1.379	.239	-5.74	1.06
兼行政	科任	3.84*	1.431	.029	.31	7.37
	級任	1.50	1.440	.582	-2.05	5.05
級任	科任	2.34	1.379	.239	-1.06	5.74
	兼行政	-1.50	1.440	.582	-5.05	2.05

根據觀察到的平均值。

誤差項是 Mean Square (Error) = 66.564。

*. 平均值差異在 .05 水準顯著。

多重比較為 B 因子合併擔任職務在整體幸福感差異的成對比較，由於 B 因子在整體幸福感差異之整體檢定的 F 值統計量達到顯著，要判定是那二個水準群體的平均數差異值顯著不等於 0，就要查看多重比較表。由多重比較表可以發現兼行政教師群組顯著高於科任教師群組，平均數差異值 = 3.84。

當 A 因子性別與 B 因子合併擔任職務在檢定變項整體幸福感的交互作用項未達統計顯著水準時，A 因子與 B 因子在依變項之主要效果項檢定才有意義。相對的，若是 A 因子性別與 B 因子合併擔任職務在依變項整體幸福感的交互作用項達到統計顯著水準，A 因子與 B 因子在依變項差異檢定之主要效果項是否達到顯著的意義不大。因為交互作用項達到顯著，表示二個固定因子在依變項的差異有交互作用存在，即 A 因子在依變項的差異會受到 B 因子水準群組的影響，或 B 因子在依變項的差異會受到 A 因子水準群組的影響，個別因子變項主要效果項的統計顯著性就不是十分重要。

[表格範例]

教師性別與合併擔任職務在整體幸福感之描述性統計量

因子變項	科任	兼行政	級任	邊緣平均數
男生	52.30 (37)	59.79 (29)	57.27 (30)	56.45 (96)
女生	59.56 (34)	59.45 (31)	58.77 (39)	59.26 (104)
邊緣平均數	55.93 (71)	59.62 (60)	58.02 (69)	

註：數值為平均數、( ) 內數值為細格有效樣本觀察值個數

[表格範例]

教師性別與合併擔任職務在整體幸福感之二因子變異數分析摘要表

變異來源	型 III 平方和	自由度	均方	F	事後比較	淨相關 η^2
性別	389.452	1	89.452	5.851*	女生 > 男生	.029
合併擔任職務	450.233	2	225.116	3.382*	兼行政 > 科任	.034
性別*合併擔任職務	527.094	2	263.547	3.959*		.039
誤差	12913.338	194	66.564			
總數	14382.955	199				

* $p < .05$

　　圖示為「性別*合併擔任職務」選項繪製的二因子剖面圖，水平軸為性別變項：

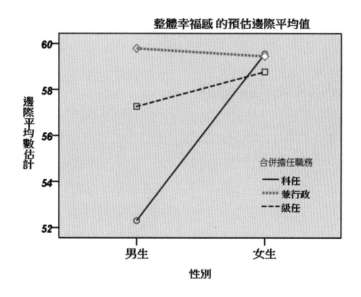

　　以 A 因子教師性別為 X 軸繪製的剖面圖，就男生水準群體而言，擔任職務三個群組在整體幸福感的平均數差異較大，其中以兼行政教師群組的平均數最高；就女生水準群體而言，擔任職務三個群組在整體幸福感的平均數差異較小，其中以科任教師群組的平均數最高。A 因子與 B 因子繪製的剖面圖若有交叉情況發生，一般其交互作用項統計量均會達到統計顯著水準。

　　圖示為「合併擔任職務*性別」選項繪製的二因子剖面圖，水平軸為合併擔任職務變項：

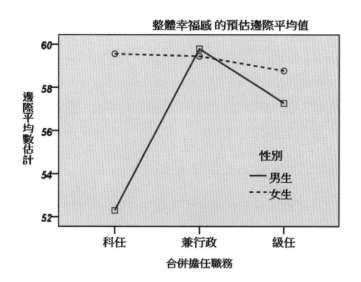

以兼行政三個水準群組為 X 軸繪製的剖面圖，就科任教師群組而言，男生、女生二個群體的平均數差異值較大，女生科任群體的平均數較高；兼行政教師群組中的男生、女生教師群體平均數差異值最小，男生兼行政群體的平均數較高。

參、計量變項作為因子變項

整體職場靈性共有 12 題 (個別題項分數從 1 分至 5 分)，總分介於 12 分至 60 分，五點量表型態之中位數為 3，3 × 12 = 36，以加總分數 36 分為中位數，樣本觀察值分數小於等於 36 分為低分組、樣本觀察值分數大於等於 37 分為高分組，此種分組稱為「絕對分組」。另一種分組稱為相對分組，如以平均數為分割點，加總分數小於平均數之樣本觀察值為低分組、加總分數大於平均數之樣本觀察值為高分組，當測量值分配形態為嚴重偏態時，低分組樣本在整體職場靈性量表得分並非是真正偏低的觀察值，高分組樣本在整體職場靈性量表得分也可能並非是真正偏高的觀察值，因而以平均數為臨界點分為高分組、低分組較為不適切。

以樣本觀察值在憂鬱傾向量表的填答為例，憂鬱傾向量表採用李克特五點量表型態，假定所有樣本觀察值在憂鬱傾向量表的平均得分為 1.89 分，當中位數等於 3 情況下，樣本觀察值在憂鬱傾向量表得分的分配形態為正偏態，正偏態表示的多數人的平均得分偏低。如果研究者以平均數 1.89 分為分割點，小於 1.89 分的觀察值為低分組樣本，大於 1.89 分的觀察值為高分組樣本，此種分類結果高分組群體的平均分數離中位數 3 有一段距離，因而其憂鬱傾向的感受也為「低」的程度，研究者不能因為其分數大於平均數 1.89 分，就將高分組樣本命名為「高憂鬱傾向」群體，低分組樣本命名為「低憂鬱傾向」群體，其實二個組別都是低憂鬱傾向群體。

採用相對分組，有時會發生細格的人數過少的情況，此時，最好直接以積差相關程序探究二個計量變項間的關係，否則統計結果會出現偏誤情況。

◆ 一、整體職場靈性轉換為因子變項

範例操作為將整體職場靈性計量變項以中位數 36 分為分割點轉換為因子變項，二個因子水準數值編碼為 1、2，水準數值 1 群體標記為「高分組」、水

準數值 2 群體標記為「低分組」，轉換後增列的因子變項界定為「職場靈性組別」。

　　執行功能表列「轉換 (T)」/「重新編碼成不同的變數 (R)」程序，開啟「重新編碼成不同的變數」對話視窗。

　　「重新編碼成不同的變數」主對話視窗，點選整體職場靈性變項至中間方框內，「輸出變數」方盒之「名稱 (N)：」下方框鍵入組別變項名稱「職場靈性組別」，按「變更 (H)」鈕，「數值變數 -> 輸出變數：」下方框訊息為「整體職場靈性 --> 職場靈性組別」。按「舊值與新值 (O)」鈕，開啟「重新編碼成不同的變數：舊值與新值」次對話視窗。

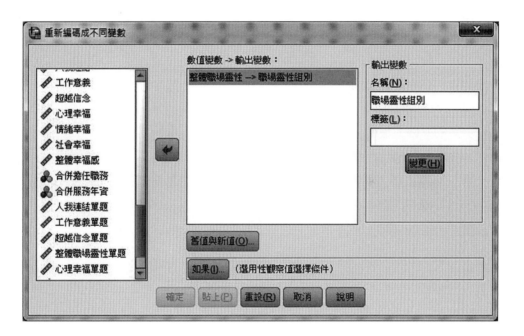

　　「重新編碼成不同的變數：舊值與新值」次對話視窗，舊值方盒點選「⊙範圍，從值到最高 (E)」選項，其下方框內的數值鍵入 37 (表示的界限為 37 以上到最高分)，新值方盒點選「⊙值 (L)」選項，右邊方框內數值鍵入 1，按「新增」鈕。

　　按下新增鈕後，「舊值 --> 新值 (D)」內方框訊息為「37 thru Highest --> 1」(37 分以上到最高分的樣本觀察值編碼為 1)。

　　舊值方盒點選「⊙範圍，從最低到值 (G)」選項，其下方框內的數值鍵入
36 (表示的界限為最低分至 36 分，即分數 36 分以下者)，新值方盒點選「⊙值
(L)」選項，右邊方框內數值鍵入 2，按「新增」鈕。

　　按下新增鈕後，「舊值 --> 新值 (D)」內方框訊息為「Lowest thru 36 --> 2」
(最低分到 36 分之樣本觀察值編碼為 2)。按「繼續」鈕，回到「重新編碼成不同
的變數」主對話視窗，按「確定」鈕。

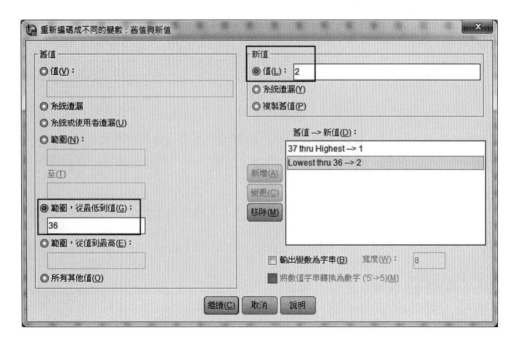

　　界定職場靈性組別因子變項之水準群體標記名稱。「值標籤」對話視窗，水準數值 1 之群體界定為「高分組」、水準數值 2 界定為「低分組」，分別表示為整體職場靈性高分組群組、整體職場靈性低分組群組。

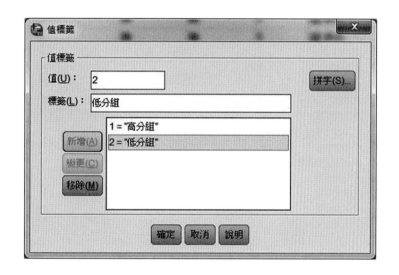

◆ 二、執行單變量程序

(一) 開啟單變量對話視窗

　　執行功能表列「分析 (A)」/「一般線性模式 (G)」/「單變量 (U)」程序，開啟「單變量」對話視窗。

(二) 選取變項

　　從變數清單中選取「整體幸福感」至右邊「因變數 (D)」(依變數/因變數) 下方框內。

　　從變數清單中選取「性別」、「職場靈性組別」二個因子變項至右邊「固定因素 (F)」下方框內。

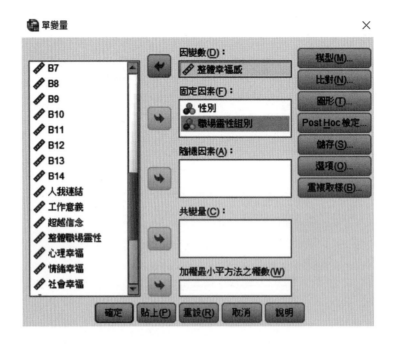

　　按「選項 (O)」鈕，開啟「單變量：選項」次對話視窗。

　　「單變量：選項」次對話視窗中，左邊的「因子與因子交互作用 (F)」項下方盒的選項包括 (OVERALL)、性別、職場靈性組別、性別*職場靈性組別四項。視窗介面選取「因子與因子交互作用」項方盒內的變項：性別、職場靈性組別、性別*職場靈性組別三個，將三個變項點選至右邊「顯示此項目的平均值 (M)」下方框中；「顯示」方盒的選項勾選「☑敘述性統計量 (D)」、「☑效應大小的估計值 (E)」二個。

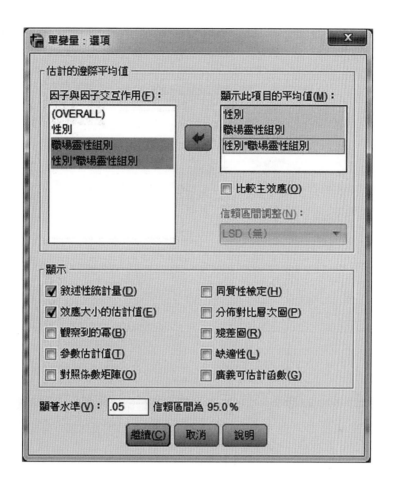

◆ 三、輸出報表

變異數的單變量分析

受試者間因子

		值標籤	N
性別	1	男生	96
	2	女生	104
職場靈性組別	1	高分組	193
	2	低分組	7

　　「職場靈性組別」(B 因子) 二個水準群組中，高分組的樣本數有 193 位、但低分組的樣本數只有 7 位，表示整體職場靈性變項是負偏態，多數的樣本觀察值分數位於中位數點的右側。

　　開啟「統計圖」(圖表) 中「直方圖 (I)」選項，圖示視窗可以繪製計量變項之直方圖。

　　「直方圖」對話視窗中，從變數清單點選「整體職場靈性」計量變項至右邊「變數 (V)」下方框中，勾選「☑顯示常態曲線 (D)」選項，按「確定」鈕。

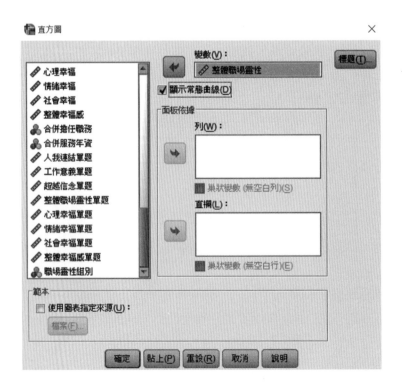

　　「整體職場靈性」計量變項的直方圖如下，從圖示中可以看出測量值分配形態為負偏態，負偏態分配曲線下，眾數 > 中位數 > 平均數，與常態分配曲線相較之下，大多數樣本觀察值的分數均高於中位數。

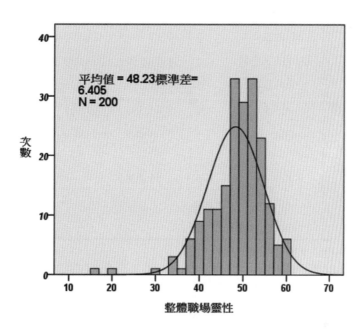

敘述統計

依變數：整體幸福感

性別	職場靈性組別	平均值	標準差	N
男生	高分組	57.44	7.078	91
	低分組	32.00	7.616	5
	總計	56.11	9.066	96
女生	高分組	59.27	7.754	102
	低分組	57.00	2.828	2
	總計	59.23	7.690	104
總計	高分組	58.41	7.480	193
	低分組	39.14	13.741	7
	總計	57.74	8.502	200

　　性別與職場靈性組別構成的交叉細格中，整體職場靈性低分組之男生群體的平均數 = 32.00，樣本觀察值 n = 5；整體職場靈性低分組之女生群體的平均數 = 57.00，樣本觀察值 n = 2，這二個細格的樣本數均少於 15。

受試者間效應項檢定

依變數：整體幸福感

來源	類型 III 平方和	自由度	均方	F	顯著性	Partial Eta Squared
修正模型	3562.224[a]	3	1187.408	21.508	.000	.248
截距	58710.729	1	58710.729	1063.450	.000	.844
性別	999.059	1	999.059	18.096	.000	.085
職場靈性組別	1065.590	1	1065.590	19.301	.000	.090
性別*職場靈性組別	744.485	1	744.485	13.485	.000	.064
誤差	10820.731	196	55.208			
總計	681049.000	200				
修正後總數	14382.955	199				

a. R 平方 = .248 (調整的 R 平方 = .236)

1. 性別變項 (A 因子) 主要效果項的差異達到顯著，差異檢定之 F 值統計量 = 18.096 (p < .001)，女生群體在整體幸福感的平均數顯著高於男生群體的平均數，主要效果項檢定之 A 因子效果值 η^2 = .085。

2. 職場靈性組別 (B 因子) 主要效果項的差異達到顯著，差異檢定之 F 值統計量 = 19.301 (p < .001)，職場靈性組別變項之高分組的平均數顯著高於低分組的平均數，主要效果項檢定之 B 因子效果值 η^2 = .090。

3. 性別變項與職場靈性組別變項 (A 因子 × B 因子) 交互作用項的差異達顯著，差異檢定之 F 值統計量 = 13.485 (p < .001)，表示「性別」變項在整體幸福感的差異會受到「職場靈性組別」因子變項的影響，或「職場靈性組別」變項在整體幸福感的差異會受到性別因子變項的影響，交互作用項檢定之 A 因子 × B 因子效果值淨相關 η^2 = .064。

估計的邊際平均值

1. 性別

依變數：整體幸福感

性別	平均值	標準誤	95% 信賴區間 下限	上限
男生	44.720	1.706	41.354	48.085
女生	58.137	2.653	52.906	63.369

　　A 因子性別變項主要效果項檢定的二個水準群組的描述性統計量。由於 A 因子主要效果項差異的 F 值統計量達到顯著，表示性別因子變項的二個水準群體的平均數差異值顯著不等於 0，女生群體的平均數顯著高於男生群體的平均數。

2. 職場靈性組別

依變數：整體幸福感

職場靈性組別	平均值	標準誤	95% 信賴區間 下限	上限
高分組	58.357	.536	57.301	59.414
低分組	44.500	3.108	38.370	50.630

　　B 因子職場靈性組別變項主要效果項檢定的二個水準群組的描述性統計量。由於 B 因子主要效果項差異的 F 值統計量達到顯著，表示職場靈性組別因子變項的二個水準群體的平均數差異值顯著不等於 0，職場靈性組別變項高分組群體的平均數顯著高於低分組群體的平均數 (與職場靈性組別中低分組群體相較之下，職場靈性組別變項高分組群體在整體幸福感的感受較高)。

3. 性別*職場靈性組別

依變數：整體幸福感

性別	職場靈性組別	平均值	標準誤	95% 信賴區間 下限	上限
男生	高分組	57.440	.779	55.903	58.976
	低分組	32.000	3.323	25.447	38.553
女生	高分組	59.275	.736	57.824	60.725
	低分組	57.000	5.254	46.638	67.362

　　性別與職場靈性組別交互作用項檢定的細格平均數，其中職場靈性組別低分組男生群體的標準誤 = 3.323、職場靈性組別低分組女生群體的標準誤 = 5.254，二個細格的標準誤量數都偏高。

◆ 四、選擇觀察值程序

　　執行功能表列「資料 (D)」/「選擇觀察值 (S)」開啟「選取觀察值」對話視窗，對話視窗可以設定篩選條件，選取符合篩選條件的樣本觀察值。

　　範例選取整體職場靈性變項分數小於等於 36 分且性別變項為男生 (水準數值編碼等於 1) 之教師樣本。

　　「選取觀察值」對話視窗內定選項為「⊙全部觀察值 (A)」，視窗介面點選「⊙如果滿足設定條件 (C)」選項，按選項下方「若 (I)」鈕，開啟「選擇觀察值：If」次對話視窗。

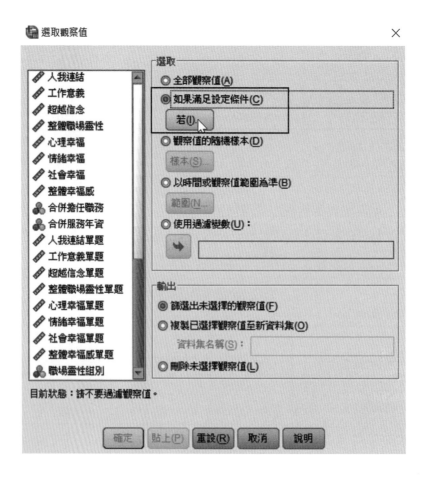

　　「選擇觀察值：If」次對話視窗中，右邊方框鍵入「整體職場靈性 <= 36 & 性別 = 1」，按「繼續」鈕，回到「選取觀察值」主對話視窗。方框內的變項最好從左邊變數清單中點選，篩選條件「&」符號為「且」，「或」的符號為「|」，小於等於符號為「<=」、大於等於符號為「>=」，這些邏輯符號可以直接從圖示中間點選。

　　「選取觀察值」主對話視窗「若 (I)」按鈕旁會出現研究者設定的條件。「選取觀察值」主對話視窗中按「確定」鈕。

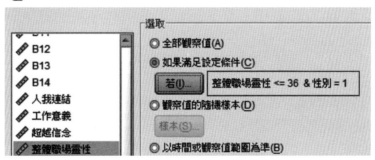

　　整體職場靈性分數小於等於 36 分且性別為男生之教師樣本，符合條件的樣本觀察值共有 5 位，樣本觀察值在整體幸福感的平均數為 32.00、標準差為 7.616。

描述性統計量

	N	最小值	最大值	平均數	標準差
整體幸福感	5	24	44	32.00	7.616
有效的 N (listwise)	5				

視窗介面選取整體職場靈性變項分數小於等於 36 分且性別變項為女生 (水準數值編碼等於 2) 之教師樣本。

整體職場靈性變項分數小於等於 36 分且性別變項為女生之教師樣本，符合條件的樣本觀察值共有 2 位，樣本觀察值在整體幸福感的平均數為 57.00、標準差為 2.828。

描述性統計量

	N	最小值	最大值	平均數	標準差
整體幸福感	2	55	59	57.00	2.828
有效的 N (listwise)	2				

視窗介面選取整體職場靈性變項分數大於等於 37 分且性別變項為男生之教師樣本。

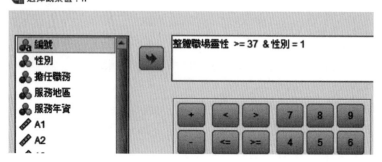

　　整體職場靈性變項分數大於等於 37 分且性別變項為男生之教師樣本，符合條件的樣本觀察值共有 91 位，樣本觀察值在整體幸福感的平均數為 57.44、標準差為 7.078。

描述性統計量

	N	最小值	最大值	平均數	標準差
整體幸福感	91	37	70	57.44	7.078
有效的 N (listwise)	91				

　　視窗介面選取整體職場靈性變項分數大於等於 37 分且性別變項為女生之教師樣本。

　　整體職場靈性變項分數大於等於 37 分且性別變項為女生之教師樣本，符合條件的樣本觀察值共有 102 位，樣本觀察值在整體幸福感的平均數為 59.27、標準差為 7.754。

描述性統計資料

	N	最小值	最大值	平均數	標準偏差
整體幸福感	102	41	70	59.27	7.754
有效的 N (listwise)	102				

　　執行選擇觀察值程序後，最後視窗介面的操作要於「選取觀察值」主對話視窗中，點選「⊙全部觀察值 (A)」選項，否則之後統計分析的標的樣本會以最後一次設定條件的樣本觀察值為主。

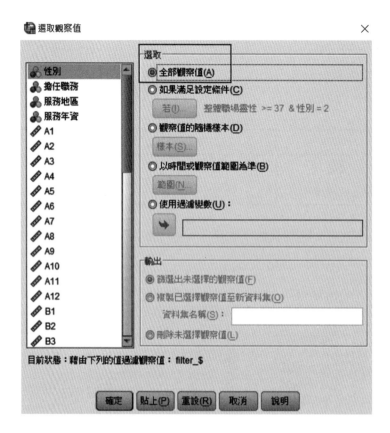

肆、交互作用不顯著

　　範例圖示進行的統計分析程序為性別、合併擔任職務二個因子變項在整體職場靈性之交互作用檢定。被選入「因變數 (D)」(依變數) 下方框的變項為「整體職場靈性」。

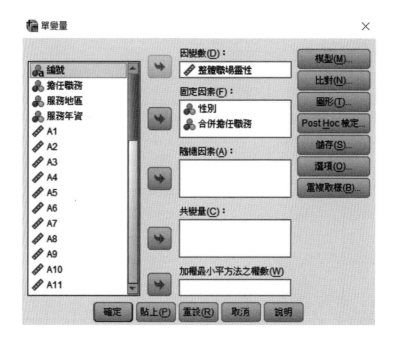

敘述統計

依變數：整體職場靈性

性別	合併擔任職務	平均值	標準差	N
1 男生	1 科任	45.41	8.029	37
	2 兼行政	49.72	4.535	29
	3 級任	48.80	7.863	30
	總計	47.77	7.283	96
2 女生	1 科任	47.62	4.979	34
	2 兼行政	51.16	5.305	31
	3 級任	47.54	5.486	39
	總計	48.64	5.474	104
總計	1 科任	46.46	6.788	71
	2 兼行政	50.47	4.959	60
	3 級任	48.09	6.602	69
	總計	48.22	6.405	200

　　敘述統計量表中顯示：性別 A 因子與合併擔任職務 B 因子構成的細格觀察值樣本個數沒有小於 15 或個位數。

受試者間效應項檢定

依變數：整體幸福感

來源	類型 III 平方和	自由度	均方	F	顯著性	Partial Eta Squared
修正的模型	667.448[a]	5	133.490	3.455	.005	.082
截距	462483.940	1	462483.940	11970.216	.000	.984
性別	31.302	1	31.302	.810	.369	.004
合併擔任職務	502.764	2	251.382	6.506	.002	.063
性別*合併擔任職務	113.482	2	56.741	1.469	.233	.015
誤差	7495.427	194	38.636			
總計	473293.000	200				
修正後總數	8162.875	199				

a. R 平方 = .082 (調整的 R 平方 = .058)

性別 A 因子與合併擔任職務 B 因子之交互作用項的 F 值統計量 = 1.469、顯著性 p = .233 > .05，未達統計顯著水準，表示 A 因子性別變項在整體職場靈性依變項的差異不會受到 B 因子合併擔任職務變項的影響，B 因子合併擔任職務變項在整體職場靈性依變項的差異也不會受到 A 因子性別變項的影響，A 因子性別變項、B 因子合併擔任職務變項在整體職場靈性依變項的差異是互為獨立的自變項。

在主要效果項方面，A 因子性別變項在整體職場靈性依變項的差異未達顯著，整體檢定的 F 值統計量 = 0.810 (p = .369 > .05)，表示男生群體、女生群體感受的整體職場靈性沒有顯著不同。

B 因子合併擔任職務在整體職場靈性依變項的差異達到顯著，整體檢定的 F 值統計量 = 6.506 (p = .002 < .05)，至於是那一個配對群體的平均數間差異值顯著不等於 0，必須查看多重比較摘要表。

合併擔任職務

多重比較

依變數：整體職場靈性

Scheffe 法

(I) 合併擔任職務	(J) 合併擔任職務	平均差異 (I-J)	標準誤差	顯著性	95% 信賴區間	
					下限	上限
1 科任	2 兼行政	-4.00*	1.090	.001	-6.69	-1.31
	3 級任	-1.62	1.051	.306	-4.21	.97
2 兼行政	1 科任	4.00*	1.090	.001	1.31	6.69
	3 級任	2.38	1.097	.098	-.33	5.09
3 級任	1 科任	1.62	1.051	.306	-.97	4.21
	2 兼行政	-2.38	1.097	.098	-5.09	.33

　　B 因子合併擔任職務在整體職場靈性依變項差異主要效果項之事後比較，此部分的表格與單因子獨立樣本變異數分析程序之多重比較相似。從成對比較發現：兼行政群組顯著高於科任教師群組，平均數差異值為 4.00，科任教師群體的平均數為 46.46、兼行政教師群體的平均數為 50.47，二個水準群組平均數差異值顯著不等於 0。至於兼行政群組與級任群組、科任群組與級任群組的配對差異均未達顯著，其平均數差異值均顯著等於 0。

　　利用簡單線形圖繪製合併擔任職務因子變項在整體職場靈性依變項之平均數的剖面圖：

　　統計圖圖表選單中選取「線形圖」，「線形圖」對話視窗點選「簡單」圖示，按「定義」鈕。在「定義簡單線形圖」對話視窗中，選取「⊙其他統計 (例如平均數)」選項，從變數清單中點選「整體職場靈性」至右邊「變數 (V)」下方框中；再從變數清單中點選 B 因子「合併擔任職務」至「類別軸 (X)」下方框內。

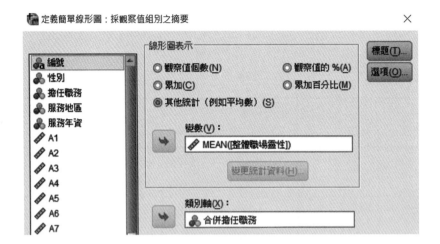

不考慮 A 因子性別自變項的影響下，合併擔任職務 B 因子變項在整體職場靈性之剖面圖如下，三個水準群組中兼行政教師群體與科任教師群體的平均數差異值最大。

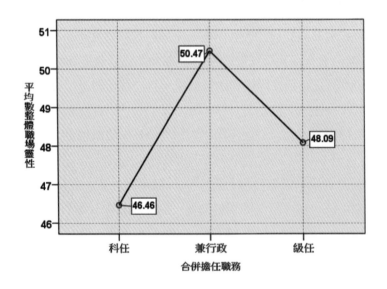

視窗介面繪製 A 因子二個水準群體在整體職場靈性之平均數剖面圖。

在「定義簡單線形圖」對話視窗中，選取「⊙其他統計 (例如平均數)」選項，從變數清單中點選「整體職場靈性」至右邊「變數 (V)」下方框中；從變數清單中點選 A 因子「性別」至「類別軸 (X)」下方框內。

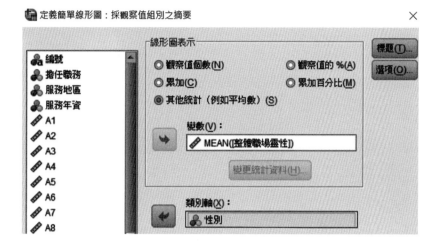

A 因子性別二個水準群組之邊緣平均數的剖面圖如下：

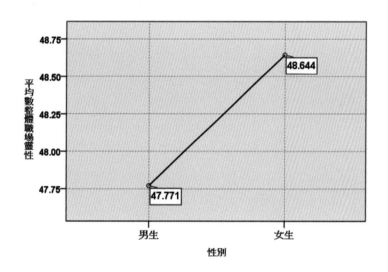

參考書目

余民寧 (2005)。心理與教育統計學。臺北市：三民。

吳明隆 (2014)。SPSS 操作與應用-問卷統計分析實務。臺北市：五南。

陳正昌 (2013)。SPSS 與統計分析。臺北市：五南。

陳瓊如 (2017)。臺灣國小教師職場靈性、組織承諾、專業實踐與幸福感之關係研究。高雄師範大學成人教育研究所博士論文 (未出版)。

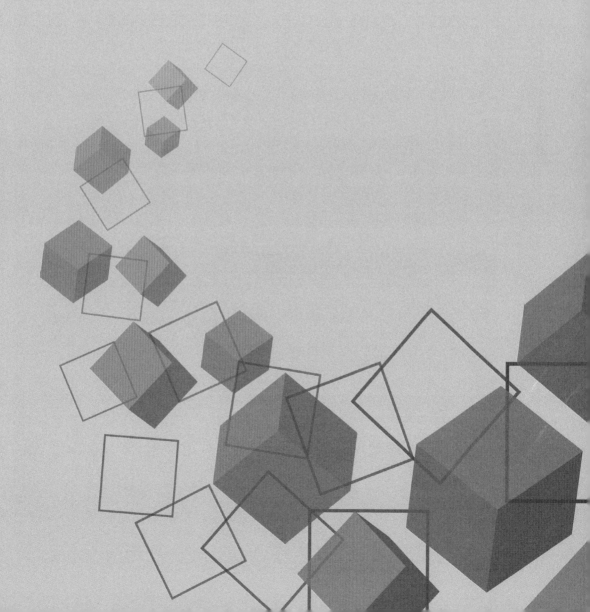

Chapter

15

邏輯斯迴歸與 ROC 曲線分析

壹、基本概念

　　邏輯斯迴歸檢定法中的依變項為二分類別變項，變項水準數值編碼為 0、1，水準數值 1 之樣本為受試者有發生某事件的觀察值，如通過證照考試者、及格者、死亡者、得到某疾患者；水準數值 0 之樣本為受試者未發生某事件的觀察值，如未通過證照考試者、不及格者、存活者、未得到某疾患者。模型中的自變項必須為計量變項，若是自變項為間斷變項，分析程序要轉換為虛擬變項。

　　邏輯斯迴歸輸出結果的重要參數估計值之一為勝算與勝算比值，勝算為二個水準群組發生標的事件與沒有發生標的事件樣本的機率，二個群組勝算 (機率) 的比稱為勝算比，勝算比值若顯著等於 1，表示二個組別的勝算一樣。如在某項入學考試中，男女生應考者各有 10 位，男生有 2 位錄取、8 位未錄取；女生有 6 位錄取、4 位未錄取，男生錄取的機率為 2/10 = 0.2，未錄取的機率為 8/10 = 0.8；男生入學考試錄取的勝算值為：0.2:0.8 = 0.25，女生錄取的機率為 6/10 = 0.6，未錄取的機率為 4/10 = 0.4；女生入學考試錄取的勝算值為 0.6:0.4 = 1.5，男生、女生入學考試的勝算比值為 0.25：1.5 = 0.167，女生、男生入學考試的勝算比值為 1.5：0.25 = 6.000，女生入學考試錄取的勝算是男生的 6 倍；相對的，就男生受試者而言入學考試錄取的勝算只有女生的 0.167 倍。

　　範例模擬數據資料如下：

受試者	性別	考試結果	性別_反	備註
F01	0	1	1	1. 性別變項中，水準數值編碼 0 為女生、水準數值編碼 1 為男生。
F02	0	1	1	
F03	0	1	1	2. 考試結果變項中，水準數值編碼 0 為未錄取、水準數值編碼 1 為錄取。
F04	0	1	1	
F05	0	1	1	3.「性別_反」變項中，水準數值編碼 1 為女生、水準數值編碼 0 為男生。
F06	0	1	1	
F07	0	0	1	
F08	0	0	1	
F09	0	0	1	
F10	0	0	1	
M01	1	1	0	

受試者	性別	考試結果	性別_反	備註
M02	1	1	0	
M03	1	0	0	
M04	1	0	0	
M05	1	0	0	
M06	1	0	0	
M07	1	0	0	
M08	1	0	0	
M09	1	0	0	
M10	1	0	0	

變數在方程式中

		B 之估計值	S.E,	Wals	df	顯著性	Exp (B)
步驟 1[a]	性別	-1.792	1.021	3.082	1	.079	.167
	常數	.405	.645	.395	1	.530	1.500

a. 在步驟 1 中選入的變數：性別

以性別變項為邏輯斯迴歸模型中的共變量，勝算比值為.167。

變數在方程式中

		B 之估計值	S.E,	Wals	df	顯著性	Exp (B)
步驟 1[a]	性別_反	1.792	1.021	3.082	1	.079	6.000
	常數	-1.386	.791	3.075	1	.080	.250

a. 在步驟 1 中選入的變數：性別_反

以「性別_反」變項為邏輯斯迴歸模型中的共變量，勝算比值為 6.000。

　　邏輯斯迴歸分析法也是一種預測或診斷分類，根據邏輯斯迴歸方程模式對受試者加以分類，預測分類結果與實際分類結果相互比較，可以得出預測分類正確的百分比。根據邏輯斯迴歸模式對受試者進行預測分類時，以臨床醫學領域而言，就是希望找出一個最佳的「分割點」(cut-off point) 或切截點，以對受試者進行正確的分類，預測分類正確的百分比愈高愈好，根據受試者實際現況與預測分類結果，構成的交叉表會有以下四種情形：

實際結果		預測分類結果		全體
		1 (有疾患)	0 (沒有疾患)	
實際結果	1 (有疾患)	真陽性 TP	偽陰性 FN	實際陽性受試者 (TP + FN)
	0 (沒有疾患)	偽陽 性FP	真陰性 TN	實際陰性受試者 (FP + TN)
全體		預測分類陽性受試者 (TP + FP)	預測分類陰性受試者 (FN + TN)	TP + FP + FN + TN

1. 受試者或樣本實際是「有疾患」群組，預測分類結果也為「有疾患」群體，此一細格受試者類型稱為「真陽性」(True Positive; [TP])。

2. 受試者或樣本實際是「有疾患」群組，預測分類結果卻為「沒有疾患」群體，此一細格受試者類型稱為「偽陰性」或「假陰性」(False Negative; [FN])。

3. 受試者或樣本實際是「沒有疾患」群組，預測分類結果也為「沒有疾患」群體，此一細格受試者類型稱為「真陰性」(True Negative; [TN])。

4. 受試者或樣本實際是「沒有疾患」群組，預測分類結果卻誤判其為「有疾患」群體，此一細格受試者類型稱為「偽陽性」或「假陽性」(False Positive; [FP])。

範例為二十位成年人在生活狀態量表的得分，分數介於 1 至 10 分，分數愈高，表示受試者的生活狀態愈差，得到高血壓的傾向愈高；相對的，受試者在生活狀態量表的分數愈低，表示生活狀態情況愈好，得到高血壓的傾向愈低。「血壓情況」欄為受試者實際血壓情況，水準數值 1 表示有高血壓傾向、水準數值 0 表示血壓正常。採用邏輯斯迴歸分析，儲存每位受試者被預測的機率與被預測的群組：

生活狀態	血壓情況	預測機率 (PRE_1)	預測群組 (PGR_1)
10	1	0.94394	1
9	1	0.89682	1
8	1	0.81773	1
10	1	0.94394	1

生活狀態	血壓情況	預測機率 (PRE_1)	預測群組 (PGR_1)
6	1	0.54448	1
8	1	0.81773	1
2	1	0.07821	0
7	1	0.6984	1
9	1	0.89682	1
8	1	0.81773	1
2	0	0.07821	0
5	0	0.38155	0
3	0	0.14117	0
4	0	0.24153	0
2	0	0.07821	0
1	0	0.04195	0
3	0	0.14117	0
2	0	0.07821	0
8	0	0.81773	1
6	0	0.54448	1

邏輯斯迴歸分析結果之分類表如下：

觀察次數			預測次數		
			血壓情況		
			0 正常	1 高血壓	百分比修正
步驟 1	血壓情況	0 正常	8	2	80.0
		1 高血壓	1	9	90.0
	概要百分比			85.0	

a. 分割值為 .500

　　二十位受試者中採用生活狀態量表作為檢測工具結果，10 位血壓正常的受試者中有 8 位被診斷預測分類為正常組、10 位有高血壓的受試者中有 9 位被診斷預測分類為高血壓者，診斷預測分類正確的樣本數共有 17 位，百分比為 85.0%；診斷預測分類錯誤的樣本數共有 3 位，百分比為 15.0%。

受試者實際血壓情況與預測分類結果雙向交叉表顯示的四種情況：

1. 受試者實際有高血壓，以生活狀態量表檢測結果也真的有高血壓者共有 9 位，此細格為真陽性群組。
2. 受試者實際有高血壓，以生活狀態量表檢測結果預測其血壓為正常者有 1 位，此細格為偽陰性群組。
3. 受試者實際沒有高血壓 (血壓正常)，以生活狀態量表檢測結果血壓也為正常者共有 8 位，此細格為真陰性群組。
4. 受試者實際沒有高血壓，但以生活狀態量表檢測結果有高血壓者有 2 位，此細格為偽陽性群組。

受試者實際血壓情況與診斷預測分類結果之次數分配表如下：

血壓情況

		次數	百分比	有效百分比	累積百分比
有效的	0 正常	10	50.0	50.0	50.0
	1 高血壓	10	50.0	50.0	100.0
	總和	20	100.0	100.0	

二十位受試者之血壓情況次數分配表，實際檢測結果血壓正常的樣本觀察值有 10 位、有高血壓者的樣本觀察值也有 10 位。

預測的群組

		次數	百分比	有效百分比	累積百分比
有效的	0 正常	9	45.0	45.0	45.0
	1 高血壓	11	55.0	55.0	100.0
	總和	20	100.0	100.0	

二十位受試者以生活狀態量表作為血壓正常與否的檢測工具，診斷檢測分類結果血壓正常的樣本有 9 位、高血壓者有 11 位。

受試者實際血壓狀態與診斷預測分類之列聯表 (交叉表) 如下：

		預測分類結果		全體
		1 (有高血壓)	0 (正常)	
實際情況	1 (有高血壓)	9 (真陽性 TP)	1 (偽陰性 FN)	10
	0 (正常)	2 (偽陽性 FP)	8 (真陰性 TN)	10
全體		11	9	

　　再以社會科學領域之入學考試實際錄取、未錄取為例,依據邏輯斯迴歸模式預測分類結果之類型交叉表,交叉表細格分別真陽性、偽陽性、偽陰性、真陰性,真陽性與真陰性細格為預測分類正確的樣本觀察值,偽陽性、偽陰性為預測分類錯誤的樣本觀察值:

		預測分類結果		全體
		1 (錄取)	0 (未錄取)	
實際結果	1 (錄取)	真陽性 (a)	偽陰性 (b)	實際錄取受試者 (a + b)
	0 (未錄取)	偽陽性 (c)	真陰性 (d)	實際未錄取受試者 (c + d)
全體		預測分類錄取受試者 (a + c)	預測分類未錄取受試者 (b + d)	a + b + c + d

　　將受試樣本實際狀態置於直行、預測分類 (診斷分類) 結果置於橫列,交叉細格為:

		實際狀態		合計
		事件發生	事件未發生	
預測分類 (診斷分類)	事件發生	TP (a)-真陽性	FP (c)-偽陽性	a + c
	事件未發生	FN (b)-偽陰性	TN (d)-真陰性	b + d
全體		a + b	c + d	a + b + c + d

　　「陽性預測值」(positive predictive value; [PPV]) 量數為診斷預測分類結果為有疾患 (陽性),預測分類結果受試者水準數值編碼為 1 的群體 (a + c 細格),受試者實際狀態也為有疾患 (陽性) (a 細格) 所占的比值,以符號表示為 $\dfrac{a}{a+c}$。

　　「陰性預測值」(negative predictive value; [NPV]) 量數為診斷預測分類結果為沒有疾患 (陰性)，預測分類結果受試者水準數值編碼為 0 的群體 (b + d 細格)，受試者實際狀態也為沒有疾患 (陰性) (d 細格) 所占的比值，以符號表示為 $\dfrac{d}{b+d}$。

　　根據上述類別交叉表，ROC 曲線分析中的敏感度與特異度等統計量數的計算如下 (吳裕益，2007)：

統計數	運算公式	統計數	運算公式
Sensitivity 敏感性 (度)	$\dfrac{b}{a+b}$，或 $\dfrac{TP}{TP+FN}$	Specificity 特異度 (度)	$\dfrac{d}{c+d}$，或 $\dfrac{TN}{FP+TN}$
陽性概似比	$\dfrac{敏感性}{1-特異度}$	陰性概似比	$\dfrac{1-敏感性}{特異度}$
陽性預測值 (PPV)	$\dfrac{a}{a+c}$，或 $\dfrac{TP}{TP+FP}$	陰性預測值 (NPV)	$\dfrac{d}{b+d}$，或 $\dfrac{TN}{TN+FN}$
正確率	$\dfrac{a+d}{a+b+c+d}$，或 $\dfrac{TP+TN}{TP+FN+TN+FP}$		

　　以依變項水準數值 1 作為標的群體，分類的「敏感性」/「敏感度」(sensitivity) 為實際水準數值編碼 1 的受試者 (有疾患) 被正確預測分類為水準數值 1 群體 (有疾患)，其百分比稱為真陽性比率 (true positive rate; [TPR]) $= \dfrac{a}{a+b} = \dfrac{預測分類為有疾患人數}{實際有疾患總人數}$。敏感度表示的是受試者實際狀況有疾患 (a + b)，被診斷分類也為有疾患者 (a) 的比率，此數值愈大 $\left(=\dfrac{a}{a+b}\right)$，表示預測分類結果正確性愈高，相對的，敏感度量數值愈低，表示真陽性比率值愈小，診斷預測分類的準確度愈低，敏感度統計量表示的「真陽性率」量數。

　　「特異性」/「特異度」(specificity，之前 SPSS 版本輸出報表以「明確度」字詞表示，新版的 SPSS 版本改為「特異度」字詞表示) 為實際水準數值編碼 0 的受試者 (沒有疾患) 被正確診斷預測分類為水準數值 0 群體 (沒有疾患)，其百分比稱為真陰性比率 (false positive rate; [FPR]) $= \dfrac{d}{c+d} =$

$\dfrac{預測分類為沒有疾患人數}{實際沒有疾患總人數}$。特異度表示的是受試者實際狀況為沒有疾患 (c +

d)，被診斷分類也是沒有疾患者 (d) 的比率，此數值愈大 $\left(= \dfrac{d}{c+d}\right)$，表示診斷預

測分類結果正確性愈高，相對的，特異度量數值愈低，表示真陰性比率值愈小，

診斷預測分類的準確度愈低。$1 - 特異度 = 1 - \dfrac{d}{c+d} = \dfrac{c+d}{c+d} - \dfrac{d}{c+d} = \dfrac{c}{c+d}$，為

實際狀態為沒有疾患的受試者中被診斷預測分類為有疾患者的比率，量數值愈

小，表示偽陽性之細格人數愈少，診斷預測分類結果正確率愈大。1 − 特異度統

計量表示的是偽陽性率或假陽性率量數。

「陽性概似比」(positive likelihood ratio; [PLR]) 為真陽性比率值與假陽性比

率值的比值，以公式表示為：

$$陽性概似比 = \dfrac{真陽性比率}{假陽性比率} = \dfrac{\dfrac{a}{a+b}}{\dfrac{c}{c+d}} = \dfrac{\dfrac{a}{a+b}}{\dfrac{c+d-d}{c+d}} = \dfrac{\dfrac{a}{a+b}}{1-\dfrac{a}{c+d}} = \dfrac{敏感度}{1-特異性},$$

$$或 = \dfrac{敏感度}{1-特異度}。$$

「陰性概似比」(negative likelihood ratio; [NLR]) 為實際水準數值編碼 1 的受

試者被錯誤預測分類為水準數值 0 群體百分比 (1 − 敏感性) 與實際水準數值編碼

0 的受試者被正確預測分類為水準數值 0 群體百分比的比值 (特異度)。

$$陰性概似比 = \dfrac{1-敏感性}{特異度} = \dfrac{1-\dfrac{a}{a+b}}{\dfrac{d}{c+d}} = \dfrac{\dfrac{a+b}{a+b}-\dfrac{a}{a+b}}{\dfrac{d}{c+d}} = \dfrac{\dfrac{b}{a+b}}{\dfrac{d}{c+d}}，分子 \dfrac{b}{a+b} 為$$

實際有疾患受試者被預測分類為沒有疾患的比例，分母 $\dfrac{d}{c+d}$ 為實際沒有疾患受

試者被預測分類為沒有疾患的比例。

概似比(likelihood rations; [LR]) 量數在臨床判讀上的意涵如下表 (張紹勳，

2017)：

概似比	指標值的詮釋
LR > 10	強度證據解讀為有疾患
5 < LR ≤ 10	中度證據解讀為有疾患
2 < LR ≤ 5	弱的證據解讀為有疾患
0.5 < LR ≤ 2.0	就概似量數值而言沒有顯著改變
0.2 < LR ≤ 0.5	弱的證據解讀為沒有疾患
0.1 < LR ≤ 0.2	中度證據解讀為沒有疾患
LR ≤ 0.1	強度證據解讀為沒有疾患

敏感度與特異度細格為預測分類正確的比率值，陽性預測值與陰性預測值均為預測分類錯誤的比率值。

二十位受試者血壓實際狀態與診斷分類或檢測預測分類結果組成之四種型態如下表：

		血壓實際狀態		合計
		高血壓	正常	
預測分類 (診斷檢測結果)	高血壓	9 [TP (a)-真陽性]	2 [FP (c)- 偽陽性]	11 (a + c)
	正常	1 [FN (b)-偽陰性]	8 [TN (d)-真陰性]	9 (b + d)
全體		10 (a + b)	10 (c + d)	

根據交叉表得出敏感度 (sensitivity) 量數 $= \dfrac{a}{a+b} = \dfrac{9}{10} = 0.90$，敏感度量數為真陽性率，量數值愈接近 1.00，診斷檢測預測分類結果正確率愈高。

特異性/特異度 (specificity) 量數 $= \dfrac{d}{c+d} = \dfrac{8}{10} = 0.80$，特異度量數為真陰性率，量數值愈接近 1.00，診斷檢測預測分類結果正確率愈高。1 − 特異度 = 1 − 0.8 = 0.20 $= \dfrac{c}{c+d}$，量數值為假陽性率 (偽陽性率)，量數值愈接近 0.00，表示診斷檢測預測分類結果誤判率 (錯誤率) 愈低。

「陽性預測值」(positive predictive value) 診斷分類結果為陽性 (有高血壓者)，受試者實際狀況也為陽性 (有高血壓者) 所占的比率，診斷分類結果為陽性 (有高血壓者) 的樣本觀察值個數為 a + c、受試者實際狀態也為陽性 (有高血壓者) 的樣本個數為 a，比率值 (百分比) 為 $\dfrac{a}{a+c}$。範例之陽性預測值 $= \dfrac{a}{a+c} = \dfrac{9}{11} =$

0.818。

「陰性預測值」(negative predictive value) 診斷分類結果為陰性 (血壓正常者)，受試者實際狀況也為陰性 (血壓正常者) 所占的比率，診斷分類結果為陰性 (血壓正常者) 的樣本觀察值個數為 b + d、受試者實際狀態也為陰性 (血壓正常者) 的樣本個數為 d，比率值 (百分比) $= \dfrac{d}{b+d}$。範例之陰性預測值 $= \dfrac{d}{b+d} = \dfrac{8}{9} = $ 0.889。

邏輯斯迴歸分析中，以細格 a 樣本觀察值加上細格 d 樣本觀察值除以有效樣本數 (a + b + c + d) 為整體預測分類正確的百分比；以細格 b 樣本觀察值加上細格 c 樣本觀察值除以有效樣本數 (a + b + c + d) 為整體預測分類錯誤的百分比。

各項統計量數的計算以表格數據為例：

		受試者實際狀態		全體
		有疾患	沒有疾患	
檢測結果 (預測分類)	有疾患	**80 (a)**	10 (c)	90 (a + c)
	沒有疾患	20 (b)	**140 (d)**	160 (b + d)
全體		100 (a + b)	150 (c + d)	250 (a + b + c + d)

相關統計量數計算結果如下：

敏感度 =	0.800	$= \dfrac{a}{a+b} = \dfrac{80}{80+20} = \dfrac{80}{100}$
特異度 (特異度) =	0.933	$= \dfrac{d}{c+d} = \dfrac{140}{140+10} = \dfrac{140}{150}$
1 − 特異度 =	0.067	$= 1 - 0.933 = \dfrac{c}{c+d} = \dfrac{10}{150}$
偽陰性 =	0.200	$= \dfrac{b}{a+b} = \dfrac{20}{80+20} = \dfrac{20}{100}$
偽陽性 =	0.067	$= \dfrac{c}{c+d} = \dfrac{10}{140+10} = \dfrac{10}{150}$
陽性預測值 =	0.889	$= \dfrac{a}{a+c} = \dfrac{80}{90}$
陰性預測值 =	0.875	$= \dfrac{b}{b+d} = \dfrac{140}{160}$

陽性概似比 =	11.940	$= \dfrac{0.800}{1 - 0.933} = \dfrac{0.800}{0.067}$
陰性概似比 =	0.214	$= \dfrac{1 - 0.800}{0.933} = \dfrac{0.200}{0.933}$

　　ROC 曲線為「接收者操作特徵曲線」(receiver operating characteristic curve)，曲線圖結合了「敏感度」(真陽性率) 與「1 − 特異度」(偽陽性率) 二個指標，目的在於從曲線圖中找出最佳的切截點或分割點 (optimal cut-point value)，以便將受試者作最大正確的診斷分類。ROC 曲線愈凸且愈接近左上角 [座標軸為 (0, 1)]，表示其預測分類的正確值愈大。ROC 曲線是凸曲線，曲線位於對角線的上方，輸出圖示會增列對角線作為參考線，ROC 曲線離參考直線 (45 度斜線) 愈近，表示診斷鑑別度愈差；相對的，ROC 曲線離參考直線愈遠且向左上角位置移動，表示診斷鑑別度愈高，此時統計量數之敏感度愈大、偽陽性比率值愈小，曲線中最靠近左上角 (0.0, 1.0) 座標軸的點是預測分類錯誤值最低的分割點，此位置處之統計量數的敏感度最大、「1 − 特異度」(偽陽性率) 量值最小。

　　一般 ROC 曲線的縱軸 (Y 軸) 為敏感度量數、橫軸 (X 軸) 為「1 − 特異度」量數，Y 軸的數值全距從 0.00 至 1.00、X 軸的數值全距也從 0.00 至 1.00，左下角的座標點為 (0, 0)，座標點的敏感度量數值為 0、1 − 特異度量數值為 0 (對應的特異度量數為 1)；右上角的座標點為 (1, 1)，座標點的敏感度量數值為 1、1 − 特異度量數值為 1 (對應的特異度量數為 0)。

　　ROC 曲線範例圖示如下，對角線為機遇或猜測結果直線，直線下的面積為 .50，ROC 曲線中的座標點之敏感度量數為 0.80，1 − 特異度量數為 0.20，可作為分割決策的門檻值 (decision thresholds) 或操作點 (operating points)，當分割點離左上角座標點 (0.0, 1.0) 愈近，表示敏感度量數值愈接近 1.00、1 − 特異度量數值愈趨近於 0.00。由於 ROC 曲線位於對角線的左上方，曲線下的面積會介於 .50 至 1.00 之間。ROC 曲線下的面積 (AUC) 為 0.50 時，表示預測變項對二元反應變項沒有顯著診斷分類力或反應變項二個群組之生物標記或特徵沒有明顯的分配差異。

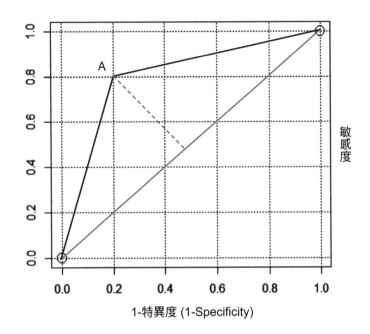

曲線下的面積 (area under curve; [AUC]) 值介於 0.50 至 1.00 之間，數值愈接近 1.00 (= 100.0%)，表示診斷能力愈佳或整體預測分類結果可靠性愈高，一般的判別準則如下：

AUC < 0.50	幾乎沒有區別力	失敗的診斷預測 (F)
0.50 ≤ AUC < 0.70	區別力不高 (低度的診斷正確性)	差的診斷預測 (D)
0.70 ≤ AUC < 0.80	可接受的區別力 (中度的診斷正確性)	普通的診斷預測 (C)
0.80 ≤ AUC < 0.90	好的區別力 (中高度的診斷正確性)	好的診斷預測 (B)
AUC ≥ 0.90	非常好的區別力 (高度的診斷正確性)	極佳的診斷預測 (A)

貳、ROC 報表

ROC 曲線分析報表會呈現三個表格與 ROC 曲線圖 (範例輸出語言為英文視窗介面)，範例資料檔為上述二十位受試者之生活狀態量表檢測分類其血壓正常與否的 ROC 曲線分析結果。

ROC Curve

Case Processing Summary

血壓情況	Valid N (listwise)
Positive	10
Negative	10

Larger values of the test result variable(s) indicate stronger evidence for a positive actual state.

a. The positive actual state is 1 高血壓.

　　「Case Processing Summary」為觀察值處理摘要表，Positive (正) 橫列為受試者血壓情況變項中水準數值編碼為 1 的群體，陽性反應 (有高血壓樣本) 的受試者有 10 位；Negative (負) 橫列為受試者血壓情況變項中水準數值編碼為 0 的群體，陰性反應 (血壓正常樣本群組) 的受試者有 10 位。

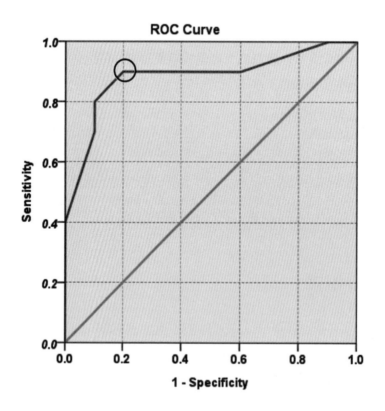

ROC Curve

　　ROC 曲線圖的 Y 軸 (縱軸) 為「敏感度」量數、X 軸 (橫軸) 為「1 - 特異性」或「1 - 特異度」量數，從曲線圖的變化，大致可以看出「敏感度」量數

與「1－特異度」量數約呈正相關型態。當「1－特異度」量數值等於 0.0 時 (X 軸點)，「敏感度」量數值介於 0.00 至 0.40 (Y 軸點)；「1－特異度」量數值介於 0.2 至 0.6 時，「敏感度」量數值均為 0.90，當「1－特異度」量數值等於 1.0 時，「敏感度」量數值也為 1.0。ROC 曲線圖中有一條 45 度角的對角線，此參考線上的點，其「1－特異度」量數值與「敏感度」量數值完全相同，是一條隨機猜測結果的理論曲線，表示的是機遇造成的，對角線將空間分割成二部分，代表的 AUC 量數值為 0.50，此理論直線圖在 ROC 曲線圖示中為機率或猜測結果，也是虛無假設的設定值 H_0: $AUC = 0.50$，或 H_0: $AREA_Z = 0.50$。

曲線下面積 (area under the curve; [AUC]) 是否等於 0.50 檢定的對立假設為：

H_1: $AUC \neq 0.50$，或 H_0: $AREA_Z \neq 0.50$。

診斷分類之效度判讀時，檢測 ROC 曲線離理論參考直線距離的遠近，如果 ROC 曲線愈向左上角處 (座標點為 0, 1) 移動，表示曲線下的面積愈大，診斷預測分類的效度愈高；相反的，若是 ROC 曲線離參考理論直線很近，表示曲線下的面積愈小，診斷預測分類的效度愈低。從 ROC 曲線圖示中可以看出最佳的切截點或分割點為敏感度量數 (Y 軸) 等於 0.900、1－特異度量數 (X 軸) 等於 0.2 之座標點，切截點的分數為生活狀態量表分數 5.5 分。當切截點或分割點界定為受試者在生活狀態量表分數 5.5 分，分割結果的敏感度統計量最大、1－特異度統計量最小，亦即有最大的真陽性率、最小的偽陽性率。

Area Under the Curve

Test Result Variable(s)：生活狀態

Area (區域)	Std. Error[a] (標準誤差)	Asymptotic Sig.[b] (漸進顯著性)	Asymptotic 95% Confidence Interval (漸進 95% 信賴區間)	
			Lower Bound (下限)	Upper Bound (上限)
.885	.082	.004	.724	1.000

The test result variable(s)：生活狀態 has at least one tie between the positive actual state group and the negative actual state group. Statistics may be biased.

a. Under the nonparametric assumption (在無母數假設的情況下)

b. Null hypothesis: true area = 0.5 (虛無假設：真實區域 = 0.5)

Area Under the Curve (曲線下的曲域或面積) 表最上面為檢定結果變項 (生活狀態)，檢定結果變項為診斷預測分類變項 (預測變項)，二分效標變項稱為反應

變項，範例變項名稱為「血壓情況」，此變項為受試者或樣本觀察值實際的狀態或現實生活中的情形。曲線下面積統計量 = .885，標準誤差 = .082、顯著性 p = .004 < .05，達到顯著水準，拒絕虛無假設 H_0: 面積 = 0.50，曲線下面積顯著不等於 0.50，漸進 95% 信賴區間值為 [.724, 1.000]，未包含 .50 數值點，表示曲線下面積等於 .50 的機率很低。ROC 曲線下的面積如果等於 .50，表示曲線剛好落在對角的參考直線上，診斷工具或檢測量表完全沒有鑑別力，預測分類效度為 0。

Coordinates of the Curve

Test Result Variable(s)：生活狀態

Positive if Greater Than or Equal To a (若大於或等於，則為正)	Sensitivity (敏感度)	1 – Specificity (1 – 特異度)
.00	1.000	1.000
1.50	1.000	.900
2.50	.900	.600
3.50	.900	.400
4.50	.900	.300
5.50	.900	.200
6.50	.800	.100
7.50	.700	.100
8.50	.400	.000
9.50	.200	.000
11.00	.000	.000

The test result variable(s)：生活狀態 has at least one tie between the positive actual state group and the negative actual state group.

a. The smallest cutoff value is the minimum observed test value minus 1, and the largest cutoff value is the maximum observed test value plus 1. All the other cutoff values are the averages of two consecutive ordered observed test values.

　　「Coordinates of the Curve」(曲線的座標) 表中的第一欄 (直行) 為切截點或分割點，陽性者 (高血壓) 為受試者在檢定結果變數 (生活狀態) 的分數大於等於切截點分數，小於切截點分數的受試者診斷預測分類為陰性受試者 (血壓正常)。第二欄 (直行) 為敏感度 (Sensitivity) 統計量、第三欄 (直行) 為 1 – 特異度 (1–Specificity) 統計量，敏感度量數與 1 – 特異度量數均從 1.000 遞減至 0.000，敏感

度量數為真陽性率、1－特異度為偽陽性率，有效的切截點或分割點希望診斷分類結果有最高的真陽性率、最低的偽陽性率，即敏感度量數值為最大，同時「1－特異度」量數為最小，此時診斷分類的效度最佳或預測分類的正確性最高。

　　ROC 曲線圖的繪製根據敏感度量數與 1－特異度量數二欄的數據繪成，敏感度量數向量作為 Y 軸、1－特異度量數向量作為 X 軸。簡單散佈圖對話視窗中，Sensitivity 變項點選至「Y 軸：」下方框內；「V1_Specificity」(1－Specificity) 變項點選至「X 軸：」下方框中，可以繪製二個數值向量的散佈圖。

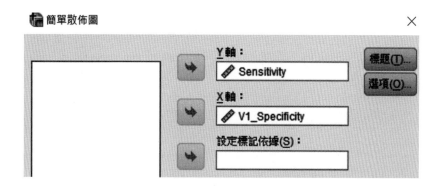

　　以 Sensitivity 量數為 Y 軸、以 1－Specificity 量數為 X 軸，繪製的簡單散佈圖如下，將散佈圖中的所有標記點連結起來，即成為 ROC 曲線圖。

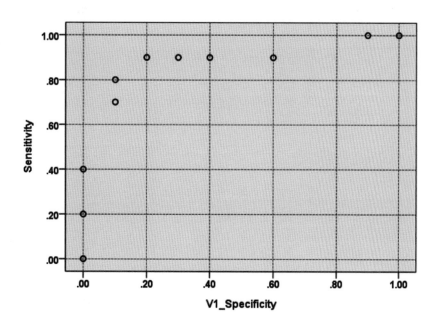

　　「Coordinates of the Curve」(曲線的座標) 表中的敏感度量數與 1 − 特異度量數的計算，以切截點 (分割點) 5.5 分為例，受試者在生活狀態量表的得分大於等於 5.5 分，表示受試者血壓情況為「高血壓」，水準數值編碼為 1；受試者在生活狀態量表的得分小於 5.5 分，表示受試者血壓情況為「正常」，水準數值編碼為 0，預測結果之變項界定為「診斷分類」，二十位受試者檢測分類結果如下：

生活狀態	血壓情況	診斷分類 (切截點 5.5 分)	診斷分類 (切截點 3.5 分)
10	1	1	1
9	1	1	1
8	1	1	1
10	1	1	1
6	1	1	1
8	1	1	1
2	1	0	0
7	1	1	1
9	1	1	1
8	1	1	1
2	0	0	0
5	0	0	1
3	0	0	0
4	0	0	1
2	0	0	0
1	0	0	0
3	0	0	0
2	0	0	0
8	0	1	1
6	0	1	1

　　求出生活狀態與診斷分類二個因子變項的列聯表，列聯表中可以直接查閱敏感度量數值與 1 − 特異度量數值。

　　執行功能表列「分析 (A)」/「敘述統計 (E)」/「交叉表 (C)」程序,開啟「交叉表」對話視窗。

　　「交叉表」對話視窗中將「診斷分類」變項選至「列 (O):」下方框中,從變數清單中選取「血壓情況」變項至「直欄 (C):」下方框內,按「儲存格 (E)」鈕,開啟「交叉表:儲存格」次對話視窗。

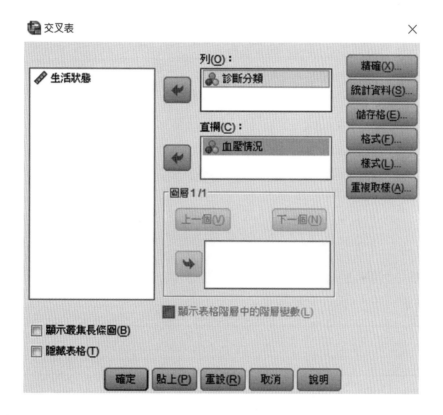

　　「交叉表:儲存格顯示」次對話視窗,於「百分比」方盒中勾選「☑列 (R)」、「☑直欄 (C)」二個選項,按「繼續」鈕,回到「交叉表」對話視窗,按「確定」鈕。

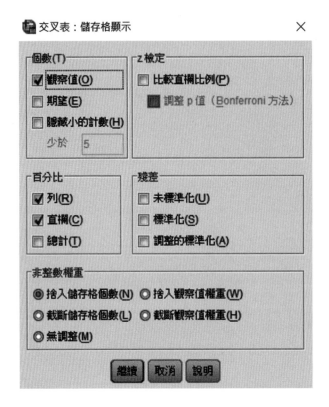

診斷分類與血壓情況二個變項構成之雙向列聯表如下：

診斷分類*血壓情況 交叉列表

			血壓情況		總計
			0 正常	1 高血壓	
診斷分類	0 正常	計數	8 (d)	1 (b)	9
		診斷分類 內的 %	88.9%	11.1%	100.0%
		血壓情況 內的 %	80.0%	10.0%	45.0%
	1 高血壓	計數	2 (c)	9 (a)	11
		診斷分類 內的 %	18.2%	81.8%	100.0%
		血壓情況 內的 %	20.0%	90.0%	55.0%
總計		計數	10	10	20
		診斷分類 內的 %	50.0%	50.0%	100.0%
		血壓情況 內的 %	100.0%	100.0%	100.0%

$$敏感度量數 = \frac{a}{a+b} = \frac{9}{9+1} = 0.900$$

$$1 - 特異度 = 1 - \frac{d}{c+d} = 1 - \frac{8}{2+8} = 1 - 0.800 = 0.200。$$

交叉表中的「血壓情況內的%」橫列的百分比數據 20.0%、90.0% 分別為 1 − 特異度量數與敏感度量數。

以切截點 (分割點) 3.5 分為例，受試者在生活狀態量表的得分大於等於 3.5 分，表示受試者血壓情況為「高血壓」，水準數值編碼為 1；受試者在生活狀態量表的得分小於 3.5 分，表示受試者血壓情況為「正常」，水準數值編碼為 0，預測結果之變項界定為「診斷分類」。

診斷分類與血壓情況二個變項構成之雙向列聯表如下：

診斷分類*血壓情況 交叉列表

			血壓情況		總計
			0 正常	1 高血壓	
診斷分類	0 正常	計數	6 (d)	1 (d)	7
		診斷分類 內的 %	85.7%	14.3%	100.0%
		血壓情況 內的 %	60.0%	10.0%	35.0%
	1 高血壓	計數	4 (c)	9 (a)	13
		診斷分類 內的 %	30.8%	69.2%	100.0%
		血壓情況 內的 %	40.0%	90.0%	65.0%
總計		計數	10	10	20
		診斷分類 內的 %	50.0%	50.0%	100.0%
		血壓情況 內的 %	100.0%	100.0%	100.0%

$$敏感度量數 = \frac{a}{a+b} = \frac{9}{9+1} = 0.900$$

$$1 - 特異度 = 1 - \frac{d}{c+d} = 1 - \frac{6}{4+6} = 1 - 0.600 = 0.400。$$

交叉表中的「血壓情況內的 %」橫列的百分比數據 40.0%、90.0% 分別為 1 − 特異度量數與敏感度量數。

範例 ROC 曲線分析程序之預測變項為生活幸福感，受試者分數愈高，表示其感受的生活幸福感愈高；反應變項 (狀態變數) 為血壓情況。

受試者	血壓情況	生活幸福感	受試者	血壓情況	生活幸福感
s01	1	7	s11	0	8
s02	1	9	s12	0	7
s03	1	6	s13	0	6
s04	1	8	s14	0	5
s05	1	4	s15	0	3
s06	1	5	s16	0	1
s07	1	8	s17	0	3
s08	1	10	s18	0	4
s09	1	5	s19	0	7
s10	1	7	s20	0	9

ROC 曲線圖示如下，ROC 曲線離對角線的距離很近，表示曲線的面積 (AUC) 會較接近 .50。

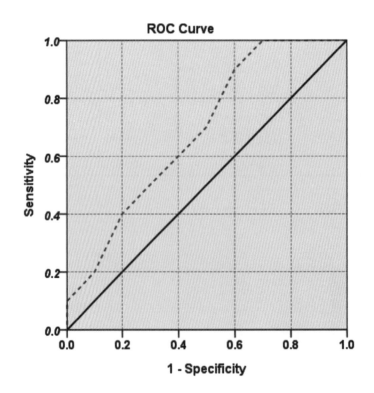

Area Under the Curve

Test Result Variable(s)：生活幸福感

Area	Std. Error[a]	Asymptotic Sig.[b]	Asymptotic 95% Confidence Interval	
			Lower Bound	Upper Bound
.685	.121	.162	.448	.922

The test result variable(s)：生活幸福感 has at least one tie between the positive actual state group and the negative actual state group. Statistics may be biased.

a. Under the nonparametric assumption

b. Null hypothesis: true area = 0.5

　　曲線下面積 AUC 統計量 = .685，標準誤 = .121，漸近顯著性 p = .162 > .05，未達統計顯著水準，漸近 95% 信賴區間值為 [.448, .922]，包含數值點 .50，表示 AUC 統計量等於 .50 的機率很高，沒有足夠證據可以拒絕虛無假設 (H_0: AUC = .50)，曲線下面積 AUC 統計量與 .50 的差異量顯著等於 0，檢定結果之診斷分類正確性極差，以生活幸福感變因無法有效預測分類受試者血壓情況是否正常。

參、操作程序

　　範例為 230 位樣本參加證照考試結果，效標變項為「評定結果」，變項量尺為二分類別變項，水準數值 1 為「通過」(通過證照考試)、水準數值 0 為「未通過」(未通過證照考試)，診斷分類變項為觀察值的「學習成就」分數，變項量尺為連續變項，分數愈高，樣本觀察值的學習成就愈佳。

◆ 一、ROC 曲線操作步驟

1. 執行功能表列「分析 (A)」/「ROC 曲線 (V)」程序，開啟「ROC 曲線」對話視窗。

2. 在「ROC 曲線」對話視窗中，從變數清單中點選「學習成就」至右邊「檢定變數 (T)：」下方框中，點選二分類別變項「評定結果」至中間「狀態變數 (S)：」下方框內，「狀態變數的值 (V)：」右邊方框鍵入標的群組之水準數值編碼 1。「顯示」方盒中內定勾選的選項為「☑ROC 曲線 (U)」，其餘三個選項均加以勾選：「☑有對角參考線 (W)」、「☑標準誤與信賴區間 (E)」、「☑ROC 曲線的座標點 (C)」。

3. 按「選項」鈕，開啟「ROC 曲線：選項」次對話視窗。

4.「ROC 曲線：選項」次對話視窗

視窗介面有四個方盒，「分類」方盒內定的選項為「⊙包含正向分類的截斷值 (I)」；「檢定方向」方盒內定的選項為「⊙較大檢定結果指示更為正向的檢定 (L)」；「區域標準誤的參數」方盒，內定「分佈假設 (D)」型態為無母數、信賴水準 (C) 預設值為 95%；「遺漏值」方盒內定選項為「⊙排除使用者遺漏值與系統遺漏值 (U)」，ROC 曲線分析時，此視窗的選項一般不用再另外選取，採用內定選項較佳。按「繼續」鈕，回到「ROC 曲線」主對話視窗，按「確定」鈕。

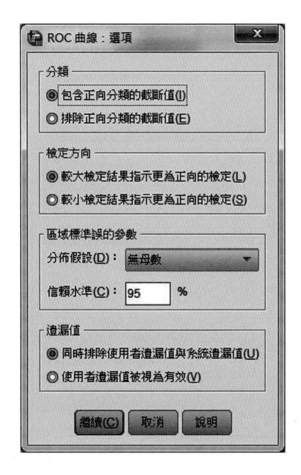

　　「檢定方向」方盒內定的選項為「⊙較大檢定結果指示更為正向的檢定 (L)」，另一個選項為「較小檢定結果指示更為正向的檢定 (S)」，此選項繪製的 ROC 曲線會位於對角直線圖的下方。

◆ 二、ROC 曲線程序輸出報表

ROC 曲線

觀察值處理摘要

評定結果	有效的 N (listwise)
正[a]	109
負	121

檢定結果變數的值越大，表示正數實際狀態的證據越強。

a. 正數實際狀態為通過

　　觀察值處理摘要表中的「正」值列為證照考試錄取的樣本數，變項水準數值編碼為 1；「負」值列為證照考試未錄取的樣本數，變項水準數值編碼為 0。

　　增列網格線的 ROC 曲線圖 (輸出語言為繁體中文狀態之視窗介面) 如下：

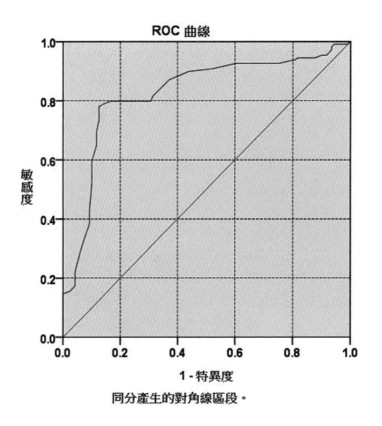

同分產生的對角線區段。

　　增列網格線的 ROC 曲線圖 (輸出語言為英文狀態之視窗介面) 如下：

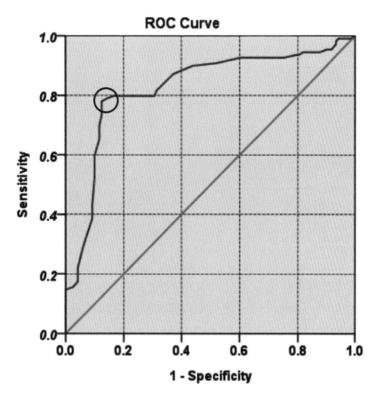

ROC Curve

Diagonal segments are produced by ties.

		實際評定結果		合計
		通過	未通過	
預測分類 (診斷分類)	通過	TP (a)-真陽性	FP (c)-偽陽性	a + c
	未通過	FN (b)-偽陰性	TN (d)-真陰性	b+ d
全體		a + b	c + d	

　　ROC 曲線的縱軸 (Y 軸) 為敏感度，敏感度為「真陽性率」(true positive rate; [TPR])、橫軸 (X 軸) 為「1 – 特異度」(1 – 特異性)，1 – 特異度為「偽陽性率」(false positive rate; FPR)。真陽性率 TPR 表示的是所有實際狀態為證照考試結果「通過」的樣本中，也被正確預測分類為「通過」者所占的比率，以符號表示 TPR $= \dfrac{TP}{TP + FN} = \dfrac{a}{a + b}$。偽陽性率 FPR 表示的是所有實際評定結果為證照考試「未通過」的樣本中，被錯誤預測分類為「通過」者所占的比率，以符號表示

$$\text{FPR} = \frac{FP}{FP+TN} = \frac{c}{c+d} \text{。}$$

ROC 曲線的分割點或門檻分割值的影響情況如下 (張紹勳，2017)：

1. 當門檻值設定為最高時

   門檻分割值設定為最高時，表示所有樣本觀察值均被預測分類為陰性 (沒有疾患)，沒有受試者被診斷預測分類為陽性 (有疾患)，此時交叉表細格中的 FP(c) 量數值為 0，$\text{FPR} = \dfrac{FP}{FP+TN} = \dfrac{c}{c+d} = \dfrac{0}{0+d} = 0$；同時交叉細格表中的細格人數 TP(a) 也為 0，真陽性率 $\text{TPR} = \dfrac{TP}{TP+FN} = \dfrac{a}{a+b} = \dfrac{0}{0+d} = 0$，因而當門檻分割值設定為最高時，ROC 曲線的分割點為座標軸最左下角的點 (0, 0)。

2. 當門檻值設定為最低時

   門檻分割值設定為最低時，表示所有樣本觀察值均被預測分類為陽性 (有疾患)，沒有受試者被診斷預測分類為陰性 (沒有疾患)，此時交叉表細格中的 TN(d) 量數值為 0，$\text{FPR} = \dfrac{FP}{FP+TN} = \dfrac{c}{c+d} = \dfrac{c}{c+0} = 1 = 100\%$，同時交叉細格表中的細格人數 FN(b) 也為 0，真陽性率 $\text{TPR} = \dfrac{TP}{TP+FN} = \dfrac{a}{a+b} = \dfrac{a}{a+0}$ $= 1 = 100\%$，因而當門檻分割值設定為最低時，ROC 曲線的分割點為座標軸最右上角的點 (1, 1)。

3. 因為 TP(a)、FP(c)、FN(b)、TN(d) 都是累積次數，FN(b)、TN(d) 隨著門檻值調降而減少或持平，TP(a)、FP(c) 隨著門檻值調降而增加或持平，所以 FPR 與 TPR 二個量數均會隨著調降而增加或持平，此準則顯示隨著門檻分割值調低，ROC 點會向右上移動，可能向右移動、向上移動或沒有變動，但不會往左下移動或往左、往下移動。

從 ROC 曲線圖可以看出，敏感度量數與 1 – 特異度量數有呈相向關係的趨勢。

ROC 曲線簡便分割點的判讀法為曲線中距離左上角最近的點。切截點或分割值預測分類或診斷分類結果有最大的「真陽性率」、最小的「偽陽性率」，亦即敏感度統計量最大、「1 – 特異度」統計量最小。當敏感度 (真陽性率) 量數愈大、1 – 特異度/1 – 特異性 (偽陽性率) 量數愈低，表示切截分割點的預測分類效

度愈佳，因而在決定切截分割點時，要同時考量到 ROC 曲線圖中縱軸的敏感度統計量與橫軸的 1 – 特異度統計量二個量數。

曲線下的區域

檢定結果變數：學習成就

			漸近 95% 信賴區間	
區域	標準誤[a]	漸近顯著性[b]	下界	上界
.826	.029	.000	.769	.884

檢定結果變數：學習成就，在正數實際狀態群組與負數實際狀態群組之間至少有一個連結空間。統計量可能有偏誤。

a. 在無母數假設下

b. 虛無假設：真實域 = 0.5

　　根據 ROC 曲線及曲線下面積統計量表得知，曲線下的面積為 .826，標準誤為 .029、顯著性 p < .001，達到統計顯著水準。曲線下面積漸近 95% 信賴區間值為 [.769, .884]，由於漸近 95% 信賴區間值未包含 0.50 數值點，表示曲線下面積等於 0.50 的機率值很低，有足夠證據拒絕虛無假設 $H_0: AUC = 0.50$，對立假設得到支持 $(H_1: AUC \neq 0.50)$。

　　對照上述 AUC 診斷結果對照表，AUC = .826 > .800，預測分類結果為「好的區別力 (中高度的診斷正確性)」，是「好的診斷預測」。以受試者的學習成就變因可以有效預測受試者在證照考試結果是否通過。

曲線座標

檢定結果變數：學習成就

正數，如果大於或等於[a]	敏感度	1 – 特異度
18.00	1.000	1.000
19.50	1.000	.992
21.50	.991	.992
26.50	.991	.975
31.00	.991	.967
33.50	.991	.950
35.50	.991	.942
36.50	.982	.934
37.50	.972	.934

正數，如果大於或等於[a]	敏感度	1－特異度
38.50	.954	.917
39.50	.954	.901
40.50	.945	.876
42.00	.945	.851
43.50	.945	.818
44.50	.936	.802
45.50	.936	.793
46.50	.927	.752
47.50	.927	.669
48.50	.927	.603
49.50	.908	.521
50.50	.899	.438
51.50	.872	.372
52.50	.817	.314
53.50	.798	.306
54.50	.798	.248
56.00	.798	.165
57.50	.789	.140
59.00	.780	.124
61.00	.761	.124
62.50	.734	.124
63.50	.697	.116
64.50	.651	.116
65.50	.596	.099
66.50	.569	.099
67.50	.523	.099
69.00	.431	.091
70.50	.385	.091
71.50	.312	.066
72.50	.284	.058

正數，如果大於或等於[a]	敏感度	1－特異度
73.50	.220	.041
74.50	.174	.041
75.50	.156	.025
82.50	.147	.000
90.50	.138	.000
93.00	.119	.000
94.50	.101	.000
95.50	.083	.000
96.50	.064	.000
97.50	.046	.000
98.50	.028	.000
99.50	.009	.000
101.00	.000	.000

檢定結果變數：學習成就，在正數實際狀態群組與負數實際狀態群組之間至少有一個連結空間。

a. 最小截斷值是觀察到的最小檢定值減 1，而最大截斷值是觀察到的最大檢定值加 1。其他所有的截斷值是觀察到的兩個連續排序檢定值的平均值。

根據第二欄的真陽性率與第三欄偽陽性率繪製的簡單散佈圖如下：

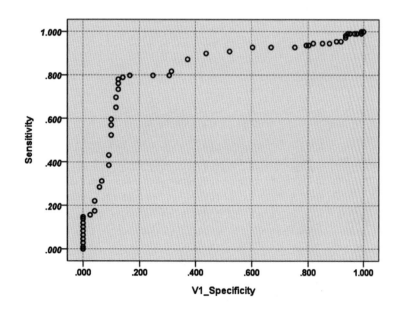

　　表格為所有可能的分割點，第一欄 (直行) 量數為大於等於學業成就分數，第二欄 (直行) 量數為分割點的敏感度 (真陽性率)，第三欄 (直行) 量數為分割點的 1 − 特異度 (偽陽性率)。以第一個橫列量數為例，以學業成就 18 分為分割點，學業成就大於等於 18 分預測分類結果為「通過」，學業成就小於 18 分預測分類結果為未通過，230 位樣本的學業成就分數均大於 18 分，全部被預測分類為「通過」(陽性)，敏感度量數 $= \dfrac{a}{a+b} = \dfrac{109}{109+0} = 1.000$，特異度 (特異性) $= \dfrac{d}{c+d} = \dfrac{0}{121+0} = 0$，1 − 特異度 (特異性) $= 1 - 0 = 1.000$。

		評定結果		總和
		1 通過	0 未通過	
預測分類	1 通過	109 (a)	121 (c)	230
	0 未通過	0 (b)	0 (d)	0
總和		109	121	230

　　以受試者學業成就 55.50 分為分割點，學業成就大於等於 55.50 分預測分類結果為「通過」(陽性)，學業成就小於 55.50 分預測分類結果為「未通過」(陰性)，受試者實際評定結果與預測分類 (診斷分類或檢查結果) 的雙向交叉表中的真陽性細格人數為 98(a)、偽陽性細格人數為 53(c)、偽陰性細格人數為 11(b)、真陰性細格人數為 11(d)，根據雙向交叉表數字，求出敏感度量數 $= \dfrac{a}{a+b} = \dfrac{98}{98+11} = \dfrac{98}{109} = 0.899$，特異度 (特異性) $= \dfrac{d}{c+d} = \dfrac{68}{53+68} = \dfrac{68}{121} = 0.562$，1 − 特異度 (特異性) $= 1 - 0.562 = 0.438$。

		評定結果		總和
		1 通過	0 未通過	
預測分類	1 通過	98 (a)	53 (c)	151
	0 未通過	11 (b)	68 (d)	79
總和		109	121	230

　　受試者實際評定結果與預測分類 (診斷分類或檢查結果) 的雙向交叉表，

可以使用「轉換 (T)」選單中的「重新編碼成不同變數 (R)」程序與執行「分析 (A)」/「敘述統計 (E)」選單中的「交叉表 (C)」程序求出，二個操作程序對應的語法為：

```
DATASET ACTIVATE 資料集 1.
RECODE 學習成就 (50.5 thru Highest = 1) (ELSE = 0) INTO 預測分類.
EXECUTE.

CROSSTABS
 /TABLES = 預測分類 BY 評定結果
 /FORMAT = AVALUE TABLES
 /CELLS = COUNT
 /COUNT ROUND CELL.
```

　　根據分割點分數增列診斷分類結果之變項，變項名稱界定為「預測分類」，重新編碼成不同變數的操作程序如下：

1. 「重新編碼成不同變數」視窗中，點選「學習成就」變項至中間方框內，「輸出變數」方盒之「名稱 (N)：」下方框中鍵入「預測分類」，按「變更 (H)」鈕，按「舊值與新值 (O)」鈕，開啟「重新編碼成不同變數：舊值與新值」次對話視窗。

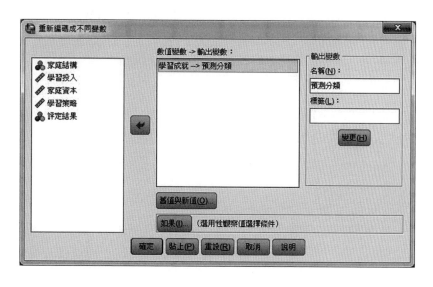

2. 「重新編碼成不同變數：舊值與新值」次對話視窗中，「舊值」方盒中點

選「⊙範圍，從值到最高 (E)：」選項，選項下方框內鍵入數值 50.5；「新值」方盒中點選「⊙值 (L)：」選項，選項右邊方框內鍵入數值 1，按中間「新增 (A)」鈕。(表示觀察值在學習成就計量變項大於等於 50.50 者，預測分類變項之水準數值編碼為 1)。

3.「舊值」方盒中改點選「⊙所有其他值 (O)」選項，「新值」方盒中點選「⊙值 (L)：」選項，選項右邊方框內鍵入數值 0，按中間「新增 (A)」鈕。(表示觀察值在學習成就計量變項小於 50.50 者，預測分類變項之水準數值編碼為 0)

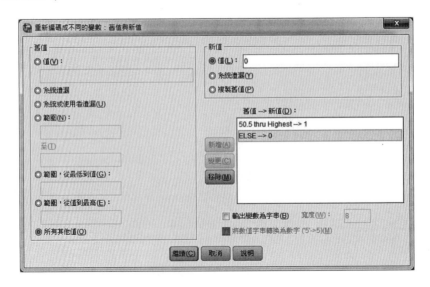

4. 按「繼續」鈕，回到「重新編碼成不同變數」主對話視窗，按「確定」鈕。

　　求出評定結果 (實際狀態) 與預測分類 (檢測分類情況) 之交叉表的操作程序
如下：

1. 執行功能表列「分析 (A)」/「敘述統計 (E)」/「交叉資料表 (C)」(交叉表)
   程序，開啟「交叉表」對話視窗。

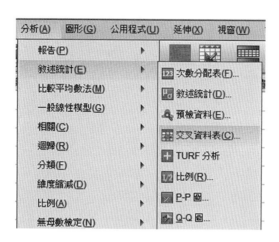

2. 「交叉表」對話視窗中點選「預測分類」變項至「列 (O)：」下方框中，點
   選「評定結果」變項至「欄 (C)：」下方框內，按「資料格」鈕，開啟「交
   叉表：儲存格顯示」次對話視窗。

3.「交叉表：儲存格顯示」次對話視窗中，勾選百分比方盒中的「☑列 (R)」、「☑欄 (C)」二個選項，增列細格橫列與直欄百分比，按「繼續」鈕，回到「交叉表」對話視窗，按「確定」鈕。

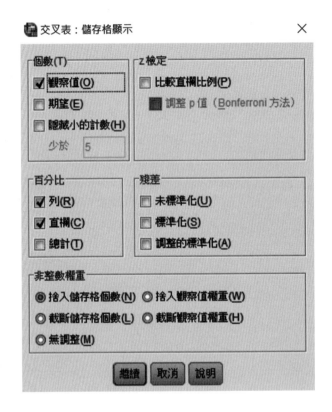

沒有輸出細格百分比的交叉表如下：

預測分類 * 評定結果 交叉表

個數

		評定結果		總和
		0 未通過	1 通過	
預測分類	0 未通過	68	11	79
	1 通過	53	98	151
總和		121	109	230

增列輸出細格百分比的交叉表如下：

預測分類*評定結果 交叉列表

			評定結果		總計
			未通過	通過	
預測分類	未通過	計數	68	11	79
		預測分類 內的 %	86.1%	13.9%	100.0%
		評定結果 內的 %	56.2%	10.1%	34.3%
	通過	計數	53	98	151
		預測分類 內的 %	35.1%	64.9%	100.0%
		評定結果 內的 %	43.8%	89.9%	65.7%
總計		計數	121	109	230
		預測分類 內的 %	52.6%	47.4%	100.0%
		評定結果 內的 %	100.0%	100.0%	100.0%

上述表格「預測分類」變項的「通過」項中的「評定結果 內的 %」橫列量數「未通過」直行為 43.8% = 0.438，此細格百分比為「1 – 特異度」統計量，百分比為偽陽性率；「通過」直行為 89.9% = 0.899，此細格百分比為「敏感度」統計量，百分比為真陽性率。

實際應用時，使用者只要更改分割點的量數值即可，以分割點 59 分為例，受試者學習成就分數大於等於 59 分者預測分類結果為「通過」(陽性)，學習成就分數小於 59 分者預測分類結果為「未通過」(陰性)，受試者實際評定結果與預測分類 (診斷分類或檢查結果) 的雙向交叉表求法語法如下，列聯表細格增列百分比統計量：

```
DATASET ACTIVATE 資料集 1.
RECODE 學習成就 (59.0 thru Highest = 1) (ELSE = 0) INTO 預測分類.
EXECUTE.

CROSSTABS
 /TABLES = 預測分類 BY 評定結果
 /FORMAT = AVALUE TABLES
 /CELLS = COUNT ROW COLUMN
 /COUNT ROUND CELL.
```

IBM SPSS 統計語法編輯器視窗介面圖示為：

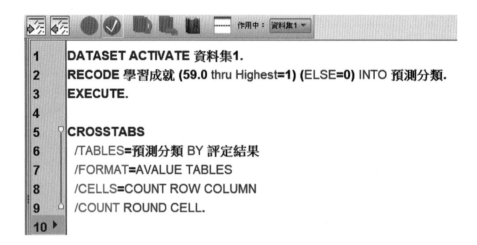

受試者實際評定結果與預測分類 (診斷分類或檢查結果) 的雙向交叉表中的真陽性細格人數為 85 (a)、偽陽性細格人數為 15 (c)、偽陰性細格人數為 24 (b)、真陰性細格人數為 106 (d)。

預測分類 * 評定結果 交叉表

個數

		評定結果		總和
		0 未通過	1 通過	
預測分類	0 未通過	106 (d)	24 (b)	130
	1 通過	15 (c)	85 (a)	100
總和		121	109	230

雙向交叉表的細格重新整理如下：

		評定結果		總和
		1 通過	0 未通過	
預測分類	1 通過	85 (a)	1 5(c)	100
	0 未通過	24 (b)	106 (d)	130
總和		109	121	230

　　「預測分類」因子變項的次數分配表如下，以受試者學習成就 59 分為門檻分割值，預測分類結果「通過」證照考試的樣本觀察值有 100 位 (a + c)、「未通過」證照考試的樣本觀察值有 130 位 (b + d)，預測分類結果「通過」證照考試的樣本觀察值 100 位中，實際評定結果也通過證照考試者有 85 位 (a 細格真陽性)、實際評定結果未通過證照考試者有 15 位 (c 細格偽陽性)；預測分類結果「未通過」證照考試的樣本觀察值 130 位中，實際評定結果也未通過證照考試者有 106 位 (d 細格真陰性)，實際評定結果通過證照考試者有 24 位 (c 細格偽陰性)。

預測分類

		次數	百分比	有效百分比	累積百分比
有效的	0 未通過	130	56.5	56.5	56.5
	1 通過	100	43.5	43.5	100.0
	總和	230	100.0	100.0	

　　根據雙向交叉表數字，求出敏感度量數 $= \dfrac{a}{a+b} = \dfrac{85}{85+24} = \dfrac{85}{109} = 0.780$，特異度 (特異性) $= \dfrac{d}{c+d} = \dfrac{15}{15+106} = \dfrac{15}{121} = 0.876$，1 − 特異度 (特異性) $= 1 - .876 = 0.124$。

　　增列細格百分比的交叉表如下：

預測分類*評定結果 交叉列表

				評定結果		總計
				未通過	通過	
預測分類	未通過	計數		106	24	130
		預測分類 內的 %		81.5%	18.5%	100.0%
		評定結果 內的 %		87.6%	22.0%	56.5%
	通過	計數		15	85	100
		預測分類 內的 %		15.0%	85.0%	100.0%
		評定結果 內的 %		12.4%	78.0%	43.5%
總計		計數		121	109	230
		預測分類 內的 %		52.6%	47.4%	100.0%
		評定結果 內的 %		100.0%	100.0%	100.0%

　　上述表格「預測分類」變項的「通過」項中的「評定結果內的 %」橫列量數「未通過」直行為 12.4% = 0.124，此細格百分比為「1 – 特異度」統計量，百分比為偽陽性率；「通過」直行為 78.0% = 0.780，此細格百分比為「敏感度」統計量，百分比為真陽性率。

　　樣本觀察值在學習成就計量變項上的次數分配表如下：

		次數	百分比	有效百分比	累積百分比
有效的	19	1	.4	.4	.4
	20	1	.4	.4	.9
	23	2	.9	.9	1.7
	30	1	.4	.4	2.2
	32	2	.9	.9	3.0
	<略>				
	96	2	.9	.9	97.0
	97	2	.9	.9	97.8
	98	2	.9	.9	98.7
	99	2	.9	.9	99.6
	100	1	.4	.4	100.0
	總和	230	100.0	100.0	

　　若研究者界定的切割點分數為 101 分，則受試者學習成就分數大於等於 101 分者預測分類結果為「通過」(陽性)，學習成就分數小於 101 分者預測分類結果為「未通過」(陰性)，由於次數分配的最高分為 100 分，表示預測分類 (診斷分類) 結果全部的受試者均未通過證照考試，其中真陽性 (a) 細格的人次為 0、偽陽性 (c) 細格的人次也為 0。根據雙向交叉表數字，求出敏感度量數 $= \dfrac{a}{a+b} = \dfrac{0}{109+0} = 0 = 0.000$，特異度 (特異性) $= \dfrac{d}{c+d} = \dfrac{121}{0+121} = \dfrac{121}{121} = 1.000$，1 – 特異度 (特異性) = 1 – 1.000 = 0.000。

		評定結果		總和
		1 通過	0 未通過	
預測分類	1 通過	0 (a)	0 (c)	0
	0 未通過	109 (b)	121 (d)	230
總和		109	121	230

　　根據 ROC 曲線圖與曲線的座標表格，以學習成就作為預測或診斷分類的檢測工具，切截點分數大約為 56.00 分，受試者學習成就 56.00 分作為切截點或分割點時，敏感度量數值為.798、1－特異度 (/1－特異性) 量數值為 .165。

◆ 三、另類的 ROC 曲線圖

　　「ROC 曲線：選項」對話視窗，「檢定方向」方盒內定的選項為「⊙較大檢定結果指示更正向的檢定 (L)」，另一個選項為「較小檢定結果指示更正向的檢定 (S)」，此選項繪製的 ROC 曲線會位於對角直線圖的下方。

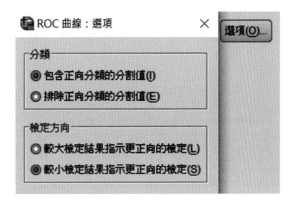

　　ROC 曲線圖示如下：

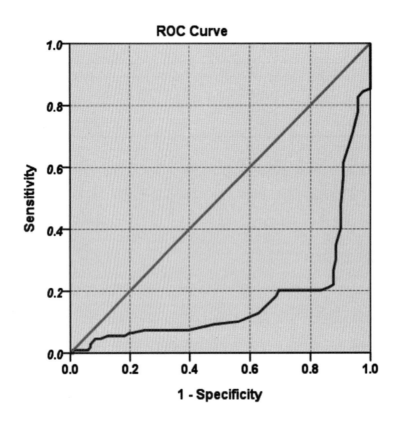

曲線下的區域

檢定結果變數：學習成就

			漸近 95% 信賴區間	
區域	標準誤[a]	漸近顯著性[b]	下界	上界
.174	.029	.000	.116	.231

檢定結果變數：學習成就，在正數實際狀態群組與負數實際狀態群組之間至少有一個連結空間。統計量可能有偏誤。

a. 在無母數假設下

b. 虛無假設：真實域 = 0.5

　　ROC 曲線圖示下的面積 AUC = .174、標準誤 = .029、顯著性 p < .001，表示 ROC 曲線圖示下的面積顯著不等於 .50，ROC 曲線圖示上的面積 = 1 − .174 = .826。

曲線座標

檢定結果變數：學習成就

正數，如果小於或等於[a]	敏感度	1 − 特異度
18.00	.000	.000
19.50	.000	.008
21.50	.009	.008
26.50	.009	.025
31.00	.009	.033
33.50	.009	.050
35.50	.009	.058
36.50	.018	.066
37.50	.028	.066
38.50	.046	.083
39.50	.046	.099
40.50	.055	.124
42.00	.055	.149
43.50	.055	.182
44.50	.064	.198
45.50	.064	.207
46.50	.073	.248
47.50	.073	.331
48.50	.073	.397
49.50	.092	.479
50.50	.101	.562
51.50	.128	.628
52.50	.183	.686
53.50	.202	.694
54.50	.202	.752
56.00	.202	.835
57.50	.211	.860
59.00	.220	.876

正數，如果小於或等於[a]	敏感度	1－特異度
61.00	.239	.876
62.50	.266	.876
63.50	.303	.884
64.50	.349	.884
65.50	.404	.901
66.50	.431	.901
67.50	.477	.901
69.00	.569	.909
70.50	.615	.909
71.50	.688	.934
72.50	.716	.942
73.50	.780	.959
74.50	.826	.959
75.50	.844	.975
82.50	.853	1.000
90.50	.862	1.000
93.00	.881	1.000
94.50	.899	1.000
95.50	.917	1.000
96.50	.936	1.000
97.50	.954	1.000
98.50	.972	1.000
99.50	.991	1.000
101.00	1.000	1.000

檢定結果變數 學習成就 在正數實際狀態群組與負數實際狀態群組之間至少有一個連結空間。

a. 最小截斷值是觀察到的最小檢定值減 1，而最大截斷值是觀察到的最大檢定值加 1。其他所有的截斷值是觀察到的兩個連續排序檢定值的平均值。

　　曲線座標的敏感度統計量與 1 − 特異度統計量與之前 ROC 曲線分析程序，採用內定選項「◉較大檢定結果指示更正向的檢定 (L)」的設定得出的量數值剛好顛倒，1 減掉表中第二直行敏感度量數值剛好為之前的第二欄敏感度統計量；1 減掉表中第三直行「1 − 特異度」量數值剛好為之前的第三欄「1 − 特異度」統計量。以分割點 50.50 分橫列為例，表中的敏感度量數值 = .101、「1 − 特異度」量數值 = .562，1 − .101 = .899、1 − .562 = .438；再以分割點 59.00 橫列為例，表中的敏感度量數值 = .220、「1 − 特異度」量數值 = .876，1 − .220 = .780、1 − .876 = .124。因而 ROC 曲線的最佳分割點或切截點，在找出最小數值的敏感度、最大數值的 1 − 特異度量數，對應將曲線圖繪製在對角線上面時，會有最大的敏感度統計量、最小的 1 − 特異度統計量。

肆、ROC 曲線的比較

　　範例對於預測或診斷分類受試者是否通過證照考試的變因有三種，學習投入、家庭資本、學習策略，以 ROC 曲線探究那個變因作為檢測工具的效度最佳。

◆ 一、操作程序

　　執行功能表列「分析 (A)」/「ROC 曲線 (V)」程序，開啟「ROC 曲線」對話視窗。

　　在「ROC 曲線」對話視窗中，從變數清單中點選「學習投入」、「家庭資本」、「學習策略」三個至右邊「檢定變數 (T)：」下方框中，點選二分類別變項「評定結果」至中間「狀態變數 (S)：」下方框內，「狀態變數的值 (V)：」右邊方框鍵入標的群組之水準數值編碼 1。「顯示」方盒中內定勾選的選項為「☑ROC 曲線 (U)」，其餘三個選項均加以勾選：「☑有對角參考線 (W)」、「☑標準誤與信賴區間 (E)」、「☑ROC 曲線的座標點 (C)」，按「確定」鈕。

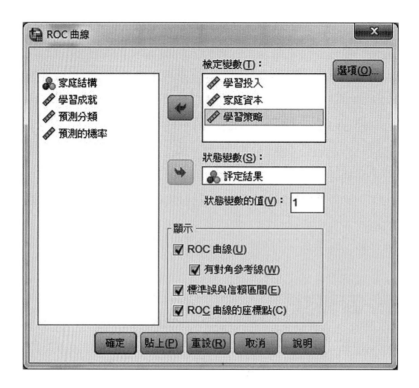

◆ 二、輸出報表

觀察值處理摘要

評定結果[a]	有效的 N (listwise)
正[b]	109
負	121

檢定結果變數的值越大，表示正數實際狀態的證據越強。

a. 檢定結果變數：學習策略，在正數實際狀態群組與負數實際狀態群組之間至少有一個連結空間。

b. 正數實際狀態為通過

　　評定結果為「正」的受試者有 109 位、評定結果為「負」的受試者有 121 位，表示實際證照考試結果，230 位受試者通過證照考試者有 109 位 (評定結果變項之水準數值編碼為 1 的樣本觀察值)、未通過者有 121 位 (評定結果變項之水準數值編碼為 0 的樣本觀察值)。

　　沒有增列繪製網格線的 ROC 曲線圖如下：

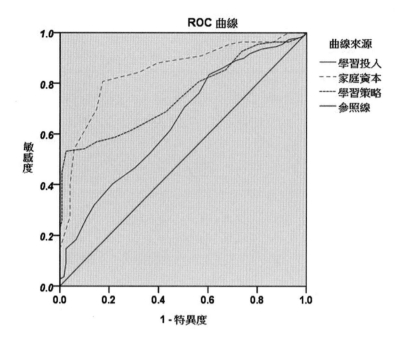

　　增列繪製網格線的 ROC 曲線圖如下，其中學習投入檢定變項的曲線與對角線的距離十分接近，表示以學習投入作為檢測工具或預測分類分類變項時，其準確度較差或鑑別力較低；相對的，家庭資本檢定變項的曲線與對角線的距離最遠，表示以家庭資本作為檢測工具或預測分類分類變項時，其準確度較佳或鑑別力較高。

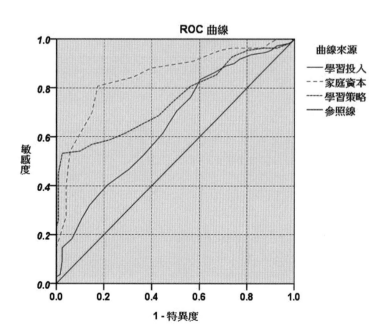

輸出圖示為語言設定為英文視窗介面狀態之 ROC 曲線圖：

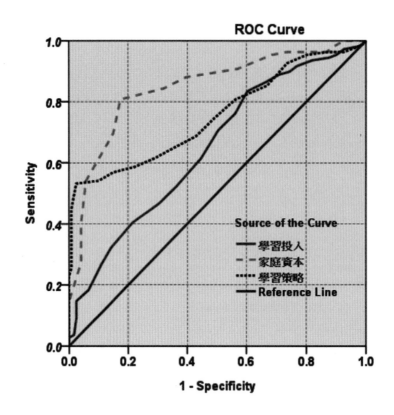

曲線下的區域

檢定結果變數	區域	標準誤[a]	漸近顯著性[b]	漸近 95% 信賴區間	
				下界	上界
學習投入	.648	.036	.000	.578	.719
家庭資本	.848	.026	.000	.796	.899
學習策略	.753	.033	.000	.689	.817

檢定結果變數：學習投入、家庭資本、學習策略，在正數實際狀態群組與負數實際狀態群組之間至少有一個連結空間。統計量可能有偏誤。

a. 在無母數假設下

b. 虛無假設：真實域 = 0.5

就學習投入檢定變項而言，ROC 曲線以下面積所占的比率為 .648 (顯著性 p < .001)，達到統計顯著水準；就家庭資本檢定變項而言，ROC 曲線以下面積所占的比率為 .848 (顯著性 p < .001)，達到統計顯著水準；就學習策略檢定變項

而言，ROC 曲線以下面積所占的比率為 .753 (顯著性 p < .001)，達到統計顯著水準。三個 AUC 統計量數均顯著不等於 0.50，漸近 95% 信賴區間值均未包括 .50 量數點，其中以家庭資本檢定變項的 AUC 統計量數值最大，表示對二分效標變項「評定結果」而言，以「家庭資本」作為檢驗判讀工具或作為預測分類的變因其準確度最高 (預測分類的效度最大)。AUC 統計量數 = .848，介於 .800 至 .900 之間，表示根據 AUC 準則可以得到好的區別力 (中高度的診斷正確性)。

曲線座標

檢定結果變數	正數，如果大於或等於[a]	敏感度	1－特異度
學習投入	6.00	1.000	1.000
	8.00	1.000	.992
	9.50	.991	.992
	<略>	<略>	<略>
	35.00	.009	.000
	37.00	.000	.000
家庭資本	2.00	1.000	1.000
	3.50	1.000	.992
	4.50	1.000	.959
	5.50	1.000	.926
	<略>	<略>	<略>
	23.50	.028	.000
	24.50	.018	.000
	26.00	.000	.000
學習策略	2.00	1.000	1.000
	3.50	.991	.992
	4.50	.982	.975
	<略>	<略>	<略>
	38.50	.046	.000
	39.50	.037	.000
	41.00	.000	.000

檢定結果變數：學習投入、家庭資本、學習策略，在正數實際狀態群組與負數實際狀態群組之間至少有一個連結空間。

a. 最小截斷值是觀察到的最小檢定值減 1，而最大截斷值是觀察到的最大檢定值加 1。其他所有的截斷值是觀察到的兩個連續排序檢定值的平均值。

伍、邏輯斯迴歸與 ROC 曲線

範例以學習投入、家庭資本、學習成就、學習策略四個計量變項作為預測變項，以二分類別變項評定結果作為效標變項，進行二元邏輯斯 (羅吉斯) 迴歸分析，預測分類結果將各樣本觀察值之機率值加以儲存，「羅吉斯迴歸：儲存」次對話視窗，預測值方盒勾選「機率 (P)」值。

有四個預測變項之邏輯斯迴歸模型為：

$$\log \frac{y}{1-y} = \beta_0 + \beta_1 \times 學習投入 + \beta_2 \times 家庭資本 + \beta_3 \times 學習成就 + \beta_4 \times 學習策略$$

其中 y 為效標變項「評定結果」，邏輯斯迴歸模型也可改寫如下：

$$\frac{y}{1-y} = Exp\,(\beta_0 + \beta_1 \times 學習投入 + \beta_2 \times 家庭資本 + \beta_3 \times 學習成就 + \beta_4 \times 學習策略)$$

◆ 一、邏輯斯迴歸操作程序

1. 執行功能表列「分析 (A)」/「迴歸 (R)」/「二元 Logisitic (G)」開啟「Logisitic 迴歸」(羅吉斯迴歸) 對話視窗。

2. 從變數清單中點選二元效標變項「評定結果」至右邊「依變數 (D)：」下方框中，點選「學習投入」、「家庭資本」、「學習成就」、「學習策略」四個預測變項至「共變量 (C)：」下方框中，按「選項 (O)」鈕，開啟「Logisitic 迴歸：選項」次對話視窗。

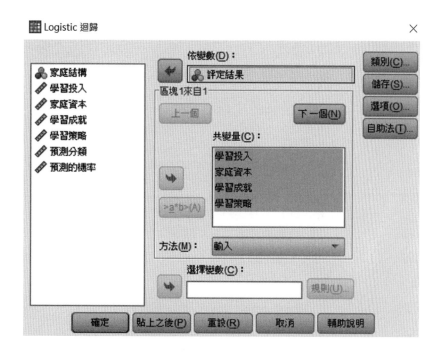

3. 「Logisitic 迴歸：選項」對話視窗，勾選「☑分類圖 (C)」、「☑Hosmer-Lemeshow 適合度」二個選項，按「繼續」鈕，回到「Logisitic 迴歸」主對話視窗。

4. 「Logisitic 迴歸」主對話視窗，按「儲存 (S)」鈕，開啟「Logisitic 迴歸：
儲存」(羅吉斯迴歸：儲存) 次對話視窗，勾選「☑機率 (P)」選項，按「繼
續」鈕，回到「Logisitic 迴歸」主對話視窗，按「確定」鈕。

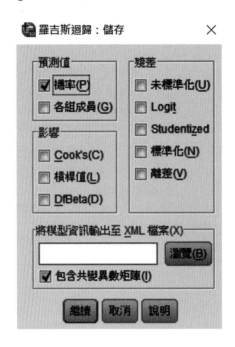

變數視圖工作表中增列的變數名稱為「PRE_1」，變數名稱標記為「預測的
機率」，將英文變數名稱直接更改為「預測的機率」。

	名稱	類型	寬度	小數	標記	值	遺漏
1	家庭結構	數字的	11	0		{0, 完整家…	無
2	學習投入	數字的	11	0		無	無
3	家庭資本	數字的	11	0		無	無
4	學習成就	數字的	11	0		無	無
5	學習策略	數字的	11	0		無	無
6	評定結果	數字的	11	0		{0, 未通過}…	無
7	PRE_1	數字的	11	5	預測的機率	無	無

以「預測的機率」變項為檢定變項，以評定結果為狀態變數，執行 ROC 曲
線程序。

◆ 二、ROC 曲線的操作程序

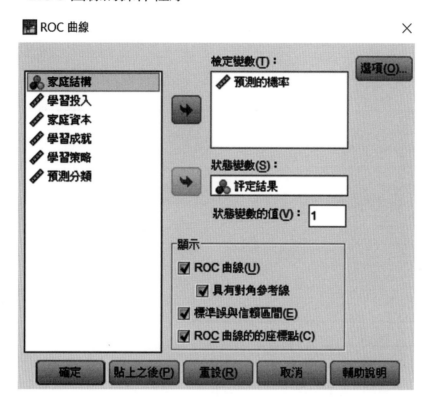

◆ 三、輸出報表

Logistic 迴歸

依變數編碼

原始值	內部值
0 未通過	0
1 通過	1

　　原始二分效標變項評定結果之水準數值編碼為 0、1，水準數值 0 表示受試者「未通過」證照考試、水準數值 1 表示受試者「通過」證照考試。

變數在方程式中

		B 之估計值	S.E,	Wals	df	顯著性	Exp (B)
步驟 0	常數	-.104	.132	.626	1	.429	.901

　　「評定結果」變項為二分類別變項，水準數值編碼 1 的樣本數為 109、水準數值編碼 0 的樣本數為 121，全部有效樣本觀察值的個數 N = 230，通過證照考試的勝算為 $\frac{109}{230} = 0.474$、未通過證照考試的勝算為 $\frac{121}{230} = 0.526$，通過證照考試的勝算與未通過證照考試的勝算比為 0.474：0.526 = 0.901。

```
> 109/230
[1] 0.473913
> 121/230
[1] 0.526087
> (109/230)/(121/230)
[1] 0.9008264
```

區塊 1：方法 = 輸入

模式係數的 Omnibus 檢定

		卡方	df	顯著性
步驟 1	步驟	128.782	4	.000
	區塊	128.782	4	.000
	模式	128.782	4	.000

　　模式係數的 Omnibus 檢定表為邏輯斯迴歸之整體檢定，$\chi^2 = 128.782$ (p < .001)，達到統計顯著水準，表示投入的四個自變項中至少有一個預測變項有顯著的預測力或診斷分類力。

模式摘要

步驟	-2 對數概似	Cox & Snell R 平方	Nagelkerke R 平方
1	189.440[a]	.429	.572

a. 因為參數估計值變化小於 .001，所以估計工作在疊代數 6 時終止。

　　模式摘要的「Cox & Snell R 平方」欄與「Nagelkerke R 平方」欄為虛擬的 R 平方值，數值的意涵與線性迴歸分析中的 R 平方值類似，表示的是自變項可以解釋依變項的解釋變異量。表中的 CS 統計量 $R^2 = .429$、NK 統計量 $R^2 = .572$。

= Hosmer 和 Lemeshow 檢定 =

步驟	卡方	df	顯著性
1	17.764	8	.023

　　Hosmer 和 Lemeshow 檢定表之 χ^2 = 17.764 (p = .023 < .05)，此卡方值統計量的性質與結構方程模式程序之卡方值類似，在於進行假設模型與樣本資料之整體適配性考驗，只是此量數對於樣本觀察值個數較為敏感。由於邏輯斯迴歸分析並不是在進行假設模型或理論模型圖的驗證。邏輯斯迴歸分析結果要判讀是否有自變項的預測分類力達到顯著，要以「模式係數的 Omnibus 檢定表」χ^2 值統計量為主，此量數類似線性迴歸分析程序中的變異數分析摘要表之 F 值統計量。

分類表[a]

觀察次數			預測次數		
			評定結果		百分比修正
			0 未通過	1 通過	
步驟 1	評定結果	0 未通過	108	13	89.3
		1 通過	22	87	79.8
概要百分比					84.8

a. 分割值為 .500

　　分類表為實際評定結果與根據自變項組成的邏輯斯迴歸方程預測分類結果構成的列聯表 (交叉表)。整體預測分類正確的百分比 $= \dfrac{108 + 87}{230} = \dfrac{195}{230} = 0.848$ = 84.8%，整體預測分類錯誤的百分比 $= \dfrac{22 + 13}{230} = \dfrac{35}{230} = 0.152 = 15.2\% = 1 - 0.848$。將分類表細格增列四種預測結果的四種型態如下：

		預測分類結果		合計
		0 未通過	1 通過	
評定結果 (實際情況)	0 未通過	108 (真陰性)	13 (偽陰性)	121
	1 通過	22 (偽陽性)	87 (真陽性)	109
合計		130	100	230

變數在方程式中

		B 之估計值	S.E,	Wald	df	顯著性	Exp (B)
步驟 1[a]	學習投入	-.096	.043	5.084	1	.024	.909
	家庭資本	.244	.061	15.932	1	.000	1.276
	學習成就	.064	.020	10.068	1	.002	1.066
	學習策略	.107	.033	10.847	1	.001	1.113
	常數	-6.549	1.006	42.335	1	.000	.001

a. 在步驟 1 中選入的變數：學習投入、家庭資本、學習成就、學習策略。

　　邏輯斯迴歸模型中投入的四個自變項之預測分類結果均達顯著，學習投入、 家庭資本、學習成就、學習策略四個預測變項的勝算比值為 .909 (p = .024 < .05)、1.276 (p < .001)、1.066 (p < .001)、1.113 (p < .001)，四個自變項的勝算比值均顯著不等於 1。以家庭資本、學習成就、學習策略三個預測變項而言，勝算比值均大於 1.000，表示受試者在這些變項的得分愈高，其通過證照考試的勝算均大於未通過證照考試的勝算。但就學習投入變項而言，剛好相反，其勝算比值顯著小於 1.000，表示受試者在此變項的得分愈高，其通過證照考試的勝算反而小於未通過證照考試的勝算。

　　以邏輯斯迴歸分析估算的機率值作為檢定變項，預測分類受試者是否通過證照考試的 ROC 曲線圖如下：

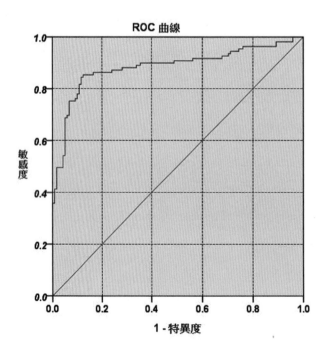

曲線下的區域

檢定結果變數：預測的機率

			漸近 95% 信賴區間	
區域	標準誤[a]	漸近顯著性[b]	下界	上界
.885	.024	.000	.837	.932

a. 在無母數假設下

b. 虛無假設：真實域 = 0.5

　　根據 ROC 曲線及曲線下面積統計量表得知，曲線下的面積為 .885，標準誤為 .024、顯著性 p < .001，達到統計顯著水準。曲線下面積漸近 95% 信賴區間值為 [.837, .932]，由於漸近 95% 信賴區間值未包含 0.50 數值點，表示曲線下面積等於 0.50 的機率值很低。對照上述 AUC 診斷結果表，AUC = .826 > .800，預測分類結果為「好的區別力」(中高度的診斷正確性)，是「好的診斷預測」。以邏輯斯迴歸模型估算之預測機率值作為 ROC 曲線分析之自變項，可以有效預測受試者在證照考試結果是否通過。

　　由於邏輯斯迴歸分析之整體正確預測分類百分比值的高低沒有適切的對應指標可以判別「百分比值」實際的效度為何，如整體正確預測分類百分比 = 70.0%，或整體正確預測分類百分比 = 75.0%，此百分比值表示的意涵只能論述整體預測分類正確率為七成或七成五，無法真正檢核百分比量數的效度，統計程序若能再配合 ROC 曲線分析，以 AUC 統計量來檢核，更可以對自變項或選取的診斷變項的有效性做更進一步的瞭解。

曲線座標

檢定結果變數：預測的機率

正數，如果大於或等於[a]	敏感度	1 − 特異度
.0000000	1.000	1.000
.0382405	1.000	.992
.0428033	1.000	.983
<略>	<略>	<略>
.9954578	.018	.000
.9958003	.009	.000
1.0000000	.000	.000

a. 最小截斷值是觀察到的最小檢定值減 1，而最大截斷值是觀察到的最大檢定值加 1。其他所有的截斷值是觀察到的兩個連續排序檢定值的平均值。

ROC 曲線比較

　　以不同邏輯斯迴歸模型之預測機率值作為自變項，對二分效標變項進行 ROC 分析程序，根據 ROC 曲線圖示與 AUC 統計量大小，可以進行模型選取的參考。

　　範例邏輯斯迴歸模型有二種，模型一的預測變項為學習投入、家庭資本、學習策略、學習成就四個，效標變項為「評定結果」；模型二的預測變項為學習投入、家庭資本、學習策略、學習成就與家庭結構五個，效標變項為「評定結果」。二個模型得出之預測機率值統計量加以儲存，分別重新命名為「預測機率5」、「預測機率6」。

　　以「預測機率5」、「預測機率6」二個計量變項作為 ROC 曲線分析中的檢定變數，以「評定結果」二分類別變項作為狀態變數，ROC 曲線分析結果如下：

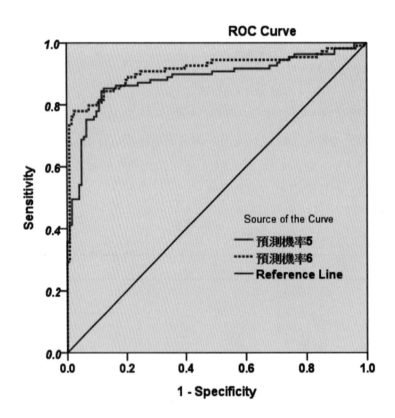

Area Under the Curve

Test Result Variable (s)	Area	Std. Error[a]	Asymptotic Sig.[b]	Asymptotic 95% Confidence Interval	
				Lower Bound	Upper Bound
預測機率 5	.885	.024	.000	.837	.932
預測機率 6	.912	.022	.000	.869	.954

a. Under the nonparametric assumption

b. Null hypothesis: true area = 0.5

　　兩條曲線上的面積分別為 .885、.912，AUC 統計量均大於 .800，二個邏輯斯迴歸模型都能有效診斷分類狀態變數，二個模型相互比較之下，模式二建構的邏輯斯迴歸模型的預測分類效度更高。

陸、ROC 曲線下面積的檢定

　　二種 ROC 曲線下面積的差異值是否顯著不等於 0 檢定的公式為：

$$Z = \frac{AUC_1 - AUC_2}{\sqrt{SE_1^2 + SE_2^2 - (2r \times SE_1 \times SE_2)}}$$

　　其中 SE_1 為第一個 ROC 曲線下面積的標準誤、SE_2 為第二個 ROC 曲線下面積的標準誤，統計量 r 為二種 ROC 曲線下面積的相關係數。

　　就實際應用而言，進行二個相關 (配對) 或沒有相關之 ROC 曲線 AUC (曲線下面積) 量數的差異比較，以使用 R 軟體較為方便。R 統計軟體套件的套件 {pROC} 函數 roc.test (roc1, roc2) 可以直接進行二個 AUC 面積差異值是否顯著的檢定。

　　資料檔之檔名為「RPASS.csv」，使用函數 read.csv ( ) 匯入至 R 軟體主控台中，匯入資料檔的資料框架名稱界定為 temp，資料框架物件 temp 的變項名稱為 home、invo cult、acad、tact、outcome、pred4、pred5，SPSS 變數視圖工作表的變數名稱依序為家庭結構、學習投入、家庭資本、學習成就、學習策略、評定結果、四個預測變項之邏輯斯迴歸模型的預測機率 (預測變項為學習投入、家庭資本、學習成就、學習策略)、五個預測變項之邏輯斯迴歸模型的預測機率 (預測變項為學習投入、家庭資本、學習成就、學習策略、家庭結構)。

```
> setwd ("d:/qunew")  #設定資料檔存放的路徑與資料夾
> temp = read.csv ("RPASS.csv", head = T)  #匯入資料檔至控制台
> head (temp)  #輸出前六筆資料
    home  invo  cult  acad  tact  outcome      pred4        pred5
1     1     7     9    19     7      0        0.04523706   0.01600731
2     1    12    11    20    10      1        0.06571259   0.02084775
3     1    10     5    35     9      0        0.04437632   0.02852020
4     1    10     7    36     5      1        0.04988357   0.02627209
5     1    10     7    36     9      0        0.07465971   0.03979284
6     0    14    11    37     7      1        0.11152972   0.25499295
```

◆ 一、套件 {pROC} 函數 roc.test ( )

　　R 軟體控制台進行以學習投入、學習策略作為檢定變數 (預測變項)，「評定結果」變項作為狀態變數 (反應變項) 之 AUC 統計量的比較。套件 {pROC} 函數 roc ( ) 可以建構 ROC 曲線物件，函數簡要語法為：roc (response, predictor)，其中 response 為反應變項 (二分效標變項)、predictor 為預測變項，變項尺度為計量變數，使用「資料框架物件名稱 $ 變項名稱」界定資料檔中的變數，如「temp$outcome」表示選取的「評定結果」變項、「temp$invo」選取的學習投入變項。

　　三條 ROC 曲線的物件界定為：

　　roc1—反應變項為評定結果，預測變項為學習投入。
　　roc2—反應變項為評定結果，預測變項為家庭資本。
　　roc3—反應變項為評定結果，預測變項為學習策略。

```
> library (pROC)      #載入套件 {pROC} 至控制台
> roc1 <- roc (temp$outcome, temp$invo) #預測變項為學習投入之 ROC 分析
> roc3 <- roc (temp$outcome, temp$tact) #預測變項為學習策略之 ROC 分析
> roc1
Call:
roc.default (response = temp$outcome, predictor = temp$invo)
Data: temp$invo in 121 controls (temp$outcome 0) < 109 cases (temp$outcome 1).
Area under the curve: 0.6482
```

[說明]：以學習投入變項作為檢定變數 (預測變項) 時，AUC 量數 = 0.6482。

> roc3

Call:

roc.default(response = temp$outcome, predictor = temp$tact)

Data: temp$tact in 121 controls (temp$outcome 0) < 109 cases (temp$outcome 1).

Area under the curve: 0.7529

[說明]：以學習策略變項作為檢定變數時，AUC 量數 = 0.6482。

> roc.test (roc1, roc3)

　　　DeLong's test for two correlated ROC curves

data: roc1 and roc3

Z = -2.8636, p-value = 0.004189

alternative hypothesis: true difference in AUC is not equal to 0

sample estimates:

AUC of roc1 AUC of roc2

 0.6481917 0.7529381

[說明]：Z 值統計量 = -2.864，顯著性 p = 0.004 < .05，達到統計顯著水準，表示二個 AUC 量數的差異值顯著不等於 0。檢定的對立假設為 $AUC_1 - AUC_3 \neq 0$，虛無假設為 $AUC_1 - AUC_3 = 0$，由於 Z 值統計量達到顯著，有足夠證據拒絕虛無假設，對立假設得到支持，二個 ROC 曲線下面積顯著 (AUC 量數) 不相等，ROC3 曲線下面積顯著 (AUC = 0.753) 大於 ROC1 曲線下面積 (AUC = 0.648)。

範例語法使用拔鞋法進行二個 AUC 量數值的差異檢定：

> roc.test (roc1, roc3, method = "bootstrap", boot.n = 10000)

　　　Bootstrap test for two correlated ROC curves

data: roc1 and roc3

D = -2.8633, boot.n = 10000, boot.stratified = 1, p-value = 0.004193

alternative hypothesis: true difference in AUC is not equal to 0

sample estimates:

AUC of roc1 AUC of roc2

 0.6481917 0.7529381

[說明]：Z 值統計量 = -2.863，顯著性 p = 0.004 < .05，達到統計顯著水準，表示二個 AUC 量數的差異值顯著不等於 0。由於 Z 值統計量達到顯著，有足夠證據拒絕虛無假設 ($AUC_1 - AUC_3 = 0$)，對立假設 ($AUC_1 - AUC_3 \neq 0$) 得到支持。

範例語法進行 ROC1 (以學習投入為預測變項) 與 ROC2 (以家庭資本為預測變項) 二個 ROC 曲線下面積的差異檢定，反應變項為「評定結果」：

```
> roc1 <- roc (temp$outcome, temp$invo)
> roc2 <- roc (temp$outcome, temp$cult)
> roc.test (roc1, roc2)
      DeLong's test for two correlated ROC curves
data: roc1 and roc2
Z = -5.4712, p-value = 4.469e-08
alternative hypothesis: true difference in AUC is not equal to 0
sample estimates:
AUC of roc1 AUC of roc2
 0.6481917  0.8476003
```

[說明]：ROC1 的 AUC 量數為 0.648、ROC2 的 AUC 量數為 0.847，差異檢定統計量

Z 值 = -5.471，顯著性 $p < .001$，達到統計顯著水準，表示二個 AUC 量數的差異值顯著不等於 0。由於 Z 值統計量達到顯著，有足夠證據拒絕虛無假設 $(AUC_1 - AUC_2 = 0)$，對立假設 $(AUC_1 - AUC_2 \neq 0)$ 得到支持，因 Z 值統計量為負值，ROC1 曲線下面積 (AUC = 0.648) 顯著小於 ROC2 曲線下面積 (AUC = 0.847)，二個 ROC 曲線面積的差異值不是機遇造成的。

範例語法進行 AUC2 (以家庭資本為預測變項) 與 AUC3 (以學習策略為預測變項) 二個 ROC 曲線下面積的差異檢定，反應變項為「評定結果」：

```
> roc2 <- roc (temp$outcome, temp$cult)
> roc3 <- roc (temp$outcome, temp$tact)
> roc.test (roc2, roc3)
      DeLong's test for two correlated ROC curves
data: roc2 and roc3
Z = 2.8555, p-value = 0.004297
alternative hypothesis: true difference in AUC is not equal to 0
sample estimates:
AUC of roc1 AUC of roc2
 0.8476003  0.7529381
```

[說明]：ROC2 的 AUC 量數為 0.848、ROC3 的 AUC 量數為 0.753，差異檢定統計量

Z 值= 2.856，顯著性 $p = .004 < .05$，達到統計顯著水準，表示二個 AUC 量數的差異值顯著不等於 0。由於 Z 值統計量達到顯著，有足夠證據拒絕虛無假設 $(AUC_2 - AUC_3 = 0)$，對立假設 $(AUC_2 - AUC_3 \neq 0)$ 得到支持，因 Z 值統計量為正，表示 ROC2 曲線下面積 (AUC = .848) 顯著大於 ROC3 曲線下面積 (AUC = .753)。

　　若是研究者界定整體第一類型錯誤率 $\alpha = .05$，三條 ROC 曲線的配對比較組有三個，因為進行三個配對 ROC 曲線面積的差異檢定 (執行三次的 roc.test ( ) 函數)，達到顯著水準的 $\alpha^* = \dfrac{.05}{3} = .0167$，顯著性 p 要小於 .0167，才能拒絕虛無假設，此種界定類似多變量 MANOVA 程序中的單變量檢定顯著性分割一樣。但因為是配對 ROC 曲線的差異檢定，每個配對檢定程序都是獨立的，配對差異檢定結果只在判別那個 ROC 曲線模式最佳，因而每個顯著水準 α 直接界定為 .05 也可以。

　　範例 pred4 變數為四個預測變項之邏輯斯迴歸模型的預測機率 (預測變項為學習投入、家庭資本、學習成就、學習策略)、pred5 變數為五個預測變項之邏輯斯迴歸模型的預測機率 (預測變項為學習投入、家庭資本、學習成就、學習策略、家庭結構)，二個 ROC 曲線物件分別界定為 roc1、roc2。範例語法進行二個 ROC 曲線分析之 AUC (曲線下面積) 的差異檢定：

```
> roc1 <- roc (temp$outcome, temp$pred4)
> roc2 <- roc (temp$outcome, temp$pred5)
> roc.test (roc1, roc2)
        DeLong's test for two correlated ROC curves
data:  roc1 and roc2
Z = -2.1523, p-value = 0.03137
alternative hypothesis: true difference in AUC is not equal to 0
sample estimates:
AUC of roc1 AUC of roc2
 0.8846766  0.9119721
```
[說明]：ROC1 的 AUC 量數為 0.885、ROC2 的 AUC 量數為 0.912，差異檢定統計量 Z 值 = -2.152，顯著性 p = .031 < .05，達到統計顯著水準，表示二個 AUC 量數的差異值顯著不等於 0。由於 Z 值統計量達到顯著，有足夠證據拒絕虛無假設 ($AUC_1 - AUC_2 = 0$)，對立假設 ($AUC_1 - AUC_2 \neq 0$) 得到支持，因 Z 值統計量為負，表示 ROC1 曲線下面積 (AUC = .885) 顯著小於 ROC2 曲線下面積 (AUC = .912)，二個面積的差異值不是機遇造成的。

◆ 二、套件 {fbroc} 函數 boot.paired.roc ( )

　　R 軟體套件 {fbroc} 函數 boot.roc ( ) 功能在於使用拔鞋法 (bootstrap) 進行

ROC 曲線分析，函數語法為 boot.roc (預測變項, 反應變項)，反應變項為真正分類變項，變項屬性為邏輯型態，函數 boot.paired.roc ( ) 可以進行二個預測模式之配對 ROC 曲線比較，函數適用於相同群組的樣本觀察值、相同的反應變項或分類變項，二個數值型的預測變項，在相同的樣本群組下，採用拔鞋法程序二個 ROC 曲線有各自的疊代量數，並假定二個模式間有不同程度的相關。函數 boot.paired.roc ( ) 語法為：

　　boot.paired.roc (預測變項 1, 預測變項 2, 反應變項)，反應變項為真正分類變項，變項屬性為邏輯型態，內定疊代次數為 1000。

　　使用函數 library ( ) 載入套件 {fbroc}：

```
> library (fbroc)
```

　　使用函數 boot.paired.roc ( ) 進行二個 ROC 曲線比較，ROC 曲線 1 之預測變項為學習投入、ROC 曲線 2 之預測變項為家庭資本，真正分類變項為評定結果，使用變項型態邏輯轉換函數 as.logical ( )，將反應變項評定結果的型態轉為邏輯 (logicals) 資料，二條 ROC 曲線檢定結果指定為 roc12 物件，拔鞋疊代次數簡化為 100：

```
roc12 <- boot.paired.roc (temp$invo, temp$cult, as.logical (temp$outcome), n.boot = 100)
```

　　使用函數 perf ( ) 將二條 ROC 曲線檢定結果輸出，界定引數為「auc」表示進行二個 ROC 曲線模型之 AUC 統計量的差異比較：

```
> perf (roc12, "auc")
          Bootstrapped ROC performance metric
Metric: AUC
Bootstrap replicates: 100
Classifier 1:
Observed: 0.648
Std. Error: 0.036
95% confidence interval:
0.578 0.716
```
[説明]：預測變項為學習投入時，AUC 量數 = 0.648、標準誤 = 0.036、95% 信賴

區間值為 [0.578, 0.716]，未包含數值點 .50 ，表示曲線下面積顯著不等於 .50。如果 95% 信賴區間值包含 0，統計量 AUC 量數與 .50 的差異值顯著等於 0，此種情況下，ROC 曲線完全沒有診斷分類力或檢測鑑別度。

Classifier 2:

Observed: 0.848

Std. Error: 0.025

95% confidence interval:

0.796 0.896

[説明]：預測變項為家庭資本時，AUC 量數 = 0.848、標準誤 = 0.025、95% 信賴區間值為 [0.796, 0.896]，未包含數值點 .50，表示曲線下面積顯著不等於 .50。

Delta:

Observed: -0.199

Std. Error: 0.037

95% confidence interval:

-0.268 -0.131

Correlation: 0.29

[説明]：二個 ROC 曲線下面積的差異值為 -0.199 (= 0.648 – 0.848，差異量為統計量數四捨五入造成的差距)，差異值的標準誤 = 0.037，95% 信賴區間值為 [-0.268, -0.131]，未包含數值點 0.000 ，表示二個 AUC 量數的差異值顯著不等於 0，第一條 ROC 曲線下的面積顯著小於第二條 ROC 曲線下的面積，二個 AUC 統計量的相關值為 0.29。對評定結果分類變項而言，家庭資本預測變項的診斷分類率顯著較高，以家庭資本為預測分類變項的效度較學習投入預測變項較好。

在假陽性率界定為 50% 的情況下，檢定二個 ROC 曲線模型真陽性率 (TPR) 估計值的差異：

```
> perf (roc12, "tpr", fpr = 0.5)
          Bootstrapped ROC performance metric
Metric: TPR at a fixed FPR of 0.5
Bootstrap replicates: 100
Classifier 1:
Observed: 0.615
Std. Error: 0.074
95% confidence interval:
0.523 0.785
```

[説明]：以學習投入為預測變項時，假陽性率值固定為 .50 狀態下，真陽性率值 = 0.615，標準誤 = 0.074，95% 信賴區間值為 [0.523, 0.785]，未包含數值點 .50，表示真陽性率值顯著不等於 .50，統計量 0.615 不是機遇造成的。

Classifier 2:

Observed: 0.881
Std. Error: 0.031
95% confidence interval:
0.826 0.931
[說明]：以家庭資本為預測變項時，假陽性率值固定為 .50 狀態下，真陽性率值 =
0.881，標準誤 = 0.031，95% 信賴區間值為 [0.826, 0.931]，未包含數值點 .50，表
示真陽性率值顯著不等於 .50，統計量 0.881不是機遇造成的。
Delta:
Observed: -0.266
Std. Error: 0.071
95% confidence interval:
-0.358 -0.101
Correlation: 0.29
[說明]：假陽性率值固定為 .50 狀態，二個 ROC 曲線模式之 TPR 差異值為 -0.266
(= 0.615 – 0.881)，差異值的標準誤 = 0.071，95% 信賴區間值為 [-0.358, -0.101]，
未包含數值點 0.000，表示二個 TPR 量數的差異值顯著不等於 0，二個 TPR 統計
量的相關值為 0.29。由於界定相同的假陽性率 (FPR)，第二個模式之 TPR 量數顯
著高於第一個 TPR 量數，表示對評定結果分類變項而言，家庭資本預測變項的診
斷分類正確率顯著較高。

使用 plot ( ) 函數繪製 ROC 曲線圖：

```
> plot (roc12)
```

R 軟體繪製之 ROC 曲線圖如下：

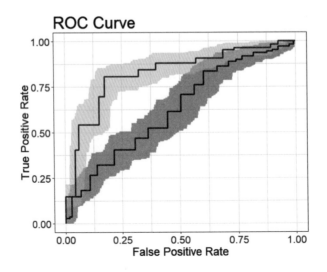

　　範例使用函數 boot.paired.roc ( ) 進行二個 ROC 曲線比較，ROC 曲線 1 之預測變項為家庭資本、ROC 曲線 2 之預測變項為學習成就。真正分類變項為評定結果，使用變項型態邏輯轉換函數 as.logical ( )，將反應變項評定結果的型態轉為邏輯資料，二條 ROC 曲線檢定結果指定為 roc12 物件，拔鞋疊代次數簡化為 100。使用相同套件函數 perf ( ) 進行二個 ROC 曲線模式的比較：

```
> roc12 <- boot.paired.roc (temp$cult, temp$acad, as.logical (temp$outcome), n.boot =
100)
> perf (roc12, "auc")
          Bootstrapped ROC performance metric
Metric: AUC
Bootstrap replicates: 100
Classifier 1:
Observed: 0.848
Std. Error: 0.028
95% confidence interval:
0.797 0.904
```
[説明]：預測變項為家庭資本時，AUC 量數 = 0.848、標準誤 = 0.025、95% 信賴區間值為 [0.796, 0.904]，未包含數值點 .50，表示曲線下面積顯著不等於 .50。
```
Classifier 2:
Observed: 0.826
Std. Error: 0.029
95% confidence interval:
0.768 0.879
```
[説明]：預測變項為學習成就時，AUC 量數 = 0.826、標準誤 = 0.029、95% 信賴區間值為 [0.768, 0.879]，未包含數值點 .50 ，表示曲線下面積顯著不等於 .50。
```
Delta:
Observed: 0.021
Std. Error: 0.021
95% confidence interval:
-0.022 0.064
Correlation: 0.73
```
[説明]：二個 ROC 曲線下面積的差異值為 0.021 (= 0.848 – 0.826，小數第三位的差異量為量數四捨五入結果的微差)，差異值的標準誤 = 0.021，95% 信賴區間值為 [-0.022, 0.064]，包含數值點 0.000 ，表示二個 AUC 量數的差異值顯著等於 0，第一條 ROC 曲線下的面積顯著與第二條 ROC 曲線下的面積相等：$AUC_{學習成就} = AUC_{家庭資本}$，二個 AUC 統計量的相關值為 0.73。對評定結果分類變項而言，以家庭資本為預測變項，或以學習成就為預測變項，其診斷分類率相同，二個預測變項對反應變項評定結果的預測分類結果一樣。

在假陽性率 (FPR) 界定為 50% 的情況下，檢定二個 ROC 曲線模型真陽性率 (TPR) 估計值的差異：

```
> perf (roc12, "tpr", fpr = 0.5)
          Bootstrapped ROC performance metric
Metric: TPR at a fixed FPR of 0.5
Bootstrap replicates: 100
Classifier 1:
Observed: 0.881
Std. Error: 0.032
95% confidence interval:
0.816 0.936
```

[說明]：以家庭資本為預測變項時，假陽性率值固定為 .50 狀態下，真陽性率值 = 0.881，標準誤 = 0.032，95% 信賴區間值為 [0.816, 0.936]，未包含數值點 .50，表示真陽性率值顯著不等於 .50，統計量 0.881 不是機遇造成的。相對的，若是 95% 信賴區間值包含 .50 量數值點，表示真陽性率 (TPR) 統計量等於 50% 的機率很高，沒有足夠證據拒絕虛無假設，此時真陽性率 (TPR) 統計量 = .50%，即假陽性率 (FPR) 界定為 50% 情況下，真陽性率 (TPR) 的百分比也為 50%。

```
Classifier 2:
Observed: 0.899
Std. Error: 0.028
95% confidence interval:
0.853 0.95
```

[說明]：以學習成就為預測變項時，假陽性率值固定為 .50 狀態下，真陽性率值 = 0.899，標準誤 = 0.028，95% 信賴區間值為 [0.853, 0.950]，未包含數值點 .50，表示真陽性率值顯著不等於 .50，統計量 0.899 不是機遇造成的。

```
Delta:
Observed: -0.018
Std. Error: 0.023
95% confidence interval:
-0.064 0.018
Correlation: 0.7
```

[說明]：假陽性率值固定為 .50 狀態，二個 ROC 曲線模式之 TPR 差異值為 -0.018 (= 0.881 – 0.899)，差異值的標準誤 = 0.023，95% 信賴區間值為 [-0.064, 0.018]，包含數值點 0.000，沒有足夠證據拒絕虛無假設：二個 TPR 量數的差異值顯著等於 0，二個 TPR 統計量的相關值為 0.70。由於界定相同的假陽性率 (FPR) 情況下，二個 ROC 曲線模式之 TPR 量數相同，表示對評定結果分類變項而言，以家庭資本為預測變項，或以學習成就為預測變項，二者之診斷分類正確率均相同。

使用 plot ( ) 函數繪製 ROC 曲線圖：

```
> plot (roc12)
```

R 軟體繪製之 ROC 曲線圖如下，從圖示中可以發現二條曲線形態十分相似，曲線間的距離也十分接近：

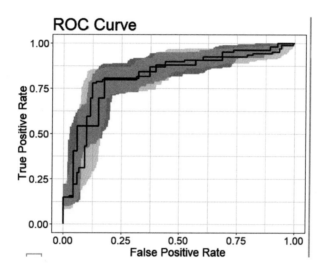

範例 pred4 變數為四個預測變項之邏輯斯迴歸模型的預測機率 (預測變項為學習投入、家庭資本、學習成就、學習策略)、pred5 變數為五個預測變項之邏輯斯迴歸模型的預測機率 (預測變項為學習投入、家庭資本、學習成就、學習策略、家庭結構)，二個 ROC 曲線物件分別界定為 roc1、roc2。範例語法進行二個 ROC 曲線分析之 AUC (曲線下面積) 的差異檢定：

```
> roc12 <- boot.paired.roc (temp$pred4, temp$pred5, as.logical (temp$outcome), n.boot
= 100)
> perf (roc12, "auc")
          Bootstrapped ROC performance metric
Metric: AUC
Bootstrap replicates: 100
Classifier 1:
Observed: 0.885
Std. Error: 0.022
95% confidence interval:
```

0.845 0.925

[說明]：預測變項為 pred4 時，AUC 量數 = 0.885、標準誤 = 0.022、95% 信賴區間值為 [0.845, 0.925]，未包含數值點 .50，表示曲線下面積顯著不等於 .50。如果 95% 信賴區間值包含 0，統計量 AUC 量數與 .50 的差異值顯著等於 0，此種情況下，ROC 曲線完全沒有診斷分類力或檢測鑑別度，即邏輯斯迴歸模式建構的預測機率值 pred4 對於反應變項診斷分類之效度很差。

Classifier 2:

Observed: 0.912

Std. Error: 0.018

95% confidence interval:

0.875 0.948

[說明]：預測變項為 pred5 時，AUC 量數 = 0.912、標準誤 = 0.018、95% 信賴區間值為 [0.875, 0.948]，未包含數值點 .50，表示曲線下面積顯著不等於 .50。如果 95% 信賴區間值包含 0，統計量 AUC 量數與 .50 的差異值顯著等於 0，此種情況下，ROC 曲線完全沒有診斷分類力或檢測鑑別度，即邏輯斯迴歸模式建構的預測機率值 pred5 對於反應變項診斷分類之效度很差。

Delta:

Observed: -0.027

Std. Error: 0.013

95% confidence interval:

-0.048 -0.003

Correlation: 0.82

[說明]：二個 ROC 曲線下面積的差異值為 -0.027，差異值的標準誤 = 0.013，95% 信賴區間值為 [-0.048, -0.003]，未包含數值點 0.000，表示二個 AUC 量數的差異值顯著不等於 0，第一條 ROC 曲線下的面積顯著小於第二條 ROC 曲線下的面積，二個 AUC 統計量的相關值為 0.82，相關係數值高於 .700，顯示二條 ROC 曲線的分佈型態很接近。對評定結果分類變項而言，預測機率值 pred5 變項的診斷分類率顯著較高，以預測機率值 pred5 變項為預測分類變項的效度較預測機率值 pred4 變項較好。

在假陽性率界定為 50% 的情況下，檢定二個 ROC 曲線模型真陽性率 (TPR) 估計值的差異：

```
> perf (roc12, "tpr", fpr = 0.5)
            Bootstrapped ROC performance metric

Metric: TPR at a fixed FPR of 0.5
```

Bootstrap replicates: 100

Classifier 1:

Observed: 0.908

Std. Error: 0.029

95% confidence interval:

0.848 0.954

[説明]：以預測機率值 pred4 為預測變項時，假陽性率值固定為 .50 狀態下，真陽性率值 = 0.908，標準誤 = 0.029，95% 信賴區間值為 [0.848, 0.954]，未包含數值點 .50，表示真陽性率值顯著不等於 .50，統計量 0.908 不是機遇造成的。

Classifier 2:

Observed: 0.945

Std. Error: 0.025

95% confidence interval:

0.894 0.982

[説明]：以預測機率值 pred5 為預測變項時，假陽性率值固定為 .50 狀態下，真陽性率值 = 0.945，標準誤 = 0.025，95% 信賴區間值為 [0.894, 0.982]，未包含數值點 .50，表示真陽性率值顯著不等於 .50，統計量 0.945 不是機遇造成的。

Delta:

Observed: -0.037

Std. Error: 0.02

95% confidence interval:

-0.078 0

Correlation: 0.73

[説明]：假陽性率值固定為 .50 狀態，二個 ROC 曲線模式之 TPR 差異值為 -0.037，差異值的標準誤 = 0.020，95% 信賴區間值為 [-0.078, 0.000]，未包含數值點 0.000，表示二個 TPR 量數的差異值顯著不等於 0，二個 TPR 統計量的相關值為 0.73。由於界定相同的假陽性率 (FPR)，第二個模式之 TPR 量數顯著高於第一個 TPR 量數，表示對評定結果分類變項而言，預測機率值 pred5 變項的診斷分類正確率顯著較高。二個邏輯斯迴歸模式建構的預測機率值對於反應變項「評定結果」均有好的診斷類分類力，但就二個模式相互比較而言，以投入五個預測變項之邏輯斯迴歸模式的診斷分類效度較佳。

使用 plot ( ) 函數繪製 ROC 曲線圖：

```
> plot (roc12)
```

　　R 軟體繪製之 ROC 曲線圖如下，從圖示中可以發現二條 ROC 曲線形態十分接近，二條 ROC 曲線的 AUC 量數間會有高度相關：

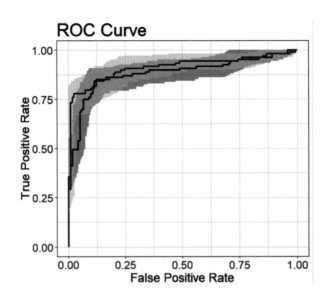

參考書目

余民寧 (2005)。心理與教育統計學。臺北市：三民。

吳明隆 (2014)。SPSS 操作與應用-問卷統計分析實務。臺北市：五南。

吳裕益 (2007)。心理與教育統計學。臺北：雙葉。

陳正昌 (2013)。SPSS 與統計分析。臺北市：五南。

陳建銘 (2016)。銀髮族防跌運動對肌耐力與憂鬱情緒影響之研究。高雄師範大學成人教育研究所組發班碩士論文 (未出版)。

陳瓊如 (2017)。臺灣國小教師職場靈性、組織承諾、專業實踐與幸福感之關係研究。高雄師範大學成人教育研究所博士論文 (未出版)。

張紹勳 (2017)。生物醫學統計：使用 STaTa 分析。臺北市：五南。

Chapter 16

單因子共變數分析

壹、基本概念

實驗設計程序如果能做到「隨機選取」(random selection) 與「隨機分派」(random assignment) 程序，讓實驗組與控制組形成「等同的」(equivalent) 群體，以排除實驗過程中「外在變項」(extranuous variables) 對實驗歷程的干擾，讓無關因素或干擾變項對實驗內在效度的影響最低，此種實驗設計稱為「真正實驗設計」，研究控制方法稱為「實驗控制」。社會科學領域中，多數實驗設計無法完全做到隨機抽取與隨機分派，或無法打破原始的群體進行實驗，因而採用「統計控制」方法進行實驗誤差的排除，此種實驗設計稱為「準實驗設計」(quasi-experiment designs)，準實驗設計之統計分析法一般採用「共變數分析」(analysis of covariance; [ANCOVA])。通用的準實驗設計的設計架構表如下：

組別	前測 (共變數)	實驗處理	後測 (依變項)	追蹤測 (依變項)
實驗組	O1	X	O3	O5
控制組	O2		O4	O6

準實驗設計所要探究的是實驗程序研究中操弄的自變項 (independent variable) 是否對「依變項」(dependent variable) 有產生顯著的影響，此種影響可能是認知、技能、情意或態度的改變，自變項也稱實驗「處理變項」(treatment variable)，認知、技能、情意或態度的改變等為研究者所要探究的變項，一般稱為依變項或效標變項或結果變項。準實驗設計的目的，是希望研究規劃操弄的自變項對標的依變項有顯著的影響作用，實驗處理操弄的組別稱為實驗組、未經實驗操控的組別稱為對照組或控制。實驗組與對照組二個群組的前測分數並不是研究程序關注的重點，但變項分數可能會影響研究結果的效度，因而將此變項作為共變項或共變數 (covariance)，有關學習成就的變化，除以前測分數為共變項外，也可以以受試者的智力或在校學業平均分數作為共變項。

共變數分析程序中，共變項與依變項間應有較高的線性關係，正因為共變項與依變項或效標變項有高度的關聯，因而自變項對依變項的影響過程中要將共變項對依變項的解釋變異量排除，如此，依變項的效果變化才完全是自變項或實驗處理變項造成的。多數的社會科學領域研究，為排除實驗組、控制組之群組間的差異，多數會以前測分數作為共變項，因為以前測分數作為共變項，配合統計控

制方法，可以降低無法由實驗處理變項解釋的變異部分。

　　準實驗設計採用共變數分析進行群組間「調整後平均數」(adjusted means) 的差異比較時，資料結構必須符合「組內迴歸同質性假定」，即實驗組以前測分數 O1 為自變項、以後測分數 O3 為依變項進行簡單迴歸分析之斜率係數 b1，與控制組以前測分數 O2 為自變項、以後測分數 O4 為依變項進行簡單迴歸分析之斜率係數 b2 必須相等 (b1 = b2)，二條迴歸線的斜率係數相同，表示二條迴歸線互相平行。三組別之組內迴歸係數同質性檢定的虛無假設為：

H_0: b1 = b2 = b3 = b_w，或 H_0: B_{W1} = B_{W2} = B_{W3} = B_W

　　組內迴歸同質性檢定結果，若是群組間的迴歸線不相互平行，且斜率係數差異不大，此種情況下，採用共變數分析法進行資料結果分析，也會有不錯的統計推論的效度；如果迴歸線不平行且傾斜方向角度差異很大，表示群組的斜率係數差異值很大，無法找出一條共同的組內迴歸線。當資料結構嚴重違反組內迴歸同質性假定，一般會改採其他統計方法進行群組間的差異比較，常用的方法如 Johnson-Neyman 的校正方法。一般統計推論的顯著水準 α 設定為 .05，進行組內迴歸同質性假定檢定的顯著水準 α 可設為 .01 或更小，當組內迴歸同質性檢定的 F 值統計量之顯著性 p 小於 .01 以下時，才改用其他的統計方法。

　　範例函數語法繪製二條平行的迴歸線 (迴歸線的斜率係數相同)，使用圖形套件 {graphics} 函數 abline ( ) 增列直線於繪圖視窗中，函數 legend ( ) 增列圖示線條的說明：

```
> plot (c (0, 10), c (0, 10), type = "n", xlab = "共變項", ylab = "依變項", font = 2, cex = 2, font.lab = 2)
> abline (a = 3, b = 0.78, lwd = 2, col = "blue", lty = 1)
> abline (a = 1, b = 0.78, lwd = 2, col = "red", lty = 2)
> grid (col = "gray20")
> legend ("topleft", c ("組別 1", "組別 2"), col = c ("blue", "red"), lwd = 2, lty = c (1, 2))
> text (6, 2, "斜率相同迴歸線", font = 2, cex = 2)
```

　　繪圖子視窗之 R 裝置器繪製的圖形如下，組別 1 簡單迴歸分析之迴歸方程式的截距 = 3、斜率係數 b1 = 0.78；組別 2 簡單迴歸分析之迴歸方程式的截距 = 1、斜率係數 b2 = 0.78，母群體二個迴歸線互相平行，可以找出一個共同的組內

迴歸線，以共同的組內迴歸線之斜率係數取代原先各組別的迴歸係數：

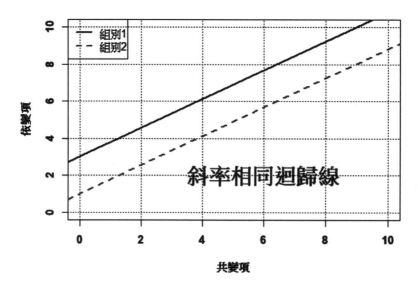

範例函數語法繪製的二條迴歸線之斜率係數與截距項統計量均不相同，使用圖形套件 {graphics} 函數 abline ( ) 增列直線於繪圖視窗中，函數 legend ( ) 增列圖示線條的說明：

```
> plot (c (0, 10), c (0, 10), type = "n", xlab = "共變項", ylab = "依變項", font = 2, cex =
2, font.lab = 2)
> abline (a = 7, b = -0.85, lwd = 2, col = "blue", lty = 1)
> abline (a = 1, b = 0.78, lwd = 2, col = "red", lty = 2)
> grid (col = "gray20")
> legend ("topleft", c ("組別 1", "組別 2"), col = c ("blue", "red"), lwd = 2, lty = c (1, 2))
> text (4, 7, "截距與斜率均不同的迴歸線", font = 2, cex = 1.3)
```

繪圖子視窗之 R 裝置器繪製的圖形如下，由圖示中可以明顯看出二條簡單迴歸之迴歸線的方向不同，二條迴歸線的斜率係數一為負數、一為正數，組別 1 與組別 2 之迴歸線傾斜的角度不一樣。二條迴歸線之傾斜角度若有很大差異，表示群組所在之母群體的斜率參數值有很大差異存在，此時組內迴歸同質性檢定的 F 值會達統計顯著水準 (p < .05)：

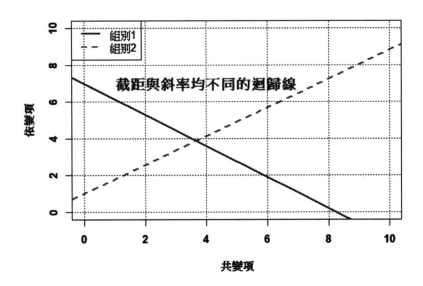

　　範例函數語法繪製的二條迴歸線之斜率係數不同，但截距項統計量相同，使用圖形套件 **{graphics}** 函數 **abline ( )** 增列直線於繪圖視窗中，函數 **legend ( )** 增列圖示線條的說明、以 **arrows ( )** 繪製截距項高度 (a = 5)：

```
> plot (c (0, 10), c (0, 10), type = "n", xlab = "共變項", ylab = "依變項", font = 2, cex =
2, font.lab = 2)
> abline (a = 5, b = -0.60, lwd = 2, col = "blue", lty = 1)
> abline (a = 5, b = 0.60, lwd = 2, col = "red", lty = 2)
> grid (col = "gray20")
> legend ("topleft", c ("組別 1", "組別 2"), col = c ("blue", "red"), lwd = 2, lty = c (1, 2))
> text (4, 5, "截距相同 & 斜率不同的迴歸線", font = 2, cex = 1.3)
> arrows (0, 0, 0, 5, length = 0.20, angle =20, code = 3, lwd = 3)
```

　　繪圖子視窗之 R 裝置器繪製的圖形如下，由圖示中可以明顯看出二條簡單迴歸之迴歸線的方向不同，二條迴歸線的斜率係數一為負數、一為正數，組別 1 與組別 2 之迴歸線傾斜的角度不一樣，二條迴歸線的截距項量數相同 (= 5)。共變數分析程序之組內迴歸係數同質檢定的依變項為斜率係數，迴歸線截距項量數是否相等並不會影響檢定結果：

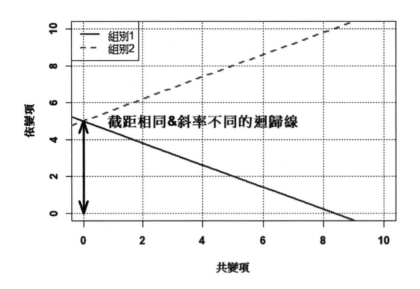

二條迴歸互相平行，表示二條迴歸線可以用一條共同的組內迴歸線取代，此時便會有一個共同的斜率係數 bw，根據共同斜率係數才能估算二個群體調整後平均數，調整後平均數的估算公式為：

實驗組調整後平均數 = 實驗組依變項平均數 – bw × (實驗組共變項平均數 – 全體共變項總平均數)

控制組調整後平均數 = 控制組依變項平均數 – bw × (控制組共變項平均數 – 全體共變項總平均數)

以運算式符號表示為：

$$\overline{AM}_i = \overline{DV}_i - bw\,(\overline{X}_i - \overline{X})$$

運算式中：

$\overline{AM}_i$ 為各群組調整後平均數。

$\overline{DV}_i$ 為各群組依變項的平均數。

bw 為共同斜率係數。

$\overline{X}_i$ 為各群組之共變數的平均數。

$\overline{X}$ 為受試者 (全部受試者) 在共變數的總平均數。

R 主控台子視窗中使用函數 **RSiteSearch ( )** 查詢「ancova」關鍵字：

> RSiteSearch ("ancova")
A search query has been submitted to http://search.r-project.org
The results page should open in your browser shortly

外掛套件使用頻率較高者為 **{HH}**、**{MBESS}**：

國泰世華MyBank - 倜　　ASUSTeK COMPUTER　　建議的網站　　☆ 網頁快訊圖庫　　Ｙ Links　　從 IE 匯入

Total 138 documents matching your query.

1. **R: Class "ancova" Analysis of Covariance** (score: 58)
   Author: *unknown*
   Date: *Sun, 29 Jan 2017 16:20:29 -0500*
   Class "ancova" Analysis of Covariance Description Objects from the Class Extends M
   ancova-class {HH} ancova-class {HH} R Documentation Analysis of Covari
   http://finzi.psych.upenn.edu/R/library/HH/html/ancova-class.html (2,556 bytes)

2. **R: Confidence interval for a standardized contrast in ANCOVA...** (score: 56)
   Author: *unknown*
   Date: *Fri, 12 Jan 2018 05:25:44 -0500*
   Confidence interval for a standardized contrast in **ANCOVA** with one covariate Descr
   References See Also Examples page for ci.sc.**ancova** {MBESS} ci.sc.**ancova**
   http://finzi.psych.upenn.edu/R/library/MBESS/html/ci.sc.ancova.html (7,193 bytes)

3. **R: Compute and plot oneway analysis of covariance** (score: 50)
   Author: *unknown*
   Date: *Sun, 29 Jan 2017 16:20:29 -0500*
   Compute and plot oneway analysis of covariance Description Usage Arguments Detai
   page for **ancova {HH} ancova {HH}** R Documentation Compute and plot onew
   http://finzi.psych.upenn.edu/R/library/HH/html/ancova.html (8,605 bytes)

在套件子視窗中，按工具列鈕「Install」(安裝)，開啟「安裝套件」對話視窗，套件名稱下方框內鍵入 HH，按「Install」(安裝) 鈕。

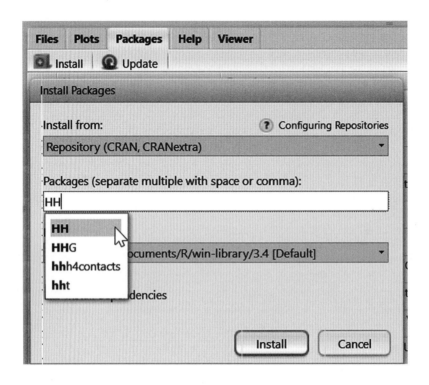

　　套件子視窗中，勾選「 HH 」選項，主控台子視窗出現的載入語法指令列如下：

```
> library ("HH", lib.loc="~/R/win-library/3.4")
Loading required package: grid
Loading required package: latticeExtra
Loading required package: RColorBrewer
Loading required package: multcomp
Loading required package: mvtnorm
Loading required package: survival
Loading required package: TH.data
Attaching package: 'TH.data'
The following object is masked from 'package:MASS': geyser
Loading required package: gridExtra
```

貳、套件 {HH} ancova ( ) 函數及其應用

　　套件 **{HH}** 函數 **ancova ( )** 的功能為計算單因子共變數分析結果與繪製單因子共變數分析圖，**ancova ( )** 函數語法為：

ancova (formula,x, groups, transpose = FALSE,display.plot.command = FALSE, superpose.level.name = "superpose",ignore.groups = FALSE, ignore. groups.name = "ignore.groups", blocks, blocks.pch = letters [seq (levels (blocks))], layout, between, pch = trellis.par.get ( )$superpose.symbol$pch)

　　引數 formula 為模型界定的公式，一般公式為「y ~ x * g」、「y ~ x + g」。

　　引數 x 為共變數分析程序中的共變項。

　　引數 groups 為共變數分析程序中的因子變項。

　　引數 transpose 界定圖形軸是否互換。

　　引數 display.plot.command 界定圖形的控制面版是否出現，內定選項為假。

　　引數 superpose.level.name 界定圖形上面變數名稱的標記是否分開。

　　引數 ignore.groups 界定增列面版將所有群組共同迴歸線顯示出來。

　　引數 ignore.groups.name 界定 ignore.groups panel 引數中的變數標記是否分開。

　　引數 pch 界定繪製圖形的群組文字。

　　引數 blocks 界定面版的標記點是否呈現增列因子名稱。

　　引數 blocks.pch 界定當使用 blocks 引數時，額外的標記是否呈現。

　　引數 blocks.cex 界定當使用 blocks 引數時，是否再增列 cex 引數設定。

　　引數 layout 界定多個面版的呈現，內定為單一橫列。

　　引數 between 界定個別群組水準之面版間的空白大小。

　　引數 main 界定每頁上頭的標題文字。

[研究設計]

　　某研究者採用準實驗研究設計，探討樂活運動方案對 65 歲以上高齡老人之體適能與焦慮程度的實驗效果，30 位自願受試者中，有二個方案供受試者選取參與，一為參加一小時的樂活與動態運動，一為靜態休閒活動，每週三次，持續

四個月，實驗組受試者有 15 位、控制組受試者有 15 位。

　　匯入資料檔，匯入的資料框架物件界定為 temp，主控台視窗介面複製的資料框架物件為 andata。變項 GROUP 為因子變數，水準數值編碼 1 為實驗組、水準數值編碼 2 為控制組：

```
> temp = read.csv ("e:/R6/ancova.csv", header=T)
> andata = temp
> andata$GROUP = factor (andata$GROUP, levels = c (1, 2), labels = c ("實驗組", "控制組"))
```

　　使用函數 **names ( )** 輸出資料框架物件的變數名稱，五個前測分數變項為 PREA、PREB、PREC、PRED、PREE，對應的五個後測分數變項為 POSTA、POSTB、POSTC、POSTD、POSTE：

```
> names (andata)
 [1] "NUM"  "GROUP" "SEX"  "PREA" "PREB" "PREC" "PRED" "PREE" "POSTA"
[10] "POSTB" "POSTC" "POSTD" "POSTE"
```

　　共變數分析程序配對的共變量與依變項摘要表如下：

依變數	固定因子變項	共變數
POSTA (A 項體適能)	GROUP	PREA
POSTB (B 項體適能)	GROUP	PREB
POSTC (C 項體適能)	GROUP	PREC
POSTD (D 項體適能)	GROUP	PRED
POSTE (焦慮程度)	GROUP	PREE

　　主控台中使用 **library ( )** 函數載入外掛套件 **{HH}**

```
> library (HH)
```

　　使用 **which ( )** 函數指定條件，將全部資料檔切割成二個子資料檔，第一個

資料框架物件為實驗組，群組物件名稱界定為 egro；第二個資料框架物件為控制組，群組物件名稱界定為 cgro：

```
> egro = andata [which (andata$GROUP=="實驗組"),]
> cgro = andata [which (andata$GROUP=="控制組"),]
> egro
```

	NUM	GROUP	SEX	PREA	PREB	PREC	PRED	PREE	POSTA	POSTB	POSTC	POSTD	POSTE
1	1	實驗組	1	7	10	5	3	2	9	6	5	6	2
2	2	實驗組	1	6	10	3	3	4	11	12	3	3	2
3	3	實驗組	1	8	13	4	3	7	9	14	5	9	6
4	4	實驗組	1	9	13	3	4	9	12	13	3	12	6
5	5	實驗組	1	13	14	3	6	3	14	14	3	15	3
6	6	實驗組	2	11	13	3	3	3	14	13	3	4	3
7	7	實驗組	2	3	13	3	3	2	6	14	3	5	2
8	8	實驗組	2	8	10	3	3	8	10	13	3	15	7
9	9	實驗組	2	4	8	3	3	8	7	9	3	12	7
10	10	實驗組	2	7	7	15	3	7	2	2	2	2	5
11	11	實驗組	1	9	9	15	5	2	11	11	15	14	2
12	12	實驗組	1	5	13	15	4	2	7	14	15	6	2
13	13	實驗組	1	6	15	15	3	2	8	15	15	3	2
14	14	實驗組	1	7	14	15	3	4	9	14	15	4	3
15	15	實驗組	2	9	10	15	3	2	10	11	15	5	2

```
> cgro
```

	NUM	GROUP	SEX	PREA	PREB	PREC	PRED	PREE	POSTA	POSTB	POSTC	POSTD	POSTE
16	16	控制組	2	5	4	3	2	2	6	4	3	3	4
17	17	控制組	2	3	7	3	3	3	4	8	3	3	5
18	18	控制組	2	2	15	2	3	3	3	14	3	3	8
19	19	控制組	1	5	10	3	3	3	7	9	3	3	2
20	20	控制組	1	5	12	3	3	2	4	11	3	3	2
21	21	控制組	1	8	8	3	3	2	6	5	3	3	7
22	22	控制組	2	3	3	3	3	6	3	3	3	3	7
23	23	控制組	2	5	10	3	3	8	4	9	3	3	10
24	24	控制組	2	6	13	3	3	13	3	11	3	3	11
25	25	控制組	1	3	7	3	3	3	3	7	3	3	7
26	26	控制組	1	3	3	3	3	12	3	3	3	3	13
27	27	控制組	1	5	5	3	3	15	7	5	3	3	16
28	28	控制組	2	8	10	15	3	2	4	10	15	3	6
29	29	控制組	2	3	8	15	3	3	3	9	15	3	6
30	30	控制組	2	4	8	11	3	5	3	9	10	3	7

　　使用外掛套件 **{fBasics}** 函數 **basicStats ( )** 求出實驗組與控制組在共變項及效標變項的描述性統計量。範例語法指令求出實驗組在共變項及效標變項的描述性統計量，統計量中的第一列「nobs」為有效觀察值個數、第七列「Mean」為平均數、第十四列「Stdev」為標準差：

```
> library (fBasics)
> egro.d = round (basicStats (egro [,4:13]), 3)
> egro.d
             PREA     PREB     PREC     PRED     PREE    POSTA    POSTB    POSTC    POSTD   POSTE
nobs        15.000   15.000   15.000   15.000   15.000   15.000   15.000   15.000   15.000  15.000
NAs          0.000    0.000    0.000    0.000    0.000    0.000    0.000    0.000    0.000   0.000
Minimum      3.000    7.000    3.000    3.000    2.000    2.000    2.000    2.000    2.000   2.000
Maximum     13.000   15.000   15.000    6.000    9.000   14.000   15.000   15.000   15.000   7.000
1. Quartile  6.000   10.000    3.000    3.000    2.000    7.500   11.000    3.000    4.000   2.000
3. Quartile  9.000   13.000   15.000    3.500    7.000   11.000   14.000   15.000   12.000   5.500
Mean         7.467   11.467    8.000    3.467    4.333    9.267   11.667    7.200    7.667   3.600
Median       7.000   13.000    4.000    3.000    3.000    9.000   13.000    3.000    6.000   3.000
Sum        112.000  172.000  120.000   52.000   65.000  139.000  175.000  108.000  115.000  54.000
SE Mean      0.668    0.631    1.534    0.236    0.688    0.802    0.919    1.487    1.214   0.515
LCL Mean     6.034   10.112    4.710    2.960    2.858    7.547    9.696    4.011    5.064   2.496
UCL Mean     8.900   12.821   11.290    3.974    5.808   10.986   13.638   10.389   10.270   4.704
Variance     6.695    5.981   35.286    0.838    7.095    9.638   12.667   33.171   22.095   3.971
Stdev        2.588    2.446    5.940    0.915    2.664    3.105    3.559    5.759    4.701   1.993
Skewness     0.278   -0.291    0.347    1.655    0.554   -0.446   -1.475    0.591    0.434   0.671
Kurtosis    -0.473   -1.390   -1.976    1.499   -1.515   -0.104    1.195   -1.700   -1.558  -1.378
```

　　使用索引輸出實驗組在共變項及後測變項的個數、平均數及標準差三個統計量，索引數值為 1、7、14：

```
> egro.d [c (1, 7, 14),]
           PREA     PREB    PREC    PRED     PREE    POSTA    POSTB   POSTC    POSTD   POSTE
nobs      15.000   15.000   15.00   15.000   15.000   15.000   15.000  15.000   15.000  15.000
Mean       7.467   11.467    8.00    3.467    4.333    9.267   11.667   7.200    7.667   3.600
Stdev      2.588    2.446    5.94    0.915    2.664    3.105    3.559   5.759    4.701   1.993
```

實驗組在前測變項與後測變項的平均數、標準差摘要表

	個數	平均數	標準差
PREA	15	7.467	2.588
PREB	15	11.467	2.446
PREC	15	8.000	5.940
PRED	15	3.467	0.915
PREE	15	4.333	2.664
POSTA	15	9.267	3.105
POSTB	15	11.667	3.559
POSTC	15	7.200	5.759
POSTD	15	7.667	4.701
POSTE	15	3.600	1.993

　　範例語法指令求出控制組 (對照組) 在共變項及效標變項的描述性統計量，統計量中的第一列「nobs」為有效觀察值個數、第七列「Mean」為平均數、第十四列「Stdev」為標準差：

```
> cgro.d = round (basicStats (cgro [,4:13]), 3)
> cgro.d
              PREA    PREB    PREC   PRED    PREE  POSTA   POSTB  POSTC  POSTD  POSTE
nobs        15.000  15.000  15.000  15.000  15.000  15.000  15.000  15.000     15  15.000
NAs          0.000   0.000   0.000   0.000   0.000   0.000   0.000   0.000      0   0.000
Minimum      2.000   3.000   2.000   2.000   2.000   3.000   3.000   3.000      3   2.000
Maximum      8.000  15.000  15.000   3.000  15.000   7.000  14.000  15.000      3  16.000
1. Quartile  3.000   6.000   3.000   3.000   2.500   3.000   5.000   3.000      3   5.500
3. Quartile  5.000  10.000   3.000   3.000   7.000   5.000   9.500   3.000      3   9.000
Mean         4.533   8.200   5.067   2.933   5.467   4.200   7.800   5.067      3   7.400
Median       5.000   8.000   3.000   3.000   3.000   4.000   9.000   3.000      3   7.000
Sum         68.000 123.000  76.000  44.000  82.000  63.000 117.000  76.000     45 111.000
SE Mean      0.467   0.922   1.173   0.067   1.146   0.393   0.835   1.140      0   0.989
LCL Mean     3.532   6.223   2.551   2.790   3.009   3.358   6.009   2.622      3   5.278
UCL Mean     5.534  10.177   7.582   3.076   7.924   5.042   9.591   7.512      3   9.522
Variance     3.267  12.743  20.638   0.067  19.695   2.314  10.457  19.495      0  14.686
Stdev        1.807   3.570   4.543   0.258   4.438   1.521   3.234   4.415      0   3.832
Skewness     0.593   0.155   1.453  -3.133   1.028   0.823   0.002   1.529    NaN   0.595
Kurtosis    -0.735  -1.033   0.287   8.387  -0.576  -1.028  -1.102   0.558    NaN  -0.359
```

使用索引輸出控制組 (對照組) 在共變項及後測變項的個數、平均數及標準差三個統計量，索引數值為 1、7、14：

```
> cgro.d [c (1, 7, 14),]
       PREA    PREB   PREC   PRED   PREE   POSTA   POSTB   POSTC  POSTD  POSTE
nobs  15.000  15.00  15.000 15.000 15.000 15.000  15.000  15.000   15   15.000
Mean   4.533   8.20   5.067  2.933  5.467  4.200   7.800   5.067    3   7.400
Stdev  1.807   3.57   4.543  0.258  4.438  1.521   3.234   4.415    0   3.832
```

控制組在前測變項與後測變項的平均數、標準差摘要表

	個數	平均數	標準差
PREA	15	4.533	1.807
PREB	15	8.200	3.570
PREC	15	5.067	4.543
PRED	15	2.933	0.258
PREE	15	5.467	4.438
POSTA	15	4.200	1.521
POSTB	15	7.800	3.234
POSTC	15	5.067	4.415
POSTD	15	3.000	0.000
POSTE	15	7.400	3.832

使用函數 **basicStats ( )** 求出摘要統計量，增列元素索引求出全部受試者在前測變項、後測變項的有效樣本數、平均數、標準差統計量：

```
> st.all = round (basicStats (andata [,4:13]), 3)[c (1, 7, 14),]
> st.all
       PREA    PREB    PREC   PRED   PREE   POSTA   POSTB   POSTC  POSTD  POSTE
nobs  30.000  30.000  30.000 30.000 30.000 30.000  30.000  30.000 30.000 30.00
Mean   6.000   9.833   6.533  3.200  4.900  6.733   9.733   6.133  5.333  5.50
Stdev  2.652   3.435   5.406  0.714  3.642  3.523   3.877   5.158  4.037  3.57
```

基本套件 **{stats}** 函數 **aggregate ( )** 可以將資料檔分割成數個子資料集，計算每個子資料集的摘要統計量，並將摘要統計量回傳。

　　引數 x 界定計量變項物件、by 界定因子變項，因子變項的型態要增列表 list 函數，二個因子變項語法為 by = list (因子變項 1, 因子變項 2)、引數 FUN 界定摘要統計量函數，單一統計量語法為「FUN = mean」。範例以函數公式界定求出計量變項的觀察值個數、平均數、標準差，函數表示式為「**function (x) c (length (x), mean (x), sd (x))**」：

```
> all.m = aggregate (x =andata [,4:13], by = list (andata$GROUP), function (x) c (length (x), mean (x), sd (x)))
```

　　物件 all.m 的型態為資料框架，分析的計量變項共有 10 個，每個計量變項的統計量包含觀察值個數、平均數、標準差，10 × 3 = 30 個直行，第 1 個直行為因子變項的水準數值群體標記，因子變項為二分類別變項，資料框架有二個橫列，第一個橫列為實驗組、第二個橫列為控制組。物件型態以資料框架顯示的維度 = 2 × 11 (1 個因子變項 + 10 個計量變項)，以矩陣型態顯示的維度 = 2 × 31 (1 個因子變項 + 30 個統計量數直行)：

```
> class (all.m)
[1] "data.frame"
> dim (as.matrix (all.m))
[1]  2 31
> dim (all.m)
[1]  2 11
```

　　擷取第一個橫列所有資料，物件命名為 egroup、擷取第二個橫列所有資料，物件命名為 cgroup。egroup 物件為實驗組在五個前測變項、五個後測變項的摘要統計量，包括有效觀察值個數、平均數、標準差，三個統計量數分別以「變項 .1」、「變項 .2」、「變項 .3」表示，如前測變項 PREA 之有效觀察值個數、平均數、標準差三個統計量變項名稱為 PREA.1、PREA.2、PREA.3。cgroup 物件為控制組在五個前測變項、五個後測變項的摘要統計量，包括有效觀察值個數、平均數、標準差，三個統計量數分別以「變項 .1」、「變項 .2」、「變項 .3」表示，如前測變項 PREA 之有效觀察值個數、平均數、標準差三個統計量變項名稱為 PREA.1、PREA.2、PREA.3，未界定小數位數時，物件輸出的統計量至小數第六位：

```
> egroup = all.m [1,]
> cgroup = all.m [2,]
> egroup
    Group.1    PREA.1     PREA.2     PREA.3     PREB.1     PREB.2     PREB.3     PREC.1     PREC.2
1    實驗組   15.000000   7.466667   2.587516  15.000000  11.466667   2.445599  15.000000   8.000000
    PREC.3     PRED.1     PRED.2     PRED.3     PREE.1     PREE.2     PREE.3     POSTA.1    POSTA.2
1  5.940178  15.0000000  3.4666667  0.9154754  15.000000   4.333333   2.663689  15.000000   9.266667
    POSTA.3    POSTB.1    POSTB.2    POSTB.3    POSTC.1    POSTC.2    POSTC.3    POSTD.1    POSTD.2
1  3.104528  15.000000  11.666667   3.559026  15.000000   7.200000   5.759464  15.000000   7.666667
    POSTD.3    POSTE.1    POSTE.2    POSTE.3
1  4.700557  15.000000   3.600000   1.992844
> cgroup
    Group.1    PREA.1     PREA.2     PREA.3     PREB.1     PREB.2     PREB.3     PREC.1     PREC.2
2    控制組   15.000000   4.533333   1.807392  15.000000   8.200000   3.569714  15.000000   5.066667
    PREC.3     PRED.1     PRED.2     PRED.3     PREE.1     PREE.2     PREE.3     POSTA.1    POSTA.2
2  4.542917  15.0000000  2.9333333  0.2581989  15.000000   5.466667   4.437932  15.000000   4.200000
    POSTA.3    POSTB.1    POSTB.2    POSTB.3    POSTC.1    POSTC.2    POSTC.3    POSTD.1  POSTD.2  POSTD.3
2  1.521278  15.000000   7.800000   3.233751  15.000000   5.066667   4.415341        15        3        0
    POSTE.1    POSTE.2    POSTE.3
2  15.000000   7.400000   3.832194
```

　　界定二個資料框架物件第 2 個變數至第 11 個變數之三個統計量的小數位數至小數第三位，第一個變數為群組標記名稱，不是數值量數，必須跳過，否則會出現錯誤訊息：

```
> round (egroup [   , 2:11], 3)
    PREA.1 PREA.2 PREA.3 PREB.1 PREB.2 PREB.3 PREC.1 PREC.2 PREC.3 PRED.1 PRED.2 PRED.3 PREE.1 PREE.2 PREE.3
1   15.000  7.467  2.588  15.000  11.467  2.446  15.00  8.00  5.94  15.000  3.467  0.915  15.000  4.333  2.664
    POSTA.1 POSTA.2 POSTA.3 POSTB.1 POSTB.2 POSTB.3 POSTC.1 POSTC.2 POSTC.3 POSTD.1 POSTD.2 POSTD.3 POSTE.1
1   15.000  9.267  3.105  15.000  11.667  3.559  15.000  7.200  5.759  15.000  7.667  4.701  15.000
    POSTE.2 POSTE.3
1    3.600  1.993
> round (cgroup [   , 2:11], 3)
    PREA.1 PREA.2 PREA.3 PREB.1 PREB.2 PREB.3 PREC.1 PREC.2 PREC.3 PRED.1 PRED.2 PRED.3 PREE.1 PREE.2 PREE.3
2   15.000  4.533  1.807  15.00  8.20  3.57  15.000  5.067  4.543  15.000  2.933  0.258  15.000  5.467  4.438
    POSTA.1 POSTA.2 POSTA.3 POSTB.1 POSTB.2 POSTB.3 POSTC.1 POSTC.2 POSTC.3 POSTD.1 POSTD.2 POSTD.3 POSTE.1
2   15.000  4.200  1.521  15.000  7.800  3.234  15.000  5.067  4.415       15       3       0  15.000
```

```
    POSTE.2 POSTE.3
2    7.400    3.832
> round (egroup [,1:11], 3)
Error in Math.data.frame (list (Group.1 = 1L, PREA = c (15, 7.46666666666667, :
  non-numeric variable in data frame: Group.1
> round (cgroup [,1:11], 3)
Error in Math.data.frame (list (Group.1 = 2L, PREA = c (15, 4.53333333333333, :
  non-numeric variable in data frame: Group.1
```

◆ 一、A 項體適能實驗效果檢定

使用套件 **{HH}** 函數 **ancova ( )** 進行組內迴歸同質性檢定，組內迴歸同質性檢定的公式為「依變項~ 共變項 *固定因子變項」，探究共變項與固定因子變項在依變項的交互作用是否達到顯著。若是交互作用項達到統計顯著水準，表示共變項對依變項影響的斜率係數受到固定因子變項的影響，不同的群體迴歸線的斜率係數顯著不相同，此種情況無法找出一條共同的組內迴歸線，資料結構會違反組內迴歸係數同質性的假定。

```
> hwrc = ancova (POSTA ~ PREA * GROUP, data = andata)
> print (hwrc)
Analysis of Variance Table
Response: POSTA
                Df    Sum Sq    Mean Sq    F value     Pr (> F)
PREA            1    220.314    220.314    65.1212     1.503e-08 ***
GROUP           1     44.688     44.688    13.2091     0.001204 **
PREA: GROUP     1      6.903      6.903     2.0405     0.165065
Residuals      26     87.962      3.383
---
Signif. codes:  0 '***' 0.001 '**' 0.01 '*' 0.05 '.' 0.1 ' ' 1
```

前測分數變項 PREA 與組別變項 GROUP (固定因子變項) 之交互作用項的 F 值統計量 = 2.041，顯著性 p = 0.165 > .05，未達統計顯著水準，接受虛無假設：b1 = b2。實驗組與控制組各以共變項 (前測分數 PREA) 對依變項 (後測分數 POSTA) 進行簡單迴歸分析時，二條迴歸線的斜率相同，表示二個迴歸線互相平行，符合組內迴歸係數同質性假定，統計程序可以使用一條整體的組內迴歸線或

共同的斜率係數求出調整後平均數，之後分析程序可直接使用傳統共變數分析，進行群組間調節後平均數的差異檢定。

　　函數 **ancova ( )** 建構的組內迴歸同質性物件，配合函數 **print ( )** 輸出組內迴歸同質性摘要表時，會同時於 R 圖形子視窗繪製三個圖形，一為實驗組的迴歸線、二為控制組的迴歸線、三為二組的迴歸線並列情況。從圖示中可以看出，二條迴歸線傾斜的角度沒有差異很大或相反，表示二條迴歸線的斜率係數差異不大，組內迴歸同質性檢定結果，二條迴歸線斜率係數差異值顯著等於 0，樣本之統計量不相同是隨機抽樣造成的。

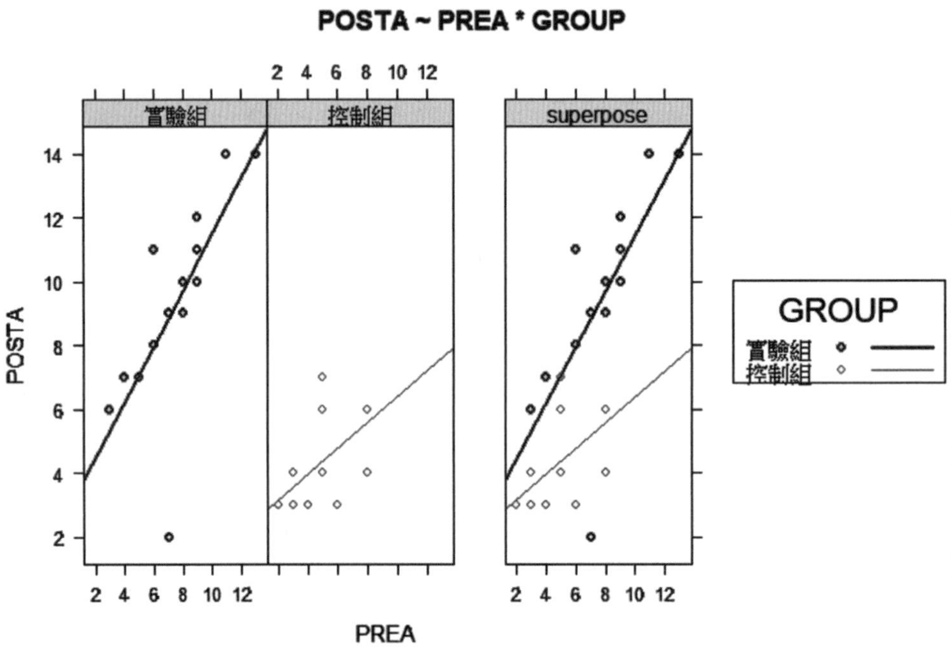

POSTA ~ PREA * GROUP

　　上述圖形也可直接使用套件 **{HH}** 函數 **ancovaplot ( )** 繪製，共變項與因子變項間以「＊」號串聯，表示迴歸線的斜率與截距量數不同：

```
> ancovaplot (POSTA ~  PREA * GROUP, data = andata)
```

　　內定迴歸線的顏色中，實驗組為藍色、控制組為粉紅色：

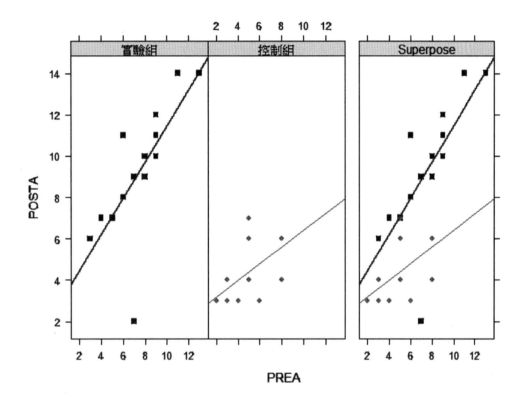

交互作用項公式改為「依變項 ~ 因子變項 * 共變項」得到的交互作用項 F 統計量與顯著性 p 值相同，但共變項、因子變項個別橫列的平方和、均方、F 值、Pr (> F) 值統計量不一樣：

```
> hwrc.1 = ancova (POSTA ~ GROUP * PREA, data = andata)
> print (hwrc.1)
Analysis of Variance Table
Response: POSTA
              Df    Sum Sq    Mean Sq    F value    Pr (> F)
GROUP          1   192.533    192.533    56.9097    5.223e-08 ***
PREA           1    72.469     72.469    21.4205    8.968e-05 ***
GROUP:PREA     1     6.903      6.903     2.0405    0.1651
Residuals     26    87.962      3.383
---
Signif. codes:  0 '***' 0.001 '**' 0.01 '*' 0.05 '.' 0.1 ' ' 1
```

單因子共變數分析檢定的公式為「依變項~ 共變項 + 固定因子變項」：

```
> anco = ancova (POSTA ~ PREA + GROUP, data = andata)
> summary (anco)
              Df    Sum Sq   Mean Sq    F value     Pr (> F)
PREA          1     220.31   220.31     62.70       1.64e-08 ***
GROUP         1     44.69    44.69      12.72       0.00138 **
Residuals     27    94.86    3.51
---
Signif. codes:  0 '***' 0.001 '**' 0.01 '*' 0.05 '.' 0.1 ' ' 1
```

函數 **ancova ( )** 建構的共變數分析物件使用 **print ( )** 函數輸出摘要表時，會同時繪製共同斜率的迴歸線：

```
> print (anco)
Analysis of Variance Table
Response: POSTA
              Df    Sum Sq    Mean Sq    F value    Pr (> F)
PREA          1     220.314   220.314    62.705     1.637e-08 ***
GROUP         1     44.688    44.688     12.719     0.001377 **
Residuals     27    94.865    3.514
---
Signif. codes:  0 '***' 0.001 '**' 0.01 '*' 0.05 '.' 0.1 ' ' 1
```

從圖示中可以看出二條迴歸線截距不同，但斜率係數相同，二條迴歸線互相平行，此斜率係數為共同斜率 bw 統計量 (0.721)。

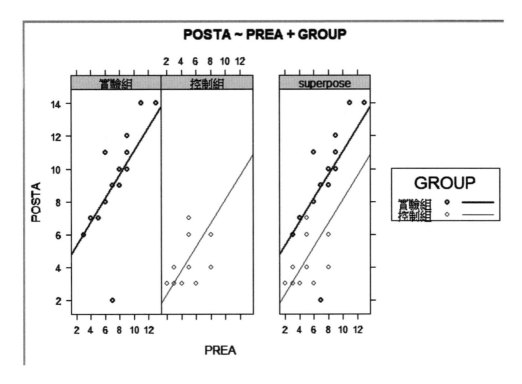

上述圖形也可直接使用套件 **{HH}** 函數 **ancovaplot ( )** 繪製，共變項與因子
變項間以「+」號串聯，表示迴歸線的斜率係數相同、截距項量數不同：

> ancovaplot (POSTA ~ PREA + GROUP , data = andata)

內定迴歸線的顏色中，實驗組為藍色、控制組為粉紅色：

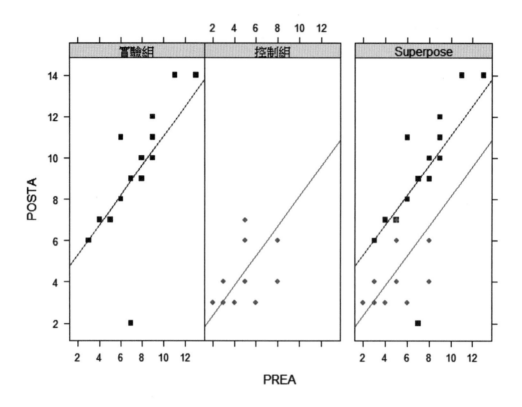

　　獨立樣本單因子共變數分析檢定的公式為「依變項 ~ 共變項 + 固定因子變項」，若改為「依變項 ~ 固定因子變項 + 共變項」，輸出之共變數分析摘要表不同：

```
> ancova (POSTA ~ GROUP + PREA, data = andata)
Analysis of Variance Table
Response: POSTA
               Df    Sum Sq    Mean Sq    F value    Pr (> F)
GROUP           1    192.533    192.533    54.798     5.801e-08 ***
PREA            1     72.469     72.469    20.626     0.0001044 ***
Residuals      27     94.865      3.514
---
Signif. codes:  0 '***' 0.001 '**' 0.01 '*' 0.05 '.' 0.1 ' ' 1
```

　　共變數分析摘要表如下：

來源	平方和	df	平均平方和	F	顯著性
共變項 (PREA)	220.31	1	220.31	62.70	.000
固定因子 (GROUP)	44.69	1	44.69	12.72	.001
誤差	94.86	27	3.51		

共變數分析檢定結果，實驗組與控制組調節後平均數差異值的 SS 值 = 44.69、MS 值 = 44.69、調整後平均數差異值是否顯著等於 0 檢定之 F 值統計量 = 12.72、顯著性 p = 0.001 < .05，達到統計顯著水準，表示二個群組間之調整後平均數的差異值顯著不等於 0。共變數分析的虛無假設為：

$AM_{實驗組} = AM_{控制組}$，或 $AM_{實驗組} - AM_{控制組} = 0$

對立假設為：

$AM_{實驗組} \neq AM_{控制組}$，或 $AM_{實驗組} - AM_{控制組} \neq 0$

以函數 **names ( )** 求出共變數分析的元素物件：

```
> names (anco)
 [1] "coefficients"    "residuals"    "effects"    "rank"
 [5] "fitted.values"   "assign"       "qr"         "df.residual"
 [9] "contrasts"       "xlevels"      "call"       "terms"
[13] "model"
```

元素物件名稱「model」為共變數分析程序中使用的依變項、共變項與因子變項，範例三個變項分別為 POSTA、PREA、GROUP：

```
> anco$model
       POSTA    PREA    GROUP
1        9        7      實驗組
2       11        6      實驗組
3        9        8      實驗組
4       12        9      實驗組
5       14       13      實驗組
6       14       11      實驗組
7        6        3      實驗組
```

8	10	8	實驗組
9	7	4	實驗組
10	2	7	實驗組
11	11	9	實驗組
12	7	5	實驗組
13	8	6	實驗組
14	9	7	實驗組
15	10	9	實驗組
16	6	5	控制組
17	4	3	控制組
18	3	2	控制組
19	7	5	控制組
20	4	5	控制組
21	6	8	控制組
22	3	3	控制組
23	4	5	控制組
24	3	6	控制組
25	3	3	控制組
26	3	3	控制組
27	7	5	控制組
28	4	8	控制組
29	3	3	控制組
30	3	4	控制組

元素物件名稱「coefficients」中的參數為共同組內迴歸線的截距項與斜率係數，共同組內迴歸線的截距項統計量數 = 3.884 (coefficients 元素中的第一個次元素)、斜率係數 bw = 0.721 (coefficients 元素中的第二個次元素)，使用函數語法「**anco$coefficients [2]**」可以擷取斜率係數值：

```
> anco$coefficients
 (Intercept)        PREA      GROUP 控制組
3.8843850    0.7208413           -2.9521989
> round (anco$coefficients [2], 3)
PREA
 0.721
```

以運算式 $\overline{AM_i} = \overline{DV_i} - bw\,(\overline{X_i} - \overline{X})$ 求出實驗組、控制組二個群體之調整後平均數：

```
> bw = anco$coefficients [2]  #第二個次元素為共同迴歸線的斜率係數
> eadj.m = mean (egro$POSTA) - bw*(mean (egro$PREA) - mean (andata$PREA))
> cadj.m = mean (cgro$POSTA) - bw*(mean (cgro$PREA) - mean (andata$PREA))
> eadj.m = round (eadj.m,3) #實驗組調整後平均數界定至小數第三位
> cadj.m = round (cadj.m,3) #控制組調整後平均數界定至小數第三位
> print (eadj.m)
PREA
 8.209
> print (cadj.m)
PREA
 5.257
```

　　實驗組調整後平均數 = 8.209、控制組調整後平均數 = 5.257，由於平均數差異檢定的 F 值統計量達到統計顯著水準，表示二個群組調節後平均數統計量顯著不相等，實驗組在 A 項型體適能的改變情況顯著優於控制組。

實驗組與控制組在 A 項型體適能後測分數之描述性統計量摘要表

組別	個數	平均數	標準差	調整後平均數
實驗組	15	9.267	3.105	8.209
控制組	15	4.200	1.521	5.527
總和	30	6.733	3.523	

註：共變數 PREA = 6.000

　　以原始分未分割的資料框架物件變項也可以求出調整後平均數，R 命令稿語法指令列如下：

```
1   bw = anco$coefficients [2]
2   ev.cov = andata$PREA [which (andata$GROUP=="實驗組")]
3   cv.cov = andata$PREA [which (andata$GROUP=="控制組")]
4   ev.dep = andata$POSTA [which (andata$GROUP=="實驗組")]
5   cv.dep = andata$POSTA [which (andata$GROUP=="控制組")]
6   all.cov = andata$PREA
7   eadj.m = mean (ev.dep) - bw * (mean (ev.cov) - mean (all.cov))
8   cadj.m = mean (cv.dep) - bw * (mean (cv.cov) - mean (all.cov))
9   cat ("實驗組調整後平均數 = ",round (eadj.m,3), "\n")
10  cat ("控制組調整後平均數 = ",round (cadj.m,3), "\n")
11  cat ("共變項總平均數 = ",round (mean (all.cov), 3), "\n")
```

語法指令中第 1 列界定共同斜率係數值。

第 2 列界定實驗組共變項，變項名稱為 ev.cov，群體樣本篩選條件為：[which (andata$GROUP=="實驗組")]，由於共變項為單一直行變項，不是二維矩陣型態，因而群體樣本篩選條件不能增列逗號「，」：[which (andata$GROUP=="實驗組") ,]。

第 3 列界定控制組共變項，變項名稱為 cv.cov，群體樣本篩選條件為：[which (andata$GROUP=="控制組")]。

第 4 列界定實驗組的依變項 (後測分數)，變項名稱為 ev.dep。

第 5 列界定控制組的依變項 (後測分數)，變項名稱為 cv.dep。

第 6 列界定包含所有樣本的共變項 (前測分數)。

第 7 列依據統計公式計算實驗組調整後平均數。

第 8 列依據統計公式計算控制組調整後平均數。

第 9 列至第 11 列使用 **cat ( )** 函數輸出調整後平均數量數與共變項統計量。

R 命令稿語法指令列執行結果，R 主控台子視窗的視窗介面如下：

```
> bw = anco$coefficients [2]
> ev.cov = andata$PREA [which (andata$GROUP=="實驗組")]
> cv.cov = andata$PREA [which (andata$GROUP=="控制組")]
> ev.dep = andata$POSTA [which (andata$GROUP=="實驗組")]
> cv.dep = andata$POSTA [which (andata$GROUP=="控制組")]
> all.cov = andata$PREA
> eadj.m = mean (ev.dep) - bw*(mean (ev.cov) - mean (all.cov))
> cadj.m = mean (cv.dep) - bw*(mean (cv.cov) - mean (all.cov))
> cat ("實驗組調整後平均數 = ",round (eadj.m,3), "\n")
實驗組調整後平均數 = 8.209
> cat ("控制組調整後平均數 = ",round (cadj.m,3),"\n")
控制組調整後平均數 = 5.257
> cat ("共變項總平均數 = ",round (mean (all.cov), 3), "\n")
共變項總平均數 = 6
```

範例語法指令以基本繪圖函數 **abline ( )** 繪製 **lm ( )** 函數建構的迴歸分析物件，**lm ( )** 函數建構的物件為簡單線性迴歸的統計量，包含截距項與斜率係數。就實驗組而言，以共變項 PREA 預測效標變項 POSTA 的簡單線性迴歸方程中，截距項與斜率係數統計量分別為 2.7240、0.8762；就控制組而言，以共變項

PREA 預測效標變項 POSTA 的簡單線性迴歸方程中，截距項與斜率係數統計量分別為 2.3761、0.4023。

```
> eg
Call:
lm (formula = POSTA ~ PREA)
Coefficients:
(Intercept)        PREA
   2.7240        0.8762
> cg
Call:
lm (formula = POSTA ~ PREA)
Coefficients:
(Intercept)        PREA
   2.3761        0.4023
```

範例 eg 變項為實驗組群體的 **lm ( )** 函數物件、cg 變項為控制組群體的 **lm ( )** 函數物件，二個變項的參數內容包含截距項與斜率係數，將變數作為函數 **abline ( )** 的引數可以直接繪製迴歸線，增列函數 **legend ( )** 加註線條的群組標記文字，實驗組迴歸線的顏色為藍色、控制組迴歸線的顏色為紅色，線性形態為虛線：

```
> with (andata, {plot (POSTA~PREA, type = "p", font = 2, cex = 2)})
> eg = with (egro, {(POSTA~PREA)})
> cg = with (cgro, {lm (POSTA~PREA)})
> abline (eg, lwd = 2, col = "blue", lty = 1)
> abline (cg, lwd = 2, col = "red", lty = 2)
> legend ("topleft", c ("實驗組", "控制組"), col = c ("blue", "red"), lwd = 2, lty = c (1,
2))
```

圖示為 R 圖形裝置器繪製的迴歸線，二條迴歸線沒有明顯的交叉點，表示迴歸係數的差異值顯著等於 0。

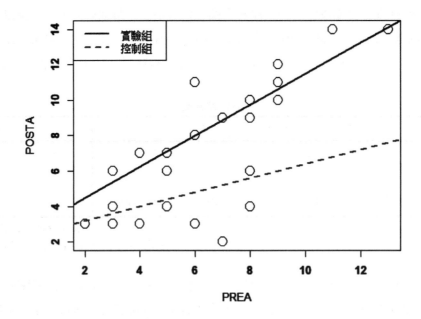

範例語法指令增列繪製共同的組內迴歸線，共同組內迴歸線的截距項參數為 anco$coefficients [1]、斜率係數為 anco$coefficients [2]：

```
> with (andata, {plot (POSTA~PREA, type = "p", font = 2, cex = 2)})
> eg = with (egro, {lm (POSTA~PREA)})
> cg = with (cgro, {lm (POSTA~PREA)})
> abline (eg, lwd = 2, col = "blue", lty = 1)
> abline (cg, lwd = 2, col = "red", lty = 1)
> abline (anco$coefficients [1], anco$coefficients [2], lwd = 4, col = "black", lty = 2)
> grid (col = "gray50")
```

圖示迴歸線線態樣式為黑色虛線者，為共同組內迴歸線，共同組內迴歸線的截距項統計量數 = 3.884、斜率係數 bw = 0.721。

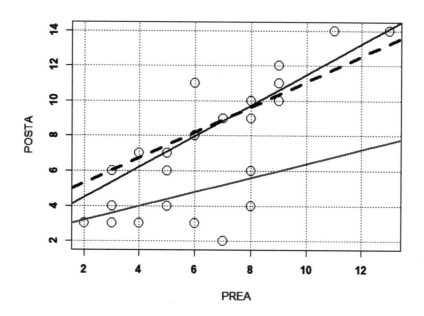

◆ 二、B 項體適能實驗效果檢定

[研究問題]：

　　排除 B 項體適能前測分數的影響後，實驗組與控制組在 B 項體適能後測分數是否有顯著差異存在？

　　研究問題的共變項與依變項名稱分別為 PREB、POSTB，固定因子變項為 GROUP，因子變項為二分類別變項。

◆ 三、組內迴歸係數同質性檢定

　　組內迴歸係數同質性檢定的公式為「POSTB ~ PREB * GROUP」：

```
> hwrc = ancova (POSTB ~ PREB * GROUP, data = andata)
> summary (hwrc)
            Df    Sum Sq   Mean Sq   F value    Pr (> F)
PREB         1    353.3    353.3     124.713    2.03e-11 ***
GROUP        1      2.9      2.9       1.036    0.318
PREB:GROUP   1      6.0      6.0       2.129    0.156
Residuals   26     73.6      2.8
---
Signif. codes:  0 '***' 0.001 '**' 0.01 '*' 0.05 '.' 0.1 ' ' 1
```

```
> print (hwrc)
Analysis of Variance Table
Response: POSTB
              Df    Sum Sq   Mean Sq   F value    Pr (> F)
PREB          1     353.26   353.26    124.7131   2.027e-11 ***
GROUP         1     2.93     2.93      1.0360     0.3181
PREB:GROUP    1     6.03     6.03      2.1292     0.1565
Residuals     26    73.65    2.83
---
Signif. codes:  0 '***' 0.001 '**' 0.01 '*' 0.05 '.' 0.1 ' ' 1
```

「PREB:GROUP」列為共變項與固定因子的交互作用項，自由度為 1、SS = 6.0、MS = 6.0、F 值統計量 = 2.129、顯著性機率值 p = 0.156 > .05，接受虛無假設：b1 = b2，實驗組與控制組各以其共變項 (前測分數 PREB) 對依變項 (後測分數 POSTB) 進行簡單迴歸分析時，二條迴歸線的斜率相同，表示二個迴歸線互相平行，符合組內迴歸係數同質性假定，之後統計分析可直接使用傳統共變數分析法，進行群組間調節後平均數的差異檢定。

以 **print ( )** 函數輸出組內迴歸同質性檢定摘要表時，同時繪製的群體迴歸線，各群體迴歸方程的依變項為 POSTB 、自變項 (預測變項) 為共變項 PREB：

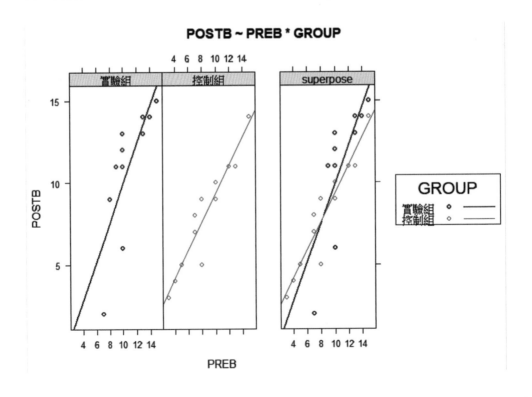

單因子共變數分析檢定的公式為「依變項~ 共變項＋固定因子變項」：

```
> anco = ancova (POSTB ~ PREB + GROUP, data = andata)
> summary (anco)
              Df    Sum Sq   Mean Sq   F value    Pr (> F)
PREB          1     353.3    353.3     119.707    1.99e-11 ***
GROUP         1     2.9      2.9       0.994      0.328
Residuals     27    79.7     3.0
---
Signif. codes:  0 '***' 0.001 '**' 0.01 '*' 0.05 '.' 0.1 ' ' 1
```

共變數分析摘要表如下：

來源	平方和	df	平均平方和	F	顯著性
共變項 (PREB)	353.3	1	353.3	119.707	.000
固定因子 (GROUP)	2.9	1	2.9	0.994	0.328
誤差	79.9	27	3.0		

　　共變數分析檢定結果，實驗組與控制組調節後平均數差異值的 SS 值 = 2.9、MS 值 = 2.9、平均數差異值是否顯著等於 0 檢定之 F 值統計量 = 0.994、顯著性 p = 0.328 > .05，未達統計顯著水準，接受虛無假設：$AM_{實驗組} - AM_{控制組} = 0$，二個群組間之調整後平均數的差異值顯著等於 0，就 B 項體適能的實驗處理效果而言，排除前測成績的影響後，實驗組與控制組在後測成績沒有顯著不同。

　　使用「共變數物件 $ coefficients」語法求出共同組內迴歸線的截距項與斜率係數，再利用斜率係數 (bw = 0.965)、共變項平均數 (> mean (andata$PREB)) 求出實驗組與控制組調整後平均數：

```
> round (anco$coefficients, 3)
 (Intercept)       PREB       GROUP 控制組
    0.602        0.965         -0.715
> bw = anco$coefficients [2]
> eadj.m = mean (egro$POSTB) - bw * (mean (egro$PREB) - mean (andata$PREB))
> cadj.m = mean (cgro$POSTB) - bw * (mean (cgro$PREB) - mean (andata$PREB))
> eadj.m = round (eadj.m, 3)
> cadj.m = round (cadj.m, 3)
```

```
> cat ("實驗組調整後平均數 = ",eadj.m, "\n")
實驗組調整後平均數 = 10.091
> cat ("控制組調整後平均數 = ",cadj.m, "\n")
控制組調整後平均數 = 9.376
```

實驗組、控制組後測分數的描述性統計量摘要表如下：

組別	個數	平均數	標準差	調整後平均數
實驗組	15	11.667	3.559	10.091
控制組	15	7.800	3.234	9.376
總和	30	9.733	3.877	

註：共變量 PREB 總平均數 = 9.833

以函數 **mean ( )** 求出全部樣本在共變項 PREB 的總平均數：

```
> round (mean (andata$PREB), 3)
[1] 9.833
```

以原始包含所有受試者之資料框架物件求出實驗組、控制組二個群體之調整後平均數 (adjusted means)，完整的命令稿函數語法指令列為：

```
anco = ancova (POSTB ~ PREB + GROUP, data = andata)
bw = anco$coefficients [2]
ev.cov = andata$PREB [which (andata$GROUP=="實驗組")]
cv.cov = andata$PREB [which (andata$GROUP=="控制組")]
ev.dep = andata$POSTB [which (andata$GROUP=="實驗組")]
cv.dep = andata$POSTB [which (andata$GROUP=="控制組")]
all.cov = andata$PREB
eadj.m = mean (ev.dep) - bw * (mean (ev.cov) - mean (all.cov))
cadj.m = mean (cv.dep) - bw * (mean (cv.cov) - mean (all.cov))
cat ("實驗組調整後平均數 = ",round (eadj.m, 3), "\n")
cat ("控制組調整後平均數 = ",round (cadj.m, 3), "\n")
cat ("共變項總平均數 = ",round (mean (all.cov), 3), "\n")
```

命令稿語法指令列中，研究者只要修改共變項的變項名稱 (範例為 PREB)、依變項的變項名稱 (範例為 POSTB) 即可。

R 命令稿語法指令執行結果，對應的 R 主控台子視窗內容如下：

```
> anco = ancova (POSTB ~ PREB + GROUP, data = andata)
> bw = anco$coefficients [2]
> ev.cov =a ndata$PREB [which (andata$GROUP=="實驗組")]
> cv.cov = andata$PREB [which (andata$GROUP=="控制組")]
> ev.dep = andata$POSTB [which (andata$GROUP=="實驗組")]
> cv.dep = andata$POSTB [which (andata$GROUP=="控制組")]
> all.cov = andata$PREB
> eadj.m = mean (ev.dep) - bw * (mean (ev.cov) - mean (all.cov))
> cadj.m = mean (cv.dep) - bw * (mean (cv.cov) - mean (all.cov))
> cat ("實驗組調整後平均數 = ",round (eadj.m, 3), "\n")
實驗組調整後平均數 = 10.091
> cat ("控制組調整後平均數 = ",round (cadj.m,3), "\n")
控制組調整後平均數 = 9.376
> cat ("共變項總平均數 = ",round (mean (all.cov), 3), "\n")
共變項總平均數 = 9.833
```

範例語法指令以 **lm ( )** 函數建構直線迴歸物件 (自變項為 PREB、依變項為 POSTB)，配合 **abline ( )** 函數繪製實驗組、控制組二個群組的迴歸線：

```
> with (andata, {plot (POSTB~PREB, type = "p", font = 2, cex = 2)})
> eg = with (egro, {lm(POSTB~PREB)})
> cg = with (cgro, {lm(POSTB~PREB)})
> abline (eg, lwd = 2,col = "blue", lty = 1)
> abline (cg, lwd = 2,col = "red", lty = 2)
> legend ("topleft", c ("實驗組", "控制組"), col = c ("blue", "red"), lwd = 2, lty = c (1, 2))
> grid (col = "gray20")
```

圖示為實驗組與控制組的二條迴歸線，二條迴歸線雖有交叉點，但截距與斜率係數差異不大，斜率係數估計值的差異量顯著等於 0，表示二個母群體的斜率係數參數是相等的。

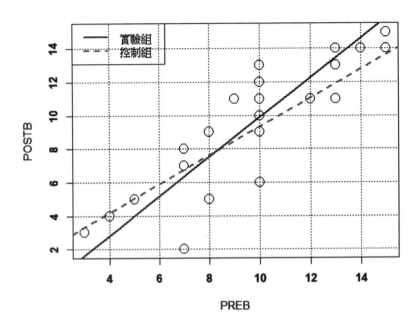

實驗組迴歸線的斜率係數 b1 = 1.186、控制組迴歸線的斜率係數 b1 = 0.861：

```
> eg
Call:
lm (formula = POSTB ~ PREB)
Coefficients:
(Intercept)      PREB
   -1.936        1.186
> cg
Call:
lm (formula = POSTB ~ PREB)
Coefficients:
(Intercept)      PREB
    0.7399       0.8610
```

共變數分析物件元素名稱「$coefficient」為共同組內迴歸線的截距項與斜率係數，截距項量數 = 0.602、斜率係數 = 0.965 (原先實驗組迴歸線的斜率係數 b1 = 1.186、控制組迴歸線的斜率係數 b1 = 0.861)：

```
> round (anco$coefficients, 3)
(Intercept)      PREB    GROUP 控制組
    0.602       0.965           -0.715
```

範例函數語法增列繪製共同的組內迴歸線，共同組內迴歸線的截距項量數 = anco$coefficients [1]、斜率係數 = anco$coefficients [2]：

```
> with (andata, {plot (POSTB~PREB, type = "p", font = 2, cex = 2)})
> eg = with (egro, {lm (POSTB~PREB)})
> cg = with (cgro, {lm (POSTB~PREB)})
> abline (eg, lwd = 2,col = "blue", lty = 1)
> abline (cg, lwd = 2,col = "red", lty = 1)
> abline (anco$coefficients [1], anco$coefficients [2], lwd = 4, col = "black", lty = 2)
> grid (col = "gray20")
```

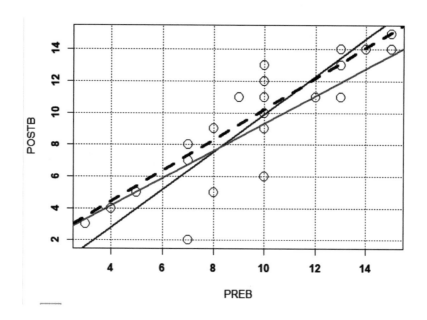

範例語法指令為 C 項體適能實驗處理效果檢定、D 項體適能實驗處理效果檢定與焦慮程度實驗處理效果檢定之共變數分析結果：

> ##C 項體適能實驗效果檢定
> hwrc = ancova (POSTC ~ PREC * GROUP, data = andata)
> print (hwrc)
Analysis of Variance Table

Response: POSTC

	Df	Sum Sq	Mean Sq	F value	Pr (> F)
PREC	1	621.71	621.71	112.3707	6.209e-11 ***
GROUP	1	1.17	1.17	0.2109	0.6499
PREC:GROUP	1	4.73	4.73	0.8558	0.3634
Residuals	26	143.85	5.53		

Signif. codes: 0 '***' 0.001 '**' 0.01 '*' 0.05 '.' 0.1 ' ' 1
> anco = ancova (POSTC ~ PREC + GROUP, data = andata)
> print (anco)
Analysis of Variance Table

Response: POSTC

	Df	Sum Sq	Mean Sq	F value	Pr (> F)
PREC	1	621.71	621.71	112.974	3.776e-11 ***
GROUP	1	1.17	1.17	0.212	0.6489
Residuals	27	148.59	5.50		

Signif. codes: 0 '***' 0.001 '**' 0.01 '*' 0.05 '.' 0.1 ' ' 1
>
> ##D 項體適能實驗效果檢定
> hwrc = ancova (POSTD ~ PRED * GROUP, data = andata)
> print (hwrc)
Analysis of Variance Table

Response: POSTD

	Df	Sum Sq	Mean Sq	F value	Pr (> F)
PRED	1	211.892	211.892	28.9127	1.246e-05 ***
GROUP	1	61.477	61.477	8.3885	0.007559 **
PRED: GROUP	1	8.753	8.753	1.1943	0.284482
Residuals	26	190.545	7.329		

Signif. codes: 0 '***' 0.001 '**' 0.01 '*' 0.05 '.' 0.1 ' ' 1

```
> anco = ancova (POSTD ~ PRED + GROUP, data = andata)
> print (anco)
Analysis of Variance Table
```

Response: POSTD

	Df	Sum Sq	Mean Sq	F value	Pr (> F)
PRED	1	211.892	211.892	28.7061	1.166e-05 ***
GROUP	1	61.477	61.477	8.3286	0.007585 **
Residuals	27	199.298	7.381		

Signif. codes: 0 '***' 0.001 '**' 0.01 '*' 0.05 '.' 0.1 ' ' 1
```
>
> ##焦慮程度實驗效果檢定
> hwrc = ancova (POSTE ~ PREE * GROUP, data = andata)
> print (hwrc)
Analysis of Variance Table
```

Response: POSTE

	Df	Sum Sq	Mean Sq	F value	Pr (> F)
PREE	1	257.110	257.110	137.3184	7.083e-12 ***
GROUP	1	63.517	63.517	33.9235	3.877e-06 ***
PREE:GROUP	1	0.191	0.191	0.1022	0.7517
Residuals	26	48.681	1.872		

Signif. codes: 0 '***' 0.001 '**' 0.01 '*' 0.05 '.' 0.1 ' ' 1
```
> anco = ancova (POSTE ~ PREE + GROUP, data = andata)
> print (anco)
Analysis of Variance Table
```

Response: POSTE

	Df	Sum Sq	Mean Sq	F value	Pr (> F)
PREE	1	257.110	257.110	142.04	2.902e-12 ***
GROUP	1	63.517	63.517	35.09	2.587e-06 ***
Residuals	27	48.873	1.810		

Signif. codes: 0 '***' 0.001 '**' 0.01 '*' 0.05 '.' 0.1 ' ' 1

[説明]：

就焦慮程度感受的實驗效果檢定而言，群體平均數間差異的共變數分析 F 值統計量 = 35.09，顯著性 $p = 2.587e - 06 = \dfrac{2.587}{10^6} = .000 < .05$，達到統計顯著水準，實驗組與控制組二個群組之焦慮依變項調整後平均數的差異值顯著不等於 0。

　　以實驗組、控制組二個子資料框架物件求出焦慮程度後測分數調整後平均數：

```
> bw = anco$coefficients [2]
> eadj.m = mean (egro$POSTE) - bw* (mean (egro$PREE) - mean (andata$PREE))
> cadj.m = mean (cgro$POSTE) - bw* (mean (cgro$PREE) - mean (andata$PREE))
> eadj.m = round (eadj.m, 3)
> cadj.m = round (cadj.m, 3)
> all.c = round (mean (andata$PREE), 3)
> cat ("實驗組調整後平均數 = ",eadj.m, "\n")
實驗組調整後平均數= 4.026
> cat ("控制組調整後平均數 = ",cadj.m, "\n")
控制組調整後平均數 = 6.974
> cat ("共變項值總平均數 = ",all.c, "\n")
共變項值總平均數 = 4.9
```

　　以包含所有受試者之未分割的資料框架物件為標的資料檔，求出實驗組、控制組二個群體焦慮程度後測分數調整後平均數：

```
> bw = anco$coefficients [2]
> ev.cov = andata$PREE [which (andata$GROUP=="實驗組")]
> cv.cov = andata$PREE [which (andata$GROUP=="控制組")]
> ev.dep = andata$POSTE [which (andata$GROUP=="實驗組")]
> cv.dep = andata$POSTE [which (andata$GROUP=="控制組")]
> all.cov = andata$PREE
> eadj.m = mean (ev.dep) - bw * (mean (ev.cov) - mean (all.cov))
> cadj.m = mean (cv.dep) - bw * (mean (cv.cov) - mean (all.cov))
> cat ("實驗組調整後平均數 = ",round(eadj.m, 3), "\n")
實驗組調整後平均數= 4.026
> cat ("控制組調整後平均數 = ",round (cadj.m, 3), "\n")
控制組調整後平均數 = 6.974
> cat ("共變項總平均數 = ",round (mean (all.cov), 3), "\n")
共變項總平均數 = 4.9
```
[說明]：就焦慮程度感受而言，排除前測分數的影響後，實驗組調整後平均數 (AM = 4.026) 顯著低於控制組調整後平均數 (AM = 6.974)，表示實驗處理效果顯著。

　　以 **print ( )** 函數輸出組內迴歸同質性檢定摘要表，並輸出實驗組、控制組的迴歸線：

> print (hwrc)

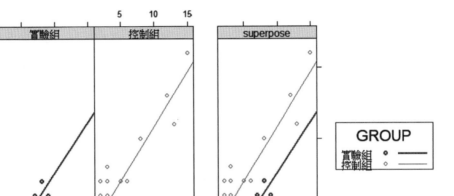

POSTE ~ PREE * GROUP

　　以 **print ( )** 函數輸出共變數分析摘要表，並輸出實驗組、控制組的迴歸線 (斜率係數相同、截距項不同的二條迴歸線)：

> print (hwrc)

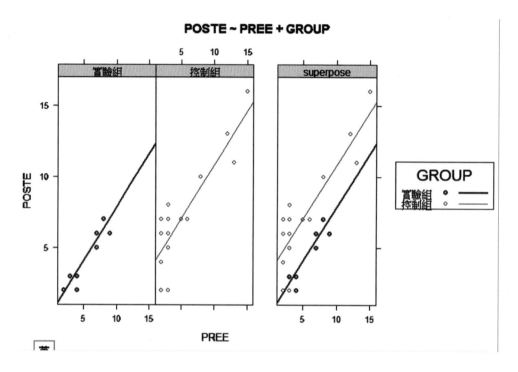

先以繪圖函數繪製實驗組、控制組的二條迴歸線，各組迴歸方程的自變項為焦慮量表前測分數 (變項名稱為 PREE)、依變項為焦慮量表後測分數 (變項名稱為 POSTE)，最後增列有共同斜率的組內迴歸線：

```
> with (andata, {plot (POSTE~PREE, type = "p", font = 2, cex = 2)})
> eg = with (egro,{lm (POSTE~PREE)})
> cg = with (cgro,{lm (POSTE~PREE)})
> abline (eg, lwd = 2, col = "blue", lty=1)
> abline (cg,lwd = 2, col = "red", lty=1)
> abline (anco$coefficients [1], anco$coefficients [2], lwd = 5, col = "black", lty = 2)
> grid (col = "gray50")
```

從圖示中可以看出，實驗組與控制組二條迴歸線大致平行，較粗之虛線為共同的組內迴歸線，此迴歸線的截距項量數 = 0.3396、斜率係數值 = 0.7524。

```
> anco [1]
$coefficients
(Intercept)        PREE      GROUP 控制組
0.3396018      0.7523996       2.9472805
```

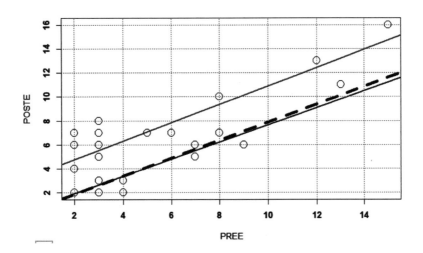

　　實驗組迴歸方程的截距項統計量 = 0.5027、斜率係數 = 0.7148；控制組迴歸方程的截距項統計量 = 3.213、斜率係數 = 0.766，就二個樣本群體的斜率係數統計量而言，二個統計量的差異值甚小，組內迴歸同質性檢定結果，F 值統計量= 0.1022、顯著性 p = 0.7517 > .05，接受虛無假設，二個斜率係數差異值顯著等於 0 (二個樣本群體對應的母群體斜率參數或母數值相同)。

```
> eg
Call:
lm (formula = POSTE ~ PREE)
Coefficients:
(Intercept)      PREE
   0.5027      0.7148


> cg
Call:
lm (formula = POSTE ~ PREE)
Coefficients:
(Intercept)      PREE
   3.213       0.766
```

五南圖書研究生工具書

玩轉社群 文字大數據實作
書號：1H0M 定價：380元

多層次模式與縱貫資料分析 Mplus 8 解析應用
書號：1H0J 定價：680元

統計分析與 R
書號：1HA4 定價：680元

給論文寫作者的統計指南 傻瓜也會跑統計
書號：1H98 定價：580元

不用數字的研究
書號：1HAA 定價：500元

量化研究與統計分析 SPSS（PASW）資料分析範例
書號：1H47 定價：690元

應用統計分析 SPSS 的運用
書號：1H0N 定價：560元

經濟與財務數學 使用R語言
書號：1H0K 定價：980元

R軟體在類別資料的實務應用
書號：1H0G 定價：760元

生物醫學統計 使用STaTa分析
書號：1H0F 定價：880元

實務研究法與共變數分析
書號：1H0H 定價：560元

愛上統計學 STATISTICS
書號：1H50 定價：580元

統計學原理與應用
書號：1H90 定價：650元

SPSS 與統計分析
書號：1H84 定價：850元

R軟體統計應用分析實務
書號：1H97 定價：1200元

R軟體統計分析實務
書號：1HA5 定價：980元

量化資料分析 SPSS與EXCEL
書號：1H93 定價：580元

STaTa 在財務金融與經濟的應用
書號：1HA8 定價：1000元

STaTa 在廣義時間模型及試題反應理論的應用
書號：1H0C 定價：800元

論文統計實務 SPSS與AMOS的運用
書號：1H61 定價：920元

財金統計學 使用R語言
書號：1HA7 定價：850元

統計學 基於R的應用
書號：1HA6 定價：580元

大數據語意分析 整合篇
書號：1H0A 定價：220元

Minitab 統計應用分析實務
書號：1H94 定價：690元

Minitab 與統計分析
書號：1H96 定價：580元

當代整合分析理論與實務 ESS、Meta-SEM、iHmeta & WinBUGS
書號：1H0B 定價：680元

論文寫作與量化研究
書號：1H59 定價：850元

論文寫作要領
書號：1H68 定價：400元

整合分析軟體CMA 簡介與操作實務
書號：1H91 定價：350元

傳統整合分析 理論與實務：ESS & EXCEL
書號：1H95 定價：850元

調查研究方法
書號：1H85 定價：400元

如何繪製優異的問卷
書號：1H62 定價：350元

量表編製理論與應用
書號：1H45 定價：350元

當虛擬實境和人工智慧齊步走
書號：RM37 定價：400元

五南文化事業機構 WU-NAN CULTURE ENTERPRISE

地址：106臺北市和平東路二段339號4樓
電話：02-27055066 轉824、889 業務助理 林小姐

五南財經異想世界

國家圖書館出版品預行編目資料

SPSS問卷統計分析快速上手祕笈／吳明隆,
張毓仁著; --初版. --臺北市：五南圖書出版股
份有限公司, 2018.05
　　面；　公分

ISBN 978-957-11-9616-9（平裝）

1.統計套裝軟體 2.統計分析

512.4　　　　　　　　　　107002407

1H0S

SPSS問卷統計分析
快速上手祕笈

作　　者 ― 吳明隆、張毓仁

發 行 人 ― 楊榮川

總 經 理 ― 楊士清

總 編 輯 ― 楊秀麗

主　　編 ― 侯家嵐

責任編輯 ― 侯家嵐

文字校對 ― 鐘秀雲

封面設計 ― 盧盈良

內文排版 ― 張淑貞

出 版 者 ― 五南圖書出版股份有限公司

地　　址：106台北市大安區和平東路二段339號4樓

電　　話：(02)2705-5066　　傳　　真：(02)2706-6100

網　　址：https://www.wunan.com.tw

電子郵件：wunan@wunan.com.tw

劃撥帳號：0 1 0 6 8 9 5 3

戶　　名：五南圖書出版股份有限公司

法律顧問　林勝安律師

出版日期：2018年 5 月初版一刷
　　　　　2023年 3 月初版三刷

定　　價：新臺幣680元

經典永恆·名著常在

五十週年的獻禮──經典名著文庫

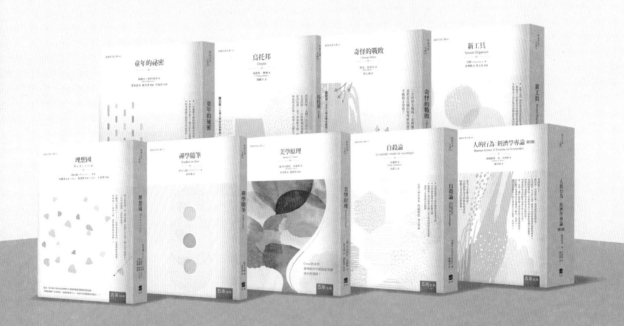

五南，五十年了，半個世紀，人生旅程的一大半，走過來了。

思索著，邁向百年的未來歷程，能為知識界、文化學術界作些什麼？

在速食文化的生態下，有什麼值得讓人雋永品味的？

歷代經典·當今名著，經過時間的洗禮，千錘百鍊，流傳至今，光芒耀人；

不僅使我們能領悟前人的智慧，同時也增深加廣我們思考的深度與視野。

我們決心投入巨資，有計畫的系統梳選，成立「經典名著文庫」，

希望收入古今中外思想性的、充滿睿智與獨見的經典、名著。

這是一項理想性的、永續性的巨大出版工程。

不在意讀者的眾寡，只考慮它的學術價值，力求完整展現先哲思想的軌跡；

為知識界開啟一片智慧之窗，營造一座百花綻放的世界文明公園，

任君遨遊、取菁吸蜜、嘉惠學子！